【阳明文库】

学术专著系列

【地缘、血缘与学缘的交织】

下卷 南北方卷

——中国人文和自然境域中的王阳明及阳明学派

钱 明 等著

孔學堂書局

目录

第一编 阳明学与南方诸省地域文化

王阳明与修文（龙场）/ 002

一、赴谪至龙场的时间 / 002

二、明代中期的龙场 / 007

三、玩易窝内悟大道 / 010

四、龙冈讲学及事迹 / 013

五、三人坟与灵博山 / 017

六、与士民之交往 / 019

王阳明与贵阳 / 023

一、拜访贵阳詹氏家族 / 023

二、到贵阳养病 / 025

三、到贵阳欢度新年 / 027

四、到贵阳送别好友 / 029

五、讲学"文明书院" / 033

六、贵阳南门辞别贵州学子 / 036

七、结语 / 037

阳明学在贵州 / 039

一、思南王学 / 039

二、清平王学 / 047

三、都匀王学 / 053

王阳明与福建 / 060

一、传入的路径与时间 / 061

二、传入的主要区域 / 065

三、莆田道友与门人 / 070

四、传入的意义与影响 / 075

阳明学与漳州 / 080

一、王阳明与平和 / 080

二、阳明学在平和 / 083

三、阳明后学在漳州 / 091

王阳明与上杭 / 096

一、首征漳州 / 096

二、驻节上杭 / 097

三、抚民亲民 / 102

四、阳明遗迹 / 106

王阳明与广东 / 109

一、王阳明与广州 / 109

二、阳明学与潮州 / 119

三、结语 / 132

王阳明与和平 / 133

一、平定三浰之乱 / 133

二、奏设和平县 / 137

三、遗迹与遗址 / 140

四、治心与治世 / 145

王阳明与广西 / 150

一、《征抚思田功绩文》/ 150

二、敷文书院 / 151

三、六公祠与"阳明先生过化之地" / 159

四、思恩府遗址与阳明书院 / 160

五、疏建隆安县 / 163

　　六、王文成公祠与王阳明线刻碑像 / 163

　　七、"杨墟书岩" / 164

　　八、断藤峡、八寨与红水河 / 165

　　九、五公祠、八贤祠、四贤四公祠、八公祠 / 166

　　十、白虎山题刻 / 170

　　十一、拜谒伏波庙 / 173

王阳明与湖南 / 175

　　一、王阳明的湖南之行及其讲学活动 / 176

　　二、阳明门人后学入湘为官及其影响 / 191

　　三、湘楚王门的形成及其代表人物 / 196

阳明学在湖北 / 206

　　一、王阳明的湖北籍亲传弟子 / 206

　　二、荆楚王门的形成及其主要代表 / 211

　　三、耿、李之争及其思想史意义 / 216

阳明学与四川 / 224

　　一、近侍阳明：席书对阳明心学的启迪和弘传 / 224

　　二、南充王学：任瀚及其与王门学者的交往 / 228

　　三、泰州续脉："出入禅儒"赵贞吉 / 231

　　四、内江后学：儒僧邓豁渠与"儒者矩矱"何祥 / 234

第二编 阳明学与北方诸省地域文化

阳明学在北京、河北 / 240

　　一、王阳明与京师 / 240

二、阳明后学在北京的讲学活动 / 248

三、河北保定的阳明学遗迹 / 258

四、鹿善继与燕南王学 / 264

王阳明与山东 / 273

一、王阳明因父辈而与山东结下人缘 / 273

二、王阳明因主考乡试而与山东结下学缘 / 283

三、从王阳明诗作看其与山东之文缘 / 293

四、从王阳明周边看鲁中王门之形成 / 295

五、以聊城为中心的山东籍阳明学者 / 297

六、结束语 / 303

阳明学与河南 /306

一、督造陵墓，仕途起航 / 306

二、王门弟子，薪火相传 / 309

三、河洛王门，兴学豫西 / 315

四、阳明心学，影响深远 / 324

阳明学与陕西 / 326

一、关学与心学 / 326

二、渭上南氏对阳明学的发扬 / 328

三、政学合一的实践样板 / 332

四、明代陕西阳明学的展开 / 335

五、清代陕西阳明学的转型 / 343

六、结束语 / 347

附录：最早来浙考察王阳明遗迹之日本人日记两种 / 349

一、高濑武次郎《参拜王阳明先生祠堂》/ 349

二、诸桥辙次《探访王阳明先生墓所》/ 363

后记 / 367

全书撰稿分工 / 373

撰稿人简介 / 375

第一编 阳明学与南方诸省地域文化

王阳明与修文（龙场）

"修文"二字作为地名、行政区域名，最早出现在明崇祯三年（1630）。当时诏设敷勇卫，领修文、息烽、濯灵、于襄四所。敷勇卫在龙场设卫城。修文所的治所在扎佐，息烽所的治所在息烽，濯灵所的治所在六广，于襄所的治所在九庄。"修文"作为四个守御千户所之一，正式以地名出现在史书中。清康熙二十六年（1687）六月二十二日，裁敷勇卫置修文县，将原来的敷勇卫卫城作为县城，名"龙场"，县名则用"修文"。① 龙场古名龙场驿。明洪武十七年（1384）奢香夫人开九驿，龙场为首驿。1932年设龙场镇。

当年的龙场驿，是王阳明的贬谪之地、悟道之地、首次创办书院讲学之地。王阳明贬谪到龙场，在玩易窝研习《易经》，创立"心即理""知行合一"学说；迁居到龙冈山，创办"龙冈书院"讲学；到蜈蚣坡埋葬客死旅途的三人，作《瘗旅文》凭吊；到今黔西县素朴镇的灵博山，作《象祠记》；被聘请到贵阳"文明书院"，主讲"知行合一"学说。他与龙场少数民族及贵州官员交往，结下深厚的友谊。这些在《阳明年谱》（以下简称《年谱》）中，多有疏漏及失误。本章将在对《年谱》中的疏漏进行补充、对一些史实错误加以纠正的基础上，对王阳明与龙场的关系作一较为全面的叙述。

一、赴谪至龙场的时间

说到王阳明与龙场的关系，首先要了解被贬时间和赴黔经过。据《大明武宗毅皇帝实录》卷之二十"正德元年十二月"条载："十二月乙丑（二十一日），降兵部主事王守仁为贵州龙场驿驿丞。时南京科道戴铣等以谏忤旨，方命锦衣卫官校拿解未至，守仁，具奏救之，下镇抚司拷讯狱，具命于午门前杖三十，仍降远方杂职。"② 这个记载应该是准确的。清初史学家谈迁编撰的《国榷》卷

---

① 参见李半知：《修文：城南纪事二题》，"黔中书"微信公众号2016年12月22日。
②《明武宗实录》卷二十，（台湾）"中央研究院"历史语言研究所1966年版，第582页。

四十六亦载:"正德元年十二月,凡两京奏劾刘瑾的官员均遭罢贬行遣,乙丑……兵部主事王守仁谪贵州龙场驿丞。"① 王阳明赴谪临行,好友湛甘泉作《赠阳明山人王伯安》诗,落款时间为"丁卯闰正月朔日"。李梦阳《哭白沟文》序中言:"正德二年闰月初吉,予与职方王子(阳明)俱蒙放归。"② 都说王阳明是正德二年(1507)闰正月初一从北京出发。二月下旬,阳明赴谪至杭州,其弟守俭、守文、守章已经在北新关等候,并带来童子王祥二人,供到龙场时差遣。阳明在杭州停留若干天,三月初与诸弟在江干分别,乘船从北新关离杭,经江西、湖南,直抵贵州龙场。

此外,黄绾的《阳明先生行状》、湛甘泉的《阳明先生墓志铭》和王世贞的《新建伯文成王公守仁传》,亦均无《年谱》所载的"附商船游舟山""由武夷而归""从鄱阳往(南京)省(其父王华)"③ 等事。故知《年谱》所说的赴谪至闽界、宿野庙、与铁柱宫道士偶遇、从武夷山回钱塘等,都是虚构的故事。湛甘泉《阳明先生墓志铭》尝明确记载,有人说阳明沉没于钱塘江,至福建上岸,作《登鼓山》之诗曰:"海上曾为沧水使,山中又拜武夷君。"这有凭有据,千真万确。然甘泉听后笑曰:"此佯狂避世也。"故作诗云:"佯狂欲浮海,说梦痴人前。"正德九年(1514)春,甘泉到滁州与阳明共商学旨,论儒、释之道,问及此事,阳明吐露实情曰:"彼夸虚执有以为神奇者,乌足以知公者哉!"④ 可证实阳明当时并未去武夷山。又说阳明往鄱阳,返南京省父,回钱塘再赴龙场驿。而在杨一清的《海日先生墓志铭》、陆深的《海日先生行状》以及阳明本人写的《乞恩表扬先德疏》中,都说王华被任命为南京吏部尚书后,不愿去任职,惹得刘瑾大怒,遂以王华此时"与礼部旧事无干,令其致仕"。王华接到致仕命令说:"吾自此可免于祸矣。"于是收拾行装回到绍兴。既然王华未到南京任职,何谈阳明到南京省父之事?

清康熙初明史馆纂修官毛奇龄认为,《年谱》所载离奇故事,荒

---

① 谈迁:《国榷》卷四十六,张宗祥点校,中华书局1958年版,第2877页。
② 李梦阳:《李梦阳集校笺》卷六十,郝润华校笺,中华书局2020年版,第1863页。
③ 钱德洪:《年谱一》,王阳明:《王阳明全集(新编本)》卷三十二,吴光、钱明、董平等编校,浙江古籍出版社2010年版,第1233页。
④ 湛若水:《阳明先生墓志铭》,王阳明:《王阳明全集(新编本)》卷三十七,吴光、钱明、董平等编校,第1233页。

诞不经。他在《王文成传本》中说:"时径之龙场,而《谱》状乃尽情诳诞,举凡遇仙遇佛,无可乘间撺入者,皆举而撺之。""浙江一带水与福建武夷、江西鄱阳俱隔仙霞、常玉诸岭峤。而岭表车筏尤且更番叠换,并非身跨鱼鳖可泛泛而至其地者。即浙可通海,然断无越温、台、鄞、鄚,不驾商舶得由海入闽之理。且阳明亦人耳,能出游魂,附鬼伥,朝游丹山,暮飞铁柱,何荒唐也!"[①]也同样否定了《年谱》中所说的阳明到武夷山和南京之事。

湖南多部府志和县志的《流寓》中,记有王阳明第一次经湖南的时间。如嘉庆《沅江县志》卷二十七、嘉庆《常德府志》卷四十四、光绪《桃源县志》卷十、乾隆《辰州府志》卷三十九、同治《武陵县志》卷四十一、同治《沅陵县志》卷四十八的《流寓》中,都记载是正德二年(1507)丁卯过湖南各地。湖南的朱汉民、邓洪波、梁颂成教授在他们编著的书中,以及醴陵县的"渌江书院历史文化陈列"中,都记载着王阳明是正德二年经过湖南的。钱明教授考证阳明作《过靖兴寺》和《游靖兴寺》诗,是正德二年在醴陵时所作。阳明在长沙拜谒朱熹和张栻祠,作《朱张祠书怀示同游》诗,钱明也考证为正德二年所作。

再有,王阳明作《罗旧驿》诗中有"布谷鸟啼林雨暗,刺桐花暝石溪幽"句。布谷鸟是在"芒种"时节才能听到叫声,正德二年"芒种"是农历四月十八日(公历5月29日),布谷鸟叫和刺桐花谢是在同一时间,经咨询湖南省有关专家,都说布谷鸟在四、五月份都会叫,六月份就听不到叫声了。刺桐和油桐的花叶相似,有时候五月份还在开花。因此,阳明到罗旧驿时,应是五月初。然后经沅水驿、便水驿、晃州驿,五月中旬进入今贵州平溪卫。其间在途中某几处偶尔停留几天,最多三个月时间能抵达龙场。所以我认为,王阳明应该是在正德二年六月到达龙场的。

王阳明经平溪、镇远、偏桥、兴隆、清平、平越、新添、龙里到达贵阳。当时有贵阳这个名称,没有以贵阳为名的机构。阳明到一旅店时,尝书字一幅:"不借东坡月满庭,雁来尝寄砚头青。自从惠我《庄》《骚》句,始见山中有客星。"落款为"正德二年立秋前

[①] 毛奇龄:《王文成传本》卷一,《四库全书存目丛书·史部》(第87册),齐鲁书社1997年版,第3页。

二日，邸龙场署中，作句复都门友人，时有索字，因笔以应。余姚王守仁。"①正德二年为丁卯年，闰正月，立秋是六月二十日。这幅书法收入清代张大镛著《自怡悦斋书画录》卷四立轴类，《中国书画全书》第11册亦有记录，浙江古籍出版社的《王阳明全集》新编本第5册此篇题为《寄京友》。

刚到贵阳时，王阳明去看望同科进士詹恩。詹恩，字荩臣，曾任大理寺左寺副等职，与阳明交往于京师。詹恩在京时，接父母到京侍养，弘治十六年（1503）九月，其父患重病去世，詹恩援例辞官卸任，送父棺柩回贵阳安葬守制，侍养母亲。守丧期满，正准备回京，突发疾病，于正德元年（1506）八月不幸病逝。阳明去拜访詹恩，闻知已病逝，遂到墓前痛哭。后到其堂屋，詹恩之弟詹惠正在为刚病逝的母亲举办丧事，阳明遂应詹惠之请，为詹母撰《明封孺人詹母越氏墓志铭》，第一段为："予年友詹恩荩臣既卒之明年，予以言事谪贵阳，哭荩臣之墓有宿草矣。登其堂，有母孺人之殡在，重以为荩臣伤。见荩臣之弟惠及其子云章，则如见荩臣焉。"②铭文中的"明年"，即去年、上一年的意思。在阳明作的文章中，说"明年"即"去年"的地方有不少，如"明年大水，民居免于垫溺""卒之明年癸亥"等都是指去年。此墓碑于1955年在贵阳城西出土，现收藏在贵州省博物馆。碑文在贵州都司经历赵昌龄、龙冈书院弟子陈文学、叶梧于嘉靖十四年（1535）刊刻的《新刊阳明先生文录续编》卷二有载。孟震所撰的《詹恩墓志铭》中说詹恩"服阕，将北上，疾作甚剧。越六日，忽起命更衣毕，遂卒。时正德改元丙寅八月七日也。得年三十有三"③；《明封孺人詹母越氏墓志铭》中说"予年友詹恩荩臣既卒之明年，予以言事谪贵阳"。这就非常清楚，詹恩卒于"正德改元丙寅八月七日"，说明王阳明是正德二年（1507）到贵阳的。日本学者永富青地就此文考证，王守仁贬到贵阳，在拜扫前一年去世的友人詹恩的墓地时，应詹恩弟弟的请求，为其母越氏撰写墓志铭。因此永富先生也认为阳明是正德二年（1507）到达贵阳的。贵阳扶风山阳明祠，收藏有王阳明草书楹联："壮思风云冲情云上，和光春霭爽气秋高。"为袁

---

① 王阳明：《王阳明全集（新编本）》卷四十二，吴光、钱明、董平等编校，第1709页。
② 王阳明：《新刊阳明先生文录续编》卷二，孔学堂书局2020年版，第267页。
③ 贵州省博物馆编：《贵州省墓志选集》，贵州省博物馆1986年版（内部资料），第28页。

杏村依手迹重新双钩，刊刻于阳明祠中，钱明考证为正德二年所作。

《年谱》中又载："（正德）三年戊辰，先生三十七岁，在贵阳。春，至龙场。"这里的"春"是个模糊概念。阳明最早的入门弟子徐爱在《传习录》上卷中记有："不知先生居夷三载，处困养静，精一之功固已超入圣域。"在与萧惠、黄以方、王嘉秀等的问答语中，阳明也说："及在夷中三年，颇见得此意思乃知天下之物本无可格者。""其后居夷三载，始见圣人端绪，悔错用功二十年。"在《与王纯甫》书中又说："及谪贵州三年，百难备尝。"① 贬谪期满后，阳明赴江西庐陵任职，过溆浦时作《过江门崖》诗，有"三年谪宦沮蛮氛，天放扁舟下楚云"句；过长沙时作《鹅羊山》诗，有"福地相传楚水阿，三年春色两经过"句；过醴陵时作《泗州寺》诗，有"渌水西头泗洲寺，经过转眼又三年"② 句。说明阳明曾在多处讲到自己在贵州的时间是三年。

另外，王阳明在龙冈书院的得意门生陈文学尝作《何陋轩歌》，有"明公肯为考厥成，吾侪小人力任磋。阳明翁此居三年，覆载吾土天地大"③ 句。陈文学是亲历者，所记肯定精准。嘉靖十三年（1534），贵州巡抚王杏撰《新建阳明书院记》曰："正德丁卯，阳明王先生建言忤逆瑾，谪贵州龙场驿。"④ 也说阳明正德二年到龙场。且此记述来自阳明龙冈书院的亲传弟子叶梧等，肯定比钱德洪所记更准确。

以上所述，足以证明王阳明是正德二年（1507）到龙场，在贵州滞留三年，如果没有在贵州三年，阳明本人及徐爱、陈文学等是不会乱说"居夷三载""在夷中三年""困于龙场三年""阳明翁此居三年"的。当然，这里的所谓"三年"只是个虚数，而且还包括进出贵州路上的时间。总之，《年谱》中说王阳明是正德三年（1508）春到的龙场，仅此一说，无有其他资料来佐证，是为孤证。后来学术界有不少沿袭《年谱》的说法，属以讹传讹而已。

---

① 王阳明：《王阳明全集（新编本）》卷四，吴光、钱明、董平等编校，第166—167页。
② 王阳明：《王阳明全集（新编本）》卷十九，吴光、钱明、董平等编校，第753、756、757页。
③ 谢东山删正，张道编辑：《（嘉靖）贵州通志》卷六，张祥光、林建曾、王尧礼点校，贵州人民出版社2019年版，第320页。
④《学校》，《贵州通志》卷六，《天一阁明代方志选刊续编》（第68册），上海书店1990年版，第771—774页。

二、明代中期的龙场

《年谱》中载:"龙场在贵州西北万山丛棘中,蛇虺魍魉,蛊毒瘴疠,与居夷人鴃舌难语,可通语者,皆中土亡命。"①此处对龙场状况的描述并不确切。经查明代至民国间各种《贵州通志》,及清道光《贵阳府志》和民国《修文县志》等文献史料,至元二十年(1283),在今修文县境内的扎佐、陆广等处设置长官司时,就已经有龙场这个地名。当时是个集市,七天一场,遇辰、戌日集市,辰日属龙,所以叫龙场。作为一个集市,至少应有几十户人家才能够形成。明洪武十七年(1384)后,奢香夫人开辟龙场九驿②,于龙场置龙场驿,就是因为它是一个集市。从至元二十年(1283)到正德二年(1507)王阳明至龙场驿,已有二百多年,而集市的发展一般比其他地方要快,即使每年增加一户,当时龙场集市及其周围至少也有三百户人家,近二千余人。而阳明《龙冈新构》所谓"墟寨俯逶迤,竹木互蒙翳"③之诗句,其中的"墟寨"即指龙场集市和村寨,"逶迤"指集市和村寨曲折绵延,是说在龙冈山能看到龙场集市和附近的村寨。龙场距贵州布政司、贵州宣慰司治所仅七十里地,属贵州腹地,并不偏远,比其他驿站的条件要好一点。

当年贵州宣慰使安贵荣准备减去龙场九驿,阳明致书剖析弊端,促使安贵荣放弃减驿,才逐步恢复驿站。据嘉靖《贵州通志》卷四《徭役》载:"龙场驿,马二十三匹,铺陈二十三副。"卷五《职官》载:"龙场驿,驿丞一员,吏一名。"郭子章著《黔记·邮传志》载:"龙场驿,城西北七十里,额马贰拾叁匹,今壹拾伍匹,

---

① 钱德洪:《年谱一》,王阳明:《王阳明全集(新编本)》卷三十二,吴光、钱明、董平等编校,第1234页。
② 按:龙场驿属贵州水西地区。水西为元、明二朝彝族土司贵州宣慰使司辖地,水西土司是贵州宣慰司(治今贵阳)的俗称,主要以彝族为主。彝族有自己独立的语言和文字,接触汉文化主要在奢香夫人代袭贵州宣慰使职摄政期间。她能广泛接受汉族文化,多方结识内地来的汉学人士,聘请汉儒到贵州兴办学校,传播汉文化。洪武二十三年(1390),奢香将儿子阿期陇派到南京,入京师太学学习汉文化。二十五年,阿期陇学成回贵阳,朱元璋赐他三品朝服和蟒衣、金带等,并钦赐姓"安",汉名叫安的。二十九年,年仅35岁的奢香不幸病逝,安的任贵州宣慰使,他是水西彝族中最早系统学习汉文化的人。此后他优待、奖劝土司子弟进入国子监学习,并严格规定"未经儒学教化者不准承袭土司",从制度上保证了土司教育政策的顺利推行,致使贵州宣慰使和各目酋长都不同程度地学习过汉文化。
③ 王阳明:《王阳明全集(新编本)》卷十九,吴光、钱明、董平等编校,第735页。

脚力贰头，系宣慰司安疆臣下夷目花仡佬八寨苗民承走。供馆，安宣慰设馆田叁佰陆拾分，每日壹分，田户自备答应。"①明万历《贵州通志》卷二十四《艺文志》中，载有万历元年（1573）时任贵州提学副使吴国伦作的《龙场驿见王伯安先生壁间遗笔》诗："海内王夫子，夷方亦问津。斯文存放逐，天意属经纶。一字云犹护，千秋迹未陈。相传浮海事，不及问斯人。"及后任贵州提学副使沈思充作的《龙场驿》诗："振铎西南转使轮，堪嗤罗鬼傍人驯。青山绿陌明时景，鸟语雕题太古真。历尽九夷谁曰陋，渡残五月亦疑春。吾乡迁客今如在，一点良知处处新。"从中可略微看出当时龙场的自然人文环境

明天启二年（1622），水西宣抚司土司安邦彦起兵作乱，为了抵御乱兵，贵州副总兵王国祯始建龙场城。崇祯元年（1628），兵部尚书总督贵州等地军务的张鹤鸣与巡按御史陆献明令建龙场大城一座。崇祯三年（1630），在龙场驿置敷勇卫，并奉旨命名为"敷勇卫城"。崇祯四年（1631），兵部尚书兼贵州巡抚朱燮元增建城池，城周长9里2分，高2丈，3奇5正；城有4门，名祥曦、迎恩、义正、平安；有军民千户。因此，正德年间的龙场驿，绝不可能是"蛇虺魍魉，蛊毒瘴疠"之地。如果当时龙场人都是穴居，"可通语者，皆中土亡命"的几个人，那龙冈书院怎么能办起来呢？书院中的几十个弟子怎么能够听得懂阳明先生讲课呢？

洪武十四年（1381），朱元璋调北征南后，龙场有了不少屯军的地方，如现在的修文中学和实验小学这一片，当年叫永安屯，还有六屯、大屯等。龙场驿附近有王官堡、周官堡、大地堡、万兴堡、谷堡等，都是屯军之地。这些中原地区来的军户是不能回原籍的，至王阳明到龙场时已有一百二十多年，他们在生活、语言、习俗、婚姻方面都与当地少数民族相融合，至今还有一些少数民族说他们是汉父彝母，这就是汉族军户与当地少数民族通婚的结果。洪武中期以后，严格规定"未经儒学教化者不准承袭土司"。于是在任土司聘请名儒到宣慰司各地办学，传播汉文化，致使各酋目及子弟都不同程度地开始学习汉文化。嘉靖四十一年（1562），安国亨世袭贵州宣慰使，他在阳明洞书题的"阳明先生遗爱处"，在玩易窝书题的

---

① 郭子章：《黔记》卷二十二，赵平略点校，西南交通大学出版社2016年版，第539页。

"阳明玩易窝"五个大字以及所题诗,无论从书法艺术还是诗文角度看,其汉文化的功底已相当深厚。因此,当时龙场可通汉语者并非都是中原逃亡之人,还有一部分少数民族贵族等。

《年谱》又载,王阳明在龙场"旧无居,始教之范土架木以居"①。现有部分专家据此推测当时龙场人是穴居,是阳明教会他们筑屋而居,这纯属主观臆断。王阳明在龙场缺粮缺菜,为解决粮食蔬菜,便在西园开辟了一亩来地,但他不会种植,便通过观看农民种庄稼,请学于农,才知道"方园不盈亩,蔬卉颇成列。分溪免瓮灌,补篱防豕蹢"②。"种蔬须土疏,种蓣须土湿。……去草不厌频,耘禾不厌密。"③他从小就一直读书,至28岁才考中进士,连种菜都不会,怎么能教人建造房屋呢?说龙场人不会建房,那怎么能帮他建造"何陋轩""君子亭""宾阳堂"呢?孔子曾坦言自己不如老农老圃,阳明亦不讳言曾请学于农者,这些都无损于孔子、王阳明的伟大。

《明史》卷一百九十五《王守仁传》亦载:"龙场万山丛薄,苗僚杂居。守仁因俗化导,夷人喜,相率伐木为屋,以栖守仁。"④说明是夷人伐木造房给阳明居住。现在保护完好的龙场明代古驿道上的蜈蚣桥、秀水桥,坚实且宽大,十多吨重的车辆通行都没问题。它尽管经后人多次重修,但基础仍保存完好。蜈蚣桥为明弘治年间贵州宣慰使安贵荣组织修建,石刻望板和望柱雕刻精巧,望柱上的六只老虎栩栩如生,史书上称"石工精致,基密坚实,为水西十桥之冠"。五百年来,屡遭洪水冲击,至今安然无恙。古代桥梁都能建造这么好,怎么能说龙场人不会建房呢?龙场人不会建房,那龙场这个集市是怎么形成的?

在龙场时,王阳明作有《元夕二首》《元夕雪用苏韵二首》《元夕木阁山火》共五首"元夕诗"。《元夕二首》中有"去年今日卧燕台,铜鼓中宵隐地雷。月傍苑楼灯彩淡,风传阁道马蹄回"。这里的燕台即京城,说明正德二年的元宵节他在北京,而正德三年的元宵节则在龙场。《元夕雪用苏韵二首》中有"久客渐怜衣有结,蛮居长

---

① 钱德洪:《年谱一》,王阳明:《王阳明全集(新编本)》卷三十二,吴光、钱明、董平等编校,第1234页。
② 王阳明:《王阳明全集(新编本)》卷十九,吴光、钱明、董平等编校,第736页。
③ 王阳明:《王阳明全集(新编本)》卷十九,吴光、钱明、董平等编校,第734页。
④ 张廷玉等:《王守仁传》,《明史》卷一百九十五,中华书局1974年版,第5160页。

叹食无盐"。是说这个元宵节龙场下大雪，阳明生活艰苦，衣裳破了又补，菜中无盐可食。这四首诗应是阳明在龙场过第一个元夕时所作。《元夕木阁山火》中有"荒村灯夕偶逢晴，野烧峰头处处明。内苑但知鳌作岭，九门空说火为城"①。这是第二个元夕阳明过龙场木阁箐时作的诗，描写的是木阁箐野火烧山的景观。这说明元宵节前几天大太阳，天气晴朗，灌木草丛干燥，山火才能烧起来。阳明作的这几首诗写作地点不同，《元夕二首》《元夕雪用苏韵二首》是在阳明洞作的，《元夕木阁山火》是在木阁箐作的；气候不同，前一个元夕是"雪未消"，后一个元夕是"偶逢晴"。木阁箐是阳明去贵阳的必经之地，他曾多次到过。有一次遇大雪，阳明遂作《木阁道中雪》："瘦马支离缘绝壁，连峰窅窕入层云。山村树暝惊鸦阵，涧道雪深逢鹿群。冻合衡茅炊火断，望迷孤戍暮笳闻。正思讲习诸贤在，绛蜡清醑坐夜分。"②后阳明在《何陋轩记》中尝曰："龙场之民，老稚日来视予。喜不予陋，益予比。予尝圃于丛棘之右，民谓予之乐之也，相与伐木阁之材，就其地为轩以居予。"③说明建"何陋轩"是在木阁箐伐的木材，所以估计木阁箐离龙冈山不远。今龙冈山距离木阁箐主峰直线距离不足四公里，如果这几首诗是在同一年写的，按贵阳的地理气候，绝不可能在相距几里的地方一处下雪，一处大太阳能放火烧山。这也佐证了王阳明在龙场过了两个元宵节，其在龙场的时间跨度应该是三年。

三、玩易窝内悟大道

据《年谱》记载，王阳明刚到龙场时，"时瑾憾未已，自计得失荣辱皆能超脱，惟生死一念尚觉未化，乃为石椁自誓曰：'吾惟俟命而已！'日夜端居澄默，以求静一；久之，胸中洒洒。"④"石椁"，有的《王阳明全集》点校本作"石墩"，是为误录。黄绾撰《阳明先生行状》载："瑾欲害公之意未已。公于一切得失荣辱皆能超脱，

---

① 王阳明：《王阳明全集（新编本）》卷十九，吴光、钱明、董平等编校，第746页。
② 王阳明：《王阳明全集（新编本）》卷十九，吴光、钱明、董平等编校，第745页。
③ 王阳明：《王阳明全集（新编本）》卷二十三，吴光、钱明、董平等编校，第933页。
④ 钱德洪：《年谱一》，王阳明：《王阳明全集（新编本）》卷三十二，吴光、钱明、董平等编校，第1234页。

惟生死一念，尚不能遣于心，乃为石𰓸，自誓曰：吾今惟俟死而已，他复何计？"①与《年谱》所记基本一致。查《辞海》，"𰓸"本为"郭"之异文，假借为"窟"，有窟穴之意。"廓"为物体之外缘，如轮廓、廓处独居等，故"𰓸"与"廓"有相通之处。

那么，王阳明自誓的"石𰓸"在什么地方呢？笔者在1993年清理龙场镇新春村"玩易窝"时，发现下面的小洞口很像《年谱》中记载的石郭，阳明应是把这个窟穴当成石𰓸即墓穴了。他当时的心态是：如果自己死在这里，就把尸体埋于此石𰓸里，以示其置之死地而后生的决心。后查阅了贵州地方文献，可基本确定玩易窝下面这个窟穴就是王阳明自誓的石𰓸。玩易窝距今修文县城中心约1公里，在新春村吴家湾与毛栗园之间的一座约8米高的小山丘下，原为修文城廓十二景之一，有"玩易奇观"之称。山丘下有一个天然小溶洞，高3米，最宽处4米，深20余米，是修文较早的一处阳明文化遗迹。1996年列为贵阳市文保单位，后升为贵州省文保单位，2006年与阳明洞一起被列为全国重点文物保护单位。

1994年9月18日，贵州举办"阳明心学暨良知工程国际研讨会"，与会者参观玩易窝，认定玩易窝就是王阳明当年悟道的地方，地下这个洞口就是《年谱》中记载的石𰓸。1996年7月和11月，在"中国贵州王阳明国际学术讨论会"和"王阳明铜像揭幕仪式"期间，与会的国内外专家到玩易窝考察，也都认定地下的洞穴就是《年谱》中记载的石𰓸，其中就有日本九州大学名誉教授冈田武彦先生。这是他第三次到修文阳明洞参观，也是第一次到玩易窝考察。当时他仔细观察了一下玩易窝下面的洞口后说："对！对！这就是石𰓸，太像了，一个天然的墓穴。"然后站在石𰓸中含着泪说："当年阳明先生从北京到龙场，至少要走半年，是多么的艰辛，后又在这样艰苦的环境下悟出大道，为人类探寻真理，令人钦佩。……今天我们有这么优越的条件，我们又做了些什么呢？"当时在场的人听了，都非常感动。

正因为当年贵州宣慰使安贵荣打算废弃龙场九驿，驿站的维修管理工作就此中断，任其破败，致使驿站名存实亡。王阳明初到龙

---

① 黄绾：《阳明先生行状》，王阳明：《王阳明全集（新编本）》卷三十七，吴光、钱明、董平等编校，第1427页。

场时，无处居住，就找到距驿站一里的地下小溶洞住下。嘉靖《贵州通志》卷九《名宦》载："王守仁，正德间任龙场驿丞。至龙场，于驿畔辟小庵一所，终日默坐其中。时集夷人老幼亲狎教导之，于是夷人乐从，乃为构屋三间处之，匾曰'何陋轩'。"王阳明刚到龙场时，想到古代圣贤都曾历经各种磨难，最后凭借坚忍不拔的毅力而成圣成贤。自己虽能超脱得失荣辱，但生死一念尚未看透，于是把洞下窟穴当作石墎，有了置之死地而后生的决心。后在洞内潜心研究《易经》和程朱理学，命洞名为"玩易窝"。一天夜里忽然大悟"格物致知"之旨，并在此基础上提出了"心即理""知行合一"学说，这就是著名的"龙场悟道"。阳明后来说："吾'良知'二字，自龙场已后，便已不出此意，只是点此二字不出。于学者言，费却多少辞说。"①他在龙场悟道之后，已形成"致良知"学说的雏形，只是未找到一句合适的语言来概括和命名而已，所以可以说，"龙场悟道"奠定了其"致良知"学说的基础。因"玩易窝"溶洞既小又阴暗潮湿，实在不宜居住，当地人就帮他在洞前搭建草棚居住，阳明在此作有《初至龙场无所止结草庵居之》《却巫》《老桧》《无寐二首》《玩易窝记》《春晴》《龙场道中春行》等诗文。

王阳明尝在《玩易窝记》中说自己"仰而思焉，俯而疑焉"②，就是指的他当时在玩易窝悟道时的心理状态。而所谓"精粗一，外内翕，视险若夷"③，即意指精华糟粕一致，内心外物合一，视艰险为坦途的心理境界。明万历十八年（1590），贵州宣慰使安国亨在玩易窝石墎顶部题书"阳明玩易窝"五个大字，并作诗一首："夷居游寻古洞宜，先贤曾此动遐思。云深长护当年碣，犹是先生玩易时。"其中的"先贤曾此动遐思"，即意指阳明曾在这里无拘无束的思考和超越现实的想象，实亦暗指在此悟道。"犹是先生玩易时"，是指阳明在此研习《易经》，体悟《易经》。

民国《修文县志》卷六《献征志·下篇》，录有清雍正十三年（1735）修文教谕王观作的《访王文成玩易窝》诗："寻得一窝幽且深，日坐其中玩义理。豁然一旦悟良知，近取诸身自得师。"以及道

---

① 王阳明：《王阳明全集（新编本）》卷三十九，吴光、钱明、董平等编校，第1548页。
② 王阳明：《王阳明全集（新编本）》卷三十二，吴光、钱明、董平等编校，第940页。
③ 王阳明：《王阳明全集（新编本）》卷三十二，吴光、钱明、董平等编校，第940页。

光五年(1825)诗人张国华作的《修文县》诗:"龙冈山半洞空灵,玩易窝中考究勤。一自阳明兴教后,力能敷勇亦修文。"所谓"玩义理""考究勤",指的都是王阳明在悟道时的状态。该书同时还录有道光二十七年(1847)贵阳府教授胡长新作的《访王文成玩易窝》诗:"长留洞府在此间,识取先生曾玩易。为道四圣溯心源,故将妙理细寻绎。"诗中的"曾玩易""溯心源""妙理细寻绎",都是在说王阳明曾"留洞府"研习《易经》,潜心思考心学,亦即在此悟道。清代后期,在玩易窝顶部建有重檐六角"玩易亭"一座。同治十年(1871),贵州著名楹联家刘韫良为玩易亭题写对联云:"此间安乐可居,羡先生机变能观,终感得露湛金鸡,赦颁羑里;以后文明肇启,喜我辈追寻有自,最难忘风高石马,泽被黔州。"光绪十一年(1885),贵阳府人司炳燧作《咏玩易窝》诗云:"义探三圣频搜奥,文接两铭再订顽。想见尘中难索解,只将心得质尼山。"诗中的"频搜奥""再订顽""难索解""质尼山",都证明直到清代仍将玩易窝作为王阳明的"龙场悟道"处和"阳明心学"的诞生地。"玩易亭"由于自然破坏严重,在20世纪60年代初期的一场风雨中倒塌。小山丘在60年代后期和70年代初期被附近农民开山取石炸为平地,仅剩地下部分的溶洞。1994年,笔者筹资将堆满洞内的碎石垃圾清理干净。1996年,又迁移了洞口前的两户村民,并修建围墙,闻名遐迩的"玩易窝"由此得到保护。

四、龙冈讲学及事迹

正德二年(1507)秋末,王阳明从玩易窝迁到龙冈山东洞居住,更名为"阳明小洞天",今称"阳明洞"。该洞位于现在的龙场镇阳明村,距县城中心1000米左右。龙冈山不高,阳明洞也不深,但因王阳明在此悟道讲学而名扬中外,被海内外王学专家誉为"王学圣地"。爱国名将张学良曾被囚禁于此三年,更使阳明洞闻名于世。这处著名的阳明文化遗迹,1958年和1982年两次被列为贵州省级文保单位,2006年被列为全国重点文物保护单位。

王阳明迁到阳明洞后,作有《始得东洞遂改为阳明小洞天三首》《移居阳明小洞天三首》《龙冈漫兴五首》等诗。在《龙冈漫兴五首》中有"白云晚忆归岩洞,苍藓春应遍石床。寄语峰头双白鹤,野夫终不久龙场"①句，在《春晴散步》诗中有"径竹穿风蹬，云萝绣石床。孤吟动梁甫，何处卧龙冈"②句。诗中都提到了"石床"。1988年，日本九州大学名誉教授冈田武彦和国士馆大学名誉教授志贺一朗分别率团到阳明洞考察，曾寻找过石床。因当时管理员未对阳明龙场事迹作过研究，无法介绍石床情况。后经笔者考证，石床就在阳明洞口对面的石壁下。当年阳明在山上寻找薄石块，在石壁下砌成低矮的、不太规则的、像床一样的形状，铺上稻草，睡在上面，遂称石床，而并非像床一样平整的石板。20世纪80年代初期维修阳明洞时，把洞内修理平整，铺上石板，故而石床的痕迹现已难觅。

为了回报当地少数民族对自己的关照，王阳明移居阳明洞后即开始招收苗、彝族青少年进行启蒙教育，主要是学习汉语，认识汉字，传授儒家文化礼仪。当时贵阳还没有书院，听说他在龙冈办学，于是从贵阳及周边赶来拜师求学的人络绎不绝，影响力急剧提升。由于来学者太多，阳明洞容纳不下，于是当地人便帮他砍树割草修建"何陋轩"，创办"龙冈书院"，随后又建了"宾阳堂"和"君子亭"。阳明为此而撰写了著名的"龙冈三记"：《何陋轩记》《宾阳堂记》《君子亭记》。《何陋轩记》手迹现收藏于日本国立中央图书馆。阳明在记文中赞扬苗、彝人民就像一块未雕饰过的璞玉、没衡量过的木材，虽显粗砺顽梗，但椎斧可对其加工、取用。故而切不可以说他们粗俗浅薄，教化他们其实并不困难。通过教化，完全可使之成为有用之才。据说阳明在龙冈讲学时，"门生颇群集"③；"士类感慕云集听讲，居民环聚而观如堵"④，可谓盛况空前。阳明还在《春日花间偶集示门生》诗中说："改课讲题非我事，研几悟道是何人？"⑤说明来听其讲学者都有一定的文化基础，所以不必为"改课讲题"之类的事担心，而只要把精力放在"研几悟道"上就行了。为了提高听讲者的素质，阳明还特作《教条示龙场诸生》，提出"立志、勤学、改过、责善"的治学要求。这一时期的阳明，创作诗文

---

① 王阳明：《王阳明全集（新编本）》卷十九，吴光、钱明、董平等编校，第742页。
② 王阳明：《王阳明全集（新编本）》卷二十九，吴光、钱明、董平等编校，第1119页。
③ 王阳明：《王阳明全集（新编本）》卷十九，吴光、钱明、董平等编校，第736页。
④ 王杏：《新建阳明书院记》，《贵州通志》卷六，《天一阁明代方志选刊续编》（第68册），第771—774页。
⑤ 王阳明：《王阳明全集（新编本）》卷十九，吴光、钱明、董平等编校，第751页。

较多，文者如"龙冈三记"等，诗者如《龙冈新构》《诸生来龙冈》《夏日游阳明小洞天喜诸生偕集偶用唐韵》等。

据王阳明与弟子书信及其他史料记载，在龙冈书院期间，其弟子有姓名可考者近三十人，黔中弟子有陈宗鲁、汤伯元、叶子苍、张时裕、向子佩、越文实、邹近仁、范希夷、郝升之、汪原铭、陈良丞、易辅之、詹良丞、王世丞、袁邦彦、李良丞、高鸣凤、何廷远、陈寿宁、李惟善、陆显贵；滇中弟子有朱克相、朱克明兄弟；还有从湖南常德来的蒋信、冀元亨、刘观时等。在偏桥卫收有弟子钱凤翔。后来其弟子中既有考中举人、进士的，又有担任教谕、知县、知府的，有事迹可查者十余人。

另据《年谱》记载："思州守遣人至驿，侮先生，诸夷不平，共殴辱之。守大怒，言诸当道。毛宪副科令先生请谢，且谕以祸福。先生致书复之，守惭服。"①这里所说的"思州守"，既无姓，又无名。查明清时期《贵州通志》等文献，均无思州守派人到龙场凌辱王阳明的记录。如果只是个小小的思州守，阳明不可能称其为太府。当时思州府治所在今岑巩县，远距龙场七百多里，思州守与阳明又无深仇大恨，不可能从老远派人来凌辱他。《年谱》中所记之思州守，实际是贵州巡抚、都御史王质。据《明武宗毅皇帝实录》卷之十三"正德元年五月丁酉（五月十八）"条载："升光禄寺卿王质为都察院右佥都御史，巡抚贵州地兼理军务。"道光《贵阳府志》卷五十六《明总部政绩录第二》亦记曰："毛科，字应奎，余姚人，以进士授官，累选贵州提学副使。时王守仁谪龙场驿丞。巡抚王质遣人至龙场凌侮守仁，为夷人所困，使人反诉之质，质怒，守仁弗谢。科与守仁同乡，乃贻书劝之。""科卒为守仁调护，质虽衔之，终不深怨。然质亦旋以裁缺去职矣。"②可见当时派人到龙场的是贵州巡抚王质。民国《贵州通志·宦迹志》与道光《贵阳府志》所记相同。事实上，王质派人到龙场是去看望阳明的，而并非指使人去凌侮他，凌侮一事乃差人自己所为。王质虽是朝廷派来的京官，但经毛科劝解，并无怨恨计较，反而敬重阳明。阳明到贵阳时，两次拜见王质，

---

① 钱德洪：《年谱一》，王阳明：《王阳明全集（新编本）》卷三十二，吴光、钱明、董平等编校，第1234页。
② 周作楫修，萧琯、邹汉勋纂：《贵阳府志》卷五十六，清咸丰二年刻本。

称其为王公。正德三年（1508），阳明还为王质老家河北宣府镇城西北安葬其父的卧马冢撰《卧马冢记》。后王质于正德四年五月"以考察自陈乞致仕，许之"①。而王质收到允许其致仕的圣旨，应该是在4个月以后，此时王阳明正好应提学副使席书聘请在贵阳主持文明书院。

龙冈书院所属的何陋轩、君子亭、宾阳堂等建筑，在明崇祯年间已全部自然毁坏。何陋轩于道光二十六年（1846）由在贵州任职的官员重建，镌刻有贵州布政使罗绕典的《何陋轩记》、贵州巡抚乔用迁的《铭一首》《玩易窝记》、云贵总督李星沅的《王文成公阳明洞诗》，以及修文知县许大纶的《阳明先生诗记碑序》等碑文。君子亭于民国二十年（1931）重建于龙冈山巅，亭前竖有道光二十六年云贵总督贺长龄所书的王阳明《君子亭记》碑。宾阳堂于民国二十七年（1938）由修文知县胡立五等重建于大佛殿前，镌刻有胡立五所作的《重修宾阳堂记》，以及道光二十六年贵州粮储道孙起端所书的王阳明《宾阳堂记》等碑文。后这些建筑及碑刻屡遭破坏，但建筑主体保存完好，碑刻拓片尚存。1980年开始修复后，遂根据原有拓片重刻立碑。

阳明洞也是龙冈书院的一部分。此洞前后三通，洞中有洞。王阳明逝世后，历代有许多学者名人到这里瞻仰阳明遗迹，在洞内外留下了很多摩崖和碑刻。摩崖有43幅，行、楷、隶、篆等书体各具风格。最早一幅是"明万历五年（1577）夏，云南左参政盱江近溪罗汝芳同男轩游此"。洞口上方最大一幅摩崖石刻是"阳明先生遗爱处"七个大字，为明万历己丑年（1589）贵州宣慰使安国亨书；"我即前生面壁人""娲皇遗迹"，为明崇祯十三年（1640）布政使潘润民书。洞口左壁"奇境"二个大字，为清道光十年（1830）修文知县庞霖书；左洞口"幽光"二大字为道光十一年（1831）番禺梁作舟题。除国内仕官学者所书外，还刻有清光绪二十九年（1903）日本高山公通、金子新太郎、冈山源六、清宫宗亲到阳明洞瞻仰时所书"阳明小洞天"一幅，及日本著名阳明学者三岛毅诗一首。

---

① 《明武宗实录》卷十三，第1135页。

五、三人坟与灵博山

据史料记载，王阳明到龙场时，贵州宣慰使安贵荣因担心朝廷渗透，派流官管理宣慰司属地，于是对驿站采取不予维护，不给经费，没有馆舍、额马，任其破败的政策，致使驿站名存实亡。清道光《大定府志·水西安氏本末》记安贵荣曰："又乞减龙场诸驿，下兵部议，未决。时王守仁以建言谪龙场驿丞，雅为贵荣所敬礼，贻书止之，事遂寝。守仁以闻，议乃罢。"另据明嘉靖《贵州通志》卷四《徭役》载："龙场驿，马二十三匹，铺陈二十三副。"卷五《职官》载："龙场驿，驿丞一员，吏一名。"然这些都是嘉靖中期恢复龙场驿时的规模，而并非王阳明到龙场时的状况。阳明的《瘗旅文》尝曰："维正德四年秋月三日，有吏目云自京来者，不知其名氏；携一子一仆，将之任，过龙场，投宿土苗家。"①似乎表明吏目到龙场驿时因无房可住，只好投宿土苗家。但问题是，阳明到龙场时，驿站虽无房屋可住，但作为朝廷派来的驿丞，完全可以租用当地人的房屋，那他为何要去找溶洞居住呢？从他被廷杖下狱、贬谪龙场等一系列事件分析，可能主要是想在龙场的艰苦环境中，磨炼意志，思考人生。

《瘗旅文》主要讲的是正德四年（1509）秋月三日，有一从京城来的吏目，带着儿子和仆人去南边上任，行至龙场驿，因无房可住，遂投宿于苗族人家。次日一早，阳明准备向他们打听京城近况，不料三人已前行。因长途跋涉，筋骨疲惫，饥渴劳累，瘴疠侵袭，行至今修文县谷堡乡哨上村的蜈蚣坡山腰，吏目竟死于坡下。傍晚至次日上午，其子和仆人也相继死去。阳明听说无人掩埋，便带领童仆王祥等人，拿着畚箕、铁锸及鸡一只、饭三钵，赶到距龙场约12公里的蜈蚣坡，掩埋了三具尸体，并作《瘗旅文》凭吊。文章朴实深刻，哀婉动情，脍炙人口，感人至深。埋葬此三人的地方，清代竖有"瘗旅文"大碑于两山之间，又称"大碑丫口"，现称"三人坟"，该坟位于当年奢香夫人开凿的龙场驿至六广驿的古驿道坟旁。今"三人坟"已被列为贵州省级文保单位。

---

① 王阳明：《王阳明全集（新编本）》卷二十五，吴光、钱明、董平等编校，第997页。

蜈蚣坡中段有天生桥，王阳明作有《过天生桥》诗："水光如练落长松，云际天桥隐白虹。辽鹤不来华表烂，仙人一去石桥空。徒闻鹊驾横秋夕，谩说秦鞭到海东。移放长江还济险，可怜虚却万山中。"①天生桥在三人坟前二里许，上游百米处有两条溪流在此汇于桥下。桥下有高约50米、宽近25米的大瀑布，飞花溅玉，瀑水如练，吼声如雷。飞散的水花形成层层薄雾，笼罩河谷。迎日而视，彩虹飞架，与桥争辉。游人至此，无不触景生情，有心旷神怡之感。

此前，王阳明还受安贵荣之请作有《象祠记》。为了写此记文，他曾从龙场驿到陆广驿（今六广镇广城村），然后渡过六广河抵达黔西。据明嘉靖《贵州通志》卷四《徭役》载："陆广驿，马十八匹，铺陈十八副。"卷五《职官》载："陆广驿，驿丞一员，吏一名。"古时水东与水西以六广河为界，河东是修文，河西是黔西。奢香夫人开辟龙场九驿，在六广设驿站，六广河是贵阳到水西的交通要道。正德四年（1509）春，王阳明下榻六广驿，次日清晨从渡口乘船过六广河，即为秀美的河谷和两岸雄奇的山峰所吸引，写下了赞美六广河风光的《陆广晓发》诗："初日瞳瞳似晓霞，雨痕新霁渡头沙。溪深几曲云藏峡，树老千年雪作花。白鸟去边回驿路，青崖缺处见人家。遍行奇胜才经此，江上无劳羡九华。"②

过六广河后，抵达今黔西县素朴镇灵博村的灵博山（又称九龙山），为彝族人修建的象祠提笔写下《象祠记》。象是舜帝之弟，有说恶者，有说善者。王阳明是根据象少年时作恶多端，做过坏事，但在舜的善德教育感化下，成年后改恶从善，当国君后又做过很多好事，受人尊敬，特为之建祠堂奉祀的传说而作记。记文中他提出了"天下无不可化之人也"③的观点。认为只要有诚心，意志坚定地改正错误，修养德行，行善积德，即使恶人也能变为好人。王阳明所书《象祠记》手迹，现收藏于台北故宫博物院。

据清乾隆《大清一统志》卷四百〇一《大定府·山川》载："灵博山，在黔西州水西苗地，上有象祠，明王守仁作记。"道光《大定府志》卷五十四《文征四》收有《灵博山象祠记》，记曰："其说不

---

① 王阳明：《王阳明全集（新编本）》卷十九，吴光、钱明、董平等编校，第743页。
② 王阳明：《王阳明全集（新编本）》卷十九，吴光、钱明、董平等编校，第743页。
③ 王阳明：《王阳明全集（新编本）》卷二十三，吴光、钱明、董平等编校，第936页。

古，然以水西地有象祠证之，或者不诬也。……灵博山虽不知其处，所要当在水西境内。"光绪年间的黔西诗人白启舫在《九龙山赋》中亦曰："地居八寨，山号九龙。……杨慎有水西之咏，守仁有象祠之文。"而近年出版的《古文观止》在《象祠记》注释中则称："灵博山，二山名，即灵鹫山、博南山，均在云南境内。"① 此注显然有误。灵博山原名麟角山。黔西有一种说法：当年王阳明写《象祠记》时，安贵荣向他介绍麟角山象祠，阳明误听为灵博山。象祠在清康熙四年（1665）吴三桂"剿水西"时被毁，乾隆年间建为寺庙，1950年后被拆毁，2013年扩大规制重建。

需要说明的是，明万历《贵州通志》卷二十四《艺文志》"七言古诗"中，录有王阳明的《宿谷里》《饭金鸡驿》诗，这是将作者姓名张冠李戴了。经查，明清时期的《贵州通志》《贵阳府志》《大定府志》《黔西州志》等，均无王阳明到过黔西谷里驿、水西驿及大方县金鸡驿的相关记载。事实上，这两首诗是万历元年贵州提学副使吴国伦到毕节考察时所作，《吴国伦诗词全集》和《大定府志》卷五十七《文征七》中，即录有吴国伦所作的这两首诗名和内容完全相同的诗。

六、与士民之交往

王阳明谪居龙场期间，与少数民族友好相处，各民族朋友帮他搭建草庵，伐木修建龙冈书院，对此，阳明曾在《何陋轩记》中予以高度赞扬。他还在龙场作散曲《套数·归隐·锦衣香》："府库充，何足道；禄位高，何足较。从今耳畔清闲，不闻宣召。芦花被暖度良宵。三竿日上，睡觉伸腰。对邻翁野老，饮三杯浊酒村醪。醉了还歌笑，齁齁睡到。不求富贵，只求安饱。"② 声称自己常与龙场老翁喝酿制的混浊米酒，醉了还唱歌谈笑。又作散曲《套数·恬退·前腔》："叹浮生总成虚幻，又何须苦自熬煎。今朝快乐今朝宴，明日事且休管。无心老翁一任蓬松两鬓斑，直吃到绿酒床头磁瓮干。

---

① 按：1981年中国书店、1982年湖南人民出版社、2005年岳麓书社等出版的《古文观止》皆如此注释。
② 王阳明：《王阳明全集（新编本）》卷四十七，吴光、钱明、董平等编校，第1919页。

妻随唱，子戏班、弟酬兄劝共团圆。兴和废，长共短，梅花窗外冷相看。"①声称自己与鬓发斑白的老翁喝少数民族特制的绿酒，把土酒坛都喝干了，又听老农妻子唱歌，与其子女相互劝酒、赏花、演戏、唱和。从中可以看出，阳明与少数民族之间亲如兄弟般的融洽关系和欢快场景。

《年谱》还记载："水西安宣慰闻先生名，使人馈米、肉，给使令，既又重以金帛鞍马，俱辞不受。"②水西安宣慰即贵州宣慰使安贵荣，水西安氏和水东宋氏均属贵州宣慰司管辖。水西安宣慰大概是指安宣慰是水西人，而并非是指水西宣慰司的宣慰使。这在明清时期的《贵州通志》中皆有记述。安贵荣与王阳明的关系非同一般。阳明在阳明洞期间，生活特别艰苦，安贵荣知道后，即派人奉送衣、食、住、行等所需物品，如布匹、鞍马及金银等贵重物。阳明再三推辞不过，只好收下油、盐、柴、米，以补龙冈书院弟子们之缺，而把金银、布匹、鞍马等如数送还。一个省部级高官给一个小驿丞送礼，且皆为生活必需品，按常理阳明应该收下，但他还是把其中的贵重礼品如数奉还，而只留下生活必需品，这就是王阳明。后水东苗族酋长阿贾、阿扎聚众造反，进逼贵阳，安贵荣按兵不动，王阳明又多次致书陈述其中利害，劝其出兵，平息了一场大乱。可见两人之间绝非一般的上下级关系，而是亲密无间的政治盟友。

明弘治十七年（1504），时任贵州提学副使的余姚同乡毛科，在元代书院顺元路儒学旧址上重建"文明书院"。正德三年（1508），毛科请王阳明到文明书院任主讲，阳明因病推辞，并作答谢诗《答毛拙庵见招书院》："野夫病卧成疏懒，书卷长抛旧学荒。岂有威仪堪法象？实惭文檄过称扬。移居正拟投医肆，虚席仍烦避讲堂。范我定应无所获，空令多士笑王良。"③次年四月，毛科承朝廷之命致仕，离开贵阳，去浙江仙居桐江书院归隐讲学，阳明又作《送毛宪副致仕归桐江书院序》④相送。后来席书任贵州提学副使，他与王阳明之间是亦师亦友的关系，也是最早接受阳明心学的地方官

---

① 王阳明：《王阳明全集（新编本）》卷四十七，吴光、钱明、董平等编校，第1921页。
② 钱德洪：《年谱一》，王阳明：《王阳明全集（新编本）》卷三十二，吴光、钱明、董平等编校，第1234页。
③ 王阳明：《王阳明全集（新编本）》卷十九，吴光、钱明、董平等编校，第742页。
④ 王阳明：《王阳明全集（新编本）》卷二十二，吴光、钱明、董平等编校，第913页。

员，曾自称是阳明弟子。席书上任后，将文明书院修葺一新，请阳明到文明书院主讲"知行合一"新说。嘉靖《贵州通志》卷九《名宦》载："席书，正德间任提学，性嗜静，学问根本周程。时阳明王守仁谪居龙场，延至文明书院以训诸生，暇则就书院与论学，或至夜分。"

除了按察副使毛科、提学副使席书，王阳明在龙场时，还与贵州其他官员有交结，颇受敬重。如贵州监察御史王济、总兵施怀柔、太守黄澍、少参王文济、侍御刘寓生、佥宪陆文顺和胡少参、按察使张宪长（张贯）、铜仁知府刘美之（刘瑜）、徐掌教，还有曾任都察院右副都御史兼山西巡抚、退职归家的贵阳名士徐节等。

在研读讲学之余，王阳明还游览了附近的山水风光，南山观稼、西山采蕨、青岩采薪、西园种菜、游水滨洞等。所到之处吟诗作文，赞美龙场的青山绿水、民风民情。他谪居龙场时间不长，且身处逆境，生活艰难，自己要种地、浇园、砍柴、担水、做饭，劳顿辛苦，但精神乐观。在他贬谪贵州的近三年间，写了《居夷诗》近一百四十首，并著有《五经臆说》四十六卷（后大部被焚毁）、各类文章三十五篇。这对了解当时贵州尤其是龙场的农业生产、地理条件、生态环境、民俗风情、文化教育等都具有十分重要的价值，不仅是研究阳明龙场悟道的重要材料，而且是研究明代贵州地方史的珍贵资料。

正德四年（1509）闰九月，刘瑾考虑到王阳明在龙场三年贬谪期将满，就请皇帝诏令他为江西庐陵知县。据明嘉靖四十五年（1566）郑晓编的《皇明名臣记》卷二十八载："谪贵州龙场驿丞，居夷力学，学益进。四年闰九月，升庐陵知县。"万历六年（1578）劳堪的《宪章类编》卷三十九亦载："正德四年闰九月，升龙场驿丞王守仁为庐陵知县。"这两处阳明升任庐陵知县的时间一致。但朝廷公文需要近四个月才能送达贵阳，此时刘瑾尚在台上。刘瑾是在正德五年（1510）四月，遭张永揭发，被武宗下令以"反逆"罪凌迟处死的。所以不少文献说王阳明是刘瑾被诛后才擢庐陵知县，显然是不对的。

正德四年（1509）十二月中旬，王阳明因三年贬谪期满，接到朝廷任命后，即向弟子们交代了一下龙冈书院的事，收拾行装，急匆匆启程赴江西庐陵上任。当他在贵阳与席书告别时，席书作《送别王守仁序》相赠。贵阳弟子们在蔡氏楼为他设宴饯别时,阳明作《将归与诸生别于城南蔡氏楼》赠别诗。部分弟子从贵阳送他至龙里离别时,他又作《诸门人送至龙里道中二首》。到了镇远即将进入湖南时,阳明又为贵州诸门人写了《镇远旅邸书札》,要求他们不可懈怠,"努力进修,以俟后会"。[①]正德五年(1510)三月十八日,阳明仅用三个月时间就到达了庐陵,较之三年前赴谪龙场时的"拖沓",可谓"归心似箭"矣。

王阳明的"龙场悟道",是其一生中的重要事件,更是其思想的重要转折点。他提出的"知行合一"说,是我国哲学思想史上的重要创新。他所创办的"龙冈书院",则是贵州教育史上的里程碑。因此,王阳明在贵州龙场留下的事迹和遗迹,乃是研究其哲学思想、教育思想和生平事迹不可或缺的珍贵资料。这也是龙场被中外学者称为"良知之源""王学圣地"的重要原因。

(杨德俊撰稿)

[①] 王阳明:《王阳明全集(新编本)》卷三十九,吴光、钱明、董平等编校,第1576页。

王阳明与贵阳

王阳明贬谪贵州龙场驿期间，曾经多次到贵阳停留。贵阳是阳明"龙场悟道"之后始论"知行合一"的地方，阳明本人及其弟子多次提及贵阳，将龙场悟道与贵阳传道并举，可见贵阳在阳明心学形成过程中的重要地位。钱德洪编《阳明年谱》对阳明在贵阳记载有误，加之学界对阳明在贵阳的关系考述不多，故造成世人迷惑甚至误解。本章梳理阳明诗文史料以及相关地方文献，通过诗文证史的方法，对阳明在贵阳的事迹（包括所涉时间、地点、人物）一一进行论述。

一、拜访贵阳詹氏家族

王阳明赴谪贵州龙场，到达省城贵阳后，立即前往拜访同年詹恩。詹恩当时已经去世，詹母越氏刚去世，还未下葬。詹恩弟詹惠请阳明为母亲詹母作墓志铭。《明封孺人詹母越氏墓志铭》①于1955年出土，是研究王阳明与贵阳詹氏家族关系的珍贵文献，全文如下：

> 赐进士出身余姚王守仁撰，赐进士出身通奉大夫都察院右副都使郡人徐节②篆，乡进士奉直大夫云南北胜州知州嘉禾汪汉书。
> 予年友詹荩臣既卒之明年，予以言事谪贵阳，哭泣荩臣之墓有宿草矣。登其堂，母孺人之殡在，重以为荩臣伤。见荩臣之

---

① 1955年，贵阳城西狮子山（今贵阳卷烟厂附近）发现明代贵阳詹氏家族墓地，其中出土有《詹母越氏墓志铭》等多几方墓志。该铭盖有"明封孺人詹母越氏墓志铭"十一字，铭石现藏贵州省博物馆。该铭文与上海古籍出版社《王阳明全集》所载有多处差异，故有重要史料价值。
② 据学者考证，徐节即王阳明《居夷集》所录诗《徐都宪同游南庵次韵》中的徐都宪。"徐节，字时中，贵阳人。成化壬辰（1472）进士……正德丙寅（1506）迁右副都御史，巡抚山西，以刚直忤刘瑾，瑾矫旨削秩罢归。瑾诛，复职，致仕。"（《贵州通志·人物志》，贵州人民出版社2001年版，第31页）徐节比阳明大37岁，二人在北京时当有交集。徐节被罢官回到贵阳时，阳明正安谪居龙场。正德四年（1509）初夏阳明写《徐都宪同游南庵次韵》时，徐节闲居贵阳，阳明前去拜望，徐节带阳明游南庵。翌年初，阳明任庐陵知县，离开贵阳到达镇远时，有《镇远旅邸书札》三封寄给"贵阳诸生"，在给李惟善的信中嘱咐"徐老先生处，可特为一行拜意"。信中的"徐老先生"亦当是徐节。此时徐节75岁，仍闲居贵阳，直到当年八月刘瑾伏诛后，才官复原职。参见李小龙：《王阳明居夷诗中"徐都宪"考辨》，贵州大学中国文化书院网，2021年6月27日。

弟惠及其子云章，则如见荩臣铭焉。惠将举葬事，因以乞铭于予。予不及为荩臣铭，铭其母之墓，又何辞乎？按状：孺人姓越氏，高祖为元平章，曾祖镇江路总管，入国初，来居贵阳。父存仁翁，生孺人，爱之，必为得佳婿。时荩臣之祖止庵亦方为荩臣父封大理评事公求配，皆未有当意者。一日，止庵携评事过存仁饮，见孺人焉，两父遂相心许之，故孺人归于评事。评事公好奇，有文事，累立军功，倜傥善游，尝自滇南入蜀，逾湘，历吴、楚、齐、鲁、燕、赵之区，动逾年岁。孺人闺处，厘外内之务，延师教子，家政斩然。评事公出则资马仆从，入则供具饮食，以交四方之贤，若不有其家者，孺人蚤夜承之，无怠容。恩亦随举进士，历官大理寺正公，孺人卒受恩封焉。呜呼！孺人相夫为闻人，训其子以显于时，可谓贤也已。丙寅，恩先卒，惠方为郡庠生，女一适举人张宇，孙三：云表、云章、云行。云章以评事公军功，百户优给，人谓孺人之泽未艾也。墓从评事公，兆于城西原。铭曰：母也惟慈，妻也惟顺。呜呼孺人，顺慈以训。生也惟从，死也惟同。城西之袱，归于其官。

詹氏和越氏均是贵阳著名的文化世家，历代名人辈出，两家结为婚姻。阳明与詹氏的关系，是因为詹恩与阳明同年考中进士，有"同年"之谊。① 据《詹恩墓志铭》载，詹恩字荩臣，号玉屏。弘治八年（1495）中举，十二年（1499）中进士，试政户部，补大理评事，升大理寺副，除承务郎。詹恩与阳明确系"同年"，当与阳明论学于京师。弘治十六年（1503），詹恩因父丧回籍守制，正德元年（1506），不幸病逝，时年33岁。② 詹母越氏卒于正德三年（1508）。阳明至贵阳，拜访詹氏家族，知詹恩已逝，哭之墓，墓草已长；登其堂，则詹母之殡在。詹恩之弟詹惠将举葬事，乞铭。阳明作《明封孺人詹母越氏墓志铭》。据《詹惠墓志铭》③，詹惠字良臣，号湫西，郡庠生。詹惠请阳明为母亲作墓志铭之后，求教于门下，成为

---

① 按：贵州普定的江大章也是同年考中进士。
② 郭子章《黔记》卷五十三："宣慰司节妇：被旌者……范氏，詹恩妻。"（郭子章：《黔记》卷五十三，赵平略点校，第1073页）
③ 贵州省博物馆编：《贵州省墓志选集》，第38—41页。

阳明及门弟子。阳明离开贵州时，作有《镇远旅邸书札》，记载有贵州弟子二十余人，其中有"詹良丞"，实为"詹良臣"之误（"丞"与"臣"同音，故误）。詹惠后官云南永昌训导，颇有事功，晚年回乡，传播阳明心学，是为黔中王门著名弟子之一。

二、到贵阳养病

王阳明到贵州龙场驿后不久，发生了一次严重冲突。官府派差人到龙场驿羞辱阳明，引起了少数民族民众的义愤，少数民族民众将差人痛打一顿，狼狈而逃。官府震怒，要求阳明本人亲自到贵阳道歉，阳明予以严正拒绝。《阳明年谱》正德三年戊辰条载："先生三十七岁，在贵阳。春，至龙场。……思州守遣人至驿侮先生，诸夷不平，共殴辱之。守大怒，言诸当道。毛宪副科令先生请谢，且谕以祸福。先生致书复之，守惭服。"[1] 黄绾《阳明先生行状》云："瑾欲害公之意未已。……时思州守遣人至龙场，稍侮慢公，诸役夫咸愤惋，辄相与殴辱之。守大怒，曰宪副毛公科，令公请谢，且喻以祸福。公致书于守，遂释然，愈敬重公。"[2]

上述两处材料所称"思州守"均有误，思州府（今贵州岑巩县）在贵阳东六百余里，龙场驿不在思州府管辖之下。之所以用"思州守"，是为了"为尊者讳"，主角应是贵州巡抚王质。[3] 此事起因是因为阳明在赴谪途中耽误了时间，没有按期赶到龙场驿，所以贵州巡抚王质奉刘瑾之命为难阳明，但想不到差人到龙场驿后遭到少数民族民众痛打。龙场驿当时属贵州宣慰司（安贵荣）管辖，贵州宣慰司衙在贵阳城内，此事应该到贵阳由安贵荣处理，但安贵荣正在与官府作对，巡抚王质于是让负责全省刑法与学校的提学副使毛科[4]出面处理。毛科写信让阳明到贵阳对质，阳明作《答毛宪副》云：

---

[1] 钱德洪：《年谱一》，王阳明：《王阳明全集（新编本）》卷三十二，吴光、钱明、董平等编校，第1234页。
[2] 黄绾：《阳明先生行状》，王阳明：《王阳明全集（新编本）》卷三十七，吴光、钱明、董平等编校，第1427页。
[3] 郭子章《黔记》卷二十八《总督抚按藩臬表》载："正德元年丙寅……王质，上古，万全人，由光禄卿升右佥都任。"（郭子章：《黔记》卷二十八，赵平略点校，第642页）
[4] 郭子章《黔记》卷二十八《总督抚按藩臬表》载："（弘治）十五年壬戌……毛科，应奎，副使，余姚人，进士。"（郭子章：《黔记》卷二十八，赵平略点校，第641页）

昨承遣人喻以祸福利害，且令勉赴太府请谢，此非道谊深情，决不至此，感激之至，言无所容！但差人至龙场陵侮，此自差人挟势擅威，非太府使之也。龙场诸夷与之争斗，此自诸夷愤恨不平，亦非某使之也。然则太府固未尝辱某，某亦未尝傲太府，何所得罪而遽请谢乎？跪拜之礼，亦小官常分，不足以为辱，然亦不当无故而行之。不当行而行，与当行而不行，其为取辱一也。废逐小臣，所守以待死者，忠信礼义而已，又弃此而不守，祸莫大焉！凡祸福利害之说，某亦尝讲之。君子以忠信为利，礼义为福。苟忠信礼义之不存，虽禄之万钟，爵以侯王之贵，君子犹谓之祸与害。如其忠信礼义之所在，虽剖心碎首，君子利而行之，自以为福也，况于流离窜逐之微乎？某之居此，盖瘴疠蛊毒之与处，魑魅魍魉之与游，日有三死焉。然而居之泰然，未尝以动其中者，诚知生死之有命，不以一朝之患而忘其终身之忧也。太府苟欲加害，而在我诚有以取之，则不可谓无憾。使吾无有以取之而横罹焉，则亦瘴疠而已尔，蛊毒而已尔，魑魅魍魉而已尔，吾岂以是而动吾心哉！执事之喻，虽有所不敢承，然因是而益知所以自励，不敢苟有所隳堕，则某也受教多矣，敢不顿首以谢！①

此后不久，王质离开贵州，此事也不了了之。通过此事，提学副使毛科十分钦佩王阳明，遂邀请他到贵阳"文明书院"讲学。贵阳当时虽然是贵州省城，但居民"夷多汉少"，并未设府②，由贵州宣慰司管理，称"宣慰司城"，文化教育比较落后。毛科盛情邀请王阳明讲学，王阳明作《答毛拙庵见招书院》一诗回复，予以婉言拒绝。但由于王阳明生病严重，需要到贵阳养病，所以还是来到了贵阳。其《答毛拙庵见招书院》诗云：

野夫病卧成疏懒，书卷长抛旧学荒。岂有威仪堪法象？实

---

① 王阳明：《王阳明全集（新编本）》卷二十一，吴光、钱明、董平等编校，第838—839页。
② 按：贵州于永乐十一年（1413）建省，贵阳作为省城，没有府的建置，贵州宣慰司、贵州布政司、贵州按察司、贵州都司共驻省城，由贵州卫、贵州前卫拱卫省城安全。隆庆二年（1568），迁程番府（在今惠水县）入贵阳城，次年三月改贵阳府，作为省城的贵阳至此始有独立的行政建制。

惭文檄过称扬。移居正拟投医肆，虚席仍烦避讲堂。范我定应无所获，空令多士笑王良。①

当时，贵州少数民族"俗信巫鬼，好禳祷"②，王阳明拒绝巫鬼禳祷的办法，而是选择静坐调息和药物治疗，于是病情得以好转，身体逐渐恢复。有人认为王阳明大难不死，是因为他有神仙之术，多次向王阳明请教神仙之道，三至而王阳明不答，又遣弟来，必欲得之，王阳明不得已，作《答人问神仙》书，以辩神仙之妄。

三、到贵阳欢度新年

在1508年岁末之际，贵阳城的朋友热情邀请王阳明共度新春佳节、畅谈诗文，这对已经完成"龙场悟道"的王阳明来说，是一个极佳的宣讲传道机会。他于是骑着一匹瘦马向贵阳城出发了，途经木阁箐大山时，正好遇到下雪，遂乘兴写下了《木阁道中雪》一诗：

瘦马支离缘绝壁，连峰窅窕入层云。山村树暝惊鸦阵，涧道雪深逢鹿群。冻合衡茅炊火断，望迷孤戍暮笳闻。正思讲习诸贤在，绛蜡清醑坐夜分。③

木阁即木阁箐大山，位于今贵阳与修文交界处，是一座横亘近百里的山脉，海拔1300多米，系贵阳以北的天然屏障，有古道直通龙场、水西、毕节，为古代兵家必争之地。《黔记》云："（贵阳）西北五十里有木阁箐山，延袤百余里，林木蓊郁，道通水西、毕节。"④ 木阁箐群峰高耸，悬崖嵯峨，驿道盘旋，迂回曲折。王阳明多次往返出入于木阁箐大山，但这次在道中遇雪，所以留下极深印象：瘦马、绝壁、连峰、层云、山村、鸦阵、涧道、鹿群、冰雪、茅屋、孤戍、暮笳，这是一幅衰败的残冬景象图，也是王阳明

---

① 王阳明：《王阳明全集（新编本）》卷十九，吴光、钱明、董平等编校，第742页。
② 郭子章：《黔记》卷七，赵平略点校，第177页。
③ 王阳明：《王阳明全集（新编本）》卷十九，吴光、钱明、董平等编校，第745页。
④ 郭子章：《黔记》卷八，赵平略点校，第214页。

心中凄凉与无奈的写照。但他笔锋一转，想着即将与贵阳城的诸贤讲习，有红蜡清酒相伴，一直到夜半也畅谈不休，这该有多么畅快淋漓啊！王阳明将政治失意和内心苦闷消融于论道讲学的欢愉之中，表现了决心在贵州寻找志同道合之士，拼死讲学、传道授业的信心和勇气。

1509年正月初一，王阳明已经到达贵阳。这天正是天遂人愿，贵阳城迎来了一个难得的大晴天，贵州按察司副使陆健陪同他游览贵阳的名胜古迹和山城美景，同时还赠诗一首，王阳明心情很好，立即次韵和诗一首：

> 城里夕阳城外雪，相将十里异阴晴。也知造物曾何意，底是人心苦未平。柏府楼台衔倒景，茅茨松竹泻寒声。布衾莫谩愁僵卧，积素还多达曙明。①

贵州是典型的山区环境，正所谓"五里不同俗，十里不同天"。王阳明在贵阳就经历一场"城里夕阳城外雪"的奇景：放眼望去，城里夕阳正红，而城外却白雪满山。不知造物主是何心意？难道是人心之中苦于世间不平，因此老天显示此红白之分。徜徉于贵阳的美景，看见柏府楼台倒影在水中，茅屋、松竹流泻出寒冷的信息。夜晚来临，好朋友准备了温暖的棉被，不要担心睡觉会冻僵；积雪还很多，映白了夜晚，亮光一直连到天明。该诗描述了王阳明对贵阳的所见所闻所感，他愉快地度过了1509年新年的第一天。

王阳明作有《元夕木阁山火》《元夕家童作纸灯》两诗，可见他正月十五已经回到龙场，这样算来，王阳明在贵阳应当停留多日，所以借此良机，他在多位友人的陪同下，观看了贵阳的傀儡戏剧，游览了贵阳许多名胜古迹，他们诗文唱和，十分惬意。王阳明作有《答刘美之见寄次韵》《南庵次韵》《观傀儡次韵》《徐都宪同游南庵次韵》《即席次王文济少参韵》《南霁云祠》等诗。

南庵，在贵阳城南门外，南明河自西而来，于南庵之北，回环萦绕，乃顺东而去，回澜处，沙鸥翔集，江中突立一鳌矶，渔歌晚

---

① 王阳明：《王阳明全集（新编本）》卷十九，吴光、钱明、董平等编校，第746页。

唱，景色宜人，称小西湖，为贵阳八景之一。南庵后改为武侯祠、圣寿寺、观音寺，即现在之"翠微园"。王阳明离开贵州后，黔中王门第二代弟子马廷锡在南庵之前的鳌矶之上建有"栖云亭"，讲学其中三十余年，是王阳明之后又一次贵阳讲学高潮。1598年贵州巡抚江东之在此建"甲秀楼"，历代不断重修，现为国家级重点文物保护单位，也是与贵州阳明心学有关的明代标志性建筑。

值得注意的是，王阳明在贵阳城内有一些弟子，诸如汤啐、陈文学、叶梧、李惟善、汪原铭等。王阳明在《居夷集》中有《夜宿汪氏园》一诗："小阁藏身一斗方，夜深虚白自生光。梁间来下徐生榻，座上惭无荀令香。驿树雨声翻屋瓦，龙池月色浸书床。他年贵竹传遗事，应说阳明旧草堂。"[1] 从诗中"他年贵竹传遗事，应说阳明旧草堂"一句，可以看出王阳明对龙场所悟之道的自信和对贵阳弟子们传道的期许。

四、到贵阳送别好友

1509年春、夏，王阳明在贵阳度过比较长的时间。这是一个伤感的时节，王阳明有多位朋友离开贵阳，王阳明与他们一一道别。

首先，送别同乡好友毛科。贵州提学副使毛科是王阳明的余姚同乡，两人关系密切。毛科不仅调停了一次严重冲突，而且还邀请王阳明到贵阳"文明书院"讲学。王阳明虽然拒绝了讲学，但还是来到贵阳养病，养病期间可能得到了毛科的关照。王阳明曾为毛科作有《远俗亭记》一文，可能当时被毛科亲自迎接到家中，得以参观"远俗亭"。1509年夏，毛科致仕回乡，王阳明特意参加了饯别会，作有《送毛宪副致仕归桐江书院序》："正德己巳夏四月，贵州按察司副使毛公承上之命，得致其仕而归。……而同僚之良惜公之去，乃相与咨嗟不忍，集而饯之南门之外。酒既行，有起而言于公者，曰：……公又起拜，遂行。"[2]

其次，送别好友刘寓生。刘寓生，湖北石首人，进士，时任巡

---

[1] 王阳明：《王阳明全集（新编本）》卷十九，吴光、钱明、董平等编校，第747页。按："传遗事"的"遗"，《居夷集》《阳明先生文录》本均作"遗"字，上海古籍出版社《王阳明全集》本作"异"字，误也。
[2] 王阳明：《王阳明全集（新编本）》卷二十二，吴光、钱明、董平等编校，第913—914页。

按贵州监察御史。刘寓生对王阳明也很关心,曾经特意赠有礼物,王阳明派门人邹木等前往拜谢。①当年刘寓生受贬,即将离开贵阳,王阳明作有《赠刘侍卿》诗慰之。该诗小序云:"蹇以反身,困以遂志。今日患难,正阁下受用处也。知之,则处此当自别。病笔不能多及,然其余亦无足言者。聊次韵。某顿首刘侍御大人契长。"②

其三,送别贵州按察使张贯。郭子章《黔记》:"(正德)三年戊辰……张贯,(字)一之,按察使,蠡县人,进士。"③查《光绪蠡县志》有载:"张贯,北大留人。成化乙未进士,授河南知县。……弘治戊午,哈密犯顺承,命出师平之,赐彩币,升四川副使,贵州按察使。以持法忤逆瑾,谪官参议。"④当年张贯因为秉公执法而得罪刘瑾,由按察使贬为云南参议,王阳明与他同病相怜,特作《送张宪长左迁滇南大参次韵》为其送行,诗云:

世味知公最饱谙,百年清德亦何惭!柏台藩省官非左,江汉滇池道益南。绝域烟花怜我远,今宵风月好谁谈。交游若问居夷事,为说山泉颇自堪。⑤

其四,送别贵州按察司佥事陆健。郭子章《黔记》载:"(正德)三年戊辰……陆健,文顺,佥事,鄞县人,进士。"⑥鄞县即今宁波鄞州区,与王阳明老家余姚县近在咫尺,故两人系浙江同乡,关系密切。王阳明曾作《次韵陆佥宪病起见寄》《次韵陆佥宪元日喜晴》两诗,可见两人交好。当年,陆健也要离开贵阳,王阳明作第三首诗《次韵送陆文顺佥宪》为其送行,诗云:

贵阳东望楚山平,无奈天涯又送行。杯酒预期倾盖日,封书烦慰倚门情。心驰魏阙星辰迥,路绕乡山草木荣。京国交游

---

① 按:王阳明作《与刘侍御书》,即是此人刘寓生,文中"门人邹木"等,是王阳明的贵州弟子(参见计文渊:《王阳明法书集》,西泠印社1996年版)。
② 王阳明:《王阳明全集(新编本)》卷十九,吴光、钱明、董平等编校,第751页。
③ 郭子章:《黔记》卷二十八,赵平略点校,第642页。
④ 转引自束景南:《王阳明年谱长编》,上海古籍出版社2017年版,第498—499页。
⑤ 王阳明:《王阳明全集(新编本)》卷十九,吴光、钱明、董平等编校,第749页。
⑥ 郭子章:《黔记》卷二十八,赵平略点校,第642页。

零落尽，空将秋月寄猿声。①

王阳明在贵阳送别友人的地方有两处，一是贵阳南门外，出南门往东，即可前往湖广、江南和中原；一是贵阳西郊的头桥、二桥、三桥，②出贵阳北门经此，向西可往云南。这个夏天，王阳明就到头桥、二桥、三桥送别朋友，作有《送客过二桥》：

下马溪边偶共行，好山当面正如屏。不缘送客何因到，还喜门人伴独醒。小洞巧容危膝坐，清泉不厌洗心听。经过转眼俱陈迹，多少高崖漫勒铭。③

王阳明因为送别朋友而耽误了与其他朋友的约会，十分抱歉，于是又作诗《先日与诸友有郊园之约是日因送客后期小诗写怀》三首：

郊园隔宿有幽期，送客三桥故故迟。樽酒定应须我久，诸君且莫向人疑。同游更忆春前日，归醉先拼日暮时。却笑相望才咫尺，无因走马送新诗。

自欲探幽肯后期，若为尘事故能迟。缓归已受山童促，久坐翻令溪鸟疑。竹里清醑应几酌，水边相候定多时。临风无限停云思，回首空歌《伐木》诗。

三桥客散赴前期，纵辔还嫌马足迟。好鸟花间先报语，浮云山顶尚堪疑。曾传江阁邀宾句，颇似篱边送酒时。便与诸公须痛饮，日斜潦倒更题诗。④

送别老朋友，不忘新朋友，王阳明在贵阳其他朋友的陪同之下，也游览了贵阳东门外的栖霞山（东山）仙人洞，写有《游来仙洞早发道中》《栖霞山》《来仙洞》三首诗。据《贵州图经新志》载：

---

① 王阳明：《王阳明全集（新编本）》卷十九，吴光、钱明、董平等编校，第752页。
② 按：民国初年，在贵阳头桥建有一亭，名"山溪一曲亭"，上刻有名人陈冠山所题对联云："说道一声去也，送别河头，万里长驱，过桥便入天涯路；盼将今日归哉，迎来道左，喜故人见面，握手还疑梦里身。"是为贵阳名联。
③ 王阳明：《王阳明全集（新编本）》卷二十九，吴光、钱明、董平等编校，第1124页。
④ 王阳明：《王阳明全集（新编本）》卷二十九，吴光、钱明、董平等编校，第1125页。

"（来仙洞）中平敞可居，洞外松竹花草，扶疏交荫，为郡人游乐之地。"①郭子章《黔记·山水志》载："栖霞山，山腹有洞，题曰'来仙'，景云'霞山仙洞'。"②王阳明曾出入于佛、老二氏，贵阳有如此清幽的道观，他当然不会放过游览机会。

贵阳西门外有"太子桥"。嘉靖《贵州通志》"桥渡"云："太慈桥，在治城西南五里四方河之上，俗讹为太子桥，又名杨公桥。"毛科撰《太慈桥记》云："弘治乙丑（1505），九月既望，镇守贵州太监杨公……敢以重建。"③嘉靖《贵州通志》载有席书《贯城河记》，其中有杨公修桥事。毛科、席书或许提过此桥，故王阳明前往游览，并赋《太子桥》诗云：

乍寒乍暖早春天，随意寻芳到水边。树里茅亭藏小景，竹间石溜引清泉。汀花照日犹含雨，岸柳垂阴渐满川。欲把桥名寻野老，凄凉空说建文年。④

贵阳北门（今贵阳市中心喷水池）附近有一处"易氏万卷楼"，系贵阳文化世家易氏家族的藏书楼，为明代贵阳标志性建筑之一。建楼者易贵，字天爵，贵州宣慰司（今贵阳）人。幼聪悟出群，长通朗刚正，淹贯载籍。明景泰五年（1454）廷试二甲第二，任礼部郎中、辰州府知府等职。宦辙所至，崇学校，恤民隐，遇事明而能断，不怵于势利，有古循良风。后归田杜门校书十余年，著有《竹泉文集》十五卷、《诗经直指》十五卷。王阳明参观此楼，写有《夏日登易氏万卷楼用唐韵》，诗云：

高楼六月自生寒，杳嶂回峰拥碧兰。久客已忘非故土，此身兼喜是闲官。幽花傍晚烟初暝，深树新晴雨未干。极目海天家万里，风尘关塞欲归难。⑤

---

① 沈庠删正，赵瓒编集：《贵州图经新志》卷一，张祥光点校，贵州人民出版社2015年版，第8页。
② 郭子章：《黔记》卷八，赵平略点校，第205页。
③ 谢东山删正，张道编集：《（嘉靖）贵州通志》卷四，张祥光、林建曾、王尧礼点校，第216页。
④ 王阳明：《王阳明全集（新编本）》卷二十九，吴光、钱明、董平等编校，第1123页。
⑤ 王阳明：《王阳明全集（新编本）》卷二十九，吴光、钱明、董平等编校，第1123页。

诗中描写了贵阳北门易氏万卷楼附近沓嶂回峰、幽花烟暝之景色，同时勾起了王阳明对家乡浓浓的思念之情。

五、讲学"文明书院"

关于王阳明到贵阳讲学，众说纷纭，让世人迷惑和混乱，大致有四种看法：一是认为王阳明是在"贵阳书院"讲学；二是认为是毛科邀请或毛科联合席书一起邀请的；三是认为是席书本人多次前往龙场亲自邀请的；四是认为王阳明在贵阳讲学时间有一年、半年或几个月之说；观点多歧，不一而足。现将诸疑点分别辨析如下：

（1）王阳明讲学的书院是"文明书院"而非"贵阳书院"。《阳明年谱》载："（正德）四年己巳，先生三十八岁，在贵阳。提学副使席书聘主贵阳书院。"[①] 邵廷采也说："明年，提学御史席书聘主贵阳书院，率诸生问学，始论'知行合一'。"[②] 但这些说法都是错误的。事实是，贵阳历史上并没有"贵阳书院"，正德初年贵阳只有"文明书院"，系在元代"顺元路儒学"旧址上重建改名。"文明书院"位于贵阳城内"忠烈桥"之西（今贵阳市中心市府路），与"忠烈宫"（今大十字达德书院）隔桥相望。弘治十七年（1504），毛科重建并改名为"文明书院"[③]，挑选全省优秀学子二百余人就读其中，由于缺少德高望重的学者主讲，毛科遂邀请王阳明到"文明书院"讲学，但被王阳明婉言谢绝了。席书继任提学副使后，再次邀请，王阳明这次欣然同意。《黔记》云："文成既入文明书院，公暇则就书院论学，或至夜分，诸生环而观听以百数。"[④]《黔记》还有一条记载可以互证："杜纯，南充人。正德间任安南教授。学问渊宏，规模严肃。士气丕振，当道延至文明书院教习诸士。"[⑤] 可见王阳明与杜纯两人先后被邀请到"文明书院"讲学。

（2）王阳明第一次拒绝毛科邀请，第二次接受席书邀请。具

---

① 钱德洪：《年谱一》，王阳明：《王阳明全集（新编本）》卷三十二，吴光、钱明、董平等编校，第1235页。
② 邵廷采：《明儒王子阳明先生传》，《思复堂文集》卷一，祝鸿杰点校，浙江古籍出版社2010年版，第2页。
③ 谢东山删正，张道编集：《（嘉靖）贵州通志》卷六，张祥光、林建曾、王尧礼点校，第317页。
④ 郭子章：《黔记》卷三十九，赵平略点校，第873—874页。
⑤ 郭子章：《黔记》卷四十一，赵平略点校，第932页。

体情况是:王阳明以才疏性懒拒绝了毛科第一次邀请,只是前往贵阳养病;毛科致仕后,继任者席书修书一封,派人送到龙场,邀请王阳明前来"文明书院"讲学。《黔记》载:"时王文成谪丞龙场驿,倡良知之学,(席书)乃具书敦请训迪诸生。"①《明史》载:"时王守仁谪龙场驿丞,(席)书择州县子弟,延守仁教之,士始知学。"②"具书敦请"和"延守仁教之"可以互证,都是席书发出的邀请。席书的这封邀请书札至今仍保留在《元山文选》中,题作《又与王阳明书》,③郭子章《黔记》、道光《贵阳府志》、道光《席氏族谱》等也有记载,分别题作《龙场为诸生请阳明先生讲学书》《敦请阳明先生训迪诸生书》《为诸生请阳明先生讲学书》,尽管题目不同,但均为同一件事,只是文字详略有所差异,其中以《元山文选》保留此书札最为完整。

(3)席书没有亲自到龙场去请王阳明,双方是派人传递书信。《年谱》载:"(正德)四年己巳,先生三十八岁,在贵阳。……始席元山书提督学政,问朱陆同异之辨。先生不语朱陆之学,而告之以其所悟。书怀疑而去。明日复来,举知行本体证之《五经》诸子,渐有省。往复数四,豁然大悟……遂与毛宪副修葺书院,身率贵阳诸生,以所事师礼事之。"④《年谱》这段记述给人以先"往复数四"讨论,毛科与席书于是"修葺书院",联合邀请王阳明讲学的错觉。但事实并非如此,毛科已经致仕回家,席书接任,岂有两人同时在任之理?席书主管全省刑法与学校,公务缠身,岂能今日去龙场、明日回贵阳,而且"往复数四"之理?实际情况是:席书发出邀请后,王阳明派了两个弟子送去回复,同意接受邀请。席书《元山文选》收录了与王阳明的多封书札,其中《又与王阳明书》云:"二生

---

① 郭子章:《黔记》卷三十九,赵平略点校,第873—874页。
② 张廷玉等:《席书传》,《明史》卷一百九十七,中华书局1974年版,第5202页。
③ 按:然席书在给阳明的第一封信的开头明明白白地写着:"书启:切惟执事文章气节,海内著闻,兹谪贵阳,人文有光,逼土大庆。曩者,应光(毛科号应奎,光为奎字之误)毛先生在任之日,重辱执事,旅居书院俯教,承学各生方仰有成。不意毛公偶去,执事遂讫龙场,后生咸失依仗。"[席书:《元山文选》卷五,沈乃文主编:《明别集丛刊·第1辑》(第76册),黄山书社2013年版,第497页]说明阳明最终还是受毛科之邀执教文明书院的(参见刘恒武、陈名扬:《王阳明文明书院讲学史考辨——以席书致王阳明系列书简为中心》,《浙江社会科学》2021年第5期)。
④ 钱德洪:《年谱一》,王阳明:《王阳明全集(新编本)》卷三十二,吴光、钱明、董平等编校,第1235页。

来过,承高明不以书不可与言,手赐翰教,亹亹千余言。山城得此,不觉心目开霁,洒然一快。"①可见席书与王阳明之间确实没有亲自见面,而是通过派人传递书信方式商讨讲学之事的。所谓"往复数四"云云,应当是王阳明到"文明书院"后,席书乘公暇之余前往书院与王阳明讨论的情形。《阳明年谱》将讨论置于邀请之前,故造成时间先后的错觉,引起世人理解之混乱。

(4)王阳明在贵阳"文明书院"的准确时间是1509年农历十月到十二月,前后只有两个月。王阳明在贵阳讲学的时间问题,长期以来争论不休。席书《元山文选》之《又与王阳明书》的珍贵之处在于,席书对王阳明前往"文明书院"的时间提出了具体建议:"昨据二生云,执事将以即月二十三日强就贵城。窃谓时近圣诞,倘一入城,闭门不出,于礼不可。步趋于群众之中,于势不能。且书欲于二十六七日小试诸生毕,择可与进者十余人以侍起居。可烦再逾旬日,候书遣人至彼,然后命驾,何如?草遽多言,不及删次,惟情察不宣。是月二十一日,书再拜。"②席书所说的"圣诞",是指正德皇帝朱厚照的生日。朱厚照生于农历1491年农历九月二十四日,再从书信落款时间为"是月二十一日"看,可知席书写信的时间是"圣诞"之前三天。席书建议王阳明"可烦再逾旬日,候书遣人至彼,然后命驾",可见席书是建议王阳明于十月初一前后到贵阳的。因此,完全可以肯定:王阳明在贵阳"文明书院"讲学的时间是正德四年(1509)十月初一左右。③再联系王阳明于该年十二月接到升任江西庐陵知县的命令,除夕之前即已到达镇远舟中,故王阳明在"文明书院"讲学应是正德四年(1509)农历十月初一至十二月中下旬,而且是逗学生考完之后的假期,时间为两个月,绝不是一年、半年或笼统几个月的时间。至此,王阳明在贵阳"文明书院"讲学的诸多疑点可以不复有疑也。

---

① 席书:《又与王阳明书》,《元山文选》卷四,明嘉靖二十年席中、席和刻本。
② 席书:《又与王阳明书》,《元山文选》卷四,明嘉靖二十年席中、席和刻本。
③ 按:关于王阳明应席书之邀赴文明书院讲学的起始时间,本文断定是"正德四年(1509)十月初一左右"。事实上,正德四年是有闰九月的,席书致阳明第三封信即为"闰九月十八日稿呈"[席书:《元山文选》卷五,沈乃文主编:《明别集丛刊·第一辑》(第76册),第499页]。是故正德四年九月二十三日之后旬日(10天)应为是年闰九月初,而非"十月初一左右"(参见刘恒武、陈名扬:《王阳明文明书院讲学史考辨——以席书致王阳明系列书简为中心》,《浙江社会科学》2021年第5期)。

六、贵阳南门辞别贵州学子

1509年十二月,王阳明流放期满,升任江西庐陵县知县,贵州弟子在贵阳南门为他践行,王阳明作《将归与诸生别于城南蔡氏楼》诗云:

> 天际层楼树杪开,夕阳下见鸟飞回。城隅碧水光连座,槛外青山翠作堆。颇恨眼前离别近,惟余他日梦魂来。新诗好记同游处,长扫溪南旧钓台。①

诸弟子于大风雪中,将阳明先生一直护至龙里卫(今龙里县),王阳明又作《诸门人送至龙里道中二首》。②后连续赶了7天路程,王阳明等人到达贵州东边的镇远府(今镇远县)。镇远府在贵阳以东五百里,系府、卫同城,为黔东门户。潕阳河经此,有古码头通沅江,直达洞庭,为滇黔驿道之水陆交汇地,旅邸林立,有古青龙洞,是"入黔第一洞天"。王阳明乘舟离黔之前,在此写有《镇远旅邸书札》三封。其一云:"高鸣凤、何廷远、陈寿宁劳远饯,别为致谢,千万千万!……出城时遇二三人于道旁,亦匆匆不暇详细,皆可为致情也。"③推知弟子二三人于贵阳城外送别王阳明,高鸣凤、何廷远、陈寿宁三弟子则于大风雪中送至龙里卫。该书札还提及贵州20余人。当时王阳明仆人王祥因事留贵阳,王阳明嘱托李惟善照顾王祥,同时嘱王祥用锡打四个大碗,买粗瓷碗十余,锡箸一二把,买盐四斤半,寄观上内房门,并收拾梨木板,以备刻书之用④,推知王祥因事留贵阳。《与惟善书》云:"祥儿宅上打扰,早晚可戒告,使勿胡为行为好。写去事可令一一为之。"⑤推知王阳明离黔后,王祥暂居李惟善家,处理王阳明嘱托之事。

---

① 王阳明:《王阳明全集(新编本)》卷二十九,吴光、钱明、董平等编校,第1126页。
② 王阳明:《王阳明全集(新编本)》卷二十九,吴光、钱明、董平等编校,第1126页。
③ 王阳明:《王阳明全集(新编本)》卷三十九,吴光、钱明、董平等编校,第1576页。
④ 按:此书束景南《王阳明佚文辑考编年》作《与贵阳书院诸生书》三(束景南:《王阳明佚文辑考编年》,上海古籍出版社2015年版,第314页)。"贵阳书院",误。
⑤ 王阳明:《王阳明全集(新编本)》卷三十九,吴光、钱明、董平等编校,第1579页。按:此书束景南《王阳明佚文辑考编年》作《与贵阳书院诸生书》一。

七、结语

综上，通过对王阳明贵阳事迹几个关节点的考述，王阳明在贵阳的线索和情形已经基本清楚了。在王阳明《居夷集》中还有一些讲学诗作于文明书院讲学期间，表现了王阳明与贵州弟子一起论学的畅快心情，在此不一一列举。另外还有一些诗文也作于贵阳，具体时间、地点已无法确定，但无碍大局。王阳明后来在江南地区讲学中还多次提到贵州、贵阳、龙场，可见贵州作为他的悟道之地和首传心学之地，与阳明心学结下不解之缘，而王阳明也因此被贵州学者尊称为"黔学之祖"。王阳明对贵州文化的影响，可以总结为以下五个方面：一个圣地、两大书院、前后三先生、四代弟子、五大王学重镇。

"一个圣地"就是指贵州是阳明心学的起源地。王阳明"龙场悟道"后，随即在修文和贵阳宣讲"心即理""知行合一"等学说。正是阳明在讲学传道的激励下，贵州在阳明离开后的一百余年间，先后修建了四十多所书院，而祭祀阳明先师乃是贵州书院的普遍特色。五百年来，前往贵州龙场瞻仰阳明遗迹的各界人士从未中断，留下诗文无数，所以称贵州是王学圣地，乃实至名归。

"两大书院"即指"龙冈书院"和"阳明书院"，这是阳明学派黔中王门早期最著名的两大书院。"龙冈书院"是王阳明在贵州亲手建立的第一所书院，也是天下王门的祖庭。"阳明书院"则是王阳明去世五年（1534）之际，贵州弟子为了纪念他而修建的书院，这是天下王门第一家直接以"阳明"命名的书院。

"前后三先生"是指黔中王门著名的六位代表人物。"前三先生"是王阳明在贵州的亲传弟子——陈文学、汤伯元、叶子苍。他们学有所成，晚年辞官归里修建书院，传播阳明心学，是进入《年谱》黔中王门中的三个著名贵州籍弟子。"后三先生"是王阳明在贵州的第二代弟子——孙应鳌、李渭、马廷锡。其中孙应鳌在贵州黔东南"苗疆"地区办学，传播阳明心学，他的心学著作在数量上超过王阳明，是当时闻名天下的"名臣大儒"。李渭、马廷锡也在思南、贵阳开办书院，大力讲学，培养了大批人才。

"四代弟子"是黔中王门在一百年间传承了四代弟子群体。第一代是王阳明的及门弟子，其中有名可考的有二十多人，以陈文学、汤伯元、叶子苍为代表。第二代是以孙应鳌、李渭、马廷锡为代表的"后三先生"。第三代以东林党领袖邹元标为代表。他流放贵州都匀六年，在黔南少数民族地区培养出一个弟子群体。第四代是邹元标的都匀弟子陈尚象、吴铤等人。黔中王门四代弟子传承一百余年，对贵州文化发展和民族融合起到重大推动作用。

"五大王学重镇"，是黔中王门形成的五大讲学中心。王阳明离开贵州之后，黔中王门弟子先后形成了以龙场、贵阳、都匀、凯里、思南为中心的五大讲学中心，使阳明心学传到边远少数民族地区。贵州在清代出现两个状元和郑珍、莫友芝、黎庶昌出身的三大文化世家，他们均与阳明学在贵州的传承有紧密关系。1817年，郑珍、莫友芝等在贵阳东山"阳明祠"祭祀王阳明时自称"后学"，意味着对阳明学的继承和发扬。

（张明撰稿）

阳明学在贵州

1508年，贵州在经过明初140年的儒学准备后，迎来了对贵州文化影响深远的王阳明。阳明在蛰居贵州期间，经过龙场悟道，提出了"心即理""知行合一"说，并建龙冈书院，主讲文明书院，培养了一大批承继其心学衣钵的黔籍和客籍亲传弟子。1510年，阳明离开贵州后，在其亲传弟子们的引领下，其黔籍再传弟子和随后贬谪而来的客籍再传弟子们，依然躬行师说，开办书院，讲学授徒，教民化俗，并掀起了三次轰轰烈烈的心学讲学运动，形成了以修文龙场、贵阳、思南、清平、都匀为中心的五大王学重镇，弟子分布覆盖贵阳、毕节、安顺、黔南、黔东南、黔西南、铜仁、遵义等地区，涉及贵阳、修文、镇宁、黔西、都匀、独山、惠水、龙里、贵定、福泉、凯里、麻江、黄平、施秉、镇远、玉屏、思南、印江、务川、兴义、普安等二十余个县市，可谓蔚为大观，并不逊于其他王门学派。由于篇幅所限，本章着重谈阳明离黔后由其二传弟子李渭、孙应鳌和三传弟子邹元标开创的思南王学、清平王学和都匀王学三个重镇。

一、思南王学

从时间上看，继水西、贵阳王学兴起之后是思南王学的兴起。思南王学不但受到水西、贵阳王学的影响，也受到了其所处的武陵地区特定的多种文化融合的影响。思南偏于贵州一隅，复杂的民族、文化、军事、政治因素促使思南成为贵州较早改土归流的地区，官学教育推行较早。这种极具政治色彩的特定社会生态促进和加深了思南王学的形成及影响力。思南王学形成并发展于这种社会环境中，不可避免地具有其特定的时代和地域特征，并在其心学思想和讲学活动中表现出实践的特质。

思南王学以李渭为开创者和重要代表，形成了一支队伍可观的区域流派。它一方面与其相邻的由杨氏土司控制的播州（今遵义）不传阳明学的状况[①]形成鲜明对比，另一方面又和贵阳王学和湖南的

---

① 李渭弟子胡学礼为务川人，今属遵义，但时属思南。当代学者所谓阳明学不入播州主要是以明代行政区划而言，且以地方主流文化形态而言。

楚中王学遥相呼应，交流频繁。这种状况极具趣味和复杂性：第一，播州在杨氏土司的管辖下在民间建立了稳固的土司文化，但杨氏上层的理学造诣颇深。土司文化和阳明学异质却并不对立，（僵化之）理学和阳明学同质却对立。所以，在基于地方民间统治和上层文化拒斥的情况下，土司文化往往无辜地成为儒文化的拒斥者和被改造者。这种状况本身内含着文化和政治的双重考量。第二，思南王学的兴起、发展及与楚中、贵阳王学的交流，都是在中央政权控制和儒学推行的改土归流地区展开的，其中不可或缺的仍然是政治和文化两种因素。第三，播州杨氏土司上层和中央皇权在文化（理学）上具有一致性，但在地方统治上具有对立性，从而在区域间呈现出文化（土司上层文化与阳明学）和政治（土司政权和中央政权）的双重对立。因此，思南王学的思想承传和讲学活动便不可避免地受到这种政治文化生态的影响，一方面呈现出心学重"心"的内在特质，另一方面体现出善俗化民、维护大一统的国家在场意识，二者结合，形成了"心治合一"的理论特质和时代意识，并在"学"与"政"的领域具体展开。

（一）思南王学的形成与学承谱系

思南相对于贵阳而言，可谓是边远之地，各民族杂处，民风迥异，然而在明中后期却形成了思南王学。其中最重要的原因，乃是阳明二传弟子李渭在思南府的书院进行讲学活动及其对阳明学的传播与普及。从一个地方文化学派产生的土壤来看，思南能够形成一个王学学派还有另外一些社会文化背景：第一，从社会政治背景来看，思南改土归流后，土司政权遭到沉重打击，地方割据得到有效控制，地方经济得到一定程度的发展，甚至出现了"林木足于林薮，渔猎易于山泽，而商贾通其盐、布。时有鸡犬之盗，人皆摈而不容于乡，官司亦得因而治之"和"未有无粮之丁，亦未有无田之家"[①]之局面，从而为思南的文化繁荣奠定了物质基础。第二，从文化地缘上来看，思南虽然远离贵阳，但却与四川的巴蜀文化，湖南、湖北的荆楚文化更为接近，其境内的乌江、印江与邻近的思州府、铜仁府的铜仁大江、铜

---

① 思南县志编纂委员会办公室编：《嘉靖　道光　民国思南府县志（点校本）》，（内部资料）2002年版，第66页。

仁小江等水系相毗邻，发达的水运网络促进了与上述文化区域的交流。第三，从文化背景来看，思南与其毗邻的思州、铜仁是明初贵州较早改土归流、设立府县的地方，土司文化较为衰弱，府学的设立和具有深厚儒文化背景的流官的派遣使得由明政权主导的儒学教育得到较快的传播，进而带来了崇尚儒学、重视科举的"与中州多同"的学风、民风之转变。第四，从心学传播的政治背景来看，思南府与播州（今遵义）交界，杨氏土司是明代前中期西南土司中势力最大、土司文化最顽固的，但杨氏土司上层也是理学文化水平最高的。李渭在思南兴办书院，大力讲学的时期也正是杨氏土司反叛（1600年杨应龙反叛朝廷）的前夕，在全国禁毁书院的背景下，李渭能够在思南从容讲学，显然具有传播、发明心学的学术价值和抵制土司文化、教民化俗、维护大统的政治意义。

　　李渭在思南讲学前后长达二十年，开一方学风，培养了大批弟子，形成了思南王学弟子群。李渭（1514—1589），字湜之，号同野，思南人，学者称同野先生。李渭首师蒋信，并问学于楚中王门的耿氏三兄弟及江右王门的罗汝芳，可算是阳明的二代弟子。李渭高祖李斌以军功于明初授蛮夷司副长官，曾祖父李盘承袭，后平苗乱被擒，不屈而死，父李富学识渊博，精于儒家礼义。李渭自幼承庭训，受儒学濡化。嘉靖十三年（1534），李渭以《易》中举，即开始讲学活动，远近问学者以千计，为思南王学的形成、发展做出了巨大贡献。李渭外任居官三十余载，历任四川华阳知县、安徽和州知州、广东高州府同知，万历元年（1573）升应天府中南户部郎、二年任广东韶州知府，后又晋广东副使，迁云南左参政。期间李渭交游广泛，先后与湛甘泉、耿氏三兄弟、罗汝芳、李材、许孚远等相互问学，受益颇多。其学出入王、湛，而以王学为宗。李渭著述有《先行录答问》三卷，《毋意篇》合《大学》《中庸》《易问》为一卷，《简寄》二卷，《杂著》一卷，诗一卷，文二卷，统十卷，又著家乘十二卷，藏于家，《大儒治规》三卷行于世，另编著有《贵州通志》。

　　在黔籍三代弟子中，目前有名姓可考者有萧重望（贵州思南）、田惟安（贵州思南）、胡学礼（贵州务川）、冉宗孔（贵州安化）、李廷谦（贵州思南）、李廷鼎（贵州思南）、李廷言（贵州思南）、罗国贤（贵州思南）、罗廷贤（贵州思南）、罗明贤（贵州思南）、熊时宪（贵州思南）、安岱（贵州思南）、李宗尧（贵州思南）、郭宗荫（贵州思南）等，皆师事李渭。其中最为特出者为萧重望。

萧重望，生卒不详，字剑斗，思南府水德司人，万历十三年（1585）举人，次年进士，授知河南阌乡县，调祥符行取，拜云南道监察御史，晋都察院佥都御史。卒官，赐棺殓，驰驿归葬。萧重望性格操行严正，为学有根柢，为官多异政。他曾在祭奠李渭的《李先生祠记》中回顾了其学承道：

> （思南）道学之传自先生始也。夫道学者，大圣大贤所为，天地立心，生民立命，继绝学，开太平者也。夫乞火之于取燧，寄汲之于凿井，易办也。尼山开万世道学之统者也，周茂叔开宋儒之统者也，薛文清开昭代诸儒之统者也。贵筑之学倡自龙场，思南之学倡自先生。自先生出而黔人士始矍然、悚然知俗学之为非矣。①

文中表彰了李渭对黔南儒学的开创之功，并将李渭与阳明龙场讲学相提并论，其中也暗含着自身学统之承续。在事功方面，《黔诗纪略》载其"凡四奉代巡，条奏数十上，弹纠、陈请皆国是之要。告养归，仍疏安边五事：请置偏沅巡抚，复云贵总督，设思南府同知，建印江县学，增置安化县，辄报可"②。可见，萧重望深得李渭之正学，注重践履，把学与行紧密联系起来。

思南王学的黔籍四、五代弟子很少，目前可考的主要是冉宗孔家族的后人，在学问传承上主要以家传为主，如冉宗孔之子冉瓷，《黔诗纪略》记冉宗孔时说："子瓷，亦能传父学。"③冉瓷为万历三十一年（1603）举人，官遵义府同知。蔺酋叛乱，冉瓷监督军粮，劳瘁卒官，赠中宪大夫，赐恤银二十两。另外，冉学汇为冉瓷之子，冉学洙为冉瓷之侄，二人皆学于冉瓷。据《黔诗纪略》载，冉学汇恬澹好学，明亡，永历称号，曾为中书舍人。进赠其父通议大夫。清朝建立，弃官不仕。④

需要特别指出的是，李渭在思南讲学，影响所及，远远超出了

---

① 唐树义等编：《黔诗纪略》卷十二，关贤柱点校，贵州人民出版社1993年版，第430页。
② 唐树义等编：《黔诗纪略》卷十二，关贤柱点校，第429页。
③ 唐树义等编：《黔诗纪略》卷三，关贤柱点校，第131页。
④ 唐树义等编：《黔诗纪略》卷二十四，关贤柱点校，第996—997页。

思南，乃至贵州。不少省外的学子远道而来，负笈求学，成为思南王学的客籍弟子。其中特出者有三代弟子江西人赖嘉谟和徐云从。赖嘉谟为万安人，其父为思南经历，赖嘉谟随父来思南，乃师事李渭。他敏慧好学，经常与同门切磋问学，数年而归。不久中进士，历官四川左参政。徐云从，生卒不详，字时际，清江人。少年时从罗洪先、唐荆川游，后闻思南李同野兴学黔中，遂负笈远从。他学习刻苦，至忘寝食，每与友朋论学，善汲引，时或危言，人自鼓舞不倦。同志常称之曰："坐无徐子，谔谔罔闻。"李渭曾赠其诗云："川上论心成邂逅，揽衣不惜度江关。歌声动处溪光静，剑影高悬斗气斓。千里何人能命驾，四时老我只登山。北城近见龙沙长，可使骊珠是等闲。"①足见其受同门尊崇和李渭器重之程度。

思南王学弟子群在数量规模上并不亚于修文、贵阳之王学，惜资料散佚，可考者并不多。思南王学弟子继承师教，发明心学，讲学化俗，积极参与地方治理，在心、学、政三个领域都获得了较大的影响力，为明代贵州儒学史尤其是王学史增添了精彩的一笔。

（二）思南王学的讲学之风及其特质

思南王学形成并活跃于思南，这里的政治文化环境决定了思南王学的讲学交游不仅仅具有文化层面的价值，也同样具有政治意义。在明代前期，随着中央政府对贵州的开发，大量川、楚流民涌入思南，在一定程度上改变了思南的社会结构，比如租佃比例提高，社会农业基础结构改变，社会管理体系面临巨大压力等等，而且流民逞强好斗，且与土司结合，法令不行。而这种社会治理状况不但没有刺激出强权的吏治，反而带来了消极的吏治。思南郡人礼科左给事中田秋在《思南府志序》中对当时思南的吏治情况有过生动的描写：

> 官于此者，率嘿嘿不得志，日夕望代。是思南在前明时，疲难瘠苦，守土者恒郁郁不愿久居也。何与今日之思南大相径庭耶？然其接壤巴蜀之区，俗犷民顽，度亦犹费整饬也。②

---

① 郭子章：《黔记》卷四十三，明万历三十六年刻本。
② 爱必达修：《思南府》，《黔南识略》卷十六，杜文铎等点校，贵州人民出版社1992年版，第137页。

在这种情况下，思南的社会治理特别是民间治理更多需要文化的涵濡。所以明初以儒学化夷的政策显然具有鲜明的合理性，这也正成为思南王学，乃至黔中王学在全国禁毁书院、禁止讲学的大环境中，仍能遍立书院，踊跃讲学，得以发展壮大的理由。以至于到嘉靖时期，思南儒学的发展出现了一片繁荣景象："思南故宣慰司治，永乐中罢司置府，与内郡比，百有余年，渐被文教，蔚然移风。而西麓田子，以间出之才追琢至行，领袖后生，于是荐绅之士彬彬焉，冠于全省矣。"①"涵濡乐育之下，人才亦每辈出焉。"②儒学的发展，带来了士风、学风、民风的改变，并直接影响了吏风："士敦行谊，重廉耻，尊官长，非公事不轻干谒，自有明诸先正以气节、道学、功业、文章表著一时。"③这与思南明代早期的情况大相径庭。而就儒学发展的具体形式来讲，则既有官学，如府学、县学、社学等，也有士人的私人讲学。一般来说，官学是依势治世，而私学是依道治世，然在明代黔中特定的政治文化环境中，此二者却是相互契合的，正如阳明既以私人讲学的方式讲学于龙冈书院，也以依托地方政权的官方讲学的方式讲学于文明书院。当然，官学治世的目标指向在于政治结构社会的建构，阳明学人（私人）讲学治世的目标指向在于民间社会的建构，二者在客观目的上的一致性，并不能保证在终极目的上的一致性，这也是明后期心学讲学与政治冲突的根本原因之所在。同样，二者的异同也成为心学被后人站在"势"的立场批评其误国的原因。此点不在本章的讨论范围之内，姑且不论。

在思南，这种讲学活动主要由以李渭为代表的思南王学承担和展开。"思南之学，倡自先生。自先生出，而黔人士始蘦然、悚然知俗学之为非矣。"④李渭在家乡讲学较早，"自乡举后，学者即景附之"⑤。但其讲学的主要时期则是其辞官还乡后的十余年，这一时期也是思南王学形成的关键时期。李渭在万历初年，即在家乡创办川上学舍，后又提请知府田捻、推官伍次创办了为仁书院，李渭主讲其中。这两个书院前后相继，犹如阳明于贵阳的龙冈书院和文明

---

① 田汝成：《思南府志序》，钟添纂次，田秋删定，洪价校正：《思南府志》，明嘉靖十六年刻本。
② 钟添纂次，田秋删定，洪价校正：《建置志·学校》，《思南府志》卷二，明嘉靖十六年刻本。
③ 夏修恕等修，萧琯、何廷熙纂：《风俗》，《思南府续志》卷二，清道光二十一年刻本。
④ 唐树义等编：《黔诗纪略》卷十二，关贤柱点校，第430页。
⑤ 唐树义等编：《黔诗纪略》卷三，关贤柱点校，第131页。

书院，一为私人讲学书院，一为官办的书院，但在讲学内容上都以心学为主，为思南培养了大批心学弟子。在思南王学弟子的推动下，思南在万历年间又建了中和书院、文明会馆、大中书院三个书院，这三个书院虽然都有地方官员主导创办，但在讲学内容上皆以心学为主。这也再次说明民间书院讲学与官办书院讲学能够融洽结合，从而凸显了思南王门讲学具有乡治和吏治的双重效用，讲学成为其治世实践的具体体现方式之一。

李渭"生平无日不以讲学为事"①，而且其自述"某为此学，拼生拼死不休"②。另一黔中王学大儒孙应鳌曾评价李渭之讲学道："如闻一妙语，为破半生愁。"③并亲自到思南为其作《题孝友堂》诗。李渭逝世后，耿定向作《祭李同野》曰："前年丧胡正甫（直），去年丧罗惟德（汝芳），同志落落如晨星，而湜之又继之长逝，斯道将何？"④表达了对李渭承继道统的期许和对其逝世的悲伤之情。清代的俞汝本认为："李同野先生，以荒裔崛起讲学，虽传灯文成，实开黔中，前此所未有。"⑤对其传扬心学、开创思南王学之功给予了很高的评价。由此也可看出李渭对思南地方文化的深远影响。

思南王学除了开办书院、讲明心学之外，还以其他各种方式参与地方文化建设和地方秩序建构，如李渭、萧重望、罗国贤等对家乡文化和乡贤的表彰。李渭曾对思南府学、婺川县学、思南府学射圃的建设，以及观音阁等人文遗迹和乡贤安荣舍己为国的事迹等都给予了高度赞赏。萧重望、罗国贤等李渭弟子除了表彰其师，也同样表彰了各类乡贤和富有文化内涵的人文，并从中阐发微言大义，对淳化地方风气具有极大的引导作用。经过思南王学几代弟子的努力，至清代，思南人文蔚然，民风、吏风都大有改观。清人贺长龄曾说：

> 是邦多君子，有若李同野则以正学倡西南矣，有若申天锡则以忠孝称完人矣，有若田西麓、萧剑斗则以经济奏议克己树立矣，有若田子礼、李留坡则以宣慰义愤不负所司也。其他秉

---

① 唐树义等编：《黔诗纪略》卷三，关贤柱点校，第131页。
② 郭子章：《乡贤列传》，《黔记》卷四十五，明万历三十六年刻本。
③ 唐树义等编：《黔诗纪略》卷八，关贤柱点校，第302页。
④ 耿定向：《耿天台先生文集》卷十二，明万历二十六年刻本。
⑤ 夏修恕等修，萧琯、何廷熙纂：《思南府续志》卷十，清道光二十一年刻本。

礼而慕义，守贞而报信，佩耻而砥廉，其事皆自为之事。①

从"其事皆自为之事"中，我们可以看到心学将道德信仰、价值理念外化为行为准则而做的各种努力，以及思南王学为建构现实层面的地方政治秩序和乡村秩序所做的各种努力。

思南王学对现实秩序与道德信仰的综合论证，呈现为"心—学"与"心—政"两种具体实践形态，在理论形态上表现为心（道）与治的合一。罗国贤在《元天观记》中说：

夫道，何为者也，导也，谓导人以善也。夫观，何为者也，观也，谓示人以善也。今思之有观，凡输木石，施砖瓦，出金帛，助米柴，镂刻神像，装彩金碧，与夫香篆、烛㷲、龙龛、绮幕，工非一人，作非一日，自一毫之上皆大夫士庶所乐从者，岂非神道之所服也。不然，亲而父母，尚有私财，而不知爱敬尊。如朝廷尚有肆意，而不知法守，以至于处兄弟姻党之中。箪食豆羹，小者忿，大者夺，而况杳冥恍惚乎。然而乐施不吝不过，曰：吾广福田，吾免苦海，如此是我可以渎，帝可以私，何以为观？是故，帝不外道，道不外心，曰灵台，曰大宇，曰天君，曰神明之舍，是即元都清省无极真宰也。大夫君子凡百士庶反求诸心，为臣尽忠，为子尽孝，礼仪制事廉耻养德以此事，帝是为明德，虽暗室屋漏鬼神享之，而况今日之观乎，然则，大夫君子凡百士庶，既尽力以成此观，尤当尽心以修此道。②

道为导人以善，观为示人以善，大夫君子士庶乐而为观，实质上皆是从善。若不知从道从善，则于父母不知爱敬，于朝廷不知法守。敬爱守法皆是源出于心，道不外心，道由心出。所谓帝即是"汉儒立天帝之说，以元帝主东北西北之间"③者，"帝不外道，道

---

① 贺长龄：《思南府续志序》，夏修恕等修，萧琯、何廷熙纂：道光《思南府续志》，清道光二十一年刻本。
② 罗国贤：《元天观记》，夏修恕等修，萧琯、何廷熙纂：道光《思南府续志》卷十，清道光二十一年刻本。
③ 罗国贤：《元天观记》，夏修恕等修，萧琯、何廷熙纂：道光《思南府续志》卷十，清道光二十一年刻本。

不外心",即是强调了帝、道、心的一致性。这正是心学的理论内涵。从阳明心学致良知的功夫总纲出发,心发而于事事物物,则是心与物之间的价值和意义的转换。因此,大夫士庶反求诸心,则为臣能尽忠,为子能尽孝,社会礼仪、制事、廉耻、养德皆为心中事,道中事。因此,"反求诸心"即是为学,也是为事,心对物的涵化,物对心的表征,正体现出心与物的合一。物者,事也。在实践领域,这一关系体现为知与行的合一。所以"大夫君子凡百士庶,既尽力以成此观,尤当尽心以修此道",即是要尽心修道以教民化俗为善。作为思南王学的三代弟子,罗国贤的这一段论述正体现出了思南王学乃至黔中王学以心为治的思想特质。思南王学产生于特定地域的社会政治文化背景之中,这在客观上决定了其基于心治合一的社会治理思想具有强烈的时代感。

二、清平王学

清平王学实际、有效的创建活动始于明隆庆三年(1569)孙应鳌归乡讲学,这一时间晚于李渭大规模讲学活动约35年。虽然清平王学无论就发生的地域还是当前可考的弟子数量而言,相较于黔中其他四个王学重镇都是较小的一个,但其代表性人物,也是实际开创者的孙应鳌却是黔中王学黔籍弟子中影响最大的一个。清代莫友芝曾评价孙应鳌道:"先生以儒术经世,为贵州开省以来人物冠。"[①]莫氏不但肯定了孙氏的学术成就,而且肯定了其学术的经世价值。的确,孙应鳌一生为学为政,精思熟虑,著作等身,吏治清明、卓有军功,煞有阳明之风范。其对心学本体的发明和心学功夫的辨析,以及心学化的治理思想,对当时的思想界具有醒发之作用,因此具有显著的治理价值取向。

(一)清平王学的形成

清平王学形成过程中的具体地域因素的促发作用并不十分显著,原因在于清平具有黔中王学其他四个重镇共有的特征,但在政治、经济、军事、文化、教育等方面的地位又逊于四者。所以,清平王

---

① 唐树义等编:《黔诗纪略》卷五,关贤柱点校,第184页。

学的产生背景在某种意义上即是明代贵州文化、教育等方面的一般情况。促发清平王学形成的直接活动则是徐樾、孙应鳌、蒋世魁等人的讲学活动，其中以孙应鳌的讲学活动影响最大，培养弟子众多，并在实际上形成了以孙氏为代表的王学弟子群，这也成为目前可考的清平王学弟子的主体。同时，孙应鳌的讲学活动对于清平的学风、士风、民风都有积极的影响，这和孙氏心学的经世价值取向是分不开的。

明代清平既是一个县级行政区划，也是一个军事卫所，所以卫、县同城。在明代前期，清平兵事不断，所以郭子章在《黔记》中说清平"多盗宜防"，但风俗则"语平讼寡，力田务本"[①]。清平卫作为一个小小的卫所，明代以来的贵州志书所记并不详细，但根据现有资料可以看出，清平在明代开发贵州的时代大潮中，其文化发展也不输其他州县。清平卫儒学始建于正统八年，至万历五年，曾培育出王炯、李佑、孙衷、孙应鳌、李大晋等多位进士，而其中最为杰出者当为孙应鳌，他开创了黔中五大王学重镇之———清平王学。从整个明代贵州的背景来看，清平王学的产生和明代"教化为先"的政策息息相关。如清代田雯在《孙文恭公祠碑记》中说：

> 夫蛮髳之邦，农不习耒耕，士不治诗书，官斯土者，必表章一二贤哲，以扶植纲常，被濯习俗，庶可潜移而默化之，不然，罗施鬼国，未有积十数年，近或五七年，无疵疠、夭札、刀兵、水火之患者。以公（孙应鳌）文章、理学、事功，而顾可使之阙而不耀耶？[②]

可见，孙应鳌及清平王学都可谓是时代的产物。

孙应鳌早年从学于徐樾，后学于蒋信。徐樾于嘉靖二十三年（1544）迁贵州提学副使，居黔期间讲阳明心学不辍，培养了大批王学弟子，大有功于地方教化，在他的诸多弟子中，孙应鳌是最杰出的一个。孙应鳌裔孙孙茂檀曾记述："吾家以如皋籍，来隶清平，

---

① 郭子章：《黔记》卷七，明万历年三十六年刻本。
② 田雯：《孙文恭公祠碑记》，转引自李独清：《孙文恭年谱》，李孝彬、龙光沛整理，《贵州文史丛刊》1988年第1期。

再传至文恭,遂阐阳明良知之旨,为黔儒宗,流风余荫,沾溉历数百年。"①孙氏早年居官在外,隆庆三年(1569)以疾请告归里,居黔讲学,先后创建了平旦草堂、学孔书院和山甫书院。因求学者甚多,致平旦书院不能容,于是又建学孔书院。据胡直《横庐精舍藏稿·学孔书院记》载:"始予友淮海孙公解大中丞归,而远近问学者履盈户,公乃选伟拔山之麓,得其盛者止焉,遂辟为书院,以居学徒。"②孙应鳌勤于讲学:"得日与吾党二三子讲明孔门之学,随所论析,二三子各有辑录,已,乃成帙。余谓其赘益甚,二三子审能察识,斫轮之技,非劳筋苦骨,捐捐椎凿之间。以天合天,得之自我,用力少,见功多,终身由之而不舍,是圣人诚死,犹有不死者。存所谓不可传者,岂真不传邪。二三子宁尽无悬解余言于笑谈领略者乎。"③从中我们亦能看到孙氏讲学的风采。孙应鳌讲学培养了大批王学弟子,并推动了地方学风和民风的移风易俗,故得"儒术经世"之评价,在明代贵州边地具有明显的社会治理作用。这一时期与孙应鳌一起讲学于清平的还有蒋世魁。蒋氏亦师从蒋信,与孙应鳌可谓同门,二人在家乡相与讲学,教诲弟子,从学者接踵而至,开创了一片王学的天地。可惜,地方史志对蒋世魁的弟子语焉不详,今可考者多为孙应鳌的弟子。

(二)弟子与学承

徐樾是阳明的第一代传人,同时又拜泰州学派的王艮为师,持身道合一之论,在阳明学派谱系上亦可谓是二传弟子。嘉靖十一年(1532)徐樾中进士,并以进士起家授官,历官部郎。嘉靖二十三年(1544)迁贵州提学副使,此间讲学授徒,变化地方风气。《贵阳府志》称其"讲明心学,陶熔士类,不屑于课程,尝取苗民子弟衣冠之,假以色笑,而加训诲,苗民卒化。盖信此理,无古今,无中外,苟有以兴起之,无不可化而入也"④。可见,徐樾对于黔中王学的传

---

① 孙茂檀:《孙文恭公遗书跋》,转引自李独清:《孙文恭年谱》,李孝彬、龙光沛整理,《贵州文史丛刊》1988年第1期。
② 李独清:《孙文恭年谱》,李孝彬、龙光沛整理,《贵州文史丛刊》1988年第1期。
③ 孙应鳌:《四书近语》,郭子章:《黔记》卷十四,明万历三十六年刻本。
④ 周作楫辑,朱德璲刊:《贵阳府志》卷五十七,贵阳市地方志编纂委员会办公室校注,贵州人民出版社2005年版,第1115页。

承及以阳明心学风化地方做出了重要贡献。另外，从学派谱系的承续来看，徐樾都可谓是清平王学之祖，同时也是清平王学的非黔籍弟子。嘉靖三十一年（1552），徐樾升云南左布政使，元江土酋那鉴叛乱，叛酋诈降，徐慨然请行受降，为其所害，溺河而死。后追赠光禄少卿。徐樾黔中弟子孙应鳌作《功冠南荒卷题辞》以表彰其事功，又作《公无渡河哭波石先生》以寄托哀思之情。

得徐樾之精者为孙应鳌（1527—1584，字山甫，号淮海、道吾，清平卫人）。应鳌出生于儒学世家，七世祖孙华以军职于洪武二十五年（1392）由江苏入黔驻清平，遂落籍本地。其后三代皆以军职累军功。从曾祖孙瀚开始，祖父孙重、父亲孙衣三代皆为举人，饱读诗书，居宦为官。据郭子章《黔记》载：应鳌"生之日，适卫人馈六鲤，因以名。就塾受业，日诵数千言。正襟危坐，求解大义。年十九，以儒士应乡试，督学徐公樾一见大奇之，许必解额。放榜，果以礼经中第一人"①。孙应鳌初师事徐樾并与阳明弟子交往甚密，其"自见知波石即传其所受阳明、心斋之学，终日抠趋与李同野、马心庵、蒋见岳同励圣轨，既又走桃冈，印证于道林，所造益实。通籍后，遍交罗念庵、胡庐山、邹颖泉、罗近溪、赵大洲、耿在伦、楚侗诸巨公，往复切劘，温故知新，浩然自得"②。可见，应鳌学术交游极为广泛，体现出黔中王学广阔的学术视野和学术思想的开放性。从学术渊源和学承谱系看，无论是徐樾还是蒋信，以及给予其思想极大影响的其他阳明亲炙高足，孙应鳌都可以归为阳明的黔中二代弟子。

嘉靖二十五年（1546），孙应鳌举乡试第一，三十二年成进士，贵州解元进士自应鳌始。三十六年出金江西，时江西流贼四起，应鳌捍御有方。后任陕西提学副使，实意作人，身先为范，曾有《与楚侗论师道书》，认为"世道理乱，关于人才，人才成就，系于师道"③，并作《教秦绪言》，所取士皆一时名硕。后任四川右参政、按察使，以计平定土夷薛兆乾之叛。隆庆元年（1567），迁湖广布政使、都察院右佥都御史，抚治郧阳。是年以主上冲年，乃疏请勤学励政、亲贤远奸等十事，上嘉纳之。三年遭谤回乡。隆庆六

---

① 郭子章：《黔记》卷四十五，明万历年三十六年刻本。
② 唐树义等编：《黔诗纪略》卷五，关贤柱点校，第183页。
③ 孙应鳌：《答楚侗公书》，贵州省文史研究馆主编：《黔南丛书（点校本）》（第7辑），贵州人民出版社2015年版，第278页。

年（1572）复职，再上疏人皆讳言的建文死事诸臣，疏奏留中，举朝目为昌言。万历元年（1573）升为大理卿，三年迁户部右侍，不久改礼部右侍郎，掌国子监祭酒兼侍讲。应鳌"雅意持风化，造人才"，主张"祭酒司业为朝廷作人于内，提学为朝廷作人于外。必在内树风教，而后在外振纪纲"①。四年，上驾幸太学，应鳌进讲《周书》《无逸》，上嘉纳，命坐赐茶。同年因病辞官归里。后于万历七年（1579）复用国子监祭酒，十一年起刑部右侍郎，晋南京工部尚书，均疏辞不就。十二年病卒。二十八年，巡抚郭子章疏请追谥"文恭"。《黔诗纪略》云："盖先生之学，以求仁为宗，以尽人合天为求仁之始终，而其致功，扼要在诚意、慎独。平生难进易退，任事敢言，不以依违徇人，亦不以激烈取异物来顺应，沛然有余，海内群以名臣大儒推之。"李独清亦评价道："距开省百年，乃蔚然为一代名臣，剔历中外，屡膺要职，匡君失，惩珰恶，论革除年号，请停纳粟入太学之令，兢兢焉以拔育人才、兴起斯文为己任。"②可谓是对孙应鳌为学、为政的精当概括和评价。应鳌仕宦期间亦学亦政，其学发明良知为本，强调治心功夫，吏治以维护天道，显示出鲜明的心学色彩。

孙应鳌前后居乡十余年，讲学著述，发扬心学，孜孜不辍。现存著述主要有《淮海易谈》四卷、《四书近语》六卷、《庄义要删》十卷、《督学文集》四卷、《杂文》一卷和《教秦语录》《幽心瑶草》等篇。另有《律吕分解》四卷、《雍谕学孔精舍汇稿》十六卷、《督学诗集》四卷、《论学汇编》八卷、《学孔精舍续稿》、《春秋节要》等佚失不见，岂不惜哉！

蒋世魁，生卒不详，字道陵，号见岳，清平人，首师蒋信，亦是清平王学的二代弟子，之所以将其归入清平王学，是因为其一生主要论学地和交游均在清平。蒋世魁与马廷锡、孙应鳌基本在同一个时期师事蒋信，得道林万物一体的圣门宗旨。后又师事湛甘泉，与乃师道林的学术路径较为一致；并与黔中诸大儒相与论学，颇有得，著有《蒋见岳初稿》，孙应鳌为之序。同时孙应鳌有《西峰小景和见岳》《与见岳夜坐》等诗作记录了与蒋世魁的学术切磋、生活游历等情景。蒋

---

① 郭子章：《黔记》卷四十五，明万历年三十六年刻本。
② 李独清：《孙文恭年谱》，李孝彬，龙光沛整理，《贵州文史丛刊》1988年第1期。

世魁虽少有俊才，然十举不第，后应岁荐授同州训导，卒于官。

清平王学的三、四代弟子目前可考者皆为孙应鳌的弟子，其中最著名的当为邱氏一门：邱禾实、邱禾嘉兄弟和邱禾实之子邱懋朴、邱懋素，邱禾嘉之子邱懋宏。邱氏祖籍山东，落籍新添卫，历安、铭、胜、昂、润五代累军功为贵州都指挥使，世袭之。自禾实之祖珊以学职不愿授卫官，家风始由军功趋向学文，惟次子东鲁一脉世袭指挥使。长子东昌即禾实之父，举隆庆元年乡试，历官教谕、知县泸州守等职，以清操著称，归里后筑虚白书堂讲学授徒。禾实，字登之，生于书香门第，文思颖赡，与其弟禾栗、禾嘉以文章、官迹显。禾实举万历十九年（1591）乡试第一，二十六年中进士，改庶吉士，二十八年授翰林院检讨，为贵州翰林第一人。三十七年始迁左庶子，旋辞职归里，卒于家。禾实一生以孙应鳌弟子自称，笃信孙氏之学，是孙氏的私淑弟子，曾作《雨中望淮海先生墓》，以表达敬仰之情，又曾为《黔草》《黔记》作序，以表彰家乡文化。著述有《经筵进讲录》、《循垓园文集》八卷、《诗集》四卷等，皆佚失。禾栗，字有荻，号莱峰，万历四十年（1612）举人，官至太平知县。禾嘉，字献之，万历四十一年（1613）举人，历翰林待诏、兵部职方主事、右佥都御史、南京太仆卿等职，喜谈兵，时值明末，清军入关，颇有战功。[①] 懋朴、懋素承家学，皆能文，懋朴，字若木，崇祯六年（1633）举人，累官湖广按察司佥事，分巡上荆南道。懋素，字若水，崇祯三年（1630）举人，官南阳知府。崇祯末，兄弟二人皆殉寇难，一门双忠，足张世泽。另懋宏，字若谷，荫官指挥使。

如果说邱氏门人为私淑弟子，并非亲炙，那么温纯可谓非黔籍的亲炙弟子。温纯（1539—1607），字恭毅，陕西三原人，历官湖广参政、河南参议、浙江巡抚、南京户部尚书、工部尚书等。《黔记》记载郭子章受清平令刘启周之托请温纯为孙应鳌公祠做记曰："予计公督学秦中，为三秦士师，瞽宗北雍，为天下士师，及门入室弟子，当有善言师者。乃请于今御史大夫三原温公。温公，故公所简秦士也。温公曰：弟子即诵师，无若公言公，且以哭公集杜八首示予，读之令人涕落。"[②] 温纯《集杜哭文恭公》八首有曰："古人

---

① 《明辽东巡抚邱禾嘉传》，《贵定县志稿》，民国八年钞本，第118—120页。
② 郭子章：《黔记》卷十七，明万历年三十六年刻本。

已用三冬足,归赴朝廷已入秦。朝廷衮职谁争补,枉沐旌旄出城府。童稚相亲四十年,使君高义驱千古。风流儒雅亦吾师,药饵扶吾随所之。"①表达了对先师的追思之情。

总之,清平王学作为贵州五大王学重镇之一,出现了黔中王门后学中最著名的弟子孙应鳌。但因史料散佚,清平王学也成为现可考弟子最少的一个重镇。

三、都匀王学

孙应鳌归乡讲学八年后的万历五年(1577),邹元标贬谪都匀,并讲学授徒,开创了都匀王学。都匀王学形成于明代由盛转衰的万历朝,朝政日弊,地方起义和外虏侵犯不断,朱明王朝风雨飘摇,增强了士人的危机和忧患意识。在思想界,王学末流的空疏学风不断受到批判,大批有志之士兴起并推动了一股救世思潮。在这种大的时代背景下,远在西南的黔中王学,特别是刚刚形成的都匀王学亦受到波及。都匀王学在思想上,一方面传承了早期黔中王学致力于边地知识系统和地方秩序建构的意识,另一方面也参与了明末的救世思潮。可以说,在黔中区域政治文化和明末时代思潮的激荡下,都匀王学将富有理想色彩的建构和具有忧患意识的救世融为一体,反映出他们在参与明末清初的经世思潮过程中的复杂内心世界。作为都匀王学的开创者和主要代表,邹元标以其积极建构的心学实学思想体系和热情的救世实践来对治空疏之学弊和颓废之政局,意图实现其"振世觉民"的经世理想。

(一)都匀王学的形成

都匀王学形成和发展的直接条件是以赵大洲、张翀、邹元标、陈尚象、余显凤、吴铤等为代表的讲学活动,其中邹元标的讲学对都匀王学具有开创之功,其前的赵、张二人的讲学为都匀王学的形成做了较好的学术铺垫,而邹氏的三弟子陈、余、吴则接其讲学余风,进一步推动了都匀王学的发展。

---

① 郭子章:《黔记》卷十七,明万历年三十六年刻本。

都匀原名都云，处于西南大山中，壤僻而险，众山环绕，横岗虎伏，一水萦流，小涧龙回，四塞为依，孤城自卫。其东距播州，西连龙里，北通平越，南抵南丹，实乃西南交通要地。都匀府扼桂象之喉，引川播之腋，是广以西之唇齿，黔以南之藩篱。故在明代开发贵州的背景下，这里是军事要地，得到朝廷重视，弘治六年（1493）添设都匀府。然长期以来，都匀为诸蛮猖獗之地，明廷基于稳定西南的考虑，使之成为汉族移民较多的地方之一，军屯、民屯、商屯集中，在行政制度上改土归流，委派汉族官吏，并为加强思想一统，设立官学，宣德八年（1433）建都匀卫学，弘治八年（1495）改为都匀府学，儒学教育得以普及。特别是明中后期，受阳明心学讲学之风的影响，在地方官吏和士民的推动下，都匀也日渐形成向学之风，"上之人，不难捐廪饩、开制额、广励学官，网罗人才，下之人，有愿建学"①；"府治苗多汉少，汉人勤于耕读，苗民于务农纺织之外，亦间有读书应试者"②。这一切为都匀王学的形成提供了较好的条件，也为其心学思想的展开奠定了基础。嘉靖三十四年（1555），提学万士和在为府学作的学记中记述和评价了都匀儒学教育的兴起及其对士风、文风的影响：

都匀本荒徼南夷，前代为羁縻之国，明兴重熙累洽，文教大同，即远如都匀，设官置学，比之内地。其诸生中渐涵化育，固浸浸然知所向方，然限于习俗，不能自拔于情欲者，亦大率然也。诸生其务思国家作养之初意，以求比隆于上古之时，使天下称曰都匀之士，皆立于教废之时，比之成才于三代者尤难。又曰三代之教，止及于中州内地，皇明之教，则尽于羁縻荒服，是不惟士有以自成，而且以彰盛美于无穷矣。此人性之皆善，尧舜之可学而至者，诸生其勖之哉。③

都匀王门诸子就是在这样的儒学背景下建构他们的思想体系并创办书院、传承心学的。

---

① 郭子章：《黔记》卷十六，明万历年三十六年刻本。
② 爱必达修：《都匀府》，《黔南识略》卷八，杜文铎等点校，第87页。
③ 郭子章：《黔记》卷十七，明万历年三十六年刻本。

嘉靖二十九年（1550），徐樾高足赵大洲因忤严嵩被贬谪荔波县（时属四川）典吏。居都匀期间，赵大洲论学不辍，"蜀人啧啧无异议云"①。尽管其都匀讲学活动及弟子学行后世志书记之未详，然其首开都匀心学之风化之功当不可没。故郭子章督学四川，在大儒祠中"始祀公（周元公）及赵大洲先生、予师胡庐山先生"②。可见，从地方秩序建构的角度看，赵大洲在都匀的讲学是受到肯定的。嘉靖三十七年（1558）春三月，"柳州八贤"之一的刑部主事张翀因讽论大学士严嵩而被廷杖，并谪戍都匀。张翀虽居僻地，但仰慕苏轼"（子瞻）在儋州时，僦民舍以居，日与其父老子弟吟咏从容，儋州之人相与诛茅筑土，特作室以居公。夫子瞻，一代伟人也，而人慕之乃能如是"③。于是效仿苏轼建桄榔庵，选择城中林木深邃处，在都匀弟子的帮助下建成"读书堂"，后称"鹤楼书院"。张翀深感"匀之居余亦如儋之居公"，于是日与弟子讲读其中，"考究群籍以求古人之用心"④。张翀为人"忠信孝友，光明朗恺"⑤，倾心王学，强调"明心"和学以致用，"人之有堂，所以安身也，堂之有书，所以明心也。庶人不明书则不足以保身，士大夫不明书则不足以启性灵而弘功业，军旅不明书则不足以察古今之成败，夷狄不明书则无君臣而上下乱"⑥。并通过讲学活动在都匀培养了一大批弟子，在文化积淀上为都匀王学的形成奠定了基础。

万历五年（1577）十月，刑部观政邹元标因论张居正不终丧，谪戍都匀。元标继承了张翀授士化民的讲学之风，重修了"张公读书堂"，并主讲其中。"王阳明龙场教条，以立志为初基；邹尔瞻之讲学也，亦以此二字为先务。盖二人一生得力之处俱在于是，故言之合符节也"⑦。邹元标"日与匀士讲阳明良知之学，著书立说，大抵尊信文成者"⑧。他一方面发扬了阳明良知之学，另一方面也影

---

① 郭子章：《黔记》卷四十五，明万历年三十六年刻本。
② 郭子章：《黔记》卷四十五，明万历年三十六年刻本。
③ 张翀：《都匀读书堂记》，郭子章：《黔记》卷十六，明万历年三十六年刻本。
④ 张翀：《都匀读书堂记》，郭子章：《黔记》卷十六，明万历年三十六年刻本。
⑤ 邹元标：《龙山志·自序》，郭子章：《黔记》卷十四，明万历年三十六年刻本。
⑥ 张翀：《都匀读书堂记》，郭子章：《黔记》卷十六，明万历年三十六年刻本。
⑦ 爱必达修：《都匀府》，《黔南识略》卷八，杜文铎等点校，第88页。
⑧ 田雯：《阳明书院碑记》，周作楫辑，朱德璲刊：《贵阳府志》余编卷八，贵阳市地方志编纂委员会办公室校注，第1794页。

响了都匀的士风和学风,都匀士子多有阳明遗风,与其有很大关系。故江东之《南皋书院碑记》载:

> 戍都匀,至则僦居氓舍,鹈鴂先鸣,莫必其命,日方与鬼物为邻。寻得张公读书处一侨足焉。……公视张公,后先一辙,遂结茆于张公堂左右。居匀六年,时时与都人士讲天人性衍之学,伾然蹯然,无夷狄患难相,亦无夷狄患难心。盖身在局中,法流界外,委化运于傥来,而不以人我参耳。其门第之高者,往往负奇气,掇巍科,词章行谊,得庐陵文宪之传。如陈给谏尚象亦以谠言放逐,要其凌霄亮节,不负所学,又宛然邹氏家法也。①

可见,邹元标的思想和气节对都匀王学的思想风貌具有重要影响,也成为都匀王学思想的重要理论基础。诚如郭子章所评价:"阳明之学成于龙场,尔瞻之学定于都匀。"②

万历十一年(1583),邹元标离黔,但都匀王学的讲学活动并未结束。"公胸次一日不能忘黔,黔士民亦不能一日忘公。"③陈尚象、余显凤、吴铤等元标的"匀子弟有羹墙之思,就于公所尝登览讲论处,更创为南皋书院"④,在元标离黔之后再次掀起了一波讲学之风,既为纪念元标,也推动了都匀王学的继续展开。"公去匀已久,而是中之濡名教、景风神者,方嚅嚅兴起。"⑤而且这种讲学之风还一直延续到清代,"黔中郡县,遍设书院,惟省之贵山与都匀之南皋称最著,几与白鹿、鹅湖等,非以王、邹二贤故耶"⑥?而在人才培养方面,"嘉惠于士林者至深且厚,夫是以萤声腾实焜炜于中外者,与荆蜀竞爽也。然则王、邹二贤,开来之力,亦乌可少哉"⑦?因此可以说,明代前期都匀的儒学普及和中期以邹元标为中心的讲学活

---

① 郭子章:《黔记》卷十六,明万历年三十六年刻本。
② 郭子章:《黔记》卷四十二,明万历年三十六年刻本。
③ 郭子章:《黔记》卷四十二,明万历年三十六年刻本。
④ 江东之:《南皋书院碑记》,郭子章:《黔记》卷十六,明万历年三十六年刻本。
⑤ 江东之:《南皋书院碑记》,郭子章:《黔记》卷十六,明万历年三十六年刻本。
⑥ 爱必达修:《都匀府》,《黔南识略》卷八,杜文铎等点校,第88页。
⑦ 爱必达修:《都匀府》,《黔南识略》卷八,杜文铎等点校,第89页。

动构成了都匀王学形成的必要条件，并在一定程度上决定了都匀王学的实学特质。

（二）弟子与学承

都匀的心学讲学早有赵大洲，后有邹元标及其弟子，二人都培养了一批心学弟子。但大洲的弟子在地方志书中略而不记，而元标的弟子蔚为壮观，名士辈出，并很好地继承和发扬了邹氏之学，在僻远的都匀开创了新的文化局面。因此，都匀王学当指以邹元标及其一传、再传弟子为核心的心学群体。

关于邹元标，在"阳明学在吉安"已有较多介绍，在此不作赘述。这里将着重介绍元标在都匀期间所培养的一批黔中门人，亦即王门的四代弟子，其中较有代表性的是陈尚象、吴铤、余显凤等。

陈尚象（？—1613），字心易，号见羲，都匀人。其父陈大宾于万历十四年（1586）赠中书舍人。尚象少时尝受业于张翀高足都匀钟东宇。万历五年（1577），邹元标贬谪都匀，尚象师事之。"元标公视张公（翀），后先一辙，遂结茆于张公堂左右"①，可见与张公之学甚为相契。陈尚象师事钟、邹，其学理路前后一致，而以元标为多。万历七年（1579）尚象举乡试，八年成进士，十一年授中书舍人，十四年分校武闱，十六年迁户科给事中，十七年分校礼闱，十八年巡视京营及光禄，十九年典四川乡试，后转刑科给事中，又转吏科给事中。居官期间，尚象"纠官邪，扶国是，培君德，恤茕独，具奏副中"②，上嘉纳之。后因疏言预教定储事，受廷杖，削籍为民。四十一年病卒，赠光禄寺少卿。居乡期间，尚象"杜门扫轨，惟以兴起学术为事"。在其师邹元标讲学处建南皋书院，所纂《贵州通志》为黔书善本，并撰有《疏草》四卷。"晚岁笔耕疏食，有寒畯所不堪者，处之怡然。而恤乡里，急师友，罄其力无所吝"③；"故没之日，不足具棺敛，此可观君矣"④。足见其为学、为政、为人之特征。

吴铤，生卒不详，字金廷，都匀人，万历十年（1582）举人，

---

① 郭子章：《黔记》卷十六，明万历年三十六年刻本。
② 唐树义等编：《黔诗纪略》卷十一，关贤柱点校，第412页。
③ 唐树义等编：《黔诗纪略》卷十一，关贤柱点校，第410页。
④ 唐树义等编：《黔诗纪略》卷十一，关贤柱点校，第412页。

是都匀弟子中最受邹元标赏识者之一。据《黔记》记载:"(吴铤)幼孤,鞠于伯氏嘉善。初从桐城归,尚未知名。时邹公尔瞻谪匀,得铤卷,击节曰:'此黔第一士。'闻者骇之。已,督学李公学一、冯公时可后先校匀士,俱首铤。"①吴铤从学于元标,常默颔不语。及元标离黔,吴铤下帷自砥砺,圣学有图,日课有纪,夜潜坐,常至鸡鸣。一读书,声琅琅彻晓,并将元标所讲之"五经",径自抄写,大有得于元标之正学。吴铤之文"浸浸不作经生口吻,神识时溢笔端"②,都匀士子多从之游,吴铤则毅然以师道自任,现存有其诗《示学者二首》。吴铤病卒后,元标为其作墓志铭曰:"有鸟于此,其文五色。宜瑞王国,鼓翼何之。俾吾求其故而不得,君岂厌尘寰之逼仄者邪?噫!"③表达了对吴铤的赞誉之辞和对其早逝的惋惜哀怜之情。郭子章亦尝对元标所开创的都匀王学及陈尚象、吴铤成就师学、引领地方学风所作之贡献作过如下评价:

都匀开郡以来,未有发解,发解自吴生铤始。未有拾遗,拾遗自陈给事尚象始。然皆立雪邹门者。尔瞻不幸谪匀,匀幸尔瞻谪而成二贤也。常衮入闽而欧阳行周著,韩昌黎刺袁而卢肇易重显。古今贤者达材,岂异轨乎?④

这可谓是对师徒三人有功于地方文化的肯定。

余显凤,生卒不详,字德焘,独山州人,因独山无州学,显凤遂赴都匀府求学,与陈尚象共同师事邹元标。余显凤举万历七年(1579)乡试,成为独山州乡举第一人,官教谕,升河南巩县(今巩义市)知县。后尚象通籍,显凤下第归乡,复与吴铤共学于邹元标。元标离黔后,三人于其昔讲业处创为书舍,江中丞东题之曰"南皋书院"。《黔诗纪略》云:"忠介(邹元标)居匀六年,从学何啻百数,而闻道者推三先生。"⑤时称"邹门三先生"。其中显凤从元标最久,

---

① 郭子章:《黔记》卷四十七,明万历年三十六年刻本。
② 唐树义等编:《黔诗纪略》卷十一,关贤柱点校,第421页。
③ 唐树义等编:《黔诗纪略》卷十一,关贤柱点校,第422页。
④ 郭子章:《黔记》卷四十七,明万历年三十六年刻本。
⑤ 唐树义等编:《黔诗纪略》卷十一,关贤柱点校,第418页。

所得尤深，"州人讲正学有科名，并自巩县始"[1]。可见，余显凤对都匀思想文化的贡献可与陈尚象、吴铤齐名。

邹元标在都匀的重要弟子中还有艾氏三兄弟：友芝、友兰、友芸。据《黔诗纪略》载："万历初，邹忠介元标谪戍都匀，常主尊五家。其子友芝、友兰、友芸皆受业焉。"[2] 艾氏三兄弟工于诗文，进学于游，颇有明代山人遗风。另外，陆从龙（？—1622）、陆德龙（？—1622）兄弟也是邹元标的弟子，元标对二兄弟"许以道器"，可见甚是器重。

都匀王学的五代弟子可考者有袁肇鼎、吴镛、吴铎、朱振祚四人，其中吴镛、吴铎为吴铤的从弟，朱振祚为吴铤的外甥，三人均从学于吴铤，然具体生卒、学行已不可考。袁肇鼎师事陈尚象，少思敏捷，为都匀府学廪生，娶尚象孙女为妻，早逝，著作皆佚。

都匀王学经过几代传人的努力，培养了大批心学弟子，仅邹元标一人，"从学何啻百数"。他们相与讲学交游，推动了都匀王学的形成与发展。在明末时局中，他们或者积极参与地方秩序建构，或者为国殉难，忠实践履儒家经世之学，从而使都匀王学在区域和时代文化思潮的双重影响下，在学与行上皆表现出鲜明的经世色彩。

总之，王阳明离黔后，阳明学在贵州得到了继续发展，无论在地域广度、弟子群体，还是在思想演进方面都得到了充分发展，形成了独有的地域文化特色。明代贵州特定的时空生态、阳明心学的学术个性和明初大一统的时代要求三者的结合，造就了黔中王学的良知思想中的国家在场意识、政治伦理观念和功夫上注重践履的特征。黔中王学之所以能够产生、发展并达于高潮，应该说与其以良知为本、用世为重的学术品格，以及妥善处理与当时的政治、经济、文化的复杂关系等多方面因素密切相关。

（陆永胜撰稿）

---

[1] 唐树义等编：《黔诗纪略》卷十一，关贤柱点校，第418页。
[2] 唐树义等编：《黔诗纪略》卷十，关贤柱点校，第396页。

王阳明与福建

秦朝灭楚，越族归秦，史称"东越"。东越又一分为二：一曰闽越，一曰瓯越。后东越南属闽中郡，其地包括浙南（温、台、处三府）和福建，而与北属的会稽郡相分离。唐宋以后，以闽中郡和会稽郡为中心的区域文化，又循着不同路径而若即若离、互动并进。程朱理学与陆王心学在闽、浙、赣大地上演的此起彼伏、斑斓绚丽的历史画卷，盖导源于此。以至称福建是朱子学的发源地之一，已然成为学界之共识，而阳明学对福建影响甚微，似亦成为学界之共识。① 清人李清馥的《闽中理学渊源考》即记："先文贞公（李光地）撰《虚斋先生祠记》曰：'吾闽僻在天末，自朱子以来，道学之正为海内宗。至明代成化后，虚斋先生（蔡清）崛起温陵，首以穷经析理为事，非孔、孟之书不读，非程、朱之说不讲。其于传注也，句谈而字议，务得朱子当日所以发明之精意。……时则姚江之学大行于东南，而闽士莫之遵，其挂阳明弟子之录者，闽无一焉。此以知吾闽学者守师说，践规矩，而非虚声浮焰之所能夺……'"② 然而，这并不等于说福建便是朱子学的一统天下，而无阳明学的立锥之地。犹如阳明学的发源地浙江也有众多朱子学者及其传人一样，福建有阳明学者及其传人存在，亦是不争的事实。尽管福建阳明学者与朱子学者在数量上和影响力上不可同日而语，但这并不能成为我们对其忽略不论的理由。

福建史称"八闽大地"，又称"闽中"。黄宗羲《明儒学案》虽有一卷专记"粤闽王门"，但却声称"闽中自子莘（马明衡）以外，无著者焉"③。《明史》亦称："闽中学者，率以蔡清为宗，至明衡独受业于王守仁。闽有王氏学，自明衡始。"④ 因此，所谓"粤闽王

---

① 王阳明的得意门生董沄在谈到被朱门嫌弃的王蘋时说过："先生之先为闽人，徙居平江。今之士溺于进取者，莫甚于闽；以雕虫之技相夸诩者，莫最于吴下。"（董沄：《题王著作先生语录后》，《徐爱　钱德洪　董沄集》，钱明编校整理，凤凰出版社2007年版，第272页）这是基于王学的立场，批评闽中士人沉溺于朱学而故步自封，吴中文人沉溺于辞章而不思进取。此言虽说带有明显的门户之见，但它却从一个侧面反映了朱子学在福建的巨大影响力。
② 李清馥：《文庄蔡虚斋先生清学派》，《闽中理学渊源考》卷五十九，徐公喜、管正平、周明华点校，凤凰出版社2011年版，第640页。
③ 黄宗羲：《粤闽王门学案》，《明儒学案》卷三十，沈善洪主编：《黄宗羲全集》（第7册），浙江古籍出版社1985年版，第763页。
④ 张廷玉等：《马明衡传》，《明史》卷二百〇七，第5464页。

门",其实只有"粤中王门",闽中阳明学者,除了马明衡、郑善夫被言及外,几乎是空白。然而事实上,这是不符合明代福建地区学术思想发展之实况的。

一、传入的路径与时间

关于王阳明与福建的关系,史料中虽然没有他在福建讲学的明确记载,但他的门人后学曾在福建讲过学、传过道却是不争的事实。① 根据王阳明的个人经历及明代驿站分布图可以推知,王阳明或阳明学进入福建的路径大致有三条:一条是阳明本人从海上经舟山至福建福州府,又从福州经建宁府,过武夷山、崇安县、广信府、衢州府、金华府、严州府至杭州,这是正德二年(1507)阳明为躲避追杀而不得已走过的隐遁之路,途中有陆路也有水路。② 一条是从江西赣州进入福建汀州府和漳州府,这也是阳明本人于正德十二年(1517)"去巡抚江西南安、赣州,福建汀州、漳州,广东南雄、韶州、惠州、潮州各府及湖广郴州地方"时,曾经进出过的路线,当时他还"识得"汀州府知府唐淳,并给予唐以较高评价。③ "漳南战役"后在班师回赣途中,阳明曾在汀州府逗留数日,随地讲学,并将唐淳带往赣州,随军征战。④ 还有一条是从广东潮州府经海阳县凤城驿站至饶平县,再经冈马驿至福建漳州府(陆路),再经泉州府、兴化府至福州府(水

---

① 参见钱明:《闽中王门考略》,《福建论坛》2007年第1期;张艺曦:《明中晚期古本大学与传习录的流传及影响》,《汉学研究》2006年第1期;刘勇:《中晚期理学学说的互动与地域性理学传统的系谱化进程——以"闽学"为中心》,《新史学》2010年第2期;张宏敏:《郑善夫:闽中王门的杰出代表》,《阳明学与闽南文化学术研讨会论文集》(内部资料),2019年6月。
② 据湛甘泉《阳明先生墓志铭》记载:"人或告曰:'阳明公至浙,沉于江矣,至福建始起矣。登鼓山之诗曰:"海上曾有沧水使,山中又拜武夷君。"有征矣。'甘泉子闻之笑曰:'此佯狂避世也。'故为之作诗,有云:'佯狂欲浮海,说梦痴人前。'及后数年,会于滁,乃吐实。彼夸虚执有以为神奇者,乌足以知者哉!"(王守仁:《王阳明全集》卷三十八,吴光等编校,上海古籍出版社1992年版,第1402页)认为阳明乃"佯狂避世",而时人却"夸虚执有以为神奇",故而不足以信。束景南则认为,阳明投钱塘江,从海上经舟山至福建是假,然"沿富春江,入广信,经建阳,遁入武夷山"是真,且在武夷山待了半个来月。(参见束景南:《王阳明年谱长编》,第408—430页)
③ 参见王守仁:《王阳明全集》卷十、卷十六,吴光等编校,第328、565页。
④ 按:据清光绪六年(1880)浙江嵊县重修《剡溪王氏宗谱》卷七"仕宦志"之明代宁化县丞王厚宁化公传记载,王阳明当时可能还到过隶属汀州府的宁化县(今属三明市)。传文曰:"公(王厚)为民无礼,故其词而纳之袖,民辄哗,不得已以词还民,而令以为公嗾,反罹罪而听谳矣。幸王文成公莅境,得白。"(引自朱刚:《王阳明宁化行迹稽疑——以〈剡溪王氏宗谱〉宁化公志为中心》,《人文嵊州》2020年第1期)

路），①这是阳明门人后学经常出入的通道。而阳明本人于正德十二年正月至四月间率军到闽粤交界的漳州南部山区（今福建平和县的九峰镇、长乐乡、秀峰乡、芦溪镇，永定区的湖山乡、湖雷镇，广东大埔县的大东镇、枫朗镇、百侯镇、西河镇）所进行的"漳南战役"，也大致上在后两条线路的范围内。

那么，阳明学又是何时传入福建的呢？是首先由王阳明本人传入还是由其门人后学传入的呢？笔者对此的回答是：首先由阳明本人传入，时间是在正德十二年正月至正德十四年六月（1517—1519）巡抚南、赣、汀、漳期间。其理由如下：

第一，正德二年（1507）阳明入武夷山时讲学传道的可能性极小。据《阳明年谱》记载，正德二年夏，"先生至钱塘，（刘）瑾遣人随侦，先生度不免，乃托言投江以脱之。因附商船游舟山，偶遇飓风大作，一日夜至闽界。比登岸，奔山径数十里，夜扣一寺求宿，僧故不纳。……与论出处，且将远遁。其人曰：'汝有亲在，万一瑾怒逮尔父，诬以北走胡，南走粤，何以应之？'因为著，得《明夷》，遂决策返。……因取间道，由武夷而归。……十二月返钱塘，赴龙场驿"②。也就是说，阳明这段时间至少有四五个月的空档期。而根据多种史料分析，他是想找个地方隐居起来，从此远离政治，后偶然被漂至福建，于是遂选择武夷山做隐遁处。③但这里需要说明三个问题：一是当时阳明的目的地并非福建，更不是去武夷山隐居讲学，而是随商船逃往舟山时被飓风偶然漂流至闽界的。④二是阳明是从舟

---

① 参见杨正泰：《明代驿站考（增订本）》，上海古籍出版社2006年版，第207、326、328页。按：古代驿站不仅是政路、商路，还是交通要道，对文化传播所起的作用非常巨大。阳明学的传播过程，与明代驿站尤其是水路的紧密关系乃是不言而喻的。
② 钱德洪：《年谱一》，王守仁：《王阳明全集》卷三十三，吴光等编校，第1227—1228页。按：据阳明佚文《范氏宗谱记》，在潜赴闽地前，阳明曾潜投毗陵（今常州）三个月："正德二年丁卯夏四月，守仁赴谪，逆瑾遣人随伊侦探，予意叵测，晦形遁迹，潜投同志范君思衍之兄思贤于毗陵。君乃宋贤范文正公后裔，好学之士也。大江南北士大夫非其扮榆同社，则其孔李世交，不然则其遥遥华胄也。往来讲学者络绎，余心恐慌焉，君遂匿余于祖祠者三匝月。"（范显瑶等纂修：《武进范氏家乘》卷九，清同治九年忠恕祠木活字本）此段事迹，《阳明年谱》未记，是否属实，值得一考。
③ 束景南考证认为此说不能成立。
④ 查继佐《罪惟录》列传卷十《王守仁传》亦载："附海舟游舟山，为飓风漂闽，为道士收之，故铁树官与语大悦者也。"按："武夷自昔神仙居"（王叔杲：《王叔杲集》卷五，张宪文校注，上海社会科学院出版社2005年版，第122页），为道教圣地，阳明路经武夷，并与曾在南昌铁柱宫相识的道士在此见面，都是其早年的道教心结及当时的政治心态使然（参见钱明：《儒学正脉：王守仁传》，浙江人民出版社2007年版，第29—48页）。

山由海路而并非从浙南由陆路进入闽界。当时浙省来往福建的商路主要是走陆路，亦即由苍南入福鼎的分水关路、由江山入浦城的枫岭关路和由常山转赣入崇安的分水关路，其中后两条路皆要出入武夷山。由于枫岭关路岭路高峻，不便行旅，明朝不设驿站，故而不是当时的主要通道，行旅一般以两条分水关路为主。阳明从武夷山返回钱塘时，估计走的便是闽赣边界的分水关路，因这条道有水路可行，与钱塘江相贯通，南来北往比较方便。三是既然阳明抵武夷后即因《易经》而得"明夷卦"，暗示他应当坚持下去，知难而上，遂决定返回，前往贵州，"因取间道，由武夷而归"。可见他只是在武夷山做了短暂停留，加之当时遭受追杀的险恶处境，所以在当地授徒讲学、显人耳目的可能性极小。可以说，阳明从海路进入福建后，一心想的是"远遁"，并无在闽地讲学之心情，更不可能把尚处于萌芽状态的心学思想传播于福建。

然而，毕竟阳明于正德二年（1507）就已到过武夷山，与武夷山结下了不解之缘，因此阳明殁后，其福建门生遂倡议在武夷山建"王文成公祠"。据史料记载，武夷山在明代中后期曾建过两处阳明祠：

一处在幔亭峰下西禅岩之麓，由建宁府通判董燧倡建，崇安知县戴瑞经略其事，嘉靖三十七年（1558）建成，建宁太守刘佃记其始末，并刻于石，称"甘泉、阳明二先生祠旧在一线天，岁久倾圮"，故在此重建。阳明高足邹守益撰有《武夷第一曲精舍记》，记此祠甚详：

> 甘泉湛先生、阳明王先生宣圣学以醒群听，识者翕然宗之。嘉靖戊午，郡丞董子燧谋于郡守刘子佃，以兹山为二翁过化，议立精舍于第一曲，幔亭峰之胜。刘子欣然力主之，遂偕僚友吴子文俊、徐子栻共成之。邑令崇安戴子瑞、建安俞子意、瓯宁黎子复性、政和祝子舜龄、松溪杨子诚、浦城王子大中、建阳顾子名儒协赞之，请于提督卣峰阮公、方湖王公、代巡斗山樊公、古原钟公、督学相江胡公、分守龙岩顾公、分巡健庵舒公咸报允，而遴睦主簿祉督工焉。时龙溪王子畿、少龙贺子泾，适至闽，赞其议，相与乐成之。遂以二月之望送主入祠，题曰"阳明甘泉二先生祠"。中为正学堂，左右为号房，各六间，前会为门，曰"武夷精舍"，门前为坊，曰"大明道德之宗"，坊前为屏，曰"一曲奇观"，右为"观澜亭"，左为"乐山亭"，

其后右为甘泉行窝，左为阳明行窝，各三层三间，皆可藏修息游，与文公书院并显矣。刘子遗伾谒记于山房。①

一处位于武夷山接笋峰西壁岩下的云窝，明天启六年（1626）由当地学者捐建。该祠原为理学家葛寅亮而建，②因葛氏坚辞不允，遂尊其意而改祀王阳明，葛氏撰《王文成公祠记》详述此事。清康熙四十八年（1709），又根据阳明五世孙王复礼③的倡议，在幔亭峰下重建王文成公祠，后移址冲佑观前，崇安县令王梓督其事，并撰《重建王文成公祠记》。现祠堂建筑尽毁，仅留下四处遗址。④

第二，王阳明一生以讲学为"天下首务"⑤，在军务繁忙的时候仍坚持讲学传道乃是他的一贯作风。比如他在赣州忙于公务时，仍寄书远在家乡的守俭、守文二弟，询问"进修近何如？去冬会讲之说甚善"，并勉励二弟，"朋友群居，惟彼此谦虚相下乃为有益。""趣向既端，又须日有朋友砥砺切磋，乃能熏陶渐染以底于成。弟辈本自美质，但恐独学无友，未免纵情肆志而不自觉。"⑥后来即使身在沙场，他仍念念不忘讲学，甚至以巡抚治所赣州为讲学据点，吸引全国诸省学子来学。黄绾《阳明先生行状》称其"在赣虽军旅扰扰，四方从游日众，而讲学不废。……而赣俗丕变，赣人多为良善，而问学君子亦多矣"⑦，实非虚言。钱德洪所评"（阳明）平生冒天下之非诋推陷，万死一生，遑遑然不忘讲学，惟恐吾人不闻斯道"⑧，更乃一语中的。若再依据正德十二年（1517）九月

---

① 邹守益：《邹守益集》卷六，董平编校整理，凤凰出版社2007年版，第368—369页。
② "葛寅亮，字冰鉴，号屺瞻，钱塘人，万历辛丑（1601）进士。文章、政事、理学皆有可称。初，因父大成任崇安县丞，随至闽，读书武夷山中。天启间，督学闽中，廉023（明造士。诸生建祠祀之。"（董天工编：《武夷山志》卷十六，武夷山市地方志编纂委员会整理，方志出版社2007年版，第570页）
③ 王复礼，字需人，号草堂，杭州钱塘人。一说王阳明六世裔。著有《武夷九曲志》《王子定论》《家礼辨定》等。
④ 参见吴邦才主编：《世界遗产武夷山》，福建人民出版社2000年版，第93页。
⑤ 王阳明在回答黄直有关许衡治生思想时说过："但言学者治生上尽有工夫则可，若以治生为首务，使学者汲汲营利，断不可也。且天下首务，孰有急于讲学耶？虽治生亦是讲学中事，但不可以之为首务，徒启营利之心。"［佐藤一斋：《传习录栏外书》卷下，冈田武彦主编：《佐藤一斋全集》（第5卷），（日本）明德出版社2000年版］
⑥ 参见计文渊：《吉光片羽弥足珍——新发现的王阳明诗文墨迹十种》，钱明、叶树望主编：《王阳明的世界：王阳明故居开放典礼暨国际学术研讨会论文集》，浙江古籍出版社2008年版，第563—564、567—568页。
⑦ 王守仁：《王阳明全集》卷三十八，吴光等编校，第1416页。
⑧ 钱德洪：《〈传习录〉中序》，《徐爱 钱德洪 董沄集》，钱明编校整理，第194页。

十一日阳明的《钦奉敕谕提督军务新命通行各属》文,所谓"江西南安、赣州地方,与福建汀、漳二府,广东南、韶、潮、惠四府,及湖广郴州桂阳县壤地相接,山岭相连,其间盗贼不时生发,东追则西窜,南捕则北奔,盖因地方各省,事无统属,彼此推调,难为处置"①,则可进一步证明阳明在巡抚南、赣、汀、漳期间,为剿灭山贼,须经常出入闽西南、粤东北地区。有人便做过统计,阳明驻扎闽地的时间前后加起来当有数月之久。由此似可推定:阳明在正德十二、十三年巡抚南、赣、汀、漳期间,通过军中讲学、随地教化的形式,把自己的思想学说传播到闽西南的可能性最大。这从闽西南的多种地方志中载有不少当地士大夫由朱子改宗阳明等事例中,亦可窥知一斑。②至于由浙江常山转赣入福建崇安的分水关路,虽极有可能是正德二年(1507)十二月阳明从武夷山返回浙江时走过的路,但因这条路线属于朱子学由福建传入江西、浙江的主要通道,沿途朱学势力强大,是故后来阳明学从赣东经武夷山传入福建的可能性极小。

二、传入的主要区域

具体而言,王阳明路经并驻扎的闽西上杭县和"漳南战役"的主战场后又奏请设县的闽西南平和县,可以说是当时阳明在福建讲学教化的两个主要区域。

首先,为铲除漳寇之乱,阳明曾于正德十二年(1517)三、四月间奉命驻扎上杭县城。在上杭期间,他做了二件深得民心的事。一是建浮桥,为当地百姓进出县城免除了渡船之苦。当地人为纪念他,遂将此浮桥命名为"阳明桥",同时还把县城南门命名为"阳明门"。③二是为百姓祈雨。正德十二年三月,恰逢上杭大旱,阳明遂

---

① 王守仁:《王阳明全集》卷十六,吴光等编校,第545页。
② 参见清李龙官等修纂,福建省地方志编纂委员会整理:乾隆《连城县志》,李兰芳、李传耀点校,厦门大学出版社2008年版,第222—223、263—265、177、287—288页。
③ 侯廷诠《重建浮桥记》曰:"(上)杭城之南门曰'阳明',正德丁丑春三月,阳明王公过之,于其右水口作浮桥,渡行者,亦因以名。盖公本济川名世之英,乃显设而为之兆者如此。既而人往桥废,视为尘迹,且当门作亭屋,以供临眺。……诸生则共诵王公所为《时雨堂记》,相与感慨。"[蒋廷诠纂修:《上杭县志》卷九,《清代孤本方志选·第1辑》(第30册),线装书局2001年版,第729—730页]

在任所察院行台替上杭百姓祈雨，为此"有司请名行台之堂为'时雨'"，并请阳明撰写《时雨堂记》。据《时雨堂记》载：

> 正德丁丑，奉命平漳寇，驻军上杭。旱甚，祷于行台；雨日夜，民以为未足。乃四月戊午班师，雨；明日又雨；又明日大雨。乃出田登城南之楼以观，民大悦。有司请名行台之堂为"时雨"，且曰："民苦于盗久，又重以旱，将谓靡遗。今始去兵革之役，而大雨适降，所谓'王师若时雨'，今皆有焉。请以志其实。"①

与此同时，阳明还撰有《喜雨》三首、《祈雨》二首，以及《回军上杭》《行台夜坐怀友》《再过行台有感》等诗。阳明虽然只在上杭驻扎了两三个月，但给上杭百姓留下的"仁政"举措及思想理念却影响深远。为此，当地人于明嘉靖三十八年（1559）由阳明三传弟子王时槐主持，在县城修建了"文成公祠"，②后改称"功德祠"，祠内置阳明手书石刻《时雨堂记》碑。③而原先的察院行台（即时雨堂）旧址，几经重建，于清康熙五十七年（1718）改为"阳明书院"，后又改称"四乡阳明祠"，并在该遗址的背后建有"阳明别业"。

正是在阳明讲学及其思想的影响下，上杭及同属汀州地区的连城等地也逐渐培养了一些阳明弟子及信奉者。比如"梁乔，字迁之，号静轩，世居在城里（指上杭县城），领弘治壬子（1492）乡荐，及壬戌（1502）进士，正德初授刑部主事，同官疏劾刘瑾不法……寻迁兵部郎中，出守绍兴，政惠民和，乡官谢迁、王守仁皆以循良称之，莅位六年，以母曾安人年高致政，归奉母备甘旨，事事得其欢

---

① 王守仁：《王阳明全集》卷二十三，吴光等编校，第902页。
② 蒋廷铨纂修：《上杭县志》卷四，《清代孤本方志选·第1辑》（第30册），第309页。
③ 程朝京《漳南道功德祠记》曰："盖赣州开镇，节制四省，而闽之汀郡属其统辖。若广之程乡、大浦，又与上杭邻。跨江右瑞金诸县，丛山深菁，绵亘千里。曩正德末年，群盗盘踞窟穴，时肆煽虐，致厪王师。王公阳明提兵始开虔镇，尝驻节于杭，最称重地。以故添设于守备司一员，练兵武，平所听。本道节制，前后诸公莅临兹地者，或拨乱于方张，或绥猷于既辑，恩威并用，功德在民，历崇祀典，凡十有五人……是百姓相率祀之，当事屠越慢之非，惟以教民敬，更以贻神羞矣。余于万历丁丑（1577）春，以备兵至，慨然伤之，因檄上杭县，查空闲官地……一毫无扰于民，而用以彰往劝来，关系风化，亦非词鲜矣。"［蒋廷铨纂修：《上杭县志》卷九，《清代孤本方志选·第1辑》（第30册），第745—747页］

心。岁丁丑，文成以剿寇驻杭，题其堂曰'爱日'。母既殁，衰毁成疾，因筑小楼，谢客二十余年……卒年六十，督学田汝成祀乔于乡贤，曰'吾以为后世劝也'。"①董世坚（1466—1535），字克刚，号寻乐，连城人。据《连城童氏族谱》载，其父童昱（1426—1470），字道彰，号东皋，曾受教于吴与弼。世坚于嘉靖四年（1525）春至二月中在绍兴问学于阳明，临别时，王阳明、王守弟（阳明族弟）、黄宏纲、曾汴、魏良器、黄文焕、刘侯等人赠别诗文。刘侯《送寻乐先生归连城序》曰："闽之连城有克刚童先生，稽古好学，老而不倦，志在寻乎孔颜之乐，因以寻乐自号，而卒未亦未有以见其真也。不远数千里请学于阳明夫子之门，获闻夫子致良知之教，欣然若有悟焉。既三月，以老而不能久旅也，告别归，同门之士咸绎其寻乐之说以为赠。侯学也晚，未能有得于道，乌乎言，虽然亦概闻之矣。孔颜之乐，吾心之真乐也。吾心之真乐，吾心之本体也。运元化而不劳，流太虚而不息者，吾心之本体也。以其无累然，真乐之所由名也。孔颜非有以乐，有以全其心之本体而靡有加损焉已也。然则乐其可寻乎？曰：可。心之本体一，天人合物我，贯古今而无有或异者也。人之失之者，动于己私，而本体未尝亡也。寻之者，去其己私之动，以复其本，吾夫子致良知之教是也。知也者，本体之明也。己私之动，而本体之明未尝不知也，莫之察而莫之致焉耳。恐惧乎其不闻，戒慎乎其不睹，知之精而去之决焉，本体于是乎可几也。是故致知者，真乐之门也。精焉，明焉，久不息焉，肱枕瓢巷之天斯不专于孔颜矣。昧是而外寻焉，伪也。"②《闽中理学渊源考》亦载："童世坚……正德癸酉（1513）应贡京师，不就，叹曰：'此时阉寺熏灼，道与世违，可以隐矣。'遂结庐于昼锦桥东，扁曰'寻乐'。时王文成倡道东南，世坚走谒请业。归而沈潜体认，充然有得。邑人称曰寻乐先生。"③《阳明全集》中有《复童克刚》书，《传习录》《稽山承语》亦载有克刚与阳明间的对话。

此后，随着时间的流逝，王阳明的影响力不仅没有减退，而且

---

① 蒋廷诠纂修：《上杭县志》卷八，《清代孤本方志选·第1辑》（第30册），第506—507页。
② 童魁枫等纂：《连城童氏族谱》卷五，连城新新书局1950年版，第28页。
③ 李清馥：《沪州洪永、宣、正以后诸先生学派》，《闽中理学渊源考》卷八十七，徐公喜、管正平、周明华点校，第875页。

大有传承发扬之势。2009年3月28日，上杭县还举办了"王阳明与上杭"学术研讨会，对王阳明与上杭的关系以及阳明学在上杭地区的传播与意义作了较为系统的梳理和研究。近年来，上杭又修复了县级文物保护单位阳明亭、阳明门（即南门城门）以及位于瓦子街的察院行台等阳明遗迹，并对阳明桥等遗址进行了确认和初步勘察，还新建了阳明广场。其中阳明亭是为纪念王阳明奉命征漳寇途经上杭驻节于此而建，现亭中石碑正面刻有阳明的《时雨堂记》（原碑藏于县文庙）。

其次，作为"王阳明立功第一站"和"成就王阳明文治武功的一个重要转折点"的平和县，在阳明学的传播与发展上亦具有重要地位。阳明正是通过正德十二年一月至四月以今平和县为中心的"漳南战役"，才取得了主政南、赣、汀、漳，剿灭山贼武装的第一场胜利，为顺利解决该地区积重难返的军事、政治、经济、社会等诸多问题奠定了基础，积累了经验。具体而言，在军事上，"漳南战役"检验了阳明军事理论在实战中的运用效果，特别是"行十家牌法""挑选民兵"等措施成为其立功的不二法宝。在政治上，"漳南战役"推进了巡抚制度的改革，为根除多年弊政创造了条件。在社会治理上，"漳南战役"尝试探索了一条"添设县治控制贼巢，建立学校移风易俗"的长治久安之策。除此之外，即使就阳明思想的发展而言，"漳南战役"也具有一定意义：它使王阳明开始领悟到"破心中贼难"的重大意识形态问题，①从而萌发了"致良知"说；同时又检验和落实了其在贵州提出的"知行合一"说，为建构完整的心学理论体系提供了相当丰富的现实素材。

更重要的，"漳南战役"后王阳明还提出了一项意义深远的政治举措——设立平和县。因为此役使阳明意识到：及时添设县治，控制贼巢，建立学校，移风易俗，从根源上杜绝乱乱相承，才是长治久安之上策。所以"漳南战役"结束后不久（即正德十二年五月二十八日），阳明即上《添设清平县治疏》（按：阳明最初为新县取

---

① 按：著名的"破山中贼易，破心中贼难"之命题，就是王阳明在"漳南战役"结束后写给其门生杨仕德、薛侃的信中提出的，书曰："某向在横水，尝寄书仕德云：'破山中贼易，破心中贼难。'区区翦除鼠窃，何足为异？诸贤扫荡心腹之寇，以收廓清平定之功，此诚大丈夫不世之伟绩。"（王守仁：《王阳明全集》卷四，吴光等编校，第168页）

的是"清平"县名），将漳州府钟湘、福建按察司兵备佥事胡琏上报设县的陈请事由转呈奏报朝廷，并提出了自己意见：漳南一带"乱乱相承"的根由是"县治不立，征剿之后，浸复归据旧巢"。若能建立县治，则可达成"盗将不解自散，行且化为善良"的功效，此乃"人心冀望甚渴，父老相沿已久"的"散盗安民"之策。于是建议朝廷割南靖清宁、新安等地，漳浦县二三等都，添设一县。半年多后，该地便告祀社土，伐木兴工，开建县城。在建县过程中，阳明又于正德十三年（1518）十月十五日上《再议平和县治疏》，禀报建县筹备情况，又就县治疆域、官员配置、财粮裁拨等具体事宜向上请示，恳请朝廷"俯顺下情，乞敕该部（户部）议处裁拨，庶几量地制邑"。一个月后，县堂、衙宇、明伦堂、城隍、社稷坛等县治衙门即建成完工。阳明在平和建县问题上所表现出来的急迫心情，诚如其后来在《批湖广兵备道设县呈》中所言："立县等事，关系地方安危，远近人心悬望，恨不一日而成。"①

众所周知，"因地名县"乃明代设县的普遍做法，"平和"县名最初亦起因于县治所在地名"平河"的谐音。然而，马明衡在《平和县碑记》却说："天子可其奏，谓地旷民顽，即若析南靖之半，分理得人，将寇平而人和。"②马明衡不仅是阳明的早期弟子，而且是闽中王门的开创者之一。既然平和县是王阳明奏请设立的，那么邀请闽中王门的代表人物马明衡撰写《平和县碑记》乃是顺理成章的事。但经过马明衡的这一解释，"平和"县名的原意遂被世人逐渐遗忘，代之以对"平和"县名所作的符合儒家伦理、称颂阳明功绩的"义理"之诠释，而这显然也是符合平和第三任知县王禄（号一溪，江西新城人）建造《平和县碑》，以祷告上苍保佑平和县永离硝烟、太和瑞气之初衷的。

王阳明虽然在平和这块土地上只停留了两个月不到的时间，却给平和带来了新生。作为"平和之父"的王阳明，当地百姓对他的怀念之情弥久不退。他们不仅为他建了"阳明祠"，还用"阳明"或"文成"命名了各种地名和学校（如"阳明保""阳明镇""阳明公园""文成中学"等）。2015年，平和县还成立了"王阳明文化研究

---

① 王守仁：《王阳明全集》卷三十一，吴光等编校，第1156页。
② 金镛纂修：《平和县志》卷十一，清康熙二十一年刻本。

会",创刊了《阳明平和》,以图使平和人民重新拾掇起"阳明置县"的历史记忆,为传承和弘扬阳明精神搭建平台、创造条件。

据万历《漳州府志》记载:"(平和)阳明祠,在儒学西南隅,嘉靖三十三年(1554)佥事梁佐命知县赵进建(于县城九峰镇)。"明崇祯六年(1633),刚刚到任才几个月的知县王立准,又"选胜东郊,负郭临流",将阳明祠移建于县城东郊,并改名为"王文成公祠"。祠三进,面阔三间。时任漳州知府的施邦曜,"从姚江得文成像,遂貌之,并为祠费具备",还题匾"正学崇勋"。时任詹宫学士的黄道周,则应邀作了《王文成祠碑记》,碑文勒石,置于祠中。之后,该祠历经岁月风雨的洗礼,虽有倾圮,但也屡有修葺。清康熙二十八年(1689),知县林翘重修祠宇,并在"祠后闲旷之地,修筑义学十余间",还自撰《重修王文成祠碑记》,以记其盛事。康熙五十七年(1718),知县王相"捐俸重修"王文成祠。乾隆十一年(1746),"知县周芬斗捐置祀田……春秋供祀"。1957年,王文成公祠倒塌,祠址被辟为平和县水轮机厂。而无论是时任平和知县的王立准,还是时任漳州知府的施邦曜及詹宫学士黄道周,或为阳明后学者(如施邦曜),或为阳明信奉者(如王立准),或主张折中朱王(如黄道周),他们三人都为阳明著作的编纂以及在福建的刊行、传播,做过很大贡献。[1]由他们三人来为明代末年平和县的"王文成公祠"之重建、筹款、塑像、题匾、勒石,足可证明平和县在闽中阳明学发展史上的地位。

三、莆田道友与门人

综上所述,王阳明一生曾两次入闽,时间分别是正德二年(1507)和正德十二年(1517)、正德十三年(1518)。第一次是因政治迫害而"远遁"入闽,无心讲学,更不可能传道;第二次是为剿灭盗贼而出入闽地,沿途并军中讲学传道的可能性极大。故而有学者指出:"王阳明一生中两次入闽,都是其政治生涯中的大事件。他在闽留下诗歌文章多篇,但是其《全集》所收诗文与地方志记载有许多差别,为文化史学工作者增加了在选用时的难度,所以对其在

---

[1] 参见钱明:《王阳明及其学派论考》,人民出版社2009年版,第401—403页。

闽诗文的考证对文化史料的补充有相当重要的意义。"① 这无疑为我们深入考察王阳明与福建的关系提出了新的课题。

正因为王阳明与闽学真正发生关系是正德十二年（1517）以后，所以他对闽中讲学的关心，也主要集中在中晚年，②这从阳明于正德十五年（1520）和嘉靖六年（1527）分别写给莆田人陈杰（字国英）、马明衡（字子莘）的书信中可窥知一斑。在《与陈国英》书中阳明表现出对陈氏在闽中交友讲学的高度关注："国英天资笃厚，加以静养日久，其所造当必大异于畴昔，惜无因一面叩之耳。……国英之于此学，且十余年矣，其日益畅茂者乎？其日就衰落者乎？……山中友朋，亦有以此学日相讲求者乎？"③所谓"此学"，当指阳明所谓的"圣学"，实即阳明心学。在《与马子莘》书中阳明肯定"莆中故多贤"，并点了三位莆田弟子的名，声称：

> 迩来子莘之志，得无微有所溺乎？是亦不可以不省也。良知之说，往时亦尝备讲，不审迩来能益莹彻否？明道云："吾学虽有所受，然天理二字，却是自家体认出来。"良知即是天理，体认者，实有诸己之谓耳，非若世之想像讲说者之为也。近时同志，莫不知以良知为说，然亦未见有能实体认之者，是以尚未免于疑惑。盖有谓良知不足以尽天下之理，而必假于穷索以增益之者，又以为徒致良知未必能合于天理，须以良知讲求其所谓天理者，而执之以为一定之则，然后可以率由而无弊。是其为说，非实加体认之功而真有以见夫良知者，则亦莫能辩其言之似是而非也。莆中故多贤，国英及志道二三同志之外，相与切磋砥砺者，亦复几人？良知之外，更无知；致知之外，更无学。外良知以求知者，邪妄之知矣；外致知以为学者，异端之学矣。道丧千载，良知之学久为赘疣，今之友朋知以此事日相讲求者，殆空谷之足音欤！想念虽切，无因面会，一罄此怀，临书惘惘。不尽。④

---

① 参见赵广军：《方志对文化史料的补充：以王阳明在福建遗留诗文为例》，《中国地方志》2007年第5期。
② 按：此前王阳明曾与莆田籍官员多有接触，如正德六年（1511）进京入觐途中，曾与郑岳（字汝华，弘治六年进士）有过短暂会面，事见阳明《答徐成之》书。
③ 王守仁：《王阳明全集》卷四，吴光等编校，第175—176页。
④ 王守仁：《王阳明全集》卷六，吴光等编校，第218页。

阳明是希望莆田诸子能相与众人"日相讲求""切磋砥砺",以便"免于疑惑",终而成为"空谷之足音",为闽中大地带去"久为赘疣"的地地道道的"良知之学"。为使深受朱子学影响的闽中学者打消顾虑,阳明在信中反复论证了"良知"与"天理"的关系,并阐释了良知足以尽天下之理的道理。很显然,这是阳明心学传入福建后与闽学的一次重要碰撞,从中可以感受到王阳明对在闽中传播"良知之学"的强烈期盼。

　　阳明在此书中提到的莆田人陈国英、马明衡均可考,唯有"志道"者一直无人考出(详见后述)。不惟于此,王阳明还与莆田人兵部右侍郎林富、员外郎林应骢、寿州知州林㒜[1]、南康府通判林宽[2],以及林学道[3]、蓝渠[4]、陈大章[5]等人结下了深厚的道友、师友之情。可以说,以莆田林氏为代表的莆人对王阳明的情谊和尊崇,乃是王阳明及其学说辐射、影响到闽中的一个生动例证。

　　林俊(1452—1527),字待用,一作大用,号见素,晚号云庄,莆田人,成化十四年(1478)进士。弘治、正德间历官云南副使、南京右佥都御史、四川巡抚;嘉靖初,起为刑部尚书。秉性刚直敢谏,廉正忠诚,是成化、弘治、正德、嘉靖的四朝老臣,尝与吏部尚书林瀚、都御史张敷华、祭酒章懋并称"南都四君子"。《明史》评价林

---

[1] 林㒜,字待受,莆田人。林俊弟。弘治八年(1495)举人。历元和、长洲县学教谕。正德八年(1513)升寿州(今属安徽)知州。王阳明《与林见素》称:"某自弱冠从家君于京师,幸接比邻,又获与令弟相往复,其时固已熟闻习见,心悦而诚服矣。"(王守仁:《王阳明全集》卷二十七,吴光等编校,第1012页)其中"令弟"即林㒜也。

[2] 林宽,正德间为南康府通判。当宸濠兵燹后,招民归耕。九姓渔户构乱,讨平之。巡抚、都御史王守仁、唐龙交荐焉(郑礼炬:《〈明儒学案·粤闽相传学案〉王守仁福建门人考》,《中国典籍与文化》2015年第1期)。

[3] 林学道,字致之,莆田人。万斯同《儒林宗派》卷十五列入王氏门人。《闽书》称其"从蔡文庄清、王文成守仁学,为高第。嘉靖间授都昌训导。……司徒马森,其及门士也。徐文贞阶谪延平推官时,愿见学道,学道不往。及其训都昌,会文贞亦督学江西,喜曰:'吾今得见林致之矣。'"王阳明任南赣巡抚,请林学道讲学于濂溪书院。徐阶任江西督学,命主白鹿洞教事。学者私谥曰"贞修先生"。著有《原教录》二卷(郑礼炬:《〈明儒学案·粤闽相传学案〉王守仁福建门人考》,《中国典籍与文化》2015年第1期)。

[4] 程辉撰《丧纪》录有"员外郎蓝渠"(王阳明:《王阳明全集(新编本)》卷三十七,吴光、钱明、董平等编校,第1480页)。

[5] 据《阳明年谱》嘉靖七年六月条:"福建莆田生员陈大章,前来南宁游学,叩以冠婚乡射诸仪,颇能通晓。近来各学诸生,类多束书高阁,饱食嬉游,散漫度日。岂若使与此生朝夕讲习于仪文节度之间,亦足以收其放心,固其肌肤之会,筋骸之束,不犹愈于博弈之为贤乎?"(王阳明:《王阳明全集(新编本)》卷三十四,吴光、钱明、董平等编校,第1329页)对陈大章的评价极高。

俊"持正不避嫌","在江西则裁制宁藩之逆萌,功尤不泯"①。林俊去世后,被朝廷追赠为少保,谥贞肃。王阳明十一岁随父王华寓北京长安西街时,即与时任刑部陕西司主事的林俊比邻而居,两人相识四十多年,为忘年交。正德二年(1507),王阳明赴谪贵州龙场时,在浙赣交界的草萍驿收到丁忧在家的林俊的来诗,随即作《草萍驿次林见素韵奉寄》②。当王阳明治理南赣大获全胜时,致仕居家的林俊又寄书称阳明"中立时行,运醇镇躁,以大收儒效"③。当王阳明筹划平定宸濠叛乱时,林俊则专门派两位仆人,从小路昼夜送佛郎机铳至阳明驻扎处,尽管佛郎机铳送到前宸濠叛乱已被平定,但阳明仍对林俊的"忠诚根于天性,故老而弥笃,身退而忧愈深,节愈励"赞不绝口,并赋诗颂之曰:"佛郎机,谁所为?截取比干肠,裹以鸱夷皮,苌弘之血衅不足,睢阳之怒恨有遗。"④林俊亦在《见素集》附录上《编年纪略》中写道:"(正德)十四年乙卯,推南礼部尚书。六月,宁庶人叛,三书速王阳明公守仁讨贼,制佛郎机铳,遣二仆间道以与,阳明公有《书佛郎机遗事》。借南日水军勤王,御史叶忠、给事中孙懋、都御史刘玉荐总江南之师。"说明林俊不但千里馈赠当时最先进的佛郎机铳帮助阳明平叛,而且还以近七旬高龄,组织练兵,准备勤王。足见两人关系之密切,是故阳明撰《与林见素》书曰:"执事(林俊)孝友之行,渊博之学,俊伟之才,正大之气,忠贞之节。某自弱冠从家君于京师,幸接比邻,又获与令弟相往复,其时固已熟闻习见,心悦而诚服矣。第以薄劣之资,未敢数数有请。"⑤而据林俊《复王阳明》书可知,正是基于对阳明学问、人格的认同,林俊尝先后让二子林达、林适及侄子林以吉受学于阳明,并谢曰:"达子承论及渠材犹可教,区区甚难。渠举之若易,惜不立坚苦志,玩日愒月,竟之无所似适。子文(以吉)亦异常局,学较博,然亦欠坚苦负美材。执事幸并下严督之教,收之弟子末,道风吹鼓不在门墙间也。至惠至惠。余惟吾道多爱,不宣。"⑥

---

① 薛侃:《辨明功罚疏》,王守仁:《王阳明全集》卷三十九,吴光、钱明、董平等编校,第1491页。
② 王阳明:《王阳明全集(新编本)》卷十九,吴光、钱明、董平等编校,第723页。
③ 林俊:《复王阳明》,《见素集》卷二十二,明万历刻本。
④ 王阳明:《王阳明全集(新编本)》卷二十四,吴光、钱明、董平等编校,第964—965页。
⑤ 王阳明:《王阳明全集(新编本)》卷二十七,吴光、钱明、董平等编校,第1061页。
⑥ 林俊:《复王阳明》,《见素集》卷二十二,明万历年刻本。

据《闽书·英旧志》："林达，字志道，原南京考功郎中，疏归养病，坐父（林）俊仪礼，为时宰中伤，以违眼弗叙。工篆隶，能古文，有《自考集》……官香山知县。"又据《中国美术家人名辞典》："林达，字志道，号愧吾，福建莆田人，（林）俊子。正德九年（1514）进士。"《传习录》上卷中的"志道问"以及王阳明《与马子莘》书中提及的"志道"，实即林达。然《阳明年谱》仅见林达而未见"志道"者，以至后人皆不知"志道"即林达也。据徐爱撰于正德八年的《同志考》，林达实为阳明较早的入门弟子，著有《自考集》等。林达有《同心之言诗卷序》存于世，序曰："同心之言，阳明先生赠陆澄清伯语。夫子设教金陵，及门之下士言必曰国英、曰宾阳、曰诚甫、曰子莘、曰清伯。质莫如国英，敏莫如宾阳，才莫如清伯，而笃信莫如诚甫、子莘。若尚谦、希颜、德温、曰仁则又及门久，而得夫子之深也。……予在门墙独疏鄙，而年又少，长卷成，特叙其略，以弁群言之首。正德丁丑（十二年）暮春友人莆田林达志道书。"① 此为"志道"即林达之又一明证。

林俊族人林富（1475—1540），字守仁，号省吾，莆田人。林富与王阳明刚入仕时就有交集。两人都是正德初年忤逆太监刘瑾被廷杖下狱，并在狱中互相勉励，共同研讨《易经》，林富曾作《狱中与王阳明讲易》诗记述此事，诗云："同患有俦侣，幸接心所欢。"② 可见此时林富已与阳明心心相印。阳明平定广西思田之乱时，林富是他的部下，为落实阳明的各项政策措施做出了很大贡献。阳明返乡之际，曾向朝廷举荐林富继任。著有《省吾遗集》等。后林富之孙林兆恩与阳明学者如罗洪先、胡直、颜钧、何心隐、邹元标、李材、袁宗道、袁黄等交往甚密。兆恩创立三一教时，恰逢阳明学流行之日，故而在他的著作中"有关阳明心学的言论随处可见"。尤其是他以阳明学为理论基础，融合佛道两教的思想资源，创立了"以心为宗"的三一教，从而彻底完成了阳明学的宗教化转型。③ 不过《林子年谱》为拔高林兆恩而记录的所谓正德十五年王阳明造访莆田林家、称赞兆恩"丰姿卓异"，则明显属于杜撰，不足为信。

---

① 转引自李平、路则社：《有关王守仁的文献资料》，《文献》1994年第2期。
② 卢金城，林春德主编：《兴化文痕》，厦门大学出版社1993年版，第183页。
③ 参见林国平：《林兆恩与三一教》，福建人民出版社1992年版。

在莆田林氏一族中，还有一位叫林应骢的，亦与王阳明有很深的交情。林应骢（1488—1540），字汝桓，号次锋，莆田城关（今荔城区）人。正德十二年（1517）进士，授行人，转户部主事，升员外郎。嘉靖三年（1524），论救御史朱淛、马明衡（均莆田人）下诏狱，谪贬广西徐闻县丞。是年秋，尝寄诗于好友王阳明，阳明作《林汝桓以二诗寄次韵为别》云："尧舜人人学可齐，昔贤斯语岂无稽？君今一日真千里，我亦当年苦旧迷。万理由来吾具足，六经原只是阶梯。山中尽有闲风月，何日扁舟更越溪？"①对林应骢评价甚高，称其进步"一日真千里"，而自己却依然"当年苦旧迷"。翌年秋，阳明在绍兴讲学，时任知府南大吉向其呈示林应骢诗集《梦槎奇游集》二卷，阳明读后欣然作序，曰："林君汝桓之名，吾闻之盖久，然皆以为聪明特达者也，文章气节者也。今年夏，闻君以直言被谪，果信其为文章气节者矣。又逾月，君取道钱塘，则以书来道其相爱念之厚，病不能一往为恨，且惓惓以闻道为急，问学为事。呜呼！君盖知学者也，志于道德者也，宁可专以文章气节称之！……予亦以病不及与君一面，感君好学之笃，因论君子之所以为学者以为君赠。"②对因病未及晤林应骢而深表遗憾，并充分肯定了林"以闻道为急，问学为事"的笃学精神。嘉靖七年（1528），王阳明在广西平乱，尝撰《牌行委官林应骢督谕土目》于林应骢，对自己在广西的施政理念作了介绍："盖前日之招抚，专以慈爱恻怛为念者，乃是本院怜悯两府之民无罪而就死地，乃是父母爱子之心，惟恐一民不遂其生也。至于今日用兵，却须号令严明，有功必赏，有罪必戮者，乃是本院欲安两府之民，使之立功赎罪，以定其良家，而因以除去地方之恶，是乃帅师行军之道，不如此不足以取胜而成功也。"③足见两人不仅在学术上为道友，而且在政治上亦是彼此信任的同志。

四、传入的意义与影响

至于王阳明对在闽中传播"良知之学"的强烈期盼，我们还可

---

① 王阳明：《王阳明全集（新编本）》卷二十，吴光、钱明、董平等编校，第822页。
② 王阳明：《王阳明全集（新编本）》卷二十四，吴光、钱明、董平等编校，第969页。
③ 王阳明：《王阳明全集（新编本）》卷十八，吴光、钱明、董平等编校，第686页。

从他写给时任莆田教谕的蔡宗兖（字希渊，号我斋，山阴人）的信中窥见一斑。信中写道："闻教下士甚有兴起者，莆故文献之区，其士人素多根器。今得希渊为师，真如时雨化之而已，吾道幸甚！近有责委，不得已，不久且入闽。苟求了事，或能趁便至莆一间语。"①时值正德十四年（1519）六月，阳明奉朝廷之命准备入闽勘处福建叛军，但到江西丰城地界时闻宸濠叛乱，于是只好放弃去福建的计划，转而在江西领导平叛。要不然的话，阳明可能真的会趁入闽之际，让良知心学盛传于闽中大地。若干年后的嘉靖五年（1526），阳明又在为莆田人浙江大参朱应周写的《南冈说》中流露出差不多同样的心愿。朱应周，名鸣阳，以南冈自号，家住"莆之壶公山下"，尝被莆人誉为"吾莆之凤矣……而天下仰望其风采，则诚若凤之鸣于朝阳者矣"。朱应周尝"以'南冈'而自号"，并"勤勤焉以蕲于"其心师的阳明。而当阳明感觉到在浙奉职的朱应周有"乐闻规切砥砺"之愿望时，便适时地就自己并不熟知的"南冈"②之地名或号来"与之论学"，所论之学则大都集中于阳明晚年的万物一体说。③而通过向一位在莆田具有很大影响力的人来宣讲自己的学说，其用意无非是希望朱应周归莆后，能积极宣传这一学说。因为阳明非常清楚，闽中是其学说传播的薄弱地区，所以很想在朱子学的重要区域传播自己的学说，并欲通过与朱学的辩论来扩大自己的影响力。而这可能就是他欣然为朱应周撰文的真正目的。可见，王阳明对王学进入闽地还是十分关心的，只是由于闽中特殊的思想文化环境，使得王学长期不为闽人所喜爱。蔡宗兖是阳明最早的弟子之一，尝"教授莆田，复不为当道所喜"④，似乎亦透露出阳明学在

---

① 王阳明：《王阳明全集（新编本）》卷四，吴光、钱明、董平等编校，第172页。
② 按：可能是正德二年（1507）阳明从海上进入闽界后，曾路过南冈，但并无太深印象，故而要求朱应周"异时来过稽山之麓，尚能为我一言其（指南冈）详"（王守仁：《王阳明全集》卷二十四，吴光等编校，第909页）。
③ 王守仁：《王阳明全集》卷二十四，吴光等编校，第908页。
④ 黄宗羲：《浙江王门学案一》，《明儒学案》卷十一，沈善洪主编：《黄宗羲全集》（第7册），第252页。按：反过来看，浙江学者对闽中学风的评价也一直不高，如项乔《为崇重理学生员事》云："八闽士类文藻，可观者甚众，求其理学胸中了了，而笔力足以发之者，眼中似不多见也。尝于泉州得一士焉，曰郭文焕；于漳州得一士焉，曰马苍锡。二生所作，是非不谬于圣人，发挥求合于经旨。而马苍锡孝友亢宗，养素自重，尤出于八闽风气之外者也。"（项乔：《项乔集》，方长山、魏得良点校，上海社会科学院出版社2006年版，第669页）

福建尤其是闽东北地区传播的窘境。

一般来说，闽中诸儒中，虽亦有与陈白沙为友者，①然不是于"白沙之学有所不契"（如莆田人周瑛），就是"极重白沙"而"亦未能真知白沙也"（如晋江人蔡清），更多却是像陈真晟（福建镇海卫人）那样敬重朱子，"于康斋似近，于白沙差远"②的宋学传人。这无疑是阳明学难以在福建顺利传播以及《闽书》等福建史志中很难找到福建籍阳明学者之踪迹的重要原因。闽中学者中即使有个别来越师从阳明者，后来也大都转向了朱学。如张岳，字维乔，号净峰，福建惠安人，正德十二年（1517）进士，与陈琛、林希元闭户读书，时称"泉州三狂"。黄宗羲说他"曾谒阳明于绍兴，与语多不契。阳明谓公只为旧说缠绕，非全放下，终难凑泊。先生（指张岳）终执先人之言，往往攻击良知"。张岳《与郭浅斋》书即声称：

> 往岁谒阳明先生于绍兴，如知行、博约、精一等语，俱蒙开示，反之愚心，尚未释然。
>
> 良知之言发于孟子，而阳明先生述之谓"孝弟之外无良知"，前无是言也。迨（聂）双江以其心所独得者创言之，于愚心不能无疑。
>
> 夫以阳明先生之高明特达，天下所共信服者，某之浅陋，岂敢致疑于说。顾以心之所不安者，又次为书于名公，而不明辨以求通焉，则为蔽也滋甚矣。③

如果说张岳起先只是对阳明学说"不能释然"，那么到后来便已经从"不能无疑"走到了指责阳明之说"为蔽也滋甚"，进而与王学

---

① 按：如《白沙先生全集》，"吉水罗侨始刊于弘治乙丑（十八年），诗文各十卷。越三年，至正德戊辰（三年），莆田林齐重订而补刻之。……其后万历辛丑（二十九年），闽林裕阳，壬子（万历四十年），同邑何熊祥，先后覆刻"（张元济：《明嘉靖本〈白沙子〉跋》，张人凤编：《张元济古籍书目序跋汇编》，商务印书馆2003年版，第972页）。这充分证明陈白沙在福建亦具有一定的影响力。再参马明衡《十七日予造子莘第观〈白沙先生诗集〉有感，遂用白沙韵赋诗四章，因以赠路子》（王传龙、何柳惠编校：《莆田马氏三代集·点校说明》，武汉大学出版社2018年版，第85页）。
② 黄宗羲：《诸儒学案上四》，《明儒学案》卷四十六，沈善洪主编：《黄宗羲全集》（第8册），第392、394、386页。
③ 黄宗羲：《诸儒学案中六》，《明儒学案》卷五十二，沈善洪主编：《黄宗羲全集》（第8册），第550、551、552页。

批判论者同流的路径上。

关于以王阳明为代表的越学与以蔡清为代表的闽学之间的矛盾纠葛，阳明撰于正德六年（1511）的《赠林以吉归省序》曾为我们提供了一个独特的观察视角：

> 林以吉将求圣人之事，过予而论学。予曰："子盍论子之志乎？志定矣，而后学可得而论。子闽也，将闽是求，而予言子以越之道路，弗之听也。予越也，将越是求，而子言予以闽之道路，弗之听也。"①

林以吉，字子文，林俊侄子，事迹不详。阳明此言的关键在于后一句，意思是说：林为闽人，自然会站在闽学的立场上看问题，亦自然不会听得进阳明所指的"越之道路"；阳明是越人，亦自然会站在越人的立场上看问题，因而也听不进林氏所指的"闽之道路"。而所谓"越之道路"和"闽之道路"，实际上是在暗指浙学及其代表阳明学与闽学及其代表朱子学。其实阳明早年对林俊还是比较推崇的，但随着其思想体系的成型，与包括林家父子在内的闽中士人的思想距离越走越远，以至越闽之间互不服气，在学术问题上很难取得共识。这也是阳明学很难传入福建尤其是闽东北地区的重要原因。但即便如此，亦未影响阳明与林俊及其子林达、林适和侄子林以吉等人的友谊。嘉靖二年（1523），阳明归乡讲学，"见素林公自都御史致政归，道钱塘，渡江来访，先生（指阳明）趋迎于萧山，宿浮峰寺"②，对林俊的政治品格更加赞赏。足见，在阳明看来，浙、闽在学术上犹如两条道上跑的车，难以同道或并轨，但这并不影响浙人与闽人之间的友好交往，两地并非道不同不相谋的对立关系，而应是求同存异、相向而行的关系。

以上所述足以说明，黄宗羲淡化处理闽中王门是有一定道理的，但并不能因此而得出福建地区希见阳明学者，故而也不存在"闽中王门"的结论。以往的研究已充分证明：福建王学不仅存在一批像陈杰、马明衡、林达、林学道等人一样的阳明忠实信徒，而且有嘉

---

① 王守仁：《王阳明全集》卷七，吴光等编校，第227—228页。
② 钱德洪：《年谱三》，王守仁：《王阳明全集》卷三十五，吴光等编校，第1289页。

靖、万历年间聂豹、李材、沈宠、耿定向、王时槐、施邦曜等一批非闽籍阳明学者在闽地进行讲学教化之经历，更涌现出像李贽、林兆恩等人那样对阳明学进行创造性转化的杰出学者。因此，闽中王门尽管弱势，但存在过并且发出过自己的声音却是不容抹杀的事实。最近郑礼炬的研究又进一步证明：福建学者在正德、嘉靖初，曾亲得王阳明之炙，人数不少，并可能在大家族内部和文学社集诸作家间扩散、传播开来，如兴化府的林富家族、泉州府的王慎中家族及其文学交游和福州府的马明衡文学社友，从而使福建王学影响逐渐扩大。此时福建从学王阳明的学者以福州府以南的兴化府、泉州府、漳州府及地界临近江西的汀州府居多，而北部诸府如延平、邵武、建宁三府和福宁州习王学的学者几乎没有。郑文还认为：阳明学术以江西一省尤其以南赣为中心，从正德十一年（1516）起直至其逝世的嘉靖七年末，中间十三年，福建因得地利之近便，先得王学之沾溉，遂使闽中朱子学一统天下的局面发生变化。何乔远著《闽书》时对福建王学人物还如实记载，厥功甚伟。清代李清馥则禀其祖父李光地家学而考订渊源，对蔡清的经学大加赞赏，对王阳明的"姚江之学"抨击备至，有明确的回护朱子学而不昌言王学的著作动机，故而使有关王学的材料在《闽中理学渊源考》中难得一见，这是明代以来福建王学人物事迹逐渐湮没的原因。[1]郑氏之说甚是。

（钱明撰稿）

---

[1] 郑礼炬：《〈明儒学案·粤闽相传学案〉王守仁福建门人考》，《中国典籍与文化》2015年第1期。

阳明学与漳州

自唐垂拱二年（686）建州至今，漳州已有一千三百多年的历史。漳州既是一座美丽的城市，"四时花不谢，八节果飘香"；又是朱熹、王阳明二圣的过化之地，文化底蕴深厚。

明正德十一年（1516）九月，王阳明由南京鸿胪寺卿升任都察院左佥都御史，巡抚南、赣、汀、漳等处，并于正德十二年（1517）正月十六日抵赣开府上任，正式巡抚包括漳州在内的"八府一州"。正德十六年（1521）六月十六日升任南京兵部尚书，是月二十日离赣，结束了他巡抚漳州等地四年多的任期。期间，王阳明曾亲率精兵入漳平乱，奏请添设平和县治，建立学校移风易俗，对漳州地区特别是对平和县产生了深远的影响。正如中国明史学会会长、厦门大学教授陈支平所说："王阳明及其阳明之学，是继南宋朱熹及其朱子学之后，对闽南文化的形成和发展产生了重大作用的核心元素之一。换言之，朱子学和阳明学，已经演化成闽南文化的一个重要思想源泉和组成部分。"[①]

一、王阳明与平和

平和县位于闽粤交界的漳州市西南部，古为扬州之域，周为七闽之地；秦属南海郡；隋归龙溪县而入闽；唐设漳州府，平和属其领辖的漳浦县；元析设南胜县而辖之，之后改名南靖县。王阳明先后两次上疏奏请朝廷，五个月后朝廷正式批复添设"平和县"。平和县从无到有，与王阳明有着密不可分的历史渊源。可以说，平和既是王阳明建立功业的第一站，也是阳明心学的实践地。

（一）提兵入闽，靖寇平乱

正德年间，由于朝廷政治危机频发，吏治腐败，社会管理疏松，各种矛盾激化，导致山民暴乱此起彼伏。漳州的詹师富和广东的温

[①] 陈支平：《闽南文化普及的有益尝试——张山梁的〈王阳明读本——"三字经"解读本〉》，《闽南文化研究》2018年第3期。

火烧集聚6000多名"山贼",在闽粤交界的漳州南部山区一带①占山为王,并与江西南安的谢志珊、蓝天凤,广东的池仲容等沆瀣一气、结成联盟,与朝廷对抗,致使"三省骚然"。阳明受命巡抚南、赣、汀、漳期间,曾于正德十二年一月底至四月初,大约两个多月时间,亲率精兵2000名入闽平漳寇,并率先推行"十家牌法"②,逐一登记民众身份信息,严管百姓行动,革弊除奸,防止通贼,切断"山贼"与民众之间的各种往来,以群防群治之策靖寇平乱;同时选练民兵,打造剿寇精兵,从而打响了他巡抚南赣的第一仗——漳南战役。此战阳明军先后攻破象湖山、可塘洞、箭灌、大伞等40多座山寨,擒获斩首"山贼"2700多人,俘获"山贼"家属1500多人,烧毁贼巢房屋2000多间,缴获众多的牛马辎重,肃清了盘踞在闽粤交界山区数十年之久的以詹师富、温火烧为首的山民暴乱,还妥善安置了1235名"山贼"、2828名"山贼"家属,让他们安居乐业,取得了巡抚南、赣、汀、漳的第一场胜利。

(二)两度奏请,添设县治

王阳明在漳南征寇平乱之后,针对漳南地区"极临边境,盗贼易生"③的现实,弯下身段"亲行访询父老,诹咨道路"④,以一个政治家的敏锐眼光、思想家的内圣智慧,抽丝剥茧地分析了闽粤交界的漳南地区民众落草为寇、社会动荡不安的根本原因,并基于"破山中贼易,破心中贼难"⑤的认知,提出"析划里图,添设新县"的思路,探索了一条"添设县治,以控制贼巢,建立学校,以移风易俗"⑥的长治久安的理政之路,并分别于正德十二年五月二十八日(1517年6月16日)、十三年十月十五日(1518年11月17日)

---

① 大致范围在今福建省平和县的九峰镇、长乐乡、秀峰乡、芦溪镇,永定区的湖山乡、湖雷镇,广东省大埔县的大东镇、枫朗镇、百侯镇、西河镇一带区域。
② 正德十二年(1517)正月下旬,也就是王阳明就任南赣巡抚后不久,就颁发《十家牌法告谕各府父老子弟》,正式推行"十家牌法"新政。福建籍的明代著名哲学家李贽曾这样评价"十家牌法":"今人行之,则为扰民生事;先生行之,则为富国强兵。"[张建业主编:《李贽全集注》(第18册),社会科学文献出版社2010年版,第368页]
③ 施邦曜辑评:《阳明先生集要》,王晓昕、赵平略点校,中华书局2008年版,第406页。
④ 施邦曜辑评:《阳明先生集要》,王晓昕、赵平略点校,第407页。
⑤ 王守仁:《与杨仕德薛尚谦》,《王阳明全集》卷四,吴光等编校,第168页。
⑥ 施邦曜辑评:《阳明先生集要》,王晓昕、赵平略点校,第406页。

向朝廷上疏《添设清平县治疏》《再议平和县治疏》，析南靖县清宁、新安二里，添设"平和县"。事实证明，王阳明顺应民情，以"明德亲民"的理政举措，添设县治，即使民众"欢欣鼓舞，如获重生"，又让"山贼"失去藏身之所、盗抢之机，"妖氛为之扫荡，地方为之底宁"[①]，曾经的荒蛮之地，风俗为之一变，礼制深入人心。正如阳明后学施邦曜[②]所评"（阳明）先生（奏请添设平和县）此举，不特可以弭盗，亦可以变俗，允为后事之师"[③]。可以说，阳明指挥的"漳南战役"是其"知行合一"思想的具体实践，那两度奏请设立"平和县"则是其"明德亲民"思想在闽粤交界山区的落地结果。

"漳南战役"一仗，对于王阳明来说，在军事上，检验了其军事理论在实战中的运用效果，完善了选练民兵的机制，调整了指挥系统，特别是让"行十家牌法""挑选民兵""预整操练"等措施成了他后来的不二法宝；在政治上，推进了巡抚制度的改革，申明了赏罚制度，并让朝廷改命提督，授予兵权，给予令旗令牌，使之能方便行事；在社会管理上，则是析里置县立治，巩固地方政权，强化基层治理，尝试探索了一条"添设县治控制贼巢，建立学校移风易俗"的长治久安之策；在思想发展上，他开始体悟"破心中贼难"的问题之所在，兴倡礼义之习，萌发了"致良知"的学说，逐步完成了心学体系的建构。"漳南战役"让王阳明在建立功业上有了更多的自信、自得，成为其走向"真三不朽"的一个重要转折点。

对于平和来说，因王阳明两度上疏奏请朝廷，析划里图，添设平和县，才使一个远离县治，政教不及，民众罔知法度的盗贼强梁之区，变成了"百年之盗可散，数邑之民可安"礼义冠裳之地[④]，这对稳定平和地方的社会秩序有定鼎之力。同时又通过推行"十家牌法"，举"乡约"、兴"社学"等措施，强化乡村管理，规范乡民道德，维

[①] 施邦曜辑评：《阳明先生集要》，王晓昕、赵平略点校，第469页。
[②] 施邦曜（1585—1644），字尔韬，号四明，浙江余姚人。万历四十一年（1613）进士。历任顺天武学教授，国子监博士，工部营缮主事，工部员外郎。时奸臣魏忠贤当道，施邦曜不与附和。魏忠贤刁难，不成。迁任屯田郎中，期后出任漳州知府，善于断案，辑评《阳明先生集要》。迁任福建副使、左参政，四川按察使，福建左布政使，有政绩。历仕南京光禄寺正卿，北京光禄寺正卿，改任通政使，起用为南京通政使。崇祯十六年（1643）十二月，任用为左副都御史。殁后赠太子少保，左都御史，谥忠介，清朝赐谥忠愍。
[③] 施邦曜辑评：《阳明先生集要》，王晓昕、赵平略点校，第409页。
[④] 王守仁：《王阳明全集》卷九，吴光等编校，第320页。

系秩序，化民成俗，并实行建学校、易风俗、强教化等安民政策，告谕百姓要勤农业、守门户、爱生命、保室家、孝父母、养子孙，形成了"读书无论贫富，岁首延师受业，虽乡村数家聚处，亦各有师"的尚文崇儒景象，收到了"盗将不解自散，行且化为善良"的"散盗安民"的功效，使平和成为"弦诵文物，著于郡治""人为诗书，家成邹鲁"①之地，这对完善平和的社会治理有奠基之功。

二、阳明学在平和

从置县至今的五百多年间，平和百姓始终感念王阳明的奏立之功、教化之德，阳明精神更是始终根植于和邑大地，滋养着平和民众的心灵家园，生生不息，从未中断。可以这样说，平和县从弱到强，无一不是得益于阳明心学的滋养。

平和开县后，先后发生了"阳明门人马明衡撰碑记、传心学"，"宁波教授李世浩致仕归乡讲阳明、甘泉之学"，"创建阳明祠"，"阳明再传弟子王宗沐之孙知平和县"，"移建王文成祠于东郊"，"刊刻《阳明先生集要》"，"王阳明五世孙知平和县"，"修葺王文成公祠、置祀田、塑像"，"明清两代每年春、秋祭祀王文成"，"兴办文成中学"，"建制保、镇以阳明命名"，"新时代构建阳明平和地域文化"等十二件与阳明文化在和邑弘扬、传承、发展有关的重大事件。下面，就分别略为介绍：

（一）阳明门人马明衡撰碑记、传心学

置县之初的明嘉靖五年至十一年（1526—1532），即建县后10年左右，"时开邑未久，事多草创，百废待兴"，时任平和知县的王禄，"治邑如家，爱民如子。开社学，置学租"②，还邀请阳明早期弟子马明衡撰写《平和县碑记》。据《明史》："闽中学者率以蔡清为宗，至明衡独受业于王守仁。闽中有王氏学，自明衡始。"③也就

---

① 黄许桂主修，曾洋水纂辑：《平和县志》，福建省地方志编纂委员会整理，厦门大学出版社2008年版，第453、319页。
② 罗青霄修纂：《漳州府志》，陈叔侗点校，福建省地方志编纂委员会整理，厦门大学出版社2010年版，第1100页。
③ 张廷玉等：《马明衡传》，《明史》卷二百〇七，第5464页。

是说，马明衡是一位亲炙于阳明门下的福建学者，也是"闽中王门"的开创者之一。马明衡在《平和县碑记》中明确指出："而又惧非长久之道，覆详诸司，佥（指都察院左佥都御史、巡抚南赣汀漳等处的王阳明）议设县，疏上。天子可其奏，谓地旷民顽，即若析南靖之半，分理得人，将寇平而人和。"①从中，我们可以想象，在平和县添设不久，当时的平和执政者就以谦卑的身段，善交"闽中王门"学者，致力于弘扬儒学文化。当时以马明衡为代表的一批阳明弟子在物质匮乏、思想荒芜的和邑大地上，借助儒学、书院、义学等场所，传播阳明心学，教化民众，开启心钥，将昭明灵觉、知善知恶的"良知"旨义，随地圆照，布施传道，以求人人皆可承当，高扬内心的力量、精神的力量，在追逐名利、浮沉与世时，依然可以找到自己的定盘针。

（二）宁波教授李世浩致仕归乡讲阳明、甘泉之学

据《漳州府志》记载：李世浩（字硕远，号愧庵，平和县小溪镇西林人）是正德十四年（1519）的平和岁贡（平和置县"岁贡自此始"），少年时游学于福建名儒蔡清门下。嘉靖初年，授南海训导，奉魏校之教，相与讲阳明、甘泉合一之学。后升宁波教授，虽未能亲炙于阳明门下，但结交了不少阳明门人，深受阳明心学熏陶。致仕归乡后，创家规，正宗法，修乡约，建聚贤堂，宣讲阳明、甘泉之学。从这一点上看，李世浩是第一位平和籍的阳明学信奉者和传播者。

（三）始建阳明祠

为缅怀王阳明的功德，在他在世时和去世后，其曾经活动、过化的地方，都纷纷为他立生祠或祀祠。作为阳明立功第一站的平和县，自然也不会落下为其建祠祀奉这等大事。据万历四十一年《漳州府志》记载："阳明祠，在儒学西南隅，嘉靖三十三年（1554）佥事梁佐命知县赵进建。"②也就是说，有文字记载的平和县最早祀王阳明的专祠——阳明祠，是建于嘉靖三十三年，距其去世已有25年之久，由福建按察司佥事梁佐（云南大理卫人）督令时任知县赵进

---

① 罗青霄修纂：《漳州府志》，陈叔侗点校，福建省地方志编纂委员会整理，第1121页。
② 闵梦得修：《漳州府志》，厦门大学出版社2012年版，第453—454页。

（江西南丰人）筑于县城（今九峰镇）儒学的西南角，后移建于县城东郊，改名"王文成公祠"，岁久倾圮。

（四）阳明再传弟子王宗沐之孙知平和县

据《平和县志》记载，崇祯六年（1633），浙江临海人王立准（字伯绳，别号环应）就任平和知县。王立准是阳明再传弟子王宗沐之孙。《明儒学案》记曰："王宗沐，字新甫，号敬所，台之临海人，嘉靖甲辰（1544）进士……先生师事欧阳南野，少从二氏而入，已知'所谓良知者，在天为不已之命，在人为不息之体，即孔氏之仁也。学以求其不息而已'。其辨儒释之分，谓'佛氏专于内，俗学驰于外，圣人则合内外而一之'。此亦非究竟之论。"①在这样的家庭氛围中，王立准从小就接受阳明学的熏陶，有"才猷敏捷，器识通方"②之誉，对王阳明十分崇拜，因此在平和县担任知县期间，"至特建王文成公祠，刻其全部文集"③，将阳明学说在平和的弘扬、传承、发展推到一个新高度。

（五）移建王文成祠于东郊

明崇祯六年（1633），知县王立准到任不久，以建于嘉靖年间的阳明祠"旧祠湫隘卑庳"④为由，出于"溯文成之原，弘文成之业，以上正鹅湖，下锄鹿苑，使天下之小慧闲悦者无以自托，是则亦文成之发轫借为收实也"⑤之目的，将王文成公祠"移建于东郊"。⑥祠三进，面阔三间，并请"一代完人"黄道周⑦撰书《平和县重建王文成先生祠碑》。有关移建王文成公祠的过程，可从该祠碑记中窥知一斑。碑文曰："于时，主县治者为天台王公讳立准，莅任甫数月，百废俱举，行保甲治诸盗有声。而四明施公莅吾漳八九年矣。漳郡

---

① 黄宗羲：《浙中王门学案五》，《明儒学案》卷十五，沈芝盈点校，中华书局2008年版，第314页。
② 黄许桂主修，曾泮水纂辑：《平和县志》，福建省地方志编纂委员会整理，第287—288页。
③ 黄许桂主修，曾泮水纂辑：《平和县志》，福建省地方志编纂委员会整理，第288页。
④ 黄许桂主修，曾泮水纂辑：《平和县志》，福建省地方志编纂委员会整理，第336页。
⑤ 王相修，昌天锦等纂：《平和县志》，福建人民出版社2016年版，第217—218页。
⑥ 王相修，昌天锦等纂：《平和县志》，福建人民出版社2016年版，第336页。
⑦ 黄道周（1585—1646），字幼玄，又字螭若、螭平、幼平，号石斋，漳浦铜山（今东山县铜陵镇）人。天启二年（1622）进士，历官翰林院修撰、詹事府少詹事。南明隆武时，任吏部尚书兼兵部尚书、武英殿大学士（首辅）。隆武二年（1646）壮烈殉难，隆武帝赐谥"忠烈"，追赠文明伯。清乾隆年间改谥"忠端"。

之于四明,犹虔吉之于姚江也。王公既选胜东郊、负郭临流,为堂宇甚壮,施公从姚江得文成像,遂貌之,并为祠费具备,属于纪事。"①从这段记述中可以看出,时任漳州知府的施邦曜在平和阳明祠迁建过程中那运筹帷幄、居中协调的身影,无论是祀祠迁建资金的筹集,还是题匾"正学崇勋",都有他亲力亲为的功劳。更难能可贵的是,他从老家余姚带来王阳明像,并按此塑像立于祠中,以供百姓顶礼膜拜。施邦曜亦属阳明后学,《明史》赞其曰:"邦曜少好王守仁之学,以理学、文章、经济三分其书而读之,慕义无穷。"②施在漳州知府期间,为弘扬阳明学说,力主将辖区平和县迁建阳明祠的工程排上知府的议事日程,并全力予以支持。王文成公祠落成后,知府施邦曜、知县王立准还捐钱购置良田数顷,作为祀田。可惜的是,王文成公祠在1957年被辟为平和县水轮机厂。黄道周所撰书的《平和县重建王文成先生祠碑》现存于和平县文化馆,"明新建伯文成王夫子神位"的灵牌则散落于民间。

(六)刊刻《阳明先生集要》③

施邦曜在任漳州知府期间,每每读到王阳明书籍刻本时,就会有一种"饥以当食,渴以当饮"的如饥似渴的感觉。当时,施邦曜在精读隆庆谢氏刻本《王文成公全书》过程中,时常加以评点、批注,也感受到隆庆本《王文成公全书》存在卷帙繁多、篇幅浩大、携带不便,阅读不易等问题,便将《王文成公全书》进行分门别类,条分缕析,评释丹铅,累累贯珠,按理学、文章、经济三帙归类整理,数易其稿,汇编成《阳明先生集要》,共三编十五卷。其中《理学编》四卷介绍阳明的哲学思想,《经济编》七卷介绍阳明的事功成就,《文章编》四卷介绍阳明的文学成就。然后授梓于平和知县王立准督刻,于崇祯七年(1634)秋肇工开刻,八年(1635)夏末竣工。"书成"后"奉以藏之文成祠中"④。学界称此本为崇祯施氏刻本。王立准在该

---

① 平和县地方志编纂委员会编:《平和县志》,群众出版社1994年版,第977页。
② 张廷玉等:《施邦曜传》,《明史》卷二百六十五,第6852页。
③ 按:在此之前的嘉靖四十二年(1563),漳浦人王健即在杭州天真书院校刻过由钱德洪编撰、王畿补辑,罗洪先删正,胡松、陈大宾、黄国卿校正的《阳明先生年谱》,全书凡八卷,现藏于日本名古屋蓬佐文库,为海内外孤本。
④ 施邦曜辑评:《阳明先生集要》,王晓昕、赵平略点校,第1023页。

书跋文中尝称赞说："准（王立准）捧而读之，如日月之行天，如河汉之无极。郭象注庄，苏洵评孟，未易逾此。"①这部刊刻于平和的《阳明先生集要》崇祯施氏刻本，成为后来多家翻刻的底本，与隆庆谢氏刻本并称阳明著作两个极为重要的版本，是研究阳明学术的基本资料，为阳明学的传播和发展做出了很大贡献。美国学者亨克于1916年出版的《王阳明的哲学》，是最早向美欧等西方国家传播阳明学说的代表作。因亨克在中国期间所见王阳明著作的中文底本，是首刻于平和的《阳明先生集要》之《理学编》，故而其著述的基本资料皆源自《集要》。从这个意义上讲，亨克《王阳明的哲学》就是施邦曜《阳明先生集要·理学编》的英译本。目前，这部刊刻于平和的《阳明先生集要》，分别珍藏于山东师范大学图书馆、国家图书馆。2018年10月，平和县借助举办纪念建县500周年之契机，将该本子影印了500套，庶几便于利用。

（七）阳明五世孙知平和县

据光绪三年（1877）《漳州府志》（秩官志）记载，清顺治十八年（1661），王孙枢（号天智）任平和知县。又据道光《平和县志》（政绩志）记载，署县"王孙枢，浙江余姚人，文成公五世孙。革旧习，行新政，有数典不忘焉，重修学宫，有碑记"②。从中得知，阳明五世孙王孙枢于顺治十八年至康熙元年（1661—1662）任平和知县期间，最值得一书的政绩就是"重修学宫"。王孙枢刚到平和"署邑事"③时，但见"学宫鞠为茂草"，文庙"墙宇倾圮，廊庑荒落"④，感叹"此前人垂成之功，将竟未竟之绩也"⑤，于是带头捐出薪俸金银，于顺治十八年三月十五日开工重建学宫。因有资金保证，学宫不到三个月就建成了。素有潮州"戊辰八贤"之称的李士淳⑥在《重修儒学碑

---

① 施邦曜辑评：《阳明先生集要》，王晓昕、赵平略点校，第1023页。
② 黄许桂主修，曾泮水纂辑：《平和县志》，福建省地方志编纂委员会整理，第291页。
③ 黄许桂主修，曾泮水纂辑：《平和县志》，福建省地方志编纂委员会整理，第329页。
④ 黄许桂主修，曾泮水纂辑：《平和县志》，福建省地方志编纂委员会整理，第329页。
⑤ 黄许桂主修，曾泮水纂辑：《平和县志》，福建省地方志编纂委员会整理，第329页。
⑥ 李士淳（1585—1665），字二何，广东梅州人。崇祯元年（1628）中进士并荣获会魁，选任山西省翼城县知县。1645年，唐王在福州即位改元隆武，其被任为詹事府詹事，积极从事反清复明。1646年3月福州隆武朝廷陷落，其见反清复明无望遂遁入阴那山中潜心著述，著有《古今文范》《三柏轩集》《燕台近言素逸言》《质疑十则》《诗艺》等。后人把崇祯戊辰同榜潮州进士李士淳等八人称为"戊辰八贤"。

记》中说:"公(王孙枢)以五世后裔不忘乃祖创业,前作后述,孝也。和邑诸生沐公教育之德,当益思文成创肇之功;思文成创肇之功,则当师文成良知之学。"[1]如今,该《重修儒学碑记》石刻尚存于平和二中校内。

(八)修葺王文成公祠、置祀田、塑像

王文成公祠落成后,历经岁月风雨洗礼,屡有修葺。据志书记载:清康熙二十八年(1689),平和知县林翘到任后,见祠"岁久渐颓,庙貌不复如故","其栋梁朽蠹、门垣倾圮,殊失观瞻,因集诸绅士与议而鼎新之"[2],并于"祠后闲旷之地,修筑义学十余间"[3];"康熙五十七年(1718),知县王相捐俸重修"[4];乾隆二年(1737),"梦珠踵而新之,祠宇清肃"[5];乾隆十一年(1746),知县周芬斗感慨"文成之灵固在天下,罔有怨恫,而邑之士民得毋愧忘其所自始耶"[6],遂捐俸入,"创置祀田若干,税收于县官,春秋供祀"[7]。2016年春,九峰镇各界贤达重新雕塑王阳明金身,安放于王文成公祠遗址,供人观瞻礼祀。

(九)每年春、秋两季祭祀王阳明

王文成公祠自崇祯年间落成之后,遂"每岁春、秋二仲上戊日致祭,祭品与朱文公同(即:帛一,白瓷爵三,铏一,簠、簋各一,笾、豆各四,羊一,豕一,酒樽一),行二跪六叩首礼"[8]。且有祭祀所念的专门祭文:"惟公建议,僻壤邑治是新。克平大憝,黎元宁谧。今兹仲春(秋),谨以牲、帛、醴、齐、庶品,用伸常祭。尚飨!"[9]也就是说,明、清两代,每年农历二、八月上旬戊日,平和历任知县都要率领县衙官员、乡绅以及书院、义学、社学的师生

---

[1] 黄许桂主修,曾泮水纂辑:《平和县志》,福建省地方志编纂委员会整理,第330页。
[2] 黄许桂主修,曾泮水纂辑:《平和县志》,福建省地方志编纂委员会整理,第336页。
[3] 黄许桂主修,曾泮水纂辑:《平和县志》,福建省地方志编纂委员会整理,第336页。
[4] 黄许桂主修,曾泮水纂辑:《平和县志》,福建省地方志编纂委员会整理,第129页。
[5] 黄许桂主修,曾泮水纂辑:《平和县志》,福建省地方志编纂委员会整理,第334页。
[6] 黄许桂主修,曾泮水纂辑:《平和县志》,福建省地方志编纂委员会整理,第335页。
[7] 黄许桂主修,曾泮水纂辑:《平和县志》,福建省地方志编纂委员会整理,第335页。
[8] 黄许桂主修,曾泮水纂辑:《平和县志》,福建省地方志编纂委员会整理,第129页。
[9] 黄许桂主修,曾泮水纂辑:《平和县志》,福建省地方志编纂委员会整理,第129页。

到王文成公祠举行祭祀活动，以使平和百姓勿忘阳明先生的奏立之功和教化之德。

（十）兴办文成中学

王阳明奏立设县时就十分重视教育，并把建学校列入考虑范围，这从他的《再议平和县治疏》所言"学校教官，合无止选一员署印，先行提学道，将清宁、新安二里见在府县儒学生员，就便拨补廪增之数，其有不足，于府县学年深增附内，量拨充补；又或不足，于新民之家选取俊秀子弟入学，使其改心易虑，用图自新"①中可以得到印证。而以其谥号来为学校命名，则更有特殊意义。平和县文成中学创办于1929年，前身分别为私立东溪初级中学（1929—1937）、私立双十初级中学（1937—1946）和私立文成初级中学（1946—1949）。1927年春，平和贤达林友梧等捐资倡办"私立东溪初级中学"；1929年10月，校舍落成并举行揭牌典礼。1934年10月，厦门私立双十中学因日军侵入而移迁平和，借用私立东溪中学校舍上课；1946年6月，双十中学奉令迁回厦门，在原双十初中基础上成立"私立文成初级中学"，意在纪念王阳明对平和置县的功绩，同时寄望文成学子能"学如阳明成大器，长如文成毓英才"。1949年10月，文成中学与大诚中学合并，改称"平和县新民中学"；1954年春，定名为"福建省平和第一中学"。1983年9月，平和县又在文成中学原址附近兴建"城镇中学"；1996年3月，城镇中学复名为"文成中学"，学校始终秉承阳明遗德，与时俱进。2008年，文成中学与县城地区的小溪中学、育才中学，整合成立"平和广兆中学"。

（十一）建制保、镇以阳明命名

王阳明虽只在和邑这方土地驻留两个多月的短暂时光，但却给了平和一个新生。几百年后，这里的百姓始终感怀先哲，并以他的名字命名社保、乡镇。1940年，平和县划为4个区，分辖21个乡（镇）、192个保，其中在琯溪镇辖下，就有一个以王阳明命名的社

---

① 王守仁：《王文成公全书》卷十一，王晓昕、赵平略点校，中华书局2015年版，第466—467页。

区,即"阳明保",且一直延续到1949年新中国成立。当时的阳明保位于今县城老城区三角坪一带的中东街、中西街、九一七街和民主街。1950年6月,成立乡镇人民政权;年底,全县划分9个区,辖125个乡(镇),在第一区的20乡(镇)中,有一个"阳明镇",也是当时唯一的建制镇,其余均设为乡;直到1958年上半年,撤区并乡,全县划分为45个大乡,阳明镇才并入小溪乡。当时的阳明镇,领辖中山东、中山西、府前、民主、桥头、后巷、生产、解放北等街路,镇人民政府设在解放北街(今九一七街28号)。原阳明镇人民政府驻地,至今尚存有一行斑驳的"阳明镇人民政府"字迹依稀可见。进入21世纪,在县城区还新建了以"阳明"命名的"阳明路""阳明公园",创办了"九龙江阳明投资有限公司""阳明驿站""阳明书坊"等,一些企业还将阳明文化融入商标品牌,注册了"心即理""天泉道""阳明平和"等商标。一个个"阳明"文化符号的嵌入,就是一次次阳明文化记忆的叠加。

(十二)新时代平和县构建阳明文化之举措

近年来,作为王阳明奏请设置的平和县,始终不忘阳明奏立之德,认真挖掘、研究、传承阳明文化的内涵和时代价值,构建阳明平和地域文化。在阳明平和地域文化宣传、普及方面,将弘扬、传承"阳明文化"列入县委的工作要点,开展以"崇德明礼、向善知行"为目标,以"阳明传习堂"为载体,大力弘扬"知行合一"的置县精神,推动阳明平和地域文化落地生根,增强文化软实力。全县先后创办了22个"阳明传习堂",举办传统文化讲座150多场,受众超过20000人次,浙江、广东、江西等地的阳明学研究专家多次前来观摩,并给予高度评价。在阳明平和地域文化研究方面,先后编辑出版了4期《阳明平和》期刊;同时还出版了阳明地域文化专著《心灯点亮平和》[①]、通俗普及读本《王阳明读本——"三字经"解读本》[②]以及《王阳明与平和》[③]等阳明文化书籍。在阳明遗迹、遗址保护方面,平和县近年来陆续对明正德年间建设的县衙遗址、文

---

① 张山梁:《心灯点亮平和》,中国文史出版社2016年版。
② 张山梁:《王阳明读本——"三字经"解读本》,福建人民出版社2018年版。
③ 平和县政协文史委员会编:《王阳明与平和》,中国文史出版社2018年版。

庙、城隍庙以及黄道周书的《平和县重建王文成先生祠碑》等进行了有效保护。在推动国内外学术活动方面，平和县先后主办或合办了多次与阳明学有关的大型活动，如2018年5月31日，在平和县召开了由北京三智文化书院、平和县社会科学界联合会、平和县政协文史委员会、中国文化院主办的中国阳明心学高峰论坛的分论坛之一——"王阳明与平和"的学术座谈会；2018年10月9日，在平和县举行了由中国文化院、中华社会文化发展基金会、天地文化基金会、北京三智文化书院主办，漳州市委宣传部与平和县委、县政府联合主办的"知行合一 祖国统一"首届海峡两岸阳明心学峰会，并在阳明公园举行了王阳明雕像落成典礼；2019年6月29日，平和县协助闽南师范大学举办了"阳明学与闽南文化"学术研讨会。与此同时，平和县的阳明学者还积极参与筹备了全国朱子学会阳明学专业委员会的创立，并且加入了中国明史学会王阳明研究分会理事会。

三、阳明后学在漳州

素有"海滨邹鲁"之称的漳州，自宋代以降就是朱学重地，但这并不意味着阳明心学在漳州湮没无闻，不代表漳州地区未受过阳明心学的影响。可以说，阳明学在闽南地区也得到过一定传播。这除了王阳明本人在巡抚南、赣、汀、漳等处期间的教化之外，很重要的是得益于阳明的门人后学在漳州地区所作的各种努力。阳明后学施邦曜、王立准及阳明后裔王孙枢在漳州的事迹，已如前述，这里再简要介绍一下阳明的其他门人和后学在漳州的事迹。

马明衡（1491—1557），字子莘，号师山，福建莆田人。进士，授太常博士。"闽中学者率以蔡清为宗，至马明衡则学于王阳明、湛若水两人，并与王门弟子交游……复取道卒业于阳明"①。马明衡自嘉靖三年（1524）因"大礼议"被罢黜为民，闲居在莆田老家，期间经常到闽南一带传播阳明心学。除了上述为平和县撰写碑记外，

---

① 马思聪、马明衡、马朝龙：《校点说明》，《莆田马氏三代集》，王传龙、何柳惠编校，武汉大学出版社2018年版，第2—3页。

嘉靖五年（1526），他还为漳浦县撰写过《重建明伦堂记》①。记文阐释阳明良知、立志等思想曰：

> 夫学者，学也，学其如圣人者、去其不如圣人者之谓也。学其如圣人者、去其不如圣人者，务存吾心之天理而去人欲之谓也。夫天之降才甚厚也，人之良知甚明也，存天理而去人欲，弗借资于人也，弗援力于众也。人皆有之、皆能之而卒于不能者，始由于自蔽，终坐于自画而已。是故莫大乎讲学，而尤莫先于立志也。志也者，天地之所以不息也，人心之所以不死也。②

陈九川（1494—1562），字惟濬，号明水，江西临川人，曾拜阳明为师，是江右王门重要代表人物。嘉靖五年（1526），陈九川"因谏武庙南游，廷杖，谪戍镇海"③，至嘉靖八年（1529），朝廷正郊典，恩下得解戍还。《明史》曰："九川戍镇海卫，邦偶等削籍有差。久之，遇赦放还，卒。"④在谪戍镇海卫的三年期间，陈九川尽管身处"遥远、困苦、瘴海烟雾之中"⑤，但始终不忘"崇理学，御教化而春秋俎豆"⑥，将阳明心学在荒野的海疆点亮，以至"文章在传播，昭昭乎不可泯者也"⑦。镇海卫军民因感念陈九川的"扶舆正气""笃佑忠良"⑧，于嘉靖年间，由镇海卫指挥使下令在文公祠右侧"建寓贤祠，祀以上三先生（即丰熙⑨、邵经邦⑩、陈九川三位先

---

① 《漳浦县志》记载：（嘉靖）五年，推官黄直署邑篆，更建明伦堂，规制宏伟，其木石取诸毁东岳庙，有莆田马鸣衡记。
② 马思聪、马明衡、马朝龙：《漳浦县重建明伦堂记》，《莆田马氏三代集》，王传龙、何柳惠编校，第55页。
③ 黄剑岚主编：《镇海卫志校注》，黄超云校注，中州古籍出版社1993年版，第114页。
④ 张廷玉等：《陈九川传》，《明史》卷一百八十九，第5023页。
⑤ 黄剑岚主编：《镇海卫志校注》，黄超云校注，第136页。
⑥ 黄剑岚主编：《镇海卫志校注》，黄超云校注，第136页。
⑦ 黄剑岚主编：《镇海卫志校注》，黄超云校注，第136页
⑧ 黄剑岚主编：《镇海卫志校注》，黄超云校注，第136页。
⑨ 丰熙（1468—1538），字原学，浙江鄞县人。弘治十二年（1499）进士。授翰林院编修。世宗即位，升翰林学士。因兴献王"大礼议"起，丰熙多次力争哭谏，帝怒，下诏狱，后遣戍福建镇海卫，卒于戍所。
⑩ 邵经邦，字仲德，生年不详，卒于1558年，仁和（今浙江杭州）人。正德十六年（1521）进士，授工部主事。嘉靖八年（1529）因日食上疏言事。帝怒，贬戍福建镇海卫，闭门读书，居三十七年卒。

贤）"①，"以慰卫人仰止之望"②。现如今，寓贤祠已塌圮无存，唯《重修镇海卫寓贤祠记》尚存，读后依然可以感受到镇海卫民众心中那份对包括陈九川在内的三位先贤的真挚感念与无限缅怀。

王时槐（1522—1605），字子植，号塘南。江西安福人。早年师事刘文敏，为阳明再传弟子。嘉靖二十六年（1547）进士，历官南京兵部主事、礼部郎中，官至太仆卿。隆庆六年（1572）出为陕西参政以京察罢归。据《镇海卫志》记载："铜山千户所……（嘉靖）三十六年倭警，众议东北城圮且卑，具呈漳南道王公时槐愿自修筑。委诏安知县龚有成勘修，益卑以高，易土以石，东北始为崇墉。"③又据《明理学南太常寺卿王塘南先生恭忆先训自考录》记载："嘉靖三十四年乙卯……是年（1555）四月，升福建按察司佥事，整饬兵备，兼分巡漳南道。……及任漳南，自觉赤子之心未失，洁己爱民，激厉属寮，御寇保境，殚心竭智，不遗余力。"④这些都从一个侧面证明了王时槐在嘉靖年间莅闽履职，始终心系东南沿海的海防建设，呕心沥血，积极推动、指导镇海卫所及其所属之户所的修建，为加强和巩固镇海卫所的御敌功能所做出的贡献。

李材（1529—1607），字孟诚，号见罗，江西丰城人。嘉靖四十一年（1562）进士，授刑部主事。素从阳明弟子邹守益讲学。隆庆间，历迁广东佥事，屡败倭寇。万历初，历官云南按察使，因毁参将署为书院，致激兵变。后戍镇海卫，据《明史》记载："至（万历）二十一（1593）年四月，始命戍镇海卫。材所至，辄聚徒讲学，学者称见罗先生。系狱时，就问者不绝。至戍所，学徒益众。许孚远方巡抚福建，日相过从，材以此忘羁旅。久之赦还，卒年七十九。"⑤李材贬戍镇海卫期间，尽管海防稳定，兵备战事相对松懈，但他始终不忘士兵操练，以为备战之本。每当操习时，他必戴胄、执戈，全副武装，身先士卒。当时卫所指挥针对士官大多是浮浪子弟，终日无所事事，武备流于形式的现状，商议设立讲堂，聘请李材讲学，以提高将士素质。李材欣然接受，并以师道自处，严加约束。在讲学中，又以"大学知止知

---

① 黄剑岚主编：《镇海卫志校注》，黄超云校注，第114页。
② 黄剑岚主编：《镇海卫志校注》，黄超云校注，第136页。
③ 黄剑岚主编：《镇海卫志校注》，黄超云校注，第23—24页。
④ 王时槐：《王时槐集》，钱明、程海霞编校，上海古籍出版社2015年版，第648—652页。
⑤ 张廷玉等：《李材传》，《明史》卷二百二十七，第5958页。

本"为宗,强调"随地体认天理""正心修身"等理念,以救当地放诞虚矫之弊,给当时的镇海卫乃至漳州地区带来了一股清新学风。故《漳浦县志》载曰:

> 李见罗材戍镇海时,遇操习期必戴胄、执戈,赴教场供职。时升平日久,卫官皆纨绔膏粱,久废武备,苦之,乃群议立讲堂,延李讲学。李以师道自处,乃已。凡游览所至,必大书"修身为本"及"随处体认天理"等字,书法遒古,今太武等山多有之。又尝游七都福寿院,书"法堂"二字,末署"李材书",今存。亦有"修身为本"四大字,勒院前山石中。①

2015年8月初,在漳州芝山大院内发现了一块立于明代漳郡正学堂的残碑,故名"正学堂碑"。现存碑长150厘米左右、宽89厘米,有精美花边。碑文主要阐述了儒生修身为本的思想,碑文中所颂扬的"先生"就是李材,而李材此时在漳州所撰之诗文集,即称《正学堂稿》。此碑可谓阳明学者在漳州传播心学思想的直接证据。

林成纲、林一新、林楚:现在的漳浦县乌石三凤厅有一个"一初、一阳、一新"三兄弟俱登科第,称"三凤齐鸣",加上合堂弟进士林策、举人林成纲,称为"五桂联芳"的家族,誉满闽粤。据饶宗颐的《薛中离年谱》记载:"嘉靖二十七年戊申(1548)七月,漳浦门人林成纲、林一新、林楚哭奠。"这就说明:在"五桂联芳"的家族中,林成纲[嘉靖二十二年(1543)举人,香山知县]、林一新[嘉靖二十六年(1547)进士,官云南按察司佥事]、林楚[嘉靖三十七年(1558)举人,雷州府通判,漳州府理学名家,漳浦县著名乡贤]等人到潮州亲炙于薛侃门下。其中林楚"弱冠始就学,研究濂、洛诸书,最后得《传习录》读之曰:'此斩关出围学问也。'闻薛中离侃讲姚江之学于潮州,徒步从之"②,成为漳籍阳明后学。然同为阳明后学的林一新胞兄林一阳却是位阳明学的批

---

① 黄剑岚主编:《镇海卫志校注》,黄超云校注,第114页。
② 陈汝咸修,林登虎纂:《漳浦县志》,民国十七年翻印本。

评者,他尝批评说:"为学以居敬穷理为宗,谓:'道至程、朱有何不尽,何须别立教门?'"①这也说明阳明心学在闽南地区的传播所遇到的阻力要大于其周边地区。

张士楷,漳浦人,字端卿,号小越,御史张若化之子。尝潜心研究性命之学,后独契于阳明的"致良知"之学,并以此为言行之标准,"一时郡邑人士争师之。每举王心斋(艮)乐学、薛中离(侃)研几。……其践履纯懿,几于望之如泥塑,接人纯是一团和气。还就经济中求'性命',斯内圣外王之学也"②。

除了以上所述,还可举出一批漳州籍的阳明学者。如嘉靖四十五年(1566)曾到泰州从学于王艮之子王襞的漳州人陈九叔;漳浦人邱原高得知安福邹东廓(邹守益)、吉水罗念庵(罗洪先)讲学江西,徒步从之,有悟而归,与同志切磨,期以倡明斯道。绥安人陈铨(号笔山)得知邹元标论张江陵,延杖谪戍,不远千里谒之。元标每谈闽士,辄曰"笔山,古君子也"。由此可以说,阳明学在漳州地区的传承与发展是生生不息的,对漳州特别是闽南文化所产生的影响是毋庸置疑的。

(张山梁撰稿)

---

① 李清馥:《嘉、隆以后诸先生学派》,《闽中理学派源考》卷八十一,何乃川、李秉乾点校,商务印书馆2018年版,第189页。
② 陈汝咸修,林登虎纂:《漳浦县志》,民国十七年翻印本。

王阳明与上杭

上杭是王阳明立德、立言、立功的主要实践地之一。明正德十二年（1517）春，王阳明"征漳寇"，亲自率军屯兵上杭，并在上杭城为百姓祈时雨，通浮桥，兴教化。明清以降，上杭人民为了感念他的功绩，建有阳明祠、桥、书院、别业、时雨堂、怀德祠、王文成公祠等纪念建筑，并尊奉其从祀文庙。上杭人民世代追念这位爱民官吏，传承传播其思想精髓，志属罕见。

一、首征漳州

史载：明武宗朱厚照在位期间，淫乐嬉游，佞佛，自称大庆法王，筑豹房、新寺于禁内，恣声妓为乐，立用宦官刘瑾、谷大用等"八虎"，蓄义子百余人皆赐国姓，宠信佞臣钱宁、江彬等人，纵其掠夺民田，扩建皇庄300余处。晚年，南巡南京，沿途骚扰，人民弃市，逃匿山林。上行而下效，全国各地土地兼并日趋剧烈，致使"富者田连阡陌，贫者无立锥之地"，官逼民反的事端不断发生。江南之江西、福建、广东、广西，"盗贼四起"，流窜为患。其中，詹师富与温火烧以福建芦溪、象湖为根据地，联络广东大伞、箭灌等处，于正德二年（1507）举旗反明。至正德八年，"附者日众"，声势日益壮大。为了扩大反明范围，詹师富与江西横水、桶岗的谢志珊、蓝天凤及广东的池仲容、池大宾取得联系，活跃在闽、粤、赣边区，致使"三省为之骚然"①。

面对严峻的社会形势，明朝廷于正德十一年（1516）九月，升任王阳明为都察院左佥都御史，抚镇南、赣、汀、漳。次年春，兵部尚书王琼力排众议，为王阳明奏请节制军队的权力，授予"兵符，改提督军务"②。阳明在来赣道中听说"漳寇方炽"③，于是决定先以闽、赣、粤三省夹剿之法"平漳寇"。正德十二年正月阳明

---

① 王阳明：《闽广捷音疏》，《王阳明全集（新编本）》卷九，吴光、钱明、董平等编校，第326页。
② 邵廷采：《明儒王子阳明先生传》，《思复堂文集》卷一，祝鸿杰点校，第5页。
③ 钱德洪：《年谱一》，王阳明：《王阳明全集（新编本）》卷三十二，吴光、钱明、董平等编校，第1246页。

抵达赣州后，即命令十八日福建军兵进军长富村（今平和县秀峰乡长乐村），广东军兵进军大伞（今广东饶平县），自己则亲率江西军兵赶赴闽地。初战，三路军兵沿途均获些小胜，各地"贼寇"纷纷奔聚象湖山拒守。在进军途中，阳明据呈报得知，广东军兵已到达大伞，指挥覃桓、县丞纪镛遭大伞"贼寇"突然袭击，覃、纪二人仅领兵15人，轻敌冒进，身陷重围，被杀身亡。看来，"平漳寇"实非易事，其难度远远超出了阳明原来的想象。三省将官表示"势难抵敌，只得收兵暂回听候"，以为"今贼势日盛，若不添调狼兵，稍俟秋冬会举夹攻"①，恐怕不行。然朝廷知悉此事后，随即降旨阳明查明原委，早平漳寇。

为此，王阳明及时对战事进行了反思，然后调整了作战方针：第一，贼寇集结象湖山于三省交界处，②山高林密，据险而守，与粤、赣"贼寇"相互勾结，非智谋不能取胜。第二，在官府民间有不少"贼寇"内线，我明他暗，泄漏军机，于是推行"十家牌法"，调查田土人口，采取连坐办法，并以"纸牌"密喻严肃军纪及三省夹剿战术。第三，兵不堪用，平时作威作福，欺压良善，一遇战事，畏缩不前，于是拟招募三省悍勇民兵，集中训练。随后，阳明继续实行以三省会剿兼用疑兵之计的作战方略，一方面要求三省各部遵奉密喻（纸牌），佯言在上杭犒众退师，等秋后狼兵到达再行会剿；另一方面差遣卧底密探，打听虚实，捕捉战机，并"亲率诸道锐卒进屯上杭"。正德十二年二月十九日，阳明"乘贼怠弛"，会选精兵1500名当先，重兵4200名继后，分作三路，乘夜急进，直捣象湖山，斩杀詹师富、温火烧等7000余人。与此同时，福建军兵从南靖出发攻破长富村等敌巢30余处，广东军兵攻破敌巢13处。"是役仅三月，漳南数十年逋寇悉平。"③此战是王阳明提督军务以后所取得的首次大捷。

二、驻节上杭

上杭地处福建西部，闽西中部，武夷山脉、玳瑁山脉南端，汀

---

① 王阳明：《闽广捷音疏》，《王阳明全集（新编本）》卷九，吴光、钱明、董平等编校，第322页。
② 按：王阳明"征漳寇"的具体地点是在漳州府南靖县的象湖山。此前，象湖山属漳浦县境，后归属南胜县（治所在今平和县南胜镇）管辖。
③ 钱德洪：《年谱一》，王阳明：《王阳明全集（新编本）》卷三十二，吴光、钱明、董平等编校，第1247页。

江贯穿全境,气候宜人,资源丰富,自古为畲族发祥之地。唐宋以后,中原汉人辗转南迁,视为一方乐土,逐渐聚居于此,最终改变了当地的人口规模和结构,使之成为客家民系的著名祖居地之一。在民族融合的历史进程中,上杭同样不可避免地出现了民与官、畲(土族)与客(家人)的争斗。根据诸多上杭外迁姓氏族谱记载,至明成化、弘治年间,上杭已出现大量因人多地少而外迁他乡的现象。上杭自1368年入明,至王阳明莅镇之前的一百五十年间,还历经大饥、旱荒、暴雨、地震等自然灾害,致使本地悍勇之民,迫于生计,集结山林,沦为"盗贼",并先后发生此类事件十余起,加上赣、粤流窜匪患的侵袭,给当地造成无穷祸害,积重难返。于是,朝廷设置漳南道于上杭,奏请添设永定县,于武平等地分设军堡,以解治理不及之忧。在上杭城内设守御千户所、兵备、巡捕等军事治安机构,并招募民勇巡逻保卫;同时又凭借"四面青山三面水"的地理环境,兴工筑城,加强防卫。明成化八年(1472),"城成,南临大溪,砌以石,东西北并砌以砖,为门七,各建敌楼其上,周城为守,宿之铺三十有二"①。上杭城墙高广坚壮,易守难攻,为后来王阳明驻军"铁上杭"提供了得天独厚的安全条件。

  王阳明率军驻节上杭的另一个条件是明朝对漳南道的设置。闽总八郡,明洪武二十八年(1395)分设福宁、建宁两道管理,福、兴、泉、漳隶属福宁道;建、延、邵、汀隶属建宁道。漳州和汀州分别是两道中最南、最远之地,交通不便,信息闭塞,"上情不能下达,下情不能遍知"。况且汀漳交界处山高林密,"幽邃瑰诡,艰于往来",福宁道官吏巡止漳州,建宁道官吏巡止汀州,各自为政,在管理上存在诸多弊病,"有司无警肃,或得侵渔于下;百姓无畏惮,时得肆恣于乡"②。终于,从明天顺年间开始,反抗官府力量常在汀漳交界处啸聚为乱,"屡征不服"。故此,成化六年(1470)顺天府丘昂向上奏请在上杭县添设漳南道,以便管理汀、漳两州。后随山开路,建站设驿,对"匪患盗贼"起到了一定的震慑作用。成化二十三年(1487),又复议请设置兵备驻扎上杭,使上杭成为一处军事重地,三十年后,王

---

① 丘复总纂:《上杭县志》,唐鉴荣校注,上杭县地方编纂委员会整理,线装书局2018年版,第126页。
② 李镗:《新设漳南道记》,丘复总纂:《上杭县志》,唐鉴荣校注,上杭县地方编纂委员会整理,第647页。

阳明称上杭"最为重地",其因亦在于此。直到清康熙四年(1665),漳南道移驻漳州,其在上杭县城存续一百五十年的历史才告结束。

根据《时雨记》碑和《上杭县志》《王阳明全集》等文献所记时间分析,王阳明自正德十二年(1517)正月十六日到达赣州,正月十八日命三省起兵会剿"漳寇",至四月戊午(4月13日)班师,"平漳寇"的时间共有八十六天。其间,王阳明亲自率兵进屯上杭,于正德十二年二月十九日从上杭城关出发,攻破象湖山,一直到"余寇"清剿任务完成,再回军上杭,四月戊午(4月13日)班师会赣,阳明率军屯兵上杭的时间应有五十二天以上。

王阳明驻节上杭时,就住在察院行台。①察院行台在原上杭县城东北,为分巡漳南道、福建按察司佥宪伍希闵,汀州府知事周琛及上杭县知县徐绶规划所建,目的是解决"岁有监察侍御衔命按部来此及宪台诸君有事于此者未有理所"②。始建于明弘治元年(1488)六月,落成于二年二月。明罗璟有《新建察院行台记》曰:

> 乃择城东射圃余地广轮一百丈,建察院行台。中为澄清堂五间,高敞宏丽,左右为两廊各三间,前为二门,又前为大门,深远严正……堂后有亭,华朴适中,衡三丈五尺,纵称之。四窗洞辟,轩豁明爽,清风徐来,飘飘袭人,名曰清风亭。又后为退思堂,三间两厦,翼以小屋……予以学校事至上杭,首居行台。伍君请为记,遂书之。③

《上杭县志》又记曰:

> 正德十二年,南赣巡抚王守仁征漳寇,驻节。遇旱,祷雨而应,因改清风亭为时雨堂。日久堂圮。清康熙十九年,知县蒋廷铨重修为社学。四十一年,知县翁大中改为义学。五十二年大水,圮。五十六年,知县段巘生改设阳明书院,其后又圮。今为四乡阳明祠,正厅额曰时雨堂。④

---

① 按:因当时漳南道设在上杭县城,所以王阳明的任所或大本营——察院行台,就设在上杭县城。在"征漳寇"前后约三个月内,多谋善断的王阳明一直运筹帷幄于察院行台。
② 罗璟:《新建察院行台记》,丘复总纂:《上杭县志》,唐鉴荣校注,第651页。
③ 罗璟:《新建察院行台记》,丘复总纂:《上杭县志》,唐鉴荣校注,第651页。
④ 丘复总纂:《上杭县志》,唐鉴荣校注,第651页。

王阳明住察院行台期间，为我们留下了多首文采斐然的诗篇，其中充满着思乡怀友、抚民安民之情怀，表现出一代大儒的思想风范。现录于下：

> 月色虚堂坐夜沉，此时无限故园心。山中茅屋烟萝合，江上衡扉春水深。百战自知非旧学，三驱犹愧失前禽。归期旧负黄徐辈，独向幽溪雪后寻。①

> 见说相期雪上耕，连蓑应已出乌程。荒畲初垦功须倍，秋熟虽微税亦轻。雨后湖舡兼学钓，饭余堤树合闲行。山人久有归农兴，犹向千峰夜度兵。②

> 即看一雨洗兵戈，便觉风光转薛萝。顺水飞樯来贾舶，绝江喧浪舞渔蓑。片云东望怀梁国，五月南征想伏波。长拟归耕犹未得，鹿门初伴渐无多。

> 辕门春尽犹多事，竹院空闲未得过。特放小舟乘急浪，始闻幽磬出层萝。山田旱久俄逢雨，野老欢腾且纵歌。莫谓可塘终据险，地形原不胜人和。

> 吹角峰头晓散军，横空万马下氤氲。前旌已带洗兵雨，飞鸟犹惊卷阵云。南亩渐忻农事动，东山休共凯歌闻。正思锋镝堪挥泪，一战功成未足云。③

后面三首诗，《王阳明全集》仅题名《喜雨三首》，但《上杭县志》却题《驻节上杭行台喜雨》或《上杭喜雨》（三首），两者相比，仅有个别字不同。

有关此三首《喜雨》诗的写作时间和地点，学界有不同看法。有学者认为，根据内证法，应可证明此三首诗作于上杭。如第一首诗中的"即看一雨洗兵戈"句，明确意喻刚打完仗，这应当是指上杭；"长拟归耕犹未得，云门初伴渐无多"句，说的是初次下雨不多，意指战前阳明所祈得的第一场小雨。第二首诗中的"山田旱久兼逢雨，野老欢腾且纵歌"句，描写的是下第二场大雨时，上杭百姓欢天喜地的情

---

① 丘复总纂：《上杭县志》，唐鉴荣校注，第652页。按：《县志》题《行台夜坐怀友》，《王阳明全集》为《闻曰仁买田霅上携同志待予归二首》之二，有数字不同。
② 丘复总纂：《上杭县志》，唐鉴荣校注，第652页。按：《县志》题《再过行台有感》，《王阳明全集》为《闻曰仁买田霅上携同志待予归二首》之一，有数字不同。
③ 蒋廷铨纂修：《上杭县志》，唐鉴荣校注，鹭江出版社2014年版，第372页。按：《县志》题《驻节上杭行台喜雨》（三首），《王阳明全集》为《喜雨三首》，有数字不同。

景;"可塘"地名则明确指向上杭;"地形原不胜人和"句,讲的是阳明班师时,当地人挽留,感动上苍,老天再下一场大雨。第三首诗中的"吹角峰头晓散军,横空万骑下氤氲。前旌已带洗兵雨……一战功成未足云"句,无疑也是在指阳明于上杭所指挥的漳南之战。

也有学者认为,此三首《喜雨》诗的写作背景应该是:漳南战役后,王阳明从上杭班师回赣州,当进入赣州境内时,一路看到赣州等地春旱非常严重,百姓赶早插下的禾苗已近枯萎,心系百姓的王阳明曾率领随行官员到瑞金的净众寺、会昌的翠竹祠拜神求雨,以解民忧。到达雩都后,大雨果然如期而至,阳明遂作《喜雨三首》以示喜悦之情。束景南先生也认为,《喜雨三首》应是阳明写于正德十三年四月十三日班师上杭道中。束氏在释文中说:"《王阳明全集》中《喜雨》三首,第三首即前《题察院壁》,但无前序。阳明《时雨堂记》云:'四月戊午年班师,雨;明日又雨;又明日大雨。'知阳明此《喜雨》三首当是由上杭班师道中喜雨而作,至汀州,则将第三首诗题于察院壁,盖在四月壬戌也。"①

另据《上杭县志》记载,王阳明驻节上杭县城约一百二十年后,明崇祯年间汀州知府唐世涵(浙江湖州人)来到上杭,在察院行台有感于国势衰微,内忧外患,追思阳明,愤然写下了《题时雨堂》诗:

直从翰墨见提师,正学千秋恍在兹。片石至今常喜雨,孤亭自昔早忧时。隆中人去阵云结,江上年来燧火驰。闻道行间多授钺,摩挲往碣不胜悲。②

此外,阳明在上杭期间,因苦于无可用之兵,遂挑选三省民兵,在上杭"射圃"进行训练。上杭射圃最早是明正统元年(1436)由知县张琳、县丞杨孜择地而建。据康熙《上杭县志》载:

(射圃)在学后东北六十步,广袤皆六十余丈。成化间,以圃地先后建布政分司、察院行台,余地一区。弘治元年,知县徐绶建观德堂于中,仍缭以垣。嘉靖三十年,知县赵文同复改为府公馆,圃遂废,今在县之东偏。③

---

① 束景南:《王阳明年谱长编》,第937—938页。
② 丘复总纂:《上杭县志》,唐鉴荣校注,第652页。
③ 蒋廷铨纂修:《上杭县志》,唐鉴荣校注,第98页。

三、抚民亲民

王阳明驻县,任务是"征漳寇",行的是杀伐之事,但是他"上马治军,下马治民",不离民本初心,对上杭的政治、经济、文化、军事、教育诸方面所产生的影响堪称深远。《孟子·尽心上》曰:"君子之所以教者五:有如时雨化之者。"王阳明的到来,就像一场春雨,洗涤旧尘,润泽上杭大地,让上杭人耳目皆新。

(一)体恤民情

王阳明坚决反对调用"狼兵",以免杀伐过重,给闽粤赣边区带来新的灾难。他奏请"一寨可攻则攻一寨,一巢可扑则扑一巢";"量其罪恶之深浅而为抚剿,度其事势之缓急以为先后";并向上直言"若复加以大兵,民将何以堪命"?另外,在筹措军资方面,他认为"贫民则穷困已极,势难复征",建议下发内帑,将上缴分派到汀州及各县衙的河税作为用军之费。他屯兵上杭,不劳民力,不取民财,不重累商人,正如其《丁丑二月征漳寇进兵长汀道中有感》诗所云:"将略平生非所长,也提戎马入汀漳。数峰斜日旌旗远,一道春风鼓角扬。莫倚贰师能出塞,极知充国善平羌。疮痍到处曾无补,惭愧湖边旧草堂。"①意指不能学汉代贰师将军李广利,视民如草芥,尽行杀伐之事,而要像智平西羌的赵充国那样爱惜民力,善待百姓。

(二)抚安百姓

考虑到闽粤赣边界政教不及,百姓愚昧,或受人蛊惑,或为官府所迫,常"散则为民,聚则为盗",而三省多为"骄横之兵",扰民滋事必将激发更多更大的民变。故而阳明所到之处,首先是安抚百姓,取信于民,追求的是"不扰民而事办"②的实际效果。他又亲自书写《抚安百姓告示》《告谕新民》等告谕文书,翻刻一千多张,派上杭老人刘本义等人到各地方分发,招抚感悔之民,"令各安居乐业"③。他还注重接纳忠义,鼓励豪杰忠义之人献计效力。这一点,可以上杭名人梁乔、李福英、陈谏三人为例。

---

① 王阳明:《王阳明全集(新编本)》卷二十,吴光、钱明、董平等编校,第782页。按:《上杭县志》题作《驻上杭行台时征漳寇》,"惭愧湖边"四字《王阳明全集》作"翻忆钟山"。
② 王阳明:《王阳明全集(新编本)》卷二十七,吴光、钱明、董平等编校,第1052页。
③ 王阳明:《王阳明全集(新编本)》卷十七,吴光、钱明、董平等编校,第653页。

梁乔，字迁之，号静轩，上杭城里人。弘治十五年（1502）进士，曾与阳明同在刑部、兵部担任主事，又同因参劾刘瑾而遭到迫害。刘瑾伏诛后，梁乔任兵部郎中出守浙江绍兴六年，"政惠人和"，"乡宦谢文正迁、王文成守仁皆以循良称之"①。后以母亲年高归奉为由，辞官回乡。王阳明驻上杭时，两人回忆起当年遭遇，百感交集，阳明题其堂曰"爱日"，并请旨褒奖梁乔及其母亲、妻子。《上杭县志》所载阳明诗作《题南泉庵》（《阳明全集》作《回军上杭》）立轴的落款："雨过南泉庵，梁郡伯携酒来，即席漫书，遂录呈。守仁顿首。"此梁郡伯即是大忠大直之梁乔。

李福英，上杭胜运里人（今县东南庐丰、蓝溪、稔田一带）。勇义过人，"贼寇为害乡里"，李训练乡民自卫。由于保卫上杭功绩突出，多次受到朝廷嘉奖，本地官民都称他为"义官"。成化六年（1470）"授土巡检世捕其地"，以维护上杭治安。王阳明首平漳寇"兵不堪用"之时，李福英向他提供了近千名已训练好的上杭民兵。随后，阳明又倚重他在射圃操练三省民勇。李福英在阳明鞍前马后，从福建到江西，一马当先，奋勇杀敌。最为阳明感动的是在征讨横水、桶冈时，李选练名下精悍民勇一千人，日夜兼程赶赴赣地，听凭调用。后上杭县太拔镇院田村建有太保庙，以祀李福英。

陈谏，字几伯，上杭城里人，以教书为业，谨守程朱之学，"虽膳粥不继，晏如是"。志向高洁，为上杭名士。"令举乡宾，给冠带，不受，曰：士不耻无名，耻不学而得崇名"②。阳明驻上杭时，闻其名声，特地前去拜访，并请他军前效力，后又派他到潮州办理粤盐，从而开辟了自广东韩江上溯汀江、经上杭到达江西的盐路，使"虔民食其惠"③。陈谏在潮州时，尝与阳明高足薛侃辩论学术，"往往至于拂袖，虽以侃负重望，终不肯稍为假借，其笃守如此"④。

（三）教化地方

王阳明驻上杭时，已是"龙场悟道"七年之后，其"心学"渐成体系。抵赣后，又常在军中教授学问，遂使心学治世理念逐渐得

---

① 丘复总纂：《上杭县志》，唐鉴荣校注，第852页。
② 丘复总纂：《上杭县志》，唐鉴荣校注，第919页。
③ 丘复总纂：《上杭县志》，唐鉴荣校注，第919页。
④ 丘复总纂：《上杭县志》，唐鉴荣校注，第919页。

到认同，并迅速得以传播。他还提出了著名的"破山中贼易，破心中贼难"的思想。认为首先是教化不善，才导致"民风不美"，这是"民变"的主要原因之一。阳明的这一思想，对上杭的文化教育产生了很大影响。自此以后，社学、义学、书院、学堂等开始为上杭官方及民间所广泛重视，使得文化教育在上杭地区得到了迅速普及。同时阳明又通过树立典型的办法，以增强教化之效果。如武平岩前刘隆等处乞命招安，阳明遂给其田地，视为新民，人皆称其再生之德。除此之外，阳明还非常注重法治建设，推行"十家牌法"，严肃军法政纪。为此，阳明以后直至清代，上杭民风、政风为之大变。

（四）修筑浮桥

上杭地处汀江中游，上至汀州，下入韩江，为水运交通要地。上杭城依托"四面清山三面水"的地理环境，虽然安稳，却极不便于百姓来往出行。明正统三年（1438），上杭始建浮桥于南门外，"桥以浮名，作船于水，比之而加板于其上，以通往来者也"①。因浮桥经常被大水冲毁，成化十年（1474）遂移建于东潭头，两年后因大水而重建一次，不久又被大水冲毁。直至四十一年后阳明驻上杭时，看到汀江两岸百姓渡船来往既缓慢又不安全，于是出军资重建浮桥。该浮桥即为"阳明桥"。通过浮桥进城，入城门后的巷道则取名"浮桥巷"，保留至今。

（五）为民祈雨

王阳明在上杭屯兵时，遇当地大旱，田焦地裂，百姓苦于无水耕作。阳明应官民之请，在察院行台率众祈雨，后果然于当天下了一日一夜大雨。雨后，阳明即率兵离开上杭去清剿"余寇"了。然大雨后百姓依然"以为未足"，不能完全满足农业耕作的要求。让百姓感到惊讶的是，当阳明一个月后回军上杭时，老天爷竟又接连下了三天三夜大雨，"民乃出田"，皆称"时雨"。此时阳明登上城南之楼观察农事，只见"山田旱久兼逢雨，野老欢腾且纵歌"，心中大喜，而本地官绅也请求把祈雨之堂命名为"时雨堂"。这次游走于人神之间即求即雨的成功之举，就连阳明自己也有"王师若时雨"之感慨，于是欣然将这次行军与祈雨的经过书写在察院行台墙壁上，

---

① 丘复总纂：《上杭县志》，唐鉴荣校注，第573页。

从而我后人留下了著名的《时雨堂记》①。该记文言简意赅，自谦和民本思想溢于字里行间。然而，该文也给王阳明及其心学披上了一层神秘面纱，感天应地之功，呼风唤雨之能，似乎能与阳明心学的"心即理""致良知""知行合一"说等巧然暗合。但阳明对于求雨的认识，发端于担当，终归于"民"和"诚"，却真切地反映出他的亲民思想。关于阳明的亲民思想以及为民担当的事例还有很多，并在其所作的《祈雨辞》中也有生动体现。辞曰：

呜呼！十日不雨兮，田且无禾；一月不雨兮，川且无波；一月不雨兮，民已为疴；再月不雨兮，民将奈何？小民无罪兮，天无咎民！抚巡失职兮，罪在予臣。呜呼！盗贼兮为民大屯，天或罪此兮赫威降嗔。民则何罪兮，玉石俱焚？呜呼！民则何罪兮，天何遽怒？油然兴云兮，雨兹下土。彼罪遏逭兮，哀此穷苦！②

赣南苦雨，上杭大旱，天灾人祸，民不聊生，阳明急民之所急，忧民之所忧，多次运用自己的天象学知识，为民求雨。对于这段经历，他在若干年后写的《答佟太守求雨》一文中是这样回忆的：

古者岁旱，则为之主者减膳撤乐，省狱薄赋，修祀典，问疾苦，引咎赈乏，为民遍请于山川社稷，故有叩天求雨之祭，有省愆自责之文，有归诚请改之祷。……仆之所闻于古如是，未闻有所谓书符咒水而可以得雨者也。唯后世方术之士或时有之。然彼皆有高洁不污之操，特立坚忍之心。虽其所为不必合于中道，而亦有以异于寻常，是以或能致此。……仆虽不肖，无以自别于凡民，使可以诚有致雨之术，亦安忍坐视民患而恬不知顾，乃劳执事之仆，仆岂无人之心者耶？……执事其但为民悉心以请，勿惑于邪说，勿急于近名，天道虽远，至诚而不动者，未之有也！③

王阳明班师回赣后，出于对上杭喜雨"三日霖"的深刻印象，再次借雨抒发，作《祈雨二首》，既表现出忧国忧民的亲民情怀，又流露出渴望归隐田园的思乡心绪。诗云：

---

① 王阳明：《王阳明全集（新编本）》卷二十三，吴光、钱明、董平等编校，第945页。
② 王阳明：《王阳明全集（新编本）》卷十九，吴光、钱明、董平等编校，第702页。
③ 王阳明：《王阳明全集（新编本）》卷二十一，吴光、钱明、董平等编校，第837—838页。

旬初一雨遍汀漳，将谓汀虔是接疆。天意岂知分彼此，人情端合有炎凉。月行今已虚缠毕，斗杓何曾解挹浆。夜起中庭成久立，正思民瘼欲沾裳。

见说虔南惟苦雨，深山毒雾长阴阴。我来偏遇一春旱，谁解挽回三日霖？寇盗郴阳方出掠，干戈塞北还相寻。忧民无计泪空堕，谢病几时归海浔。①

四、阳明遗迹②

王阳明在上杭留下了不少遗迹，首先值得一提的便是"阳明桥"。民国《上杭县志》记此桥修建及历史沿革甚详，兹引述如下：

> 邑中通舟之河三，汀江为干，源远流长，水深岸阔，凿石架木二者俱难。明正统三年，知县张琳、县丞杨孜尝建桥于县南门外，并建阁于琴冈之颠（巅）。邑人高琛为之记。成化十年，佥事余谅移建浮桥于东潭头，未几，坏于水。十二年，重建。未几，复坏。正德十二年，虔抚王守仁莅镇，又移水南，因在阳明门之右，名"阳明桥"。寻又废。嘉靖十九年，巡道侯廷训建青龙石桥于潭头渡口，为堆十有九，为屋三十六间。明年，复建浮桥与阳明门右水口，即王公建桥故址。……万历三十六年，知县倪应眷重修浮桥，俗呼"倪公渡"。其后迭废迭修。……乾隆修志时，浮桥尚在也，废于何时今无可考。嗣因石桥固无财力，即浮桥亦无人过问。③

可见，"阳明桥"得名，恐怕并非因为此桥系王阳明所建，而是由于靠近"阳明门"的缘故，而阳明门作为城门之名，在明清两代并不罕见。《上杭县志》城市志有载："成化二年，御史朱贤及佥事牟俸等以城隍不足居军，命知县胡钺拆而大之……八年城成……为门七，东曰昭阳，西曰通驷，南曰通济，北曰迎恩，上南曰兴文，中南曰阳明，下南曰太平，各建敌楼其上。"④不过当年王阳明驻守

---

① 王阳明：《王阳明全集（新编本）》卷二十，吴光、钱明、董平等编校，第783页。
② 刘永华：《上杭王阳明史迹考》，王茂芳、赖惠华主编：《王师若时雨——上杭县王阳明学术研讨会论文集》，中国文史出版社2015年版。
③ 丘复总纂：《上杭县志》，唐鉴荣校注，第573—576页。
④ 丘复总纂：《上杭县志》，唐鉴荣校注，第125—126页。

上杭时，确曾移建于"水南"，"因在阳明门之右，名'阳明桥'"。因此可以说，此桥与王阳明又的确很有关系。明乐清进士，福建按察司金事侯廷训有《重建浮桥记》曰："杭城之南门曰阳明，正德丁丑三月，阳明王公过之，于其右水口作浮桥渡行者，亦因其名。盖公本济川名世之英，乃显设而为之兆者如此。"①

其次需要述及的是怀德堂和阳明祠的修建，因为此二者都是当年为了纪念王阳明而建的。从现有资料看，上杭首次修建阳明祠的年份，上距正德十二年（1517）达四十余年。据民国《上杭县志》记载，嘉靖三十七年（1558），阳明再传弟子、巡道王时槐于县北旧学址修建了纪念王阳明的祠堂，此即后来的"王文成公祠"，又名"怀德堂"。②不过当时肯定不叫"王文成公祠"，因为王阳明谥文成是在隆庆初年。③此后未见文献记载。至崇祯三年（1630），知县陈正中重修阳明祠。后来又失修。再下一次重修，已是康熙六十年（1721）。此次重修的组织者是知县马义，他"捐俸买石姓书馆，换出建厅"，但"其左畔原祠仍颓圮未修"。乾隆年间的记载称，地方官每逢春秋二季，都会在此祭祀王阳明。此后便不为地方文献所提及。至民国时期，怀德堂已成为废墟。④不过，大约从清嘉庆年间开始，祭祀王阳明的场所已分别转移到阳明祠和阳明别业。

阳明祠源自察院行台。据史志记载，察院行台于康熙十九年（1680）改建为社学，四十一年（1702）又改为义学，五十二年（1713）毁于大水。至康熙五十六年（1717），知县段巘生改建为阳明书院，并撰有碑记，详记改建始末。其后又废。此祠大概在嘉庆以后，随着怀德堂的失修，而成为邑人尤其是四乡士民祭祀王阳明的最重要的场所之一。民国《上杭县志》祠祀志载曰：

> 阳明祠：旧为阳明书院。城乡公地。自中街至冈背，袤数十丈，广十余丈。清嘉庆中，邑绅蓝桂倡四乡捐建中厅，祀王文成公。两庑宏敞，前廊夹以左右二耳房，院落尤宽，外墙两小角门。咸丰十一年（1861），钟宝三扩而大之。中嵌石窗。岁以春冬二

---

① 丘复总纂：《上杭县志》，唐鉴荣校注，第575页。
② 丘复总纂：《上杭县志》，唐鉴荣校注，第664—665页。
③ 钱德洪：《年谱附录一》，王阳明：《王阳明全集（新编本）》卷三十五，吴光、钱明、董平等编校，第1368—1369页。
④ 丘复总纂：《上杭县志》，唐鉴荣校注，第664—665页。

仲祭祀。外厅额曰"时雨堂"。内厅分三龛，祀捐资各名位。东西两书房，上下对向，各分内外室。左右墙屋外，空开巷道。右为护屋三间，两角亭。左供知县段巘生、沈士煋，邑绅蓝桂三禄位，右供土地祇，中置文成手书石刻《时雨记》碑。落成后，以所余资置买腴田，岁收租储祠中，为香灯祭祀花红之费。道光二十年（1840），蓝桂复倡捐，旧碑记后楼建奎光阁，与祠同日致祭。①

可以说，在清嘉、道年间阳明祠的修建活动中，蓝桂扮演了重要角色。蓝桂，字孙阶，号一枝，上杭来苏里人，嘉庆十年（1805）进士。民国《上杭县志》称其"生平好义勇为，丁艰里居，倡义捐资，就王文成公祷雨行台故址鼎建新祠，以崇理学。逢会试，邮寄百金分赠同乡资斧，并捐资为本县节妇请旌，建新节孝祠崇祀"。②由于他在修建阳明祠的过程中贡献甚大，故被供奉在祠内。同时被供奉在祠内的还有段巘生、沈士煋。前者于康熙五十六年（1717）任上杭知县，后者于嘉庆十八年（1813）任上杭知县。③两人均有功于阳明祠的保护和修复，故祠内奉其牌位。现仅存当时修建阳明祠文字砖若干于福建省上杭县博物馆。

至于阳明别业，则位于阳明祠后上冈背街巷口。民国《上杭县志》称"此在城捐资与祠同时建"，可知亦建于嘉庆年间。又称："绅董莫洪始终其事，以余资置田，岁收租为春秋祀典及花红闰费之用"，别业内厅摹刊《时雨记》手迹于屏风。④可知别业也举行祭祀，并置有田产。负责建别业的莫洪，字季英，号巨川，属当地望族。⑤别业与阳明祠建于同时，又均奉祀王阳明，不同的是，阳明祠由四乡捐建，故称"四乡阳明祠"，而别业为在城捐建；主持修建的士绅，一位来自来苏里的乡下人，一位来自县城的乡绅。盖因莫洪与蓝桂之间关系不和，莫氏遂在城内另起炉灶，修建了阳明别业，以有别于建在乡下的"四乡阳明祠"。

（王茂芳撰稿）

① 丘复总纂：《上杭县志》，唐鉴荣校注，第613—614页。
② 丘复总纂：《上杭县志》，唐鉴荣校注，第894页。
③ 丘复总纂：《上杭县志》，唐鉴荣校注，第356、358页。
④ 丘复总纂：《上杭县志》，唐鉴荣校注，第614页。
⑤ 丘复总纂：《上杭县志》，唐鉴荣校注，第894页。

王阳明与广东

王阳明与广东渊源颇深,不仅留下军功战绩,也留下过化心迹。在行事上,他总制赣、闽、湖广及两广军政,亲履岭南征伐剿匪,创设了和平县,晚年在平定广西思恩、田州之乱后,回驻广州养疴,抱病召集官师士民讲学,促成增城县为先祖建祠,并亲赴致祭。在学术思想上,广东也有他最看重的学侣、弟子乃至论敌,王学的成熟、传播与修正,离不开这群粤籍士人的交往与切磋。他与湛甘泉缔结为心学同盟,引领了时代的新思潮,有着既合作又竞争的微妙关系。他的粤籍弟子众多,尤其是在潮州府风靡一时,形成以薛侃为领袖的粤中王门,与甘泉学派鼓荡互动中促就广东思想文化史上的蔚然大观。而阳明心学也激起岭海士人的批评,如黄佐、陈建、唐伯元,都是反王学阵营里有全国影响的代表性人物。可以说,王阳明的功、德、言深刻影响了广东的地域文化。

一、王阳明与广州

广州历史悠久,自秦始皇平百越开始,一直为华南地区政治、经济、文化中心,是广东地区第一个行政建制南海郡的郡治所在地,南越国、南汉国国都,历代为州、郡、府、路等治所,海上外贸尤其发达。明初,广东设省,作为广东首府的广州府设于洪武元年(1368),府城由番禺、南海两县分管,也为广东承宣布政使司驻地。当时的广州面积广大,北连湖南、广西,南滨南海,现在的珠江三角洲主要地带基本为其辖地,下辖一州十三县,分别是连州(辖连山、阳山两县)及番禺县、南海县、香山县、顺德县、新会县、东莞县、新安县、三水县、龙门县、增城县、清远县、从化县、新宁县等十三县。

(一)增城情结

王阳明亲临广州,已是他生命的最后两个月。嘉靖七年(1528)秋,五十七岁的王阳明职务是提督广东、广西、江西、湖广军务和巡抚两广的都御史,眼见身体每况愈下,寇乱已平,于是赶紧撤离广西到广州,一边养病一边上奏朝廷请求回乡。广州有一个地方对他有着特殊的意义，那就是增城。他的六世祖王纲在增城去世，他的挚友湛甘泉（1466—1560）在增城出生。

王纲（1302—1372），字性常，又字德常。明洪武四年（1371），年已七十岁的王纲以文学出众被征召至京，朱元璋策问治道，颇受欣赏，拜兵部郎中。不久，广东潮州民众暴乱，刘伯温推荐他为广东参议，督管军粮。他带长子王彦达同行，劝谕乱民。"潮民感悦，咸扣首服罪，威信大张。"孰知回至增城途中，父子不幸被海寇劫持。海寇头目曹真见他有将帅才，欲招入麾下，面对威逼利诱，王纲誓死不从，遂被杀害。王彦达时年十六岁，见父遇害，哭骂求死。曹真说："父忠而子孝，杀之不祥。"便给予食物，彦达不吃，海寇为其诚孝感动，准许他用羊皮缝合包裹父亲尸体，归葬家乡余姚禾山。王纲遇害二十年后的洪武二十四年（1391），御史郭纯奏请朝廷，在王纲遇害的地方立庙奉祀。①

祖孙相隔几代，跨越了一百多年，同样是因边陲动乱而驻兵广东，让王阳明对这位死于国事的先祖深怀同情，产生了一种冥冥之中的宿命感与使命感。他批示了新任增城县令朱道澜的提议，把增城城南的天妃宫（位于今荔城横街口，现仅存一殿）改建为忠孝祠，"其神像牌位及祭物等项，俱听从宜酌处"②，并置田三十九亩作为祀田，浙江人萧鸣凤作"忠孝祠记"勒于碑。③

在阳明看来，先祖"父子贞忠大孝，合应崇祀"，建祠是"表扬忠孝，树之风声，以兴起民俗，此最为政之先务"。县令复修忠孝祠后，报请阳明来巡察。于是阳明抱病前往设祭，在《祭六世祖广东参议性常府君文》中表达缅怀之情之外，一再申明此祠对边民风化的意义：

> 顾表扬忠孝，树之风声，实良有司修举国典，以宣流王化之盛美，我祖之烈，因以复彰。见人心之不泯，我子孙亦藉是获申其怆郁，永有无穷之休焉。及兹庙成，而末孙某适获来蒸，

---

① 参见张壹民：《王性常先生传》，王阳明：《王阳明全集（新编本）》卷三十七，吴光、钱明、董平等编校，第1396页。
② 王阳明：《批增城县改立忠孝祠申》，《王阳明全集（新编本）》卷十八，吴光、钱明、董平等编校，第675页。
③ 王思章修，赖际熙等纂：《忠孝祠记》，《增城县志》卷二十八，民国十年刻本。

事若有不偶然者。我祖之道，其殆自兹而昌乎！①

他还写了一首七律《谒增江祖祠》：

> 海上孤忠岁月深，旧垅荒落杳难寻。风声再树逢贤令，庙貌重新见古心。香火千年伤旅寄，烝尝两地隔商参。邻祠父老皆仁里，从此增城是故林。②

这诗既表彰了县令的善举，也有一份对先人孤忠情怀的共情，更有天下归仁的宏愿。

此番增城之行，王阳明还特意探访了在南京任吏部右侍郎的挚友湛甘泉的旧居，作有两首诗表达对老朋友的殷殷情谊。其中《题甘泉居》一诗表达愿与湛若水在增城比邻而居、把臂同游的心愿，诗云：

> 我闻甘泉居，近连菊坡麓。十年劳梦思，今来快心目。徘徊欲移家，山南尚堪屋。渴饮甘泉泉，饥餐菊坡菊。行看罗浮去，此心聊复足。③

诗中提到的菊坡，是增城籍的南宋名臣崔与之（1158—1239），也是一位文武全才的儒者，官至观文殿大学士。其晚年曾暂任广东经略安抚使兼知广州，平定广州兵变，故此阳明也一并敬意。

阳明受到湛氏家人殷勤接待，在湛家墙壁留有题诗《书泉翁壁》，在诗里他感慨人生知音难求，期待甘泉无负当年订交之时的初心。诗云：

> 我祖死国事，肇禋在增城。荒祠幸新复，适来奉初烝。亦有兄弟好，念言思一寻。苍苍蒹葭色，宛隔环瀛深。入门散图

---

① 王阳明：《王阳明全集（新编本）》卷二十五，吴光、钱明、董平等编校，第1013页。
② 诗见嘉靖《增城县志》卷八，亦收录于束景南、查明昊辑编：《王阳明全集补编》，上海古籍出版2016年版，第78页。
③ 王阳明：《王阳明全集（新编本）》卷二十，吴光、钱明、董平等编校，第835页。

史，想见抱膝吟。贤郎敬父执，童仆意相亲。病躯不遑宿，留诗慰殷勤。落落千百载，人生几知音？道通著形迹，期无负初心。①

早在弘治十八年（1505），青年王阳明与湛甘泉初识于京师，一见订交，共以倡明圣学为事，两人论学契合无间。毕生共计，四次会晤，一度曾朝夕共处三年，通信不断，门人递相出入，同为分主讲坛的宗师，阳明主张"致良知"，而甘泉提倡"随处体认天理"，两人保持着一种声求气应又有所竞争的微妙关系，双方的明争暗竞也一直延续到门人后学中。

甘泉早年丧父，曾请阳明为父亲湛瑛撰写了《赠翰林院编修湛公墓表》，表彰父亲义行。湛母逝后，阳明又撰写了《湛贤母陈太孺人墓碑》，赞颂湛母教子有方。而阳明身后，甘泉又撰写了《奠王阳明先生文》《阳明先生墓志铭》，可见二人交谊之深。

甘泉是在阳明的启发下怀疑朱子的《大学章句》，接受了古本《大学》，从中找到自己学说宗旨的经典依据，但围绕对《大学》八条目"格物"的理解，双方曾在书信里展开过激烈讨论。②阳明批评甘泉用"随处体认天理"来解释"格物"，与朱子用"即物穷理"来解"格物"并没有太大差别，难免走回那种向外逐求而支离破碎的老路，不具普适性，只是"为世之所谓事事物物皆有定理而求之于外者言之耳"。而甘泉批评阳明释格物为"正念头"，与《大学》八条目中的"正心"重复，又完全忽略了儒家"学问思辨"的下学工夫，同时申明自己所谓的随处体认不是求之于外："吾之所谓随处云者，随心、随意、随身、随家、随国、随天下……而皆不离于吾心中正之本体。"③就是说，无论应对何种事物、何种情景，始终都不会离开我们内心那一个中正的道德本心做主宰。总之，他认为自己的主张与阳明的宗旨"不相远，大同小异"。可以说，甘泉的思想是在与阳明对话中不断扩充成熟的，他也是阳明的可贵诤友，不断警策、修正阳明

---

① 王阳明：《王阳明全集（新编本）》卷二十，吴光、钱明、董平等编校，第835页。
② 详细情况可参考刘勇：《王阳明〈大学古本〉的当代竞争者：湛若水与方献夫之例》，《中国文化研究所学报》2015年总第60期。
③ 湛若水：《答阳明王都宪论格物》，《泉翁大全集》，钟彩钧、游腾达点校，（台湾）"中央研究院"中国文哲研究所2017年版，第257页。

学的流弊。两个门派相得益彰，扩大了心学思潮的流布。

以上《祭六世祖广东参议性常府君文》《谒增江祖祠》《题甘泉居》《书泉翁壁》，是目前王阳明文集可考的最晚诗文，从这些绝唱中可窥其晚年心境。如《忠孝祠记》所言，"此庙之成裨于教事"①，历代官民文士都有重修、凭吊，成为一处感发人心的胜迹。如嘉靖三十二年（1553）县令重修，88岁高龄的湛甘泉写下《重修增江忠孝祠记》并立碑纪念。崇祯年间，王纲的十世孙王业浩总督广东时，又参与了重修，并来拜谒，题有谒祖诗，步阳明的原韵：

增江崇祀主恩深，忠孝根源尚可寻。杖钺百蛮彰旧德，驱车五岭独盟心。重忻庙貌新轮奂，莫叹蒸尝隔昴参。四壁更饶珠玉灿，谱将弦管舞桑林。

明末的抗清志士黎遂球（1602—1646，字美周，番禺人）写有《奉题忠孝祠诗》寄托壮怀。黎是天启七年（1627）举人，为南明隆武朝，兵部职方司主事，提督广东兵援赣州，城破殉难，谥忠愍。从洪武到隆武，终明一朝，王纲父子的忠孝遗节在斯地延绵回荡，直到入清之后，"里谈巷诵，犹相于感慕不衰"②。

（二）最后的大会讲

增城之行了却阳明一桩心事，最令他念念不忘的，还是讲学，越到了生命的尽头，越有一种时不待我的迫切感。他寓居广州时已有咳嗽、水泻等症状，严重时双足竟不能坐立，但仍怀着宗教家布道一般的热忱，召集官师士民，举行生平最后一次大会讲，"平旦鼓征，则自藩臬至于庶氓，莫不拱听"，场面颇为壮观。

此时的他对"致良知"的学说越发自信，还在广西时，他给儿子王正宪的信里就说："吾平生讲学，只是致良知三字。仁，人心也。良知之诚爱恻怛处，便是仁。无诚爱恻怛之心，亦无良知可致矣。汝于此处，宜加猛省。"③到了广州后，他给重要门人黄绾的信中，

---

① 王思章修，赖际熙等纂：《忠孝祠记》，《增城县志》卷二十八，民国十年刻本。
② 王思章修，赖际熙等纂：《忠孝祠》，《增城县志》卷十一，民国十年刻本。
③ 王阳明：《寄正宪男手墨二卷》，《王阳明全集（新编本）》卷二十六，吴光、钱明、董平等编校，第1039页。

也说明力求解任回家的理由其实就是讲学传道:"恐病势日深,归之不及,一生未了心事,石龙(黄绾)其能为我热然乎?身在而后道可弘,皮之不存,毛将焉附?"①有了这样的背景,我们能更好地理解为何阳明即使病势已深,也要乘机对众宣讲致良知说。他同时不忘批评湛甘泉的"体认天理""勿忘勿助"是"义袭""言非学的",这也让甘泉颇生感慨。②

阳明还想借此次宣讲,吸引优秀的后进入门,其中包括黄佐。黄佐(1490—1566),号泰泉,广州香山人,官至南京国子监祭酒。《四库全书总目提要》称他"在明人之中,学问最有根柢。文章衔华佩实,亦足以雄视一时"。黄宗羲《明儒学案》在《诸儒学案》中列有《文裕黄泰泉先生佐》一章,专门阐述黄佐的学问宗旨。他博学高才,独树一帜,尤擅经史,以"博约"为宗旨,"博之为言广也,而有大通之义;约之为言要也,而有检束之义"。他比阳明小十八岁,两人平生有过两次会晤。③第一次是在嘉靖二年(1523),黄佐专程到绍兴拜访阳明,就知、行的逻辑关系展开了讨论。阳明强调行对于知的实践意义,而黄佐更侧重于知对于行的优先性,相持不下,但年轻的黄佐因博学而给阳明留下深刻印象。第二次会面即是阳明此次寓广,委托弟子祝公叙邀请辞官家居的黄佐前来叙旧。早些时候,还在广西征战的阳明已致信黄佐,嘱托他在修郡志时为先祖王纲列专传,黄佐答应了,在后来编纂的《广东通志》中就根据家传将王纲收入《名宦传》中。

此次面晤大概情况,黄佐如此记录:

> 比平八寨,驻广,予已金臬江右。时开讲,官师士民毕集。先有简托祝公叙招予。予往见,大喜。曰:"昔论良知,尊兄谓圣人于达道达德,皆责己未能,当言明德,则良能可兼。已作敷文书院对联矣。曰'欲求明峻德,惟在致良知'。"予致谢而

---

① 王阳明:《与黄宗贤五》,《王阳明全集(新编本)》卷二十一,吴光、钱明、董平等编校,第871页。
② 湛若水《奠王阳明先生文》曰:"遥闻风旨,开讲穗石;但致良知,可造圣域;体认天理,乃谓义袭;勿忘勿助,言非学的。离合异同,抚怀今昔。"(湛若水:《泉翁大全集》,钟彩钧、游腾达点校,第1385页)
③ 王阳明与黄佐两次会面的详情,参见朱鸿林:《黄佐与王阳明之会》,《儒者思想与出处》,生活·读书·新知三联书店2015年版,第304—322页。

已。且曰:"天下今皆悦吾言矣。"予曰:"颜渊无所不悦,冉有则勉强。谓非不悦尔,恐人各自有夫子。"公笑曰:"是也。非尊兄不闻此言。"予见其面色黧悴,时咽姜蜜以下痰,劝之行。公以为然。季薛二子拉予往受业,予荒遁山中。公行,复简予曰:"明德只是良知,所谓灯是火耳,吾兄必自明矣。"予始终与公友,其从善若此,岂自是者哉?公逾岭卒。二简,今舒柏刻于《阳明寓广录》中。①

从上面记载可知,阳明病势不轻,颇器重黄佐,受黄佐之请为广西南宁的敷文书院做了对联,同时从学者众颇感自得。弟子季本和薛侃试图拉拢黄佐拜入王门时,黄佐断然拒绝了,他更愿把阳明当做终生学友。他是一个独立的学者,尊重阳明的为人,但对其学说始终没法认同,后来这样批评:

今之道学,未尝读书,而索之空寂杳冥,无由贯彻物理,而徒曰致知。则物既弗格矣,无由反身而诚,则乐处于何而得哉……盖阳明之学,本于心之知觉,实由佛氏。其曰只是一念良知,彻头彻尾,无始无终,即是前念不灭,后念不生。②

他认为,阳明学抛弃读书实践,脱离人伦物理,而凭空谈论"穷理""致知",最终流为空疏虚妄。阳明所说的良知,不过是佛教所说的不起心动念的本心,并且任凭本心的知觉,也有'认欲为理'的危险,导致和空虚不实的佛教没什么区别。

当时和黄佐一样不认同阳明观点的,还有广东布政使王大用(1479—1553)。黄佐在《广东通志》里曾记载:

及王守仁讲学于广城也,平旦鼓征,自藩臬至于庶氓,莫不拱听,惟王大用辩之。曰:'致知,《大学》之教也。良知,谓不虑而知,本德性言也。今致知之中而曰良,良知之上而曰致,得无援菩提圆觉以入孔门乎?虽良知与良能皆本德性,然《易》

---

① 黄佐:《庸言》卷九,嘉靖十年刻本。
② 黄宗羲:《诸儒学案中五》,《明儒学案》卷五十一,沈芝盈点校,第1206页。

曰:"乾以易知,坤以简能",是天地之大,至于夫妇之愚不肖,未尝去能而徒知也。徒知可圣,则孔子胡谦于道未能,而《周官》又奚能之使耶?'于是罢讲,而其徒亦为知止能得之说矣。"①

王大用在会讲现场质疑阳明只讲良知而遗弃了良能,与儒家经典不符,也容易混淆佛教所说"圆觉"。但当阳明仓皇北归时,王大用还暗地里派人一路载棺以随。这一义举,在阳明身后不久还被王门弟子记入纪念文字及阳明的"行状"中。

(三)广府门人

弘治、正德、嘉靖年间,在广州南海县境内先后出现了伦文叙、伦以训、伦以谅、伦以诜父子,方献夫、霍韬、湛甘泉、梁焯等十几位官僚,其中方、霍、湛三位官至一品,且为官时间很长,多人曾在吏部任要职,亲自或参与考成提拔官吏,通过互祭祖宗、联姻、聚居西樵山讲学等方式建立起情感纽带,形成了牢固的利益集团,在做重大决策像"大礼议"时,他们的选择往往会保持高度的一致,该集团士人与阳明交往密切,方献夫、梁焯是阳明的门人,伦以训则过往问过学。

方献夫(1485—1544),初名献科,字叔贤,号西樵,因"大礼议"中支持嘉靖而入阁,官至吏部尚书,加太子太保,武英殿大学士,今留有《西樵遗稿》《周易传义约说》等著述。他师从王阳明是在正德六年(1511)的吏部郎中任上,当时阳明还是他的下属,以长官的身份折节相事,成为一段佳话。方献夫在阳明门下问学仅有数月之久,当年冬就引疾回乡,阳明赋诗写序赠别。方氏退居西樵山10年,兴建书院,与霍韬、湛甘泉讲论学问,后来读古本《大学》而自创新说,引发阳明的批评,见解不合,师徒遂分道扬镳,此后在他本人的忆述文字里都不提及师事阳明这段往事,只含糊承认"幸忝同官,得于先生之启发者为多",仍然坚持己见,认定阳明之说只是补偏救弊的一时之见,属贤智者之过。②

---

① 黄佐主纂:《列传本朝下》论赞,嘉靖《广东通志》卷五十,明刻本。
② 王阳明与方献夫的关系详情可参见刘勇:《王阳明〈大学古本〉的当代竞争者:湛若水与方献夫之例》,《中国文化研究所学报》2015年总第60期。

梁焯（1482—1528），字日孚，正德九年（1514）进士，赴京城谒选路过赣州从学阳明数月，"辩问居敬穷理，悚然有悟"，至不忍离去。授礼部主事，因谏止正德南巡而罚跪五日，大杖三十。梁焯性刚直，敢于担当，闻同门冀元亨冤死狱中，捐俸禄为备殓敛葬，人多义之。嘉靖初年（1522）改任司职，闻弟讣而病，告归养，致力于修族谱、祖墓，整合宗族，"闭户著书，欲阐阳明之道于世"，然而著述还没有完成，就于嘉靖七年（1528）秋离世，享年四十六岁。地方史研究者称："时任钦差大臣提督两广部堂军务的王阳明，闻讯后派人为梁焯选定墓地于大象岗，为《象峰梁公忠贤谱志录》撰序。"另据道光《佛山忠义乡志》记载，嘉靖初年梁焯带头修建了郡马梁大宗祠，并请王阳明题额"永思堂"。①

伦以训（1497—1540），字彦式，号白山。状元伦文叙次子，正德十二年（1517）会试第一名（会元），殿试第二名（榜眼）。授翰林院编修，官至南京国子监祭酒，丁母忧过度而卒，年仅四十三岁。他曾往赣州问学于阳明，正德十六年（1521），还托弟弟伦以谅求教王阳明关于动静之变的问题，阳明写有《答伦彦式》一信答复。②

（四）身后论敌——陈建

随着阳明学迅速崛起，并逐渐成为思想界的主流，官方正统的朱子学受到极大挑战。针对学术史上"朱陆之辩"的著名公案，王阳明曾专门撰写《朱子晚年定论》一书，试图调和"朱陆"，证明朱子之学与陆象山之学早年差异很大，即朱子主张道问学，注重知识的积累、考辨，而陆象山提倡"尊德性"，强调道德的优先性，但朱子晚年却悔悟过来，走上象山"尊德性"的道路。对这个问题，广东也有学者耗费数年精力撰写专书，以论战的方式严厉批评盛行的朱、陆"早异晚同"之论，矛头直指王阳明。这个学者就是陈建，这本书叫《学蔀通辨》。

陈建（1497—1567）字廷肇，号清澜，广州府东莞人。嘉靖七年（1528）中举之后，陈建先后担任福建侯官教谕、江西临江府学

---

① 程宜：《"褒崇"牌坊后的生命叹息——梁焯研究》，《佛山科技学院学报（社会科学版）》2008年第6期。
② 王阳明：《王阳明全集（新编本）》卷五，吴光、钱明、董平等编校，第195页。

教授以及山东阳信县知县职务。嘉靖二十三年（1544），四十八岁的陈建因母亲年老而辞官，此后便专心于教书和著述，直至终老。

嘉靖二十七年（1548），隐居乡野的陈建历时七年终于完成《学蔀通辨》一书，对朱子学说详细加以阐发，并一一驳斥王阳明的言论，论战意味浓厚，有人说其"生平学问，实聚此书"。

何谓"学蔀"？"蔀"出自《易经》"丰其蔀，日中见斗"，原意是指覆盖在棚架上遮蔽阳光的草席，由此引申出"蔀障、遮蔽"的涵义。陈建认为他的《学蔀通辨》是一部关于正学、伪学之辨的著作，极力要破除的"蔀障"有三种：禅学、陆象山之学以及朱陆"早异晚同"论。为此他将《学蔀通辨》分成四编，前编"朱陆早同晚异之实"，后编"象山阳儒阴释之实"，续编"佛学近似惑人之实"，终篇总论作为正学的朱子之学。

具体来说，陈建开篇就判定陆象山的学问根基始终是讲"明心见性"的禅学，朱子早年虽然也受到禅学的影响，与象山确实有相似之处，但中年以后便醒悟过来，坚决拒斥禅宗。因此，从文献及思想发展的时间序列上来说，朱子对禅学和象山之学经历了由信从到排斥的转变，绝无"晚同"之理！在全书第二编，陈建极力论证陆象山、王阳明的学问"阳儒阴释"，其实质是禅学而非儒学。第三编旨在点明佛学之危害，所谓"佛学变为禅学，所以近理乱真，能溺高明之士，文饰欺诳"。在全书最后一编，陈建阐明朱子学说才是儒家的正统之学，并以朱子的继承者自居，表现出高度的卫道自信。

陈建通过详密的文献考订，击中阳明《朱子晚年定论》的"硬伤"，即史料编年失实，有意断章取义，显见有助于匡正心学带来的轻浮学风。又以思辨直揭禅学、心学的理论联结，深刻揭露了心学理论本身疏忽处，即没有严格区分作为知觉主体的"心"和先天道德本心，容易导致认欲作理或凌空蹈虚的流弊。但陈建尊崇朱子太过，甚至流于盲从，放大了理学内部的学术差异，再加上对心学、禅学的理解不深，没有看到心学在精神实质上仍属于儒家的道德哲学，囿于"华夷之辨"的成见，把禅学贬为异端、夷狄之教，这也是有失公允的。

在心学盛行之时，《学蔀通辨》因过于"偏激"而长期未能刊行，直到万历年间东林学派领袖顾宪成"作《证性编》以驳阳明"之后才公开刊行。万历三十三年（1605）顾氏为此书作序，评价此书"大指取裁于程子本天本心之说，而多所独见。后先千万余言，其忧深，其虑远，肫恳迫切，如拯溺救焚，声色俱变，至为之狂奔疾呼有不自知其然者"①。他肯定了此书多所独见，对学术发展忧虑深远。到了清代，自称当湖后学、荥阳知县顾天挺为重新刊刻的《学蔀通辨》作序，同样高度评价陈建"俾学者晓然知陆之为禅、朱之为正学，而纷纷聚讼者始定。其有功于世道人心不浅矣"的学术贡献。另一方面，尊陆王的学者也撰书攻击陈建，突出的代表是清代乾隆年间吴鼎（字尊彝，江苏金匮人）所撰的《东莞学案》，该书"大旨以陈建《学蔀通辨》全为阿附阁臣，排陆以陷王，甚至取象山语录，割裂凑合而诬之以禅。因条列其说，为之诘难"，采用的仍是陈建论战的方式。《四库全书总目》评论说："案明以来，朱、陆之徒互相诟厉，名则托于卫道，实则主于寻仇。建之书以善骂为长，既非儒者气象。鼎又从而报复之。盖门户之争，非一朝一夕之故矣。"②对陈建和吴鼎的言论各打五十大板，批评了这种门户之争。

二、阳明学与潮州

潮州位于粤东，毗邻闽南，背山临海，因"在潮之洲，潮水往复"而得名。明朝洪武年间的潮州府统领海阳、潮阳、揭阳、程乡四县，逐步扩容，至崇祯年间管辖海阳、揭阳、潮阳、澄海、饶平、惠来、普宁、大埔、程乡、平远、镇平十一县，已经由唐代韩愈笔下贫瘠蛮荒的谪所变成广东富庶的文教重镇。

弘治九年（1496），浙江诸暨枫桥的骆珑（字蕴良）赴任潮州知府，二十五岁的王阳明为大自己二十余岁的前辈写了一篇赠序，文中就称潮州为岭南首饶之地，富庶程度不亚于江淮：

> 昔韩退之为潮州刺史，其诗文间亦有述潮之土风物产者。大抵谓潮为瘴毒崎险之乡。而海南帅孔戣又以潮州小，禄薄，特给退之钱千十百，周其阙乏。则潮盖亦边海一穷州耳。今之岭南诸郡以饶足称，则必以潮为首举，甚至以为虽江、淮财赋

---

① 陈建：《学蔀通辨》，《陈建著作二种》，黎业明点校，上海古籍出版社2015年版，第280页。
② 永瑢等：《四库全书总目》卷九十八，中华书局1956年版，第833页。

之地，亦且有所不及。……潮地岸大海，积无饶富之名，其民贡赋之外，皆得以各安地利，业俭朴，而又得守牧如退之、李德裕、陈尧佐（笔者按，唐宋莅潮守官）之徒相望而抚搦梳摩之，所以积有今日之盛，实始于此。迄十余年来，富盛之声既扬，则其势不能久而无动。有司者又将顾而之焉。则吾恐今日之潮，复为他时之江、淮，其甚可念也。①

没有确凿的证据表明王阳明到过潮州②，但在正德十二年（1517）他巡抚南赣时，军事行动一直延伸到赣、闽、粤边界，潮州府程乡县知县张戬带领新民支援剿匪，得到他的赏识。福建漳、汀一带的肃清，消除了流寇对粤东百姓的侵扰，所以尽管阳明"未尝履其地，施其惠"③，但潮州士民还是建有"怀惠祠"来怀念阳明的恩惠。除了富庶，潮州令阳明印象最深刻的，还是一群锐志求道、忠心耿耿的门人。这群潮州士人以薛侃为领军，囊括了一时俊彦，或亲炙阳明辗转于各地，或私淑门下，扬播王学于岭海，黄宗羲在《明儒学案》中列有"闽粤王门学案"，潮州即闽粤王门发源及核心区域。

（一）闽粤王学重镇

最早拜入阳明门下的潮籍士子是陈洸、郑一初，他们差不多与南海方献夫同时，都是在正德六年（1511）入门的早期弟子。

陈洸（1478—1534），字世杰，号东石，潮阳贵屿人。正德六年（1511）进士，初授户科给事中，后授按察使司佥事。但其人简抗自是以至于恃才傲物，引起阳明的担忧，于正德十五年（1520）特撰

---

① 王阳明：《送骆蕴良潮州太守序》，《王阳明全集（新编本）》卷二十九，吴光、钱明、董平等编校，第1100—1101页。
② 《阴那山志》卷三录有王阳明佚诗《游阴那山》："予既自宗山归赣，而闻有此那山，随泊舟蓬辣，快所一登，果然佛灵山杰。以是较宗山，宗山小矣。时门人海阳薛子侃，饶平二杨子骥、鸾同一玩云。路入丛林境，盘旋五指巅。奇峰青玉卓，古石碧铺泉。吾自中庸客，闲过既怪阡。菩提何所树，槃涅是其偏。轮回非已释，寂灭岂云禅。有偈知谁解，无声合自然。风幡不自定，予亦坐忘言。"此诗亦见录于《潮州府志》卷十一《古今文章部·诗部》。或据此谓阳明到过程乡县境内，然疑点颇多：一是诗风拙劣，不类阳明，二是薛侃籍贯乃揭阳，非海阳，故可断为伪作。《王阳明全集补编》附录二也收录此诗，列为存伪。
③ 郭春震纂修：《祠祀记》，《潮州府志》卷四，明嘉靖二十六年刻本。

《书陈世杰卷》①，诫以谦德修身。然而陈洸未能磨砺气质，居乡骄纵，在朝又依附权臣张璁，弹劾清流，并致罢官，为士林不齿，于嘉靖十三年（1534）忧郁而病故。

郑一初（1476—1513），字朝朔，号紫坡，揭阳县官溪都蓝桥里人。弘治十八年（1505）进士，正德六年（1511）冬，一初朝于京师，因新科进士陈洸的介绍，一同受学于任职吏部的阳明，"以为自得师，弃其旧学而学之"，日与徐爱、顾应祥诸同志研讨探究。正德七年五月，授试云南道监察御史，时上议奏，激扬风纪，以敦治化，议上封章，而疾已剧，遂疏乞归，与陈洸访阳明于绍兴。因性善饮酒而积疾，翌年卒于杭州，年仅三十八岁。阳明为文驰奠，称许一初闻道之勇："呜呼绝学！几年于兹。孰沿就绎？君独奋而。古称豪杰，无文犹兴；有如君者，无愧斯称！"②《传习录》中为人熟知的"扮戏子"之喻，即出自他与阳明的对话。③

郑一初英年早逝，陈洸品行不端，方献夫分道扬镳，真正将阳明学传入粤地而为阳明所倚重的，要数薛侃。薛侃（1486—1545），字尚谦，号中离，揭阳县龙溪都凤陇乡人（今潮州市潮安区庵埠镇薛陇乡），正德十二年（1517）进士，正德九年（1514）师事阳明于南京，朝夕相处三年，拳拳服膺师教。阳明在江西出入贼垒之时，薛侃仍与诸同门在后方相聚讲学不散，代理日常政务，诲导阳明儿子王正宪，接引来学。阳明最重要的著述《朱子晚年定论》和《传习录》，就是薛侃首钞并首刻的，又编刻了《阳明先生则言》《阳明先生诗集》等书，对阳明学的传播贡献颇大。在阳明身后，他又总理后事，保护家眷，还在杭州建天真书院，完成阳明生前卜筑天真山的夙愿，可谓是王门的"护法"，赢得同门的信赖与推重，故黄宗羲在《明儒学案》中将其列为闽粤王门之代表人物。薛氏之思想主要见诸《云门录》《研几录》《图书质疑》等著述，大体不出阳明之矩矱，其"论宗良知，以万物一体为大，以无欲为至"④，标举研几、无欲的修

---

① 王阳明：《书陈世杰卷》，《王阳明全集（新编本）》卷二十四，吴光、钱明、董平等编校，第962页。
② 王阳明：《祭郑朝朔文》，《王阳明全集（新编本）》卷二十五，吴光、钱明、董平等编校，第999页。
③ 王阳明：《王阳明全集（新编本）》卷一，吴光、钱明、董平等编校，第4页。
④ 杨起元纂：《万历惠州府志》，《广东历代方志集成·惠州府部》，岭南美术出版社2009年版，第221页。

身工夫，呈现出内省刚毅的为学风格，尤其注重事功践履，不遗余力推动地方建设，创书院、修家庙、增祭田、立族训，行乡约，带头兴修水利，开溪、建桥、修路三十余所，不少溪渠堤桥今人仍在使用。身后入祀乡贤。在薛侃的带动下，其兄弟子侄及潮州众士子纷纷皈依王门。据文学家王慎中（1509—1559）的观察："当时东南吴楚之交，盛为王学者，莫如绍兴、吉安，独潮之风不下二郡，可谓盛矣。"①

潮州王门主要人物还有：薛俊（1474—1524），字尚节，本尊朱子学，听闻其弟薛侃介绍阳明学说，欣然率领家族子弟到赣州从学，阳明授以行己之要。薛侨（1500—1564），字尚迁，号竹居，乃薛侃之弟，嘉靖二年（1523）进士，官至左春坊左司直郎。在潮州建有"一真会所"，聚士"发良知之学、精一之旨"②。薛宗铠（1498—1535），字子修，号东泓，薛俊长子，与其叔薛侨同年进士，官至户科左给事中。因弹劾吏部尚书汪铉，冤遭廷杖而死。薛宗铨（1501—1553），字子衡，薛俊次子，以布衣终。

王阳明尝称许薛氏兄弟引介、倡导之功："自是（按：指薛氏兄弟拜入门下）其邑之士，若杨氏兄弟与诸后进之来者，源源以十数，海内同志之盛，莫有先于潮阳者，则实君之昆弟之为倡也。其有功于斯道，岂小小哉！"③

杨骥（1484—1520），字仕德，号毅斋，饶平人，世居凤城（今潮州市区），其父尝游陈白沙之门，而他与弟弟杨鸾原先都师事湛甘泉，在赣州听阳明讲学，倾心折服，谓"古人致知工夫，自是直截简易"，以至于不愿归乡，自称"但以二十四年之旧习，一旦得闻先生至教，仅掇秕糠，未能脱然自立，遽舍而归，必为旧染流俗所汨，成无日矣"④。去世时阳明甚感痛惜，致哀词云："潮有二凤，今失其一。呜呼惜哉！"⑤阳明的名言"破山中贼易，破心中贼难"⑥就是出自给杨骥的信。杨鸾（1492—1526），字仕鸣，一字少默，号复

---

① 王慎中：《送陈员溪先生之任永定序》，《遵岩集》卷十，吉林出版集团2005年版，第256页。
② 《薛氏族谱》本传，收录于薛侃：《薛侃集》附录，陈椰编校，上海古籍出版社2014年版，第578页。
③ 王阳明：《祭国子助教薛尚哲文》，《王阳明全集（新编本）》卷二十五，吴光、钱明、董平等编校，第1005页。
④ 周硕勋纂修：《艺文上》，《潮州府志》卷四十一，清乾隆二十七年刻本。
⑤ 薛侃：《杨毅斋传》，《薛侃集》，陈椰编校，第252页
⑥ 王阳明：《与杨仕德薛尚谦书》，《王阳明全集（新编本）》卷四，吴光、钱明、董平等编校，第181页。

斋，正德十五年（1520）从学阳明。

陈明德（？—1532），字思准，号海涯，海阳辟望（今汕头市澄海区）人，以学行见重于潮州士林，阳明给潮籍门人的书信里多次提及他，嘉靖七年（1528）才在广州会晤阳明，拜入门下。

杨思元（？—1522），名应本，号燕山，揭阳龙溪人，正德十年之前从学阳明，归乡时阳明赠《书杨思元卷》，诫以"谦默"之义。① 思元记录其父杨琠的庭训，请阳明题序，于是有了《杨琠庭训录序》，赞赏杨氏父子能以"身心性情之德、人伦日用之常"相授受。② 杨琠（1464—1516），师事陈白沙，曾任南京监察御史，与阳明同事。死后乡民建有"报功祠"祭祀，祠中原有匾额《回澜砥柱》，为阳明所题。

黄梦星，海阳人，其父黄保从薛、杨诸子处闻阳明学，心向往之，暮年命梦星往绍兴师事阳明，曰："吾衰矣，吾不希汝业举以干禄。汝但能若数子者，一闻夫子之道焉，吾虽啜粥饮水，死填沟壑，无不足也矣。"梦星为了侍亲、事师两不误，多次往返越、潮之间，令阳明十分感动，作《书黄梦星卷》，亟称黄氏父贤子孝，"诚心一志"③。

吴继乔，字世达，号之溪，揭阳曲溪人。据雍正《揭阳县志》记载，嘉靖七年（1528）"闻阳明讲学广西苍梧，往从之游"。

林文，字载道，号希斋，揭阳龙溪人。阳明晚年居越，他"往来侍学，学日益明"④。

余善，字崇一，潮阳县廓都人，曾从陈白沙游，操履端诚，一言不苟。正德十三年（1518）应贡北上，谒阳明于南京，被待以殊礼，誉为"笃行君子"。授横州训导，以母老乞归。家居倡明《四礼》，远近负笈者踵至，邑人号曰"道学先生"。

翁万达（1498—1552），字仁夫，号东涯，揭阳蛇江（今汕头蓬州）人。嘉靖五年（1526）进士，官至兵部尚书。翁氏"好谈性命之学"，与薛侃、欧阳德、罗洪先、唐顺之等王门弟子交往密切，在阳明的葬礼上曾与薛侃联署祭文，被列名于就位哭奠门人之中，⑤

---

① 王阳明：《王阳明全集（新编本）》卷八，吴光、钱明、董平等编校，第290页。
② 束景南、查明昊辑编：《王阳明全集补编》，第143页。
③ 王阳明：《王阳明全集（新编本）》卷八，吴光、钱明、董平等编校，第300页。按：日本名古屋蓬佐文库藏钱德洪编述的《阳明先生年谱》，全书共八卷，为杭州天真书院嘉靖四十二年胡松、钱德洪序刻本，卷首署有"滁上胡松、江陵陈大宾、揭阳黄国卿校正"，而黄国卿抑或即梦星之子耶？
④ 薛侃：《林希斋传》，《薛侃集》，陈椰编校，第256页。
⑤ 参见王阳明：《王阳明全集（新编本）》卷三十七，吴光、钱明、董平等编校，第1480页。

其《与程松溪提学书》明称"先师阳明"①，但何时正式入门，则尚无明证，疑由薛侃中介。据明人田汝成《炎徼纪闻》卷一："副使翁万达曰：'新建伯之将薨也，予适侍侧，言，田州事非我本心，后世谁谅我者？'"②又据黄光升《昭代典则》卷二十六："新建伯（指王阳明）病，谓翁万达曰：'田州非我本心，后世谁谅我者？'新建伯初起用，皆萼（指桂萼）之力。萼议礼致位卿辅，欲立奇功。会安南有乱异，可传檄取之，乃阴以意寓书授新建伯，若专为思、田者，使密探安南要领，而新建伯不答，直于奏尾稍及之，萼遂恚憾。会新建伯卒，竟中伤，革世爵及恤典云。"③据此可知，阳明去世前不久翁万达在场，其时翁任湖广监兑制使，④或是奉差南下而亲侍师侧。

成子学（1504—?），字怀远，号井居，海阳隆津都龙湖人（今潮安龙湖），苑马寺卿。光绪《海阳县志》记载他"事王阳明，得良知宗旨。又与吉水罗洪先往复寓书，阐明理学"。但据他给薛侃写的祭文，称薛为"宗师"，又称"蚤依门墙，荷先生之陶冶"⑤，可知为薛侃弟子无疑。

陈琠，揭阳龙溪人，雍正《揭阳县志》说他"师事王阳明先生，教授里中，从游日众"⑥。

除了上面及门亲炙者，潮州还有一批因游宦在外而接触到阳明学而成为私淑者。如：

林大钦（1511—1545），字敬夫，海阳县东莆都人，因自号东莆子。嘉靖十一年（1532）状元，授翰林院修撰。他的同年和同僚中有不少是阳明后学门人，如王畿、钱德洪、罗洪先、徐樾、林春、赵贞吉等，故深受濡染。乡居十余年，与同志信函往复，切磋论道，讲学于宗山书院，有《华岩讲旨》刻行。

陈思谦，字益挚，号碧洋，揭阳鮀江人。嘉靖五年（1526）进士，嘉靖十年（1531）为官南京时，得闻王学于王畿，翌年任户部

---

① 翁万达：《翁万达集》，朱仲玉、吴奎信校点整理，上海古籍出版社1992年版，第657页。
② 田汝成：《炎徼纪闻》卷一，民国二十五年版，第12页。
③ 黄光升：《昭代典则》卷二十六，《四库全书存目丛书·史部》（第13册），第103页。
④ 徐学谟纂：《湖广总制》卷十九，《四库全书存目丛书·史部》（第194册），第633页。
⑤ 成子学：《祭文》，《薛侃集》，陈椰编校，第475页。
⑥ 陈树芝纂修：《揭阳县志》卷六，雍正年间刻本。

主事,其时王门"同志聚京师,朝夕与居,学日益进"①。

萧端升,字曰阶,号自麓,潮阳县廓都人,嘉靖二十五年(1546)举人,往江西石莲洞学于罗洪先数月,得窥宗旨,与焦竑、袁黄讲学于南京新泉书院。

与此同时,游宦潮州的王门后学也对本土的阳明学热潮起了推波助澜的作用。如浙江会稽的季本(1485—1563),字明德,号彭山,为阳明弟子,嘉靖四年(1525)谪揭阳主簿,日至中离山中,与薛侃等同志互相讲论。江西泰和刘魁,字焕吾,号晴川,亦受业于阳明,嘉靖十四年(1535)任潮州通判,常到宗山书院讲学,还刊刻了薛侃的著述《研几录》。泰和郭子章(1543—1618),字相奎,号青螺,阳明三传弟子,万历十年(1582)任潮州知府,颇有治绩,他兴建的凤凰塔至今仍是潮州的地标胜景。

潮州阳明学之勃兴,令王阳明一再感叹:

> 潮郡在南海之涯,一郡耳。一郡之中,有薛氏之兄弟子侄,既足盛矣,而又有士鸣之昆季,其余聪明特达毅然任道之器,后先颉颃,而起者以数十。②

这批潮州士人大多有白沙—甘泉学的思想背景,转入王门后,也在努力弥合二家之歧,认为王、湛"其学同,其心一",如学者所指出:"岭南粤地是用白沙学或甘泉学来吸收消化阳明学。"③尽管阳明不愿多提及白沙,私下对白沙也有所批评,④但潮州王门弟子还是一致推尊白沙这位广东大乡贤,也深受白沙超脱洒落的品格以及主静存养的工夫路径的影响,如嘉靖九年(1530)薛侃在行人司右司副任上奏请陆象山、陈白沙入祀孔庙,就像黄宗羲所说的"是必有以知师门之学同矣"⑤,故此粤中王学呈现出一种与白沙—甘泉学

---

① 薛侃:《陈碧洋传》,《薛侃集》,陈椰编校,第259页。
② 王阳明:《祭杨仕鸣文》,《王阳明全集(新编本)》卷二十五,吴光、钱明、董平等编校,第1008页。
③ 参见钱明:《王阳明及其学派论考》,第344页。
④ 王阳明与陈白沙的关系考论,可参见钱明《王阳明及其学派论考》十三章,以及黎业明《王阳明何以不愿多提白沙》(收入黎业明:《明儒思想与文献论集》,商务印书馆2017年版)相关论述。
⑤ 黄宗羲:《白沙学案上》,《明儒学案》,沈芝盈点校,第79页。

合流的鲜明特点。①另一个特点就是务实躬行，在地方政务、宗族建设、师门教务上颇著精彩。若就理论而言，则守成多于创见，修身工夫进路上偏于内省静敛，较接近于江右王门的风格。

令人遗憾的是，潮州这股阳明学热潮其兴也勃，其亡也忽，如阳明所言："其山川灵秀之气，殆不能若是其淑且厚，则亦宜有盈虚消息于其间矣乎！"②许多潮州门人都享寿不永。薛侃身后，弟薛侨、子薛宗铠"能世其学"，但感召力大不如前，这个王门群体日益沉寂。另一方面，固有的朱子学势力也不容小觑。潮州地处粤东，受福建（特别是闽南）文化影响较大，朱子学颇有根基。"南宋时潮州仕宦多出朱子之门，潮地亦久沐朱子之教化，朱子著述不少在潮刊行"③，朱子本人也尝游揭阳，寓居同榜进士郑国翰家，而其潮州门人中以潮阳郑南升、揭阳郭叔云为著，二公谨志行而遵礼教，奠定潮州理学之正统。在阳明学风行的嘉靖十六年（1537），潮州知府郑宗古在潮州刊刻了阳明的论敌罗钦顺的《困知记》，故及至万历年间，同属潮州府的澄海唐伯元上疏反对阳明入祀孔庙，也就可以理解了。

（二）书院讲学

潮州阳明学的据点有玉华书院、玉林书院、中离书院、南溪精舍、宗山书院。

玉华书院又称北山精舍，位于潮州郡城之金山。薛雍《金山读书记》载："潮郡有金山，玉华书院在焉。有精舍，有玉华堂，有北山书屋。"薛侃与杨氏兄弟、陈明德在此"相与就正观摩，潮学为之一变"④。薛侃《陈海涯传》提及"毅斋邀（陈明德）处北山精舍，三年乃豁然。毅斋卒，与复斋砥砺玉林"⑤。

玉林书院为杨骥创辟，位于潮州意溪东津乡，书院之名取自陈白沙诗"海上花开万玉林"，杨鸾《玉林寻乐记》说："玉林，津头

---

① 参见陈椰：《岭南阳明学与白沙学的互动交融》，《学术研究》2017年第9期。
② 王阳明：《祭杨仕鸣文》，《王阳明全集（新编本）》卷二十五，吴光、钱明、董平等编校，第1008页。
③ 饶宗颐：《朱子与潮州》，《饶宗颐二十世纪学术文集》卷四，（台湾）新文丰出版公司2003年版，第450页。
④ 薛侨：《薛中离先生行状》，《薛侃集》，陈椰编校，第422页。
⑤ 薛侃：《陈海涯传》，《薛侃集》，陈椰编校，第255页。

之一林，面黄田，带韩江，……为亩二十有奇。"①杨鸾曾"率徒百余，师事陈海涯于玉林，磨切汲引，亹亹不倦"②。

南溪精舍在揭阳县城南，方志记载："县南济渡处有南溪精舍，明解元林昂子继业建。行人薛侃与同时杨琠、吴继乔、杨惟执、陈琠诸贤，讲学于此。"③

中离书院位于梅林湖畔的西桑浦山中，嘉靖三年（1524），薛侃丁母忧庐墓山中，讲学不辍，"以正学接引，潮士为之一变"，"四省同志闻风远来，至不能容，各自架屋以居，会文考德，兴发益多"④。中离书院规模宏大，辟有十八胜景，季本作诗以咏。终明一代，潮州学风之盛，莫过于此。

宗山书院，嘉靖十一年（1532）由薛侃倡建，位于今潮州市潮安区金石镇塔脚，原来中间为怀惠祠，祭祀王阳明，旁为精舍，延请陈明德居之，主持讲学。江右王门领袖邹守益撰有《怀惠祠记》曰：

> 怀惠祠者何？潮士若民怀阳明先生之惠而祠之者也。先生未尝履其地，施其惠，何祠尔矣？德威遐被，风教宏敷，人心感慕，自有不能已焉乎！先是小靖石骨寨允蠢，行旅罹其害，先生征漳寇至杭，亲临境土，抚谕平定，害斯已。厥后总制四省，班师五羊，多士赴讲，故政教沾被，士民思之。乃乡耆洪瞻、生员王墟辈，请于大巡吴君麟允建宗山书院，尸而祝之，凡以求具思焉耳矣。中为祠堂，左为讲堂，右为经楼，为宴会厅，翼而环之以书舍，萃生儒肄业，可居百人，诚一方之胜也。然景僻烟远，风高易圮，直冬间寂，非二三人可守。中离薛子自出租五十，募人看守香灯。继而贰守刘君魁置租九十，大巡洪君垣拨废寺租三百石，续正纪典，徭编门役，令府县佐贰官致祭，中离收回原租，顷因奉例鬻寺田，龚守浞取其寺租而鬻之民，竹居子克承厥事，入直于官，仍以百租归宗山，岁延有学行一

---

① 刘抃纂修：《艺文》，《饶平县志》卷十六，康熙二十六年钞本。
② 薛侃：《杨复斋传》，《薛侃集》，陈椰编校，第253页。
③ 王崧修、李星辉纂：《揭阳县续志》卷一，民国二十六年本。
④ 薛侨：《薛中离先生行状》，《薛侃集》，陈椰编校，第424页。

人主教，给租四十石，增募守看二十，差输十有五，春秋遣官主祭，服从约二十人，不欲扰方里，夕朝供销者二，添胙祭土神，及乡耆生儒陪祭约百人，或五六十人，二馔共二十有五，此其概也。官租九十，岁征海阳县给方里办二祭，余为香灯募役修葺之资。①

由此可知，宗山书院一开始因潮州士民缅怀阳明的善政德教而建，后来由于地处僻远，人迹罕至，薛侃薛侨兄弟出资维持书院教事及怀惠祠香火。薛侃身后，入祠配祀阳明，嘉靖二十八年（1549）年，湛甘泉作《潮州宗山精舍阳明王先生中离薛子配祠堂记》。后来，因致祭不便，怀惠祠改建于潮州城北，入清后渐荒废。

（三）《揭阳乡约》

乡约是基层社会的自治组织，肇始于北宋理学家吕大临兄弟的《蓝田吕氏乡约》，分"德业相劝、过失相规、患难相恤、礼俗相交"四项纲领，由自愿入约的约众推举领导人来组织定期聚会，裁量从违情况以作奖惩，起到扬善警过的作用。此后朱子为之增损，对四项纲领进行注释、细化，使该约声名远播，可谓后世乡约祖本。但真正流行开来却要到明代中期以后，各种官办或民办的乡约蓬勃发展起来，王阳明于正德十三年（1518）平定南赣地区匪乱后所倡之《南赣乡约》是一大典范，该约与保甲制度相仿的"十家牌法"结合，调和"土著"与"新民"的矛盾，解决了该地区的治安痼疾，遂引起弟子后学纷纷效仿，各自针对当地社会的现实需要而探索出不同的乡约模式。如邹守益在安福推行的《北乡乡约》，历二十年而不衰；罗洪先在吉水的《同水乡约》，配合编练乡兵守御乡里，成效可观；罗汝芳在安徽宁国府知府任上也以地方首长的身份亲赴约会，为士民讲解良知学及《吕氏乡约》。

就在阳明倡举《南赣乡约》的翌年，薛侃离开朝夕相处三年的老师，从赣州回到乡里，恰逢乡族有久讼不解者，他主动出面调停解纷，遂萌发了效仿老师行乡约的念头，率领父老约为十条事项，

---

① 周硕勋纂修：《祠祀志》，《潮州府志》卷四，清乾隆二十七年刻本。按：此文为邹氏文集佚文，上引为节录。

呈送官府给照:"立齿德数人为约长约正,劝善惩恶,乡间化之。"①嘉靖五年(1526),季本在御史任上因言事被谪潮州府揭阳县主簿,他到任后以化民为首务,锄奸伐梗,改变了当地盗寇诉讼丛生的弊政,并与乡居服孝的薛侃时相过从,在薛氏旧约基础上"酌为三十四条,普行一邑",在各乡建立约所,还不时亲临巡视晓谕,"盗息讼简,奸无所容,善士扬眉,恶人涤虑,社学师生日夜习诗演礼,盖庶乎弦歌之意,识者以为三代可以立回"②。

为了乡约里那些原则性的文字更明白易晓,薛侃还细绎了二十二条《乡约续议》,依次是:冠婚、丧祭、祀先、闺法、蒙养、隆师、安分、谨言、处事、待客、忍气、戒争、淫博、弭盗、节财、自立、复古、长善、听讼、均益、约长、良知。针砭的社会陋俗积弊如早婚少聘、铺张浪费、火葬、教养缺失、争斗构讼等,倡导本心诚敬、安分静退、节制谦让的道德生活态度。最值得注意的是最后一条"良知":

> 良知者,人心自然明觉处也。见父知孝,见子知慈,此良知也。遇寒知衣,遇渴知饮,遇路知险夷,此良知也。当恻隐自恻隐,当羞恶自羞恶,当恭敬自恭敬,当是非自是非,此良知也。人惟欺此良知,则争讼诈罔,无所不至。若依而充之,知是则行,知非则止,有则曰有,无则曰无,人人太古,处处羲皇矣。竟有何事?③

可谓尽显王学底色,其辞明快直白,庶众易喻。两年后,王阳明兼理巡抚两广,开府广州,季本赴省呈报揭阳乡约之后风俗移易境内安宁情况,阳明大加赞赏,称其有"爱人之诚心,亲民之实学。不卑小官,克勤实务,使为有司者,皆能以是实心修业,下民焉有不被其泽,风俗焉有不归于厚道乎"④。遂把季本留在帐下使用,并委任揭阳县丞曹森继续管理该县乡约,"毋令废堕"。

《揭阳乡约》是第一个效仿《南赣乡约》而推行的乡约,由薛

---

① 薛侃:《乡约》,《薛侃集》,陈椰编校,第392页。
② 薛侃:《乡约序》,《薛侃集》,陈椰编校,第413页。
③ 薛侃:《乡约》,《薛侃集》,陈椰编校,第391页。
④ 王阳明:《揭阳县主簿季本乡约呈》,《王阳明全集(新编本)》卷十八,吴光、钱明、董平等编校,第669页。

倪、季本两位同门同志协力推行，并得到王阳明本人首肯，可谓是师徒响应之作，这种以共同信仰（良知学）作为根基的官方督办、士大夫阶层响应主导的模式，是王学庶民教化运动中的主流形式。

与《南赣乡约》的军事维稳性质不同，《揭阳乡约》的缘起是平息民间私讼，目标是改良好讼斗狠、奢靡势利的流俗，让王化难及、政治松弛的岭海僻隅变为礼仪之邦，因而更具教化的意味，也启发了江右王门的聂豹、邹守益等人，相继以《揭阳乡约》为范本在当地倡行乡约。

（四）阳明从祀孔庙的反对者——唐伯元

王阳明身后近四十年的隆庆元年（1567），被奏请入祀孔庙，历经了整整十八年的周折，终于在万历十二年（1584）十一月，朝廷下令：王守仁、陈献章、胡居仁三位当朝大儒从祀孔庙。在古代，从祀孔庙是国家重要的政教制度和典礼。作为一个儒者，死后能入祀孔庙是莫大的荣耀，不仅意味着官方对其学术思想成就的认可，更关系着国家意识形态和科举取士的现实利益。王阳明的从祀，撼动了朱子学的正统权威地位，引发朝野巨大的震动。一个南京户部郎中就深感不安，上了一封令人侧目的《从祀疏》，表达强烈的不满与抗议。他就是潮籍儒者唐伯元。

唐伯元（1541—1598），字仁卿，号曙台，潮州府澄海人，万历二年（1574）进士，官至吏部文选司员外郎，进署郎中事，参与组织文官的铨选，在任上务实能干，清廉忠直，后因不满万历皇帝的怠政，自觉难有作为，上疏请求罢归，回乡退隐终老。

唐伯元曾到江西师事湛甘泉的弟子吕怀，提倡崇礼重行，对王学末流信心任性、不修行检的作风十分不满，主张"六经无心学之说，孔门无心学之教"。他在思想史上最令人瞩目的，当属他向朝廷抗议王阳明从祀孔庙。其《从祀疏》措辞激烈，对王阳明多方指责。一开始便指出王阳明有如下六点人品上和学术上的弊病，"道不行于闺门"（没有管好内室），"乡人不信"，平定"宸濠之功状疑似"，其"学禅学也"，其"儒霸儒也"，其"良知之旨弄精神也"[①]。他

[①] 唐伯元：《从祀疏》，《醉经楼集》，朱鸿林整理，中华书局2014年版，第173—184页。

认为阳明不是一个"醇儒","立于不禅不霸之间,而习为多疑多似之行",导致身后议论纷纷。接着又指出论说实有"自相矛盾之处",而且离经叛道。他还将阳明与白沙对比,指摘前者的自是、傲慢:白沙之学也异于朱子,但白沙却非常尊崇朱子。白沙对门徒严谨,而阳明则随意夸奖门徒;白沙之学疑于禅,而阳明之学实混于禅。阳明受白沙弟子湛若水的影响,却从不提及白沙,这样的态度是目空今古,"自任太过"。唐伯元给了两个建议:最好是朝廷收回成命,取消阳明从祀的典礼;退而求其次则是命令礼部布告天下学校,学者不得轻易诋毁朱子,犯者以违制论。学者该学王阳明的功业、气节、文章,不得学他言语轻妄,更不必仰慕他比朱子更为高致。

这封奏疏也激起阳明追随者的激烈反弹,被指责"诋毁先儒",更关键的是,在朝廷颁布祀典后再表达抗议,是对皇帝和首辅大臣的挑战。结果,这位户部郎中被连降三级,外调为海州判官。

唐氏所说的儒家经典中没有"心学"一说,从文献的角度确实如此,但他忽略了观念的阐发,并不受限于文献表述,从思想史的角度来看,心学的源头可追溯到孟子,这是毋庸置疑的。而唐氏最推尊的陈白沙也提及"心学法门",师祖湛甘泉更是多次说"圣人之学,心学也"。可见唐伯元对王阳明的批评夹杂意气,与阳明的问题意识并不相应,但代表了当时有识之士对王学末流的反思,故也得到一些王门后学的谅解与回护。①他本人事后也有所反思,他与顾宪成(泾阳)有一段对话:

> 先生(唐伯元)曰:"足下不见世之谈良知者乎?如鬼如蜮,还得为文成讳否?"泾阳曰:"《大学》言致知,文成(案,王阳明)恐人认识为知,便走入支离去,故就中间点出一良字。《孟子》言良知,文成恐人将这个知作光景玩弄,便走入玄虚去,故就上面点出一致字,其意最为精密。至于如鬼如蜮,正良知之贼也,奈何归罪于良知?"先生曰:"善。假令早闻足下之言,向者论从祀一疏,尚合有商量也。"②

---

① 参照朱鸿林:《晚明思想史上的唐伯元》,《儒者思想与出处》,生活·读书·新知三联书店2016年版。
② 黄宗羲:《甘泉学案六》,《明儒学案》卷四十二,沈芝盈点校,第1003页。

可见唐伯元是从善如流的诚笃君子,《明史》将唐伯元列于《儒林传》首卷,并有如下的评价"清苦淡薄,人所不堪,甘之自如,为岭海士大夫仪表",这样的赞美,在《明史》中是罕见的。

三、结语

广东地处五岭之南,为岭南的核心区域,长期以来被中原人士视为蛮荒化外之地,到了明代,在经贸和文教上都进入一个前所未有的繁荣期。尽管不时有山寇海贼之啸乱,冲击破坏区域社会的稳定,但也激起地方士大夫的使命感,投入兴起文教、保乡化俗的乡土实践中。王阳明其人其学与岭南的结缘,可谓恰逢其时。他的军事、社会活动为当地百姓带来了和平安定,也给广东学风和乡土建设注入新的活力,时人谓之"浙宗",与甘泉学派的"广宗"双峰并峙。

从宏大的文化地缘来看,如钱明所指出的:"浙、粤两地的文化特质不像中原文化那么严肃有余、奔放不足……粤中文化奔放自在、静虚自得之精神与浙中文化超然自得、务实怀疑之性格,正好形成亲近互补之关系,白沙学与阳明学先后在两地创生,并非历史之巧合。"[①]由此吾人可以更深刻理解为何阳明学能在粤地风行一时。近代学者胡朴安(1878—1947)的观察也提供了一个地域人文心理视角:"粤人好大而喜新,急功而易动……有能以新学说、新主义相号召者,倡一而和者千,数日之间,全省为之响应。虽以势力制之,此仆而彼起,莫能遏其炎焰,故有利用之以作奸犯科者,有善导之而创建功业者,皆较他省易于措施。"[②]显然,王阳明属于善导而立业者,其本人及粤中王门学派的化迹遗泽,至今犹存。

(陈梛撰稿)

[①] 钱明:《王阳明及其学派论考》,第343页。
[②] 胡朴安:《广东人之性质》,《中华全国风俗志》(下编),河北人民出版社1986年版,第368页。

王阳明与和平

王阳明与和平渊源颇深。明正德十二年（1517），阳明任都察院左佥都御史，巡抚南、赣、汀、漳等处。他先平定了汀漳詹师富等"匪寇"，准备攻打南赣谢志珊（也称谢志山）等"盗匪"时，于五月间，因和平浰头之"贼寇"而作《告谕浰头巢贼》后，即给弟子写信，提出了"破山中贼易，破心中贼难"的"心学"新命题。正德十三年（1518）正月初六日，即攻打浰头前夕，他又写信给弟子，再次提出"破山中贼易，破心中贼难"。他从破山贼而联想到心贼，进而从"易"入手而平乱破山贼，又为长治久安而克"难"破心贼——奏建新县，命名"和平"——寄托着他的远大抱负与伟大愿景，凝聚着人类的共同理想和美好向往！故此可以说，是和平点燃了阳明创学立说的灵感火花，阳明则将和平灵感集束成照亮人心的思想光芒。阳明的这句历史金言，影响深远，至今仍有强大的生命力和针对性。我们强调信仰、信念、信心，务必攻坚克难"破心中贼"，正心才能不忘初心。他在《添设和平县治疏》中，除了设计所筑之城池，还设计了自龙川县雷乡驿（今广东龙川县佗城镇）至江西龙南县杨陂隘的贯穿和平南北的驿道。所以，和平县是王阳明立德、立功、立言的重要实践地之一，也是阳明心学体系的完善地之一，更是阳明文化遗迹、遗存较为丰富的地方。阳明在和平不仅留下了军功战绩，也留下了过化心迹。

一、平定三浰之乱

正德十二年（1517年）正月十六日，阳明抵达赣州莅任后，便开始招募挑选骁勇绝群、胆力出众者为民兵，并采用先弱后强之策略，先到福建漳州剿灭匪首詹师富、温火烧，再回赣州剿灭匪首谢志珊、薛文高、蓝天凤，最后剿灭最为诡诈的三浰"乱民"池仲容等。他曾说："惠之龙川北抵赣，其山谷贼巢，亡虑数百，而浰头最大。"[①] "四

---

① 费宏：《阳明先生平浰头记》，王守仁：《王阳明全集（简体版）》卷三十九，吴光等编校，上海古籍出版社2017年版，第1221页。

省之寇，惟浰尤黠，拟官僭号，潜图孔亟。"①

五月，阳明颁布《告谕浰头巢贼》后，即给潮州弟子写信（即《与杨仕德薛尚谦》），提出"破山中贼易，破心中贼难"，并采取"重抚轻剿"的方略，将乱民包围在山中围而不歼，还派人送去米粮酒肉、银子布匹，以作安抚。然后张贴告示，对乱民动之以情，陈之利害，使很多乱民颇受感动，致使浰头、龙川贼首黄金巢、卢珂、郑志高、陈英等率部投降。

九月，王阳明谋划征剿三浰。他先对池仲容及其部属采取感化、瓦解的办法。池仲容等为其施计所迷惑，于是年闰十二月二十三日，率头目九十四人到赣州投诚，阳明派人为他们更衣换靴，并陪游赣州，观其态度，准备招降。但池仲容等贪婪凶残，匪性不改，假为投诚，实探虚实。最后阳明决定彻底铲除这股顽匪。

正德十三年（1518）正月三日夜，阳明在祥符宫（今赣州文庙）内特地设宴招待池仲容等，待池酒足饭饱入睡后，将池及其随从九十四人全部斩杀。据阳明所颁布的《克期进剿牌》载："除将贼首池仲容设计擒获外，其余在巢贼党，若不趁机速剿，不无祸变愈大，地方何由安息。"②又载："本院亦自行督领帐下随征官属兵快人等，从冷水直捣上浰大巢，亲自督战，刻期俱于本年正月初七日寅时四路并进。"③阳明组成九路大军，于正月初七日向三浰三十八寨发起总攻，"三浰战役"正式打响。这九路大军分别是：

一路由王阳明亲率，作为中军，由赣州守备郑文带领南安、赣州两府官兵，从龙南县冷水径进入，直捣三浰大巢，破曲潭、尺八岭、赤唐、半径、都坑等寨。

二路由赣州知府邢珣带领赣州同知夏克义、宁都知县王天与、宁都典史梁化、黄启济、义官吴明及安远招安义民叶秀芳，从龙南太平进入，破方竹湖、白沙、黄田坳、中村等寨。

三路由惠州知府陈祥带领惠州通判徐玑、典史姚思衡、驿丞何春、巡检张行、龙川县投诚的新民卢琢及报效生员陈经世等，从和平入，破热水、五花嶂、铁石嶂、羊角山等寨。

---

① 王守仁：《平浰头碑》，《王阳明全集（简体版）》卷二十五，吴光等编校，第782页。
② 王守仁：《王阳明全集（简体版）》卷十六，吴光等编校，第478页。
③ 王守仁：《王阳明全集（简体版）》卷十六，吴光等编校，第478页。

四路由南安知府季敩带领训导蓝铎、百长许洪，从信丰县黄田冈入，"于正月初三等日，攻破右坑等巢；十一日，攻破新田径等巢；……二十七等日，覆贼于北山（今和平县青州镇片田村坑尾自然村），又与战于风门奥（又称风门坳，今和平县青州镇片田村）等处"。①接着"遂破布坑巢、三坑巢；……古地巢"②等寨。

五路由赣州卫指挥佥事余恩带领招安新民王受、黄金巢等，由龙南高砂堡进入，攻破龙子岭、塘含洞、空背等寨。

六路由赣州卫指挥佥事姚玺带领招安新民梅南春等，从龙川乌虎镇（今和平县下车镇兴隆）进入，攻破淡方、石门山、上下陵、岑岗等寨。

七路由赣州府推官危寿带领百里长孙洪舜及义民叶芳，从龙南县南平进入，直扑三浰，后攻破镇里寨、凤盘、茶山等寨。

八路由赣州卫千户孟俊带领招安新民卢珂、陈英、郑志高等，从龙川坪地水进入，直捣三浰大巢，后攻破大门山、狗脚坳（又称黄狗坳）、水晶洞、蓝州、五湖等寨。

九路由南康县丞舒富率领招安新民赵志标等，从信丰县乌径进入，攻打旗岭、顿岗、乾村、梨树、北顺、和洞等处，破旗岭、顿冈等寨。

当时浰头各寨还沉醉在春节的欢乐氛围里，他们既不知道池仲容已被杀，更没想到在大年初七官军会以九路人马直捣浰头。但毕竟池仲容离开时曾布置各寨加强防守，各寨精悍头领仍在，故战役打响后，虽惊慌失措一阵，但仍能顽强抵抗并分头出击。战役的主战场在浰头龙子岭，官兵列成三冲犄角阵势迎敌，余恩率领所部，首先向龙子岭冲击，浰头军不敌，向设伏处败退，余恩与王受等追击里许，埋伏的浰头军四起围攻，幸亏危寿令叶芳带领兵马来援，而孟俊又带领部队从旁冲击，致使浰头军大败溃逃，三浰主巢遂告攻克。主巢一破，官军士气大振，各部乘胜追击，仅一天就攻破热水、五花嶂、曲潭、赤塘、古坑、淡方、石门、上陵、下陵、方竹湖、白沙等十一寨，尤其是池仲容老家曲潭，被夷为平地，池姓也遭灭族之灾。

---

① 王守仁：《王阳明全集（简体版）》卷十一，吴光等编校，第300页。
② 王守仁：《王阳明全集（简体版）》卷十一，吴光等编校，第307页。

次日，探听到大败的浰头军正分散向未破的山寨转移，阳明急令各部追击。初八日，惠州知府陈祥攻破铁心嶂、羊角山，缴获池仲容的"金龙霸王"印信、龙袍等；邢珣攻破黄田坳；姚玺攻破岑岗；余恩攻破塘含洞、溪尾等寨。初十日，孟俊攻破大门山；危寿攻破镇里寨。十一日，邢珣攻破中村；郏文攻破半径、都坑、尺八岭；季敩攻破新田迳、古地；余恩攻破空背；舒富攻破旗岭、顿岗等寨。十三日，孟俊攻破狗脚坳、水晶洞、五湖、蓝州等寨。十六日，危寿攻破风盘、茶山等寨。

王阳明亲率第一路军先行直攻浰头大巢，败军奔聚九连山，各部乘胜追击，大战于九连山，三浰得以平定。阳明即颁布《告谕》《议处河源余贼》《克期进剿牌》《留兵搜捕呈》《移置驿传疏》等令，并驻兵九连山，"往来浰头、和平等处"①。经过两个多月的战斗，征剿三浰战役大获全胜，池仲容经营二十多年的三十八个山寨被彻底捣毁，共"擒斩大贼首二十九名颗，次贼首三十八名颗，从贼二千零六十八名颗，俘获贼属男妇八百九十口，夺获牛马一百二十二匹，器械、赃仗二千八百七十件把，赃银七十两六钱六分"②。

三浰战役结束后，王阳明率军于四月班师回赣，途中赋诗《回军九连山道中短述》云：

百里妖氛一战清，万峰雷雨洗回兵。未能千羽苗顽格，深愧壶浆父老迎。莫倚谋攻为上策，还须内治是先声。功微不愿封侯赏，但乞蠲输绝横征。③

为总结三浰之战，阳明还作《平浰头碑》，刻于龙南县玉石岩，碑文曰：

四省之寇，唯浰尤黠，拟官僭号，潜图孔亟。正德丁丑冬，畲、瑶既殄，益机险阱毒，以虞王师。我乃休士归农。戊寅正月癸卯，计擒其魁，遂进兵击其懈。丁未，破三浰，乘胜归北。

---

① 王守仁：《王阳明全集（简体版）》卷十一，吴光等编校，第311页。
② 王守仁：《王阳明全集（简体版）》卷十一，吴光等编校，第308页。
③ 王守仁：《王阳明全集（简体版）》卷二十，吴光等编校，第623页。

大小三十余战，灭巢三十有八，俘斩三千余。三月丁未，回军。壶浆迎道，耕夫遍野，父老咸欢。农器不陈，于今五年。复我常业，还我室庐，伊谁之力？赫赫皇威，匪威曷凭？爱伐山石，用纪厥成。提督军务都御史王某书。时纪功御史屠侨，监军副使杨璋，领兵守备郏文，知府邢珣、陈祥，推官危寿等凡二十有二人列其名于后。①

二、奏设和平县

在征剿三浰时，江西按察司分巡岭北道兵备副使杨璋、广东按察司分巡岭东道兵备佥事朱昂、赣州府知府邢珣、惠州府知府陈祥都向王阳明提上了呈文，而广东惠州府龙川、河源等县监生、生员、耆老如陈震、余世美、黄宸等也联名向王阳明具呈，认为龙川和平地方，山环水抱，土地坦平，人烟辏集，千家有余，东去兴宁、长乐、安远，西抵河源，南界龙川，北际龙南，各有数日之程，其间山林阻隔，人迹既稀，奸宄多莘，若不趁此机会建立县治，以控制三省贼冲之路，恐怕流贼复聚，祸根又萌。

其实王阳明向来认为，不应单单倚重武力平息民乱，要想达到长治久安，更需要加强基层政权建设，以扩张皇权势力，认为普天之下，莫非王土，政教鲜及，皇权不达，必为盗贼所据。因此，平息三浰池仲容后他就开始考虑要在广袤的九连山区设立县治，用于加强朝廷对地方的控制。但要设立县治，不能一蹴而就，还要做大量的准备工作。他先命副使杨璋会同佥事朱昂，督同府县掌印官聚集各地方乡老等，勘查和平、浰头，提出设县的详细方案。

杨璋、朱昂遂与龙川县署县事主簿陈甫、河源县署县事县丞朱节，就近招集龙川通县及河源县惠化都里老沙海、钟秀山等，进行实地会勘，勘查后提出详细报告称：

和平峒地方原有民二千余家，因贼首池大鬓作耗，内有八百余家投城居住，尚存一千余家，本峒羊子一处，地方宽平，

---

① 王守仁：《王阳明全集（简体版）》卷二十五，吴光等编校，第782页。另见龙南县玉石岩石刻照片。

山环水抱,水陆俱通,可以筑城立县于此,召回投城之人复业居住。分割龙川县和平都、仁义都、广三图共三里,及割河源县惠化都与接近江西龙南县邻界亦析一里前来共凑一县。及将先年各处流来已成家立业寓民,尽数查出,责令立籍,拨补绝户图眼,一体当差。其和平巡检司宜立浰头,以控制险阻。仍于本县并龙南县量编隘夫几百名,委官管领,兼同该司弓兵巡逻,使盗贼不得盘据。其盖造衙门大小竹木,和平浰头各山产有,俱派本处人户采办,不用官钱。其余砖石灰瓦匠作工食之费,须查支官库银两及差委公正府佐贰官一员,清查浰头、岑岗等处田土,除良民产业被贼占耕者,照数给主外,中间有典与新民得受价银者,量追价银一半入官,其田给还管业。其余同途上盗田土,尽数归官卖价,以助筑修城池官廨之用。①

另据《卢氏族谱》记载:"(卢上宁)公生而洞决远见,喜于任事,行事服众从任。屡获功赏,都御史阳明公,平浰后,公倡议必立县治,地方乃可久靖。当道难其事,公复告王公,恳陈利害,始得定议立县。"说明阳明起初对在九连地区设县,因感到难度太大而犹豫不决,后经卢上宁反复说明利害关系,才下决心立县。

接着就是县衙设在何处的问题。卢上宁陪同王阳明查看地形后,建议县衙就设在羊子埔,县名则以和平峒(当时已称和平都或和平图)而取名"和平"。王阳明听后赞曰:"正合吾意。"因为阳明在福建增设平和县,在江西增设崇义县,是希望平乱后百姓崇尚仁义,过平安日子,现称"和平",其含义相同。如果按区域,新增县地处九连山腹地,可称"九连县",但王阳明最惧怕"九连"两字,因他带兵进剿时,曾险些遭难。他要和平,不要战乱。县衙地点和建县名称定下来后,阳明遂于五月给朝廷上奏《添设和平县治疏》,疏曰:

前项地方实系山林深险之所,盗贼屯聚之乡,当四县交界之隙,乃三省闰余之地,是以政教不及,人迹罕到,其间接连闽广,反复贼巢,动以百数。据而守之,真足以控诸贼之往来,杜奸宄之潜匿;弃而不守,断为狐鼠之窟穴,终萃逋逃之渊

---

① 王守仁:《王阳明全集(简体版)》卷十一,吴光等编校,第311—312页。

薮。……臣等窃以设县移司实为久安长治之策，伏愿皇上鉴往事之明验，为将来之永图，念事机不可失，哀民困之不可再俯采臣等所议，特敕该部早赐施行，及建县之所地名和平，以地名县以为得宜，乞从所奏。①

从此，中国版图上就有了"和平"这一县名。由于龙南县太平堡里老赖立本等呈称："本县止四里半，邑小民寡，递年逋负追并，况与龙川县又隔省辽远，乞免分割，以苏民困。"王阳明觉得他们所提合情合理，于是龙南县析一里归和平的计划没有被实施。

新县版图确定后，王阳明又命惠州府知府陈祥再进一步勘查在何处建立县城为妥，陈祥遂亲率乡耆自五花嶂下历大峒，有人说秋湖塘可建城，有人说旧巡检司可建城，陈祥认真观察后认为都不宜。于是又登上高岗，分开丛生的杂草荆棘，沿着山麓走到羊子铺，四顾山水环抱，形胜含宏，陈祥大喜，将此报告给阳明，阳明遂上疏朝廷，八月十一日，朝廷颁布"增设广东惠州府和平县，割龙川、河源之地以隶之，改和平巡检司为浰头巡检司"，和平县从此正式设立，县城就设在羊子埔。

正德十四年（1519）开始，动工兴建县城。为保障安全，先筑土城，一个半月后建成。继而砌砖石，建成周围四百五十丈长、一丈八尺高的砖石城墙，墙上设有九百九十二个雉堞。在东、西、南设三门，分别为迎流门、通津门、南薰门。谯楼四座，壕深七尺。后来知县刘炎又在三座城门处加建了月城。就这样，和平县城在羊子埔拔地而起："斯城也，五花叠嶂负于后，纱帽奇峰列于前，东山耸翠于其左，铁潭聚流于其右，得山水之美如此哉！"②

在王阳明的努力下，设县治后和平县，立社学，办学校，以心学教化当地百姓，逐渐改变了政教落后的面貌，为实现长治久安打下了坚实基础。然后，阳明又下令开筑至龙川的道路，并命令"简员以省费用，均地以平徭，移巡司以据险要，宽赋役以苏穷民……百姓永享太平之乐矣"③。和平县五百年的发展史由此起步。

① 王守仁：《王阳明全集（简体版）》卷一，吴光等编校，第313页。
② 曾枢修，凌开蔚纂：《开县形胜记》，《和平县志》，民国三十一年版。
③ 王守仁：《王阳明全集（简体版）》卷十一，吴光等编校，第314页。

三、遗迹与遗址

王阳明为和平留下了不少遗迹、遗址，这些极具现场感的遗迹和遗址，为我们研究明代流民史、军事史、和平地方史，乃至思想史和阳明心学，都提供了第一手实物资料，其价值正在被逐步发掘。现分述如下：

（一）三浰遗址

三浰又称上、中、下浰，古地名，时属龙川县和平峒。据史载："三浰水，在县北三十里。其源一出龙南县之牛冈，一出九连山。水流屈曲，经三浰间，溪涧之水皆合焉，亦曰上、中、下三浰水。……三浰水东流，合汤坊水、乌虎镇水，南合县前溪水，下流经龙川，入于东江。"又载："浰头镇，县北九十五里，有巡司。""浰头山，县北八十里，亦曰和平峒。绵亘深远，接江西龙南县境，其最近龙南者为上浰。在岭冈者为中浰。和平峒谓之下浰，浰溪水出焉，旁多奇石，巉岩险仄。"[①]古三浰的范围，是指东江流域的浰江支流为主。今和平县浰源、热水、青州、上陵、下车、连平及与江西龙南、定南等县毗邻的各镇村为上浰；和平县大坝、阳明、合水、长塘、优胜、贝墩等镇为中浰；公白、礼士、彭寨、林寨、古寨、东水为下浰。至今，三浰地名虽已逐渐遗忘，但遗风犹存，如上浰的浰源中学，中浰的浰东中学，下浰的浰江中学等。古三浰均为池仲容活动之处，也是与阳明平乱区域，其遗迹遍及三浰各处。

（二）池屋垅遗址

遗址位于浰源镇曲潭村河岭自然村，俗名"池屋垅"。坐西向东，原来有五间两进泥砖瓦房，前有余坪与半月形池塘。原是池仲容旧居，池乱被朝廷剿平后，曲潭村人纷纷逃亡，田地房产被没收拍卖，原房屋尽毁，屋基与余坪被开垦为水田，只有池塘还保持原样。池仲容是明代地处四省边境的九连山之寇首。弘治年间，他以浰头曲潭为主要营寨，自称"金龙霸王"，下设四十个"都督""总

[①] 顾祖禹：《读史方舆纪要》卷一百三十，贺次君、施和金点校，中华书局2005年版，第4712、4711页。

兵"，召集四方流民上万人，盘踞于上、中、下浰的三十八寨，并经常与南赣左溪、横水、桶冈三大寨的匪首、汀漳等地的盗贼联手结盟，成为四省交界最强悍的一股匪寇。明朝两次调兵征剿均告失败，令朝廷大为震惊，视池仲容为"数千年巨寇，三省群盗祸根""四省之寇，惟浰尤黠"。正德十一年（1516），朝廷任命王阳明为都察院左佥都御史，巡抚南、赣、汀、漳等处，统调湖、广、赣、闽四省官兵进剿。阳明在准备征剿三浰时，提出了"破山中贼易，破心中贼难"的著名思想，将用心与用兵相结合，诱杀池仲容于赣州，接着又于正德十三年（1518）正月四日，亲自率兵从赣州城出发，经龙南赶赴池仲容匪巢所在地，同时命令参加征剿三浰的当地军队于正月七日齐攻浰头匪；四月，班师回赣州城，上《浰头捷音疏》；五月，奏设和平县，改和平巡检司于浰头，以扼要害。

（三）千担坝遗址

该遗址位于浰源镇曲潭村南端，为袋状峡谷，原名天南坝，南北长约二十公里，南端直通往九连山深处，北端连接曲潭村，两边皆为高山崇岭，中间有条小溪流过。传说因峡谷内可生产千担粮食而得名。明弘治年间，池仲容把最主要的营寨设在曲潭，大本营就驻扎在峡谷里，并在峡谷内开荒种地，炼铁铸器，屯军练兵，进可攻，退可守，借此与官军周旋近二十余年。直到正德十三年（1518）王阳明征剿三浰时，峡谷才被夷为废墟。现在遗址中残存着池仲容的房址，千坦坝内还有当年开荒种地的梯田遗迹和池部使用过的石臼。

（四）岑岗寨遗址

岑岗（又称岑冈、岑江）位于上陵镇岑岗圩，是一处四面环山的山间盆地。今由五个行政村组成，设有圩场，这是和平县唯一一个不是乡镇所在地而有圩场的地方，至今仍保留着逢农历一、四、七日为圩日的风俗，江西龙南、定南都有百姓赴圩。岑岗寨在和平立县前，是池仲容的三十八寨之一，被李鉴占据。王阳明平定后，在此设立岑岗铺。现在岑岗仍保留着当年官兵驻扎的校场岗和李鉴的宫殿勾龙寨遗址，以及关帝庙、观音堂和岑岗老街等。

（五）校场岗遗址

该遗址位于上陵镇岑岗（今称岑江）。岑岗自古以来就是军事重地，北通江西，东连龙川，南接和平，古时北上的主要通道就从这里通过。岑岗今含五个自然村，是一处宽阔的丘陵盆地，四面有丘陵山岗环绕，数条清澈的小溪汇合成岑岗河，自南向北蜿蜒流经盆地，流入江西省境内。盆地中有宽阔的田地，岑江村的几个自然村就散布在盆地中。校场岗正位于新民村南边，是一处宽阔平整的二级台地，相对高度约十米，南北长约三百米，东西宽约八十米。正德十三年阳明剿平池仲容后，奏请朝廷设立和平县，并对占据岑岗的池仲容余部李鉴进行招抚。但李鉴与其子李文彪反复无常，匪性不改，为民大害，直到万历十四年（1586），两广都御史晓喻参议吴显征讨，才将盘踞在岑岗六十八年的池仲容余部全部剿灭。为防止盗贼死灰复燃，惠州卫指挥任道远带领三百官军，并招募二百四十名乡兵驻扎在岑岗，长达四年，直到万历十九年（1591）才奉命撤军，当时的营房就建在台地上，故当地人至今仍称"校场岗"。

（六）松冈坪驻兵遗址

松岗坪（又称石龙头、赤龙、龙子坪）位于浰源镇龙星村，是一座小山岗，西高东低，东面是一片长宽各有几百米的平绞山坡，中间原有一条小路通过，进入李田曲潭村，松岗坪为必经之路。曲潭就是池仲容的老家，曲潭往西进去，就是有名的千坦坝。松岗坪可谓李田曲潭的大门关隘，是池仲容的必守之地，也是阳明军的必攻之地。据《浰头捷音疏》记载："先是，贼徒得池仲容报，谓赣州兵已罢归，他已弛备，散处各巢。至是，骤闻官兵四路并进，皆惊惧失措。乃分投出御，而悉其精锐千余，据险设伏，并势迎敌于龙子岭。"[①]官兵是分九路进击，但这里却只提到四路，这四路应该就是余恩部、孟俊部、危寿部与王阳明亲自率领的郏文部，而松岗坪是最容易让四路官兵齐集的地方，也是能够容纳近万人马展开厮杀混战的场所，最后攻入曲潭的就是守备指挥郏文所率的一路官军。

---

① 王守仁：《王阳明全集（简体版）》卷十一，吴光等编校，第306页。

(七)和平巡检司遗址

和平巡检司位于大坝镇水背村的书香围西侧,始设年代不详。明代巡检司具有军事武装性质。地方志中将巡检司列入"兵防""军政",属地方行政管辖。和平巡检司废于正德十三年王阳明奏设和平县治年间。

正德十二年(1517)正月十六日,王阳明抵达赣州上任。五月,阳明平漳寇詹师富后,准备攻打南安谢志珊,因担心三浰池仲容与谢志珊遥相呼应,合力抵抗,遂给三浰巢贼发布告谕。在告谕中,阳明动之以情,晓之以理,以图先破"心中贼",再破"山中贼",故此告谕堪称"古今第一劝降书"。十二月,池仲容到赣州受降,阳明察池等不可教化,于正德十三年(1518)正月初三日将池等处以极刑。正月初六,阳明写信给弟子薛侃说:"即日已抵龙南,明日入巢,四路兵皆已如期并进,贼有必破之势。某向在横水,尝寄书仕德(即杨骥)云:'破山中贼易,破心中贼难。'区区剪除鼠窃,何足为异。若诸贤扫荡心腹之寇,以收廓清之功,此诚大丈夫不世之伟绩。"①后即组成九路大军共三万余兵力,并亲率中军,于正月初七日向三浰三十八寨发起总攻。攻入浰头后,阳明又"住军九连大山",在今浰源各村、热水镇老围、新洞、下径、千斤地、青山、和平巡检司、大坝半坑村、上陵镇岑江村、百龙村、下车乌虎镇等地,驻军清剿余匪。在和平巡检司驻兵期间,阳明逐渐形成了"于和平地方设建县治,以控制瑶洞;兴起学校,以移易风俗"②的想法,遂与龙川知县、惠州知府以及水背村的卢氏等知名人士一起,对"某处可以建筑城池"等事宜进行实地考察,最后确定在羊子铺筑城池,并向朝廷上了奏疏。和平建县后,阳明又"将和平巡检司改立浰头,屯兵堤备,庶几变盗贼之区为冠裳之地"。同时,为表彰卢氏对平乱建城所作之贡献,阳明还向上边建议,把和平巡检司的地方以半卖半送的方式奖给卢氏。后卢氏将其加建成围陇屋,史称"书香围"。此民居建筑,至今尚存。

---

① 王守仁:《王阳明全集(简体版)》卷四,吴光等编校,第144页。
② 王守仁:《王阳明全集(简体版)》卷十一,吴光等编校,第311页。

（八）王文成公祠遗址

该遗址位于阳明镇城西村。明嘉靖五年（1526），和平县令刘琰"以守仁公平贼建邑有功，详请设祠，春秋致祭"，于是在北楼岗（现和平中学校内）建了阳明生祠，后改称"王文成公祠"。祠为一进三间布局，正厅供奉阳明塑像，两边为寝宫，前有庭院。生祠建成后，经过多次维修和重建。清康熙三十五年（1696），余姚人邵大成任知县，见王文成公祠破败不堪，遂捐资重建，邵廷采记文曰："后之守者感公斯意，爱吾民如赤子，保护斯土如护元气……要皆公之遗教有及之也。"① 重建后的王文成公祠，上方为檐抬梁木构架，红绿色琉璃瓦，檐角有风铃，下配红木金柱、檐柱，彩绘藻井，显得格外肃穆堂皇。五四运动后，县知事何一鸾在县考棚建县立初级中学，并拆祠建课堂，至今和平中学南围墙里，仍保存着当年王文成公祠前院斗门的四根圆顶柱子。

（九）阳明驿道遗址

平浰头之乱后，阳明奏设和平县，并在疏中为未来的和平县设计了自龙川县雷乡驿（今为龙川县佗城镇）至江西龙南县杨陂隘、贯串和平南北的驿道。② 为节省官府开支，阳明只在南北驿道上设十个驿铺，不设驿站。据阳明《添设和平县治疏》记载："再照新县里粮数少，官员应该减裁，且系偏僻之地，驿递不必添设。遇有使客往来，总于龙川县雷乡驿应付。"③ 驿道以和平县城为中心，北经大坝、上陵，通龙南、定南。因礼士、浰溪原为池仲容部下谢祥所占，受招安后，屡有反复，于是又开通了东经合水、公白、林寨、礼士至龙川的驿道。据民国《和平县志》记载："自东门陆路，经合水渡，逾石人坑、杨峒、黎树下、浰溪、黄竹等铺，抵龙川县城，离城一百二十里。按此旧路乃阳明公所开，以其经过抚巢，设官府来往于此，盖以衣冠化强暴意也。"后来为方便行旅，又开通了南经合

---

① 邵廷采：《重修王文成公祠记》，曾枢修，凌开蔚纂：《和平县志》卷六，民国三十一年版。
② 现仍能找到遗存的有：县前铺，又称急递铺，在今和平县人民政府大院内；永丰铺，又称眼坑街，即今合水镇中村眼坑自然村；澄溪铺，古名称浰溪，即今礼士镇澄心村澄溪自然村，尚存疑似澄溪铺的古建筑；杨洞铺，即今林寨镇杨洞村；水车铺，即今大坝镇鹅塘村白屋自然村；岑岗铺，位于上陵镇岑岗圩。其余4个驿铺已无残存痕迹可寻。
③ 王守仁：《王阳明全集（简体版）》卷十一，吴光等编校，第313页。

水渡，逾永丰铺，至忠信、河源的陆路驿道。驿道建成后，成为北上南下的主要通道。至今，和平人仍称阳明当年设计、开筑的南北驿道为"阳明驿道"，称阳明当年走过的东西连接之古道为"阳明古道"。

四、治心与治世

一般来说，王阳明在巡抚南赣期间提出的"破心中贼"的方法，主要有：行"十家牌法"；戒奢靡，立乡约；兴社学，行教化；建书院，勤讲学；恢复旌善亭、申明亭等。而这些心法，可谓贯穿于和平发展的全过程，特别是古驿道周边，虽历经五百年，仍处处可以看见它的遗风余韵、遗存痕迹。

（一）立乡约、正民风

从正德十二年（1517）正月至十三年（1518）六月，王阳明仅以一年半的时间，便翦灭了为患几十年、盘踞在四省边境的"巨寇"，实现了其"破山中贼"之目的，紧接着，他便把"破心中贼"摆上了议事日程。正德十三年四月，阳明平息浰头"山贼"回到赣州后，就颁布了《南赣乡约》。阳明一直认为，南赣区域"山贼"为患，主要原因是民风不善，风俗不美。要想使山民受到应有的礼教约束，树立起应有的法治观念，就必须建立一个有约束力的民规乡约。因此，他便针对当地的陋风恶习，亲自制订了《南赣乡约》。乡约以"孝尔父母，敬尔兄长，教训尔子孙，和顺尔邻里，死丧相助，患难相恤，善恶相勉，恶相告诫"①为指导思想，把心学信仰规范化和制度化，形成自我约束及监督机制。为了顺利实施《南赣乡约》，阳明还特地写了一个告谕，并开门见山地说："告谕百姓，风俗不善，乱所由兴。今民穷苦已甚，而又竞为淫侈，岂不重自困乏？夫民习染既久，亦难一旦尽变，吾姑就其易改者，渐次诲之。"②强调改变民风民俗的重要性，主张要先易后难、循序渐进地对各种习染进行改造。和平县是《南赣乡约》制定后加以实施的重点地区之一，该

---

① 王守仁：《王阳明全集（简体版）》卷十七，吴光等编校，第507页。
② 引自和平县博物馆藏《五乡合禁碑》碑刻。

乡约曾对和平县民风民俗的改变产生了深远影响。无论是原有的恶习陋俗，还是新出现的吸毒赌博，和平人都不遗余力地坚持王阳明所倡导的《南赣乡约》之宗旨，在各个乡、村、族中制订乡规民约，通过自我约束和规章制度，来保一方之平安。直到现在，驿道沿线还能见到当年留下的许多乡规民约，如上陵、翠山、下陵、岑岗、大坝五乡制定的"五乡合禁碑"，碑中记载："一禁窝娼窝盗并私宰耕牛，一禁盗砍山林竹木，一禁盗摘茶子并割禾尾，一禁盗挖春冬二笋并盗竹麻，一禁盗鸡盗鸭收贼赃，一禁结党成群酗酒持烂。"

（二）办学校、兴教育、正民心

王阳明力图证明，社会的纲常名教不是某种绝对的外在强制，而是人心中固有的、内在的道德良知。他要唤醒人内心的良知，以发现、保持和扩充良知，并按照良知去行动。所以他"破山中贼"后，即在南赣区域大力推行设社学、兴教化运动。他还亲自为社学写了《训蒙大意示教读刘伯颂等》，提出"令教童子者，当以孝悌忠信、礼义廉耻为专，务其培植涵养之方，则宜诱之歌诗，以发其志意；导之习礼，以肃其威仪；讽之读书，以开其知觉"的教育方针，试图通过社学教化，灌输礼制观念，而使人们主动接受礼制规范，以培养人们遵从纲常名教的自觉性。

为推广社学，王阳明于正德十二年五月《颁行社学教条》，力图通过立法形式，令赣属各县乡长、约长、里长，俱立社学，"延师设教"，以宣教风。在他看来，若"教之歌诗习礼，申以孝悌，导之礼让，未期月而民心丕变，革奸宄而化善良"①。而教师若能"学求明正，行止端方"，尽心尽力地传授仁、义、礼、智、德、让及诗文，就能使"乡里子弟，不但勤劳于诗礼章句之间，尤在效力于德行心术之本"。因此，他明确要求各乡长、约长、里长乃至家长，"务使礼让日新，风俗日美，庶不负有司作兴之意，与士民趋向之心"②。以实现"破心中贼"的目的。

在王阳明的心学理念指导下，和平县于正德十四年（1519）建衙署、筑城池后，即于正德十六年（1521）在县衙右侧兴建了县学

---

① 王守仁：《王阳明全集（简体版）》卷十七，吴光等编校，第1107页。
② 王守仁：《王阳明全集（简体版）》卷十七，吴光等编校，第517页。

（学宫），使这个"距县辽藐，政教鲜及"的穷乡僻壤有了教育场所。两年后，首任知县刘琰又在城内城隍庙旁建了一所社学，以供乡民子弟入学受教。设县后，随着人口增多，嘉靖十七年（1538），知县郭惠又在人口较集中的林寨中潭建了一所社学，嘉靖三十八年（1559），通制洪章又在城风洪公祠左侧设社学一所，万历元年（1573），知县陈文彬又在下车兴隆立社学一所，并赐匾额"养正"。清康熙二十五年（1686），在县城关帝庙左侧设立五云书院，后来知县曹鹏翙把五云书院迁至王文成公祠左侧，并改称"龙溪书院"。清代将民间社学称为义学，当时较有影响的有彭寨龙安屯义学、下车龙潭嶂义学等。自光绪三十二年（1906）在县城设立公立高等小学堂后，至民国十年（1921），和平县内各乡、村的小学已达二百四十八所。

至于当时所建社学（义学）之遗址，至今尚存的有鹅塘村"下书房"、水背村"书香围"、龙安屯"义学"等。同时在民间，许多明清建筑中还能见到当时勉励勤学的楹联匾额，如水背村仁修楼的正门楹联"家训犹存愿历代子子孙孙咸遵文公成法，格言具然望后裔绳绳继继永守柏庐旧貌"；俊兴楼中厅的楹联"创业实维艰当思祖先克俭克勤承世泽，家成真不易乃愿子孙惟耕惟读振家声"等。

（三）破岑岗、留守劝教

王阳明平定浰头时，池仲容余部李鉴占据岑岗寨（今和平县上陵镇），后被招抚，但其子李文彪及女婿一直反复无常，作乱不止，直到万历十四年（1586）才被彻底剿灭。岑岗之乱平定后，时任惠州卫指挥的任道远在此屯兵驻扎了四年，期间，他不仅设立了岑岗圩（相当于乡级政府），还兴建了学校、寺庙，以教化岑岗乡民。万历十九年（1591），任道远奉命撤军，临走时他有感而发，在中洞径冬天腊山的古道路旁刻石纪念道："广东惠州卫指挥任道远，奉命征岑巢，灭之。复屯兵，善后四载，一方悉定。万历十九年岁次辛卯谷旦记。"

（四）平浊溪、兴驿道、教化新民

据民国《和平县志》记载："初池仲容之党有七巢，王守仁计平其五，遂下招抚之令，而李鉴犹据岑岗，谢祥据浊溪，是时鉴之子文彪，祥之子恕抚叛不常，大为民害。"根据清嘉庆二十四年

(1819)版《和平县志·交通志》记载:"自东门陆路经合水渡逾石人坑、杨洞、黎树下、浊溪、黄竹等铺抵龙川县界,离城一百二十里。按此路乃阳明公所开,以其经过抚巢,设官府来往于此,盖以衣冠化强暴意也。"王阳明在平定了浰头以后,并没有对叛乱山民斩尽杀绝,招抚了岑岗李鉴、浊溪谢祥,为了让这些改邪归正的山民能够接受教化,王阳明将通往龙川的驿道绕了个大弯,从杨洞隘绕往礼士经浊溪才到龙川,目的就是让这以前是贼巢之地能在官府监管之下,受到正统的文化教育。

(五)立庙、立坊、立新风

据说恢复旌善亭、申明亭也是当年王阳明"破心中贼"的手段之一。阳明在《批增城县改立忠孝祠申》中说:"看得表扬忠孝,树之风声,以兴起民俗,此最为政之先务。"①又在《旌奖节妇牌》中提到:"访得吉水县民人陈文继妻黄氏,庐陵县生员胡充妻曾氏,俱各少年守制,节操坚厉,远近传扬,士夫称叹,当兹风俗颓靡之时,合行旌奖,以励浇薄……盛集乡邻老幼之人,宣扬本妇志节之美,务使姻族知所崇重,里巷知所表式,用奖贞节,以激偷鄙。"②表明阳明不但重视教化乡民,同时也重视树立表率,以图引导人们从内心为善去恶,遵循伦理规范,从而达到教化风俗和立政治民的目的。

建县五百年来,和平一直遵循阳明的这一教化理念,为对本县有影响的人物、事件立庙、立坊,以为楷模。如建于嘉靖五年(1526)的"阳明祠"(后改为"王文成公祠"),位于大坝镇高发村的"五将庙",位于林寨东江河边古云岭上的"贞节亭"等。

(六)行善积德、修桥补路

王阳明在《谕俗四条》中说过:"积善之家,必有余庆,积不善之家必有余殃。见人之为善,我必爱之,我能为善,岂有不爱我者乎?见人之为不善,我必恶之,我苟为不善,岂有不恶我者乎?故凶人之为不善,至于陨身亡家而不悟者,由其不能自反也。"③和平人

---

① 王守仁:《王阳明全集(简体版)》卷十八,吴光等编校,第538页。
② 王守仁:《王阳明全集(简体版)》卷十七,吴光等编校,第511页。
③ 王守仁:《王阳明全集(简体版)》卷二十四,吴光等编校,第756页。

遵从阳明谕训，以行善积德为正道，乐善好施，修桥补路，建驿造亭。这些遗迹，在古驿道中随处可见。比如在上陵镇中洞径驿道旁，存有"岑江中洞要地，两京江广相通，商旅日经，耕樵必由，一路石壁崎岖，来往艰辛，善信东聘宇翁目业捐出银一千百二两，请匠砌凿修理，广结良缘，永远为记"之石刻，翔实记载了当时人们自觉出资修桥补路的史实。再比如史志记载，驿道沿路分布着大大小小几十座茶亭，系当地人为方便行人捐资而建，较出名有高车水升官亭、七窖岗茶亭、可喜坳茶亭、道士贯茶亭、朝阳亭、九子岗茶亭、飞凤亭、蔼光茶亭、甜鱼磜茶亭、大水山合栋嵊茶亭、江口三兜松茶亭、中洞径茶亭、松风亭、牛暗径茶亭、桂陂头茶亭等等，现在保存完好的是建于清咸丰四年的可喜坳茶亭和建于1935年的七窖岗茶亭。而当地乐善好施者捐资修建的桥梁则有飞凤桥、高车水石桥、甜鱼磜上拱桥、甜鱼磜下拱桥、陵丰桥、麻坝桥、水车头桥、寅宾桥、化龙桥、南熏桥、跃龙桥、兴隆坝石桥等等。这些都可以说是受了阳明告谕中所强调的"积善之家，必有余庆"思想的影响。

由此可见，尽管王阳明仅在和平滞留了六十一天，但带给和平的影响却是深远的。他以和平县城为中心，以驿道为干线，推行社学教化，以改造民风民俗，重建地方秩序。建县以后，和平日益融入整个国家体系，经济社会逐渐繁荣，使得这个原本被视为"山林深险之所，盗贼屯聚之乡"的草莽之地，利用其邻接三省、沟通南北的有利地理位置，日渐成为地方发展的区位优势。故而史志记载道："计有明建垂百余年，文物日盛，货殖日多，熙攘日众，久之成为大道。"① "上下往来，无论鱼盐茶油，与一切杂货，争由是路。且番舶洋货以及山珍海错，无不出乎其途。"② 到了清代，和平驿道已然成为沟通岭南岭北、连接国内国外的经贸交通枢纽。而在和平幸而保存下来的大量遗迹、遗址，则为我们提供了一幅颇具现场感的阳明立德、立功、立言的历史画卷。

（杨廷强、陈子昂撰稿）

---

① 曹鹏翊等修，朱超玟等纂：《和平县志》卷八，《广东历代方志集成·韶州府部》（第19册），岭南美术出版社2007年版，第318页。
② 曹鹏翊等修，朱超玟等纂：《和平县志》卷八，《广东历代方志集成·韶州府部》（第19册），第336页。

王阳明与广西

广西简称"桂"或"八桂",其地域文化整体上被称为"八桂文化"。历史上广西的民族主义思想较为浓厚,对中原王朝平定广西地方叛乱持否定态度,这在对王阳明的学术评价中得到充分体现。但近年出版的《中国地域文化通览(广西卷)》,却将王阳明入选为20位历代旅桂文化名人之一,可见王阳明对广西的影响之深,亦反映了广西对王阳明评价的转变。

嘉靖六年(1527)八月,王阳明以南京兵部尚书兼都察院左都御史提督两广、江西、湖广四省军务,启程赴广西,十二月二十五日抵南宁,后于嘉靖七年(1528)八月,由南宁启程返乡归里,在桂时间前后不足一年。在此期间,阳明灵活运用剿抚之策,迅速平定思恩、田州之乱,剿灭八寨、断藤峡之贼,稳定社会、恢复民生、奏设县治、发展生产、创立书院、开化民风,有力促进了广西社会、经济、文化、教育事业的发展。时至今日,广西各地尚保存有大量与王阳明有关的史迹、文献、资料等。现结合阳明在广西的事迹具述于下。

一、《征抚思田功绩文》

明嘉靖七年(1528)二月,阳明平定思田之乱,随后亲赴思恩、田州进行实地勘察,并亲书《征抚思田功绩文》。此文的摩崖石刻位于百色市平果县马头镇右江南岸观音山上,长4米,高3米,正楷,325字,字径均18厘米×18厘米。现被列为平果县文物保护单位。该文即录于《王文成公全书》的《田州立碑》[①],但缺了文末的"嘉靖戊子季春臣守仁稽首拜手书纪功",以及石金、林富等三十一名监刻、立碑赞画者和赵璜等四名督工的官职和姓名,总计一百六十字。

在思田镌刻《征抚思田功绩文》具有深刻的政治考量。此地可谓田州、思恩州、南宁府交界地带。于此立碑,其一,可以安抚百姓,力劝农耕,恢复生产;其二,可以威慑山民,宣誓朝廷威严,

---

[①] 王阳明:《王阳明全集(新编本)》卷二十五,吴光、钱明、董平等编校,第993—994页。

警示后人。为加强对地方的军事控制,王阳明在田州设置九个土巡检司,平果县归白山土巡检司管辖。

在《征抚思田功绩文》摩崖石刻下方有一"万人洞",因王阳明于洞上岩镌刻"阳明洞天"四个大字,又被称为"阳明洞"。此四字,楷书,长、宽均为六十厘米。该洞现被列为平果县文物保护单位。据清宣统元年版《南宁府志》记载:"阳明洞天在县西北四十里,峭壁濒江,中间一洞,可容数百人,入游兰香袭衣,明嘉靖中,王守仁征抚思田,泊舟于此,刊额曰'阳明洞天',并镌征田功绩文其上。"①

此外还录有清人所作的"阳明洞天"诗两首,一首是刘德清的:"邕江驻节处,胜地勒贞珉。偃武横山静,修文象岑平。壮猷俎豆远,理学渊源真。遗洞芳踪在,登临谒后尘。"一首是卢之美的:"绝城幽岩穷,云封古未刊。登临疑有待,形胜早未安。莫是良知开,□非遏化观。子陵如不钓,千载负严滩。"②以及《广西通志》所载的"左江使者王毓贤续题曰'神武不杀',邑令盛国俊题曰'干羽流徽'"。

今在"阳明洞"顶、壁刻有历代巡官和文人墨客赞颂阳明功绩之诗文,主要有"钱君章仰观";"康熙甲子重九日,神武不杀,左江使者王毓贤题";"羽扇纶巾智若神,武侯继起有先民。兵威远震六千里,甲士生降七万兵。墨迹淋漓悬壁上,英风想像大江滨。邕南兄老思遗泽,俎豆年年奉祀新。大清乾隆丁酉仲冬南宁郡守蒙古德坤敬题"③。也正是基于王阳明对思田的历史贡献,当地曾建有王文成公祠以示纪念。据清道光十年版《白山司志》记载:"王文成公祠在司治北门,内祀明左都御史新建伯王守仁。"

二、敷文书院

据敬凌《李彦章与广西的阳明书院》一文介绍,王阳明在广西亲自创办或由弟子参与创办的敷文书院有五个,分别在南宁、宾阳、

---

① 《南宁古籍文献丛书》编纂委员会编:《舆地志》,《南宁府志(宣统元年版)》卷十三,广西人民出版社2008年版,第412页。
② 《南宁古籍文献丛书》编纂委员会编:《艺文志》,《南宁府志(宣统元年版)》卷五十四,第1725页。
③ 参见黄懿、杨晨:《王阳明在广西——国际阳明学研究中心广西考察报告》,国际阳明学研究中心主办:《国际阳明学研究》(第3卷),上海古籍出版社2013年版,第110页。

梧州、灵山、田阳等地。而以阳明先生命名的书院有四个，分别是武鸣阳明书院、环江阳明书院、隆安阳明书院、桂林阳明书院。其他如德保秀阳书院、迁江印山书院（今属来宾市）、思恩西邕书院（今属环江县）等，亦皆以王文成公像为祭祀对象。明清以降，整个广西与王阳明相关的书院至少有十余座，其中武鸣阳明书院、环江阳明书院、思恩西邕书院等皆为李彦章所建。

王阳明征思田驻南宁时曾创建敷文书院，该书院具有双重功能：其一，临时性的政治目的。据《粤西丛载》记载："王建新督四省兵驻南宁，因创办敷文书院，日聚幕僚诸生讲学，更不谈兵，三司莫测其意，谓公假此纵敌，将密有指授也。"其二，长期性的文化、教育功能。据《王守仁书院记》指出：社会动乱的根源乃是由于教化未及，民风未开，因此需要积极宣扬至仁，发展文化教育事业，以达到"诞敷文德"的目标。

敷文书院位于南宁府城北门街口，整体由正厅、东西廊房、后厅等组成。为创办敷文书院，阳明甚至动用军饷作为经费，"境接诸蛮之界，最宜用夏变夷，而时当梗化之余，尤当敷文来远，虽亦俎豆之事，实关军旅之机，准如所议，动用军饷银两，即为起盖"①。书院落成后，阳明还从制度建设、资金保障、教官委任、政府管理等多方面确保书院有效运行。"据金事吴天挺呈称：'将南宁城东西二壕花利，通收府库；支与书院师生应用，剩银修理，仍置教官私宅号房，以为定规。'看得所呈事宜，足见该道官留心学校，兴起士习之美意，俱准照议施行。但事无成规，难垂久远，而管理非人，终归废坠。该道仍须置立文簿，将区处过事宜逐件开载，给付该府县学及管理书院官各收一本存照，相继查考举行，以防日后埋没侵渔之弊。仍于各教官内推举学行端方、堪为师范者呈来定委，专管书院诸务，训励诸生，庶几法立事行，人存政举，而今日书院之设为不虚矣。仍行提督学校官知会，一体查督举行；及备行该府县学官吏师生查照施行，俱毋违错。"②为保证书院教育的质量，阳明又委任弟子季本为山长。季本（1485—1563），字明德，号彭山，会稽

---

① 王阳明：《批广西布按二司请建讲堂呈》，《王阳明全集（新编本）》卷十八，吴光、钱明、董平等编校，第663—664页。
② 王阳明：《经理书院事宜》，《王阳明全集（新编本）》卷十八，吴光、钱明、董平等编校，第676页。

（今浙江绍兴）人，正德十二年（1517）进士，授建宁府推官，征为御史，以言事谪揭阳主簿，官至长沙知府，曾撰有《建敷文书院修德息兵序》。

嘉靖十六年（1537），敷文书院由知府郭楠重修。此次修缮，书院格局基本保持不变，整体仍分大门、正厅、后厅、东西廊房。除讲学功能外，又新增祠堂祭祀功能，于后厅内塑阳明像，并刻其手书《平田功绩文》于墙壁，春秋祀之，名为"文成公祠"，并置祀田。清康熙间孙明忠曾撰《敷文书院捐田碑记》，然在嘉靖十六年和嘉靖十七年，朝廷先后以"官学不修，别立私院""动费万金，供亿科扰""倡其邪学，广收无赖"①等罪名，查封敷文书院。至嘉靖四十二年（1563），"知府方瑜，移公（姚镆）像于敷文书院，与文成公并祀焉"。

万历七年（1579），张居正大规模禁毁书院，敷文书院改为别署。"此新建伯王文成公平田州时所办书院也。自嘉靖戊子（七年，1528），迄今垂六十年，前为□政所格，罢天下诸路书院，因改为别署"②。万历十一年（1583）秋，左江道陈希美因见院第荒芜，怃然叹曰："奈何以先正经略之地，顾废置书墁之若此耶。即上其事于三院，而檄有司修复之。"陈希美撰有《修复敷文书院记》，具体描述书院格局和规模，详细记载修复书院的具体过程："前为大门，门扁曰敷文书院，公旧所题名也，手泽犹存焉尔。中为仪门，又中为大堂，堂扁曰耀德堂，公所敷文降虏处也。两廊各翼以精舍。十八楹。后为后堂，窿然特起。前道佥事欧阳公瑜，扁其壁曰道德功勋，奉公像以居，面为对越亭，旁各翼以精舍如前廊式，后为公石像，友最后就平衍地筑台，高数尺，置屋数楹，其上扁曰洗心台，志道德功勋之所自出也，而各翼以余椽，树以劲木，于是门垣庭阶、井灶庙墕，巍然焕然，王公之精英灵爽，恍乎若有袭于其上。"③在此期间，阳明像被重新立于后厅，"然中有公像，有司不忍毁，犹以屏隐约而藏之。余（陈希美）亟命有司撤其屏，肃瓣香瞻拜祠下"④。该

---

① 马端临：《续文献通考》，文渊阁《四库全书》本。
② 莫炳奎纂：《学校志一》，《邕宁县志》，民国二十六年铅印本，第28页。
③ 莫炳奎纂：《学校志一》，《邕宁县志》，第28页。
④ 莫炳奎纂：《学校志一》，《邕宁县志》，第28页。

工程始于万历十二年（1584）三月，翌年三月竣工。今南宁市人民公园内尚存有一块《左江道修复王文成公敷文书院碑》，落款处为"万历十三年岁在乙酉春三月吉旦"。直至明末，敷文书院被毁，其基址为兵舍。

清康熙九年（1670），左江道宋翔、知府韩章，捐资重建，造大门一座，大堂一座，后堂一座，立阳明公像，规制焕然一新。宋翔撰《重修王文成公书院小引》曰："阳明学道，先生以良知立言，以克诘戎兵立功，谪贵州佯投江上，平宸濠宴坐九华，靖安南遂瘁身王事，藏甲胄十万于胸中，讲道德一堂于千载，种种。异人虽当年群小，以'事不师古，言不称师'为讥，然而功名在天壤，直道自在人心，是以爵新建，谥文成，旋晦而旋复也。高山仰止，景行行止，翔窃私心向往之，云：庚戌冬，翔奉命巡朗宁，便询之郡县，始得其遗像，久没之砌筑间，讲学元基已荡然瓦砾之场。呜呼！先生之道德功业可谓伟矣，尚如是其尘积弗彰，而况无闻者与。虽然官斯土者，任文事，仔武备，均于先生之高风实绩，宜俎豆、宜钟鼓之，奚忍往迹，鞠为茂草哉。刻日鸠工，幸我同人，惠肯自注，共襄此举，是亦振兴西南学道之，伪起而接武，以弼翼我朝，庶不负此日同舟斯会也，万勿以门外汉自薄尔。"①他还曾撰《王文成公像赞》："古木枯烟，古石涸水。烟枯水涸，巾袍寨履。展拜我公，良知不死。杀机曷已？杀尽不良知，乃致于天地万物之始。廓然无圣，廓然无始。我公瘅哉！山一方兮，林木其乔。江一带兮，流水其潮。"②

两年后，即康熙十一年（1672），知府周起岐对敷文书院进行重新修缮，并撰《重修敷文书院碑记》，曰："民具知觉之性，知爱其亲，知敬其长，达之天下仁至义尽，礼乐可兴，兵刑可措，此孔孟之言，近而易行，行而辄效也。汉唐以来，微言几绝，惟我濂溪公传孔孟不传之绪于千载之后，学者始知穷往，犹惜其未克大用，不尽见诸实事。乃阳明先生独举良知以开示四方，一时功业炳然，诸具不论，论其平定田州一事，方先生治楼船，扬舲旌，蔽江而未，视此小丑，可以鞭棰折之，而先生按兵朗宁，开诚往谕，至再至三，独与左右将帅，暨百粤子弟，创兴书院，讲学其中，曾不十旬，田

---

① 《南宁古籍文献丛书》编纂委员会编：《南宁府志（宣统元年版）》卷五十三，第1688—1689页。
② 《南宁古籍文献丛书》编纂委员会编：《南宁府志（宣统元年版）》卷五十三，第1692页。

州底定。迄今深山穷谷，皆尸祝文成，尊若神明。洵哉良知之说，有以渐摩浃洽，深服其心，而凡有知觉之性者，一感触之，亦不至民彝大泯乱也。阅世百年，西粤九郡，日相寻兵，敷文书院，子为平地，灌莽丛生，莫有过而问者。岁在□□渊献，金宪宋公，驻节兹土，首兴文教，重为修复，一时守土诸君子，共襄厥事，凡用材木若干寻，瓦石油漆若干数，工匠若干人，俱捐清俸，不以丝粟扰民。未阅月，而渐次告成。余摄篆之始，与别驾顾君，肃衣而登，见门庑宏以整，阶除贼以平，前堂翚飞，后楹矢直。余俯仰徘徊，窣然以思，悄然以叹，顾君语余曰：我乃知治我宁之易易也，宁逼两交，共设官流三而土居七，民处箐篁溪洞间，既无师儒为之教诲，孩提之良，牿亡殆尽，又天性悍骜，好行剽掠，不以圣贤之治治之，遂令礼仪不交于心，彝伦遏绝，今试语其子以孝于尔亲，语其弟以敬于尔长，语其目族以思于尔主。虽其蠢愚，亦皆颟首听命。昔文成治已叛之民，尚整暇有余裕，矧今治归化之民，而有不沛然若流水哉。余心服其言，因思文成之学，即我家濂溪之学，异世同规，咸孔孟之宗子也。余向视学南楚，至永州，修濂溪书院，巍焉为郡县最，自念固陋，不克绍衣祖德，每一经游，北面拜谒，汗流浃背。今顾瞻文成，其未能负荷之思，一如见我濂溪焉。所幸与顾君朝夕砥砺，闻所未闻，以佐不逮，或可黾勉从事云尔。书院既成，大进郡人士以落之，而记其本末如左。"①

康熙二十五年（1686）知府赵良璧，五十一年（1712）知府戴锦，五十六年（1717）知府沈元佐、同知闻人绅，先后对敷文书院进行重修。闻人绅撰《重修敷文书院记略》曰："南宁郡城之北，有曰敷文书院者，乃前明新建伯王文成公奉命征田讲学降寇之故地也。宁人德公之不以兵戎，格强暴于几席之间，土地人民得以安全。因即其地像公之形于石，面春秋俎豆之。凡历二百有余年，绅世家余姚，与公同里，先人多受业于公之门，家庭传述，德于公之道德文章。窃闻知□过庭者甚详，其丰功伟业，考诸记载，亦略知其概，心焉向往之，实匪伊朝夕也。丙申岁，由直隶之顺德，量移南宁，向知公有征田之役，尝建功于是邦，因晤郡之人士，备述当年讲学

---

① 莫炳奎纂：《学校志一》，《邕宁县志》，第29—30页。

戡乱之故事,并得识其书院而瞻拜之,石上之音容,望之□然,其肃余心乎。第南方地卑湿,楹栋之间多穴蚁,堂宇俱将颓□莫考,萧条黯澹,有为人意之所不能安者,乃捐薄俸,购木石,择缓急,肇工于丁酉年之桂月,竣于壬寅年之春月。"①

康熙六十一年(1722),同知闻人绅改建文成公祠内西隅。道光二十一年(1841),知府刘梦兰、知县李天钰暨绅士劝捐重修。刘梦兰记云:"世无讲学之人,而道学不明。世竞讲学之名,而道学滋弊。明季讲学之风颇盛,□东林复社,祸乱相循,国祚之倾覆蹈之。盖其人本不尽笃行之君子,大都虚声附和,标榜为名,妄议是非,以至激成党祸,即有二三端人正士,不能明烛于几先。逮祸患既成,即欲引身避之而不得,甚可慨也。夫所谓道学者,学为孝友忠信之道,以心体之,以身践之,非以为名也,非以空托也,其于世更无所庸其忤也,所期请明切究,务为去私存理,以□王于明体达用,斯不愧为圣人之徒尔。阳明先生,在有明一代,最为醇儒,其学以致良知为主,与孟子申明性善之旨,先后同符,一时被其教者,无不倾心悦服,至有愚夫愚妇,闻而感泣者,盖教亦多术,贵因其所明而懞之,彼惟鲁颛愚之子,或不知仁义为何物,道德为何名,而人心之灵,莫不有知。良知者,人之所得于天者也,因其本然之知,而引之使觉,则其教不劳而入,而言近旨远,实已彻性命之指归,揭大人之阃奥,极宋儒语录数千万言,无能出此也。方粤西未靖,诸溪峒夷獞,叛据险隘,抗拒王师,群盗因之,所在啸聚,先生督师剿抚,歼厥渠魁,降兵丑虏,不数月内,悉就荡平,乃于幕府练兵之暇,幅巾儒服,进邕人士而兴之讲学,一时学风兴起,远近偕来,遂至俗易风移,家弦户诵。先生之经济学问,体用兼备,具有明效文聪,岂高谈性理,毫无实济者,所可旬日语耶。先生去后,人思其德,即其讲学书院,建立遗像,守土官岁时奉祀,维虔。余于道光己亥岁,奉命来守邕管,仰瞻遗像,肃拜堂阶,顾栋宇倾颓,亟应修葺,乃谋于郡中文武官绅,捐资倡修,商民人等,亦踊跃捐助。择日鸠工庀材,输奂一新。工既竣,复进郡人士面告之曰:学问之道,不外明善诚身而已。先生之阐良知,以明善也,以诚其身,诚能动物,故一时被其风,百世

---

① 莫炳奎纂:《学校志一》,《邕宁县志》,第30页。

犹思其泽。吾辈学先生之学，必务矫夫浮动伪妄之习，而力敦夫践履笃实之修，识见不能无蔽，思所以扩充之，气质不能无偏，思所以变化之。先生有知，是宜所为嘉舆者也。不然，纵其衣冠，陈俎豆，升降堂庑，附托门墙，口能无愧于前贤耶。余不才，勉强学问，忝守斯土，愿举斯语，与郡中诸君子共勉之。"①

敷文书院自道光后未有修葺，其讲学则在咸丰、同治后陷入危机。"按书院为讲学校艺场所，自省而府而县而乡，于所在地，官为之选地方优秀之士，肄业其中，给以膏火，敦请有道之儒，以主讲席，名曰山县，每月遵望，或逢三八期，释荣于先师。诸生环侍讲堂，相次执经问难，改论六经同异，与夫国家治平之略，人已义利之辩，以故圣贤大义微言，敕此迎而勿坠。即退，复课以文艺，以觇其才，而旌奖之。此书院之制也，咸同以后，古制寝微，主讲者皆滥竽充数，徒课以制艺帖括，以博科名，而讲学之制，遂不复举行，而学风自此衰矣。"

民国十五年（1926）敷文书院改建为省立第一中学女子部，民国十六年（1927）改为省立第三女子师范学校，民国十九年（1930）改为省立第三女子师范学校，校内建有"阳明先生纪念亭"，亭碑上有王阳明石刻画像，为素服线刻坐像，系清康熙九年（1670）所作，人称"王阳明先生遗像"，现立于南宁市人民公园内。像高208厘米，宽139厘米，线条精细，轮廓清晰。据民国二十六年（1937）《南宁社会概况》，"祠内有王守仁遗像碑一"，"现存于今之南宁图书馆壁间"，"上额篆书'王阳明先生遗像'七字"。

据民国二十六年（1937）《邕宁县志》记载："我县书院，明朝所立者，皆已久废，惟敷文书院岿然犹存。"可见，敷文书院最迟至民国二十六年依然存在，后毁圮。今书院旧址（广西储备物质管理局）上，仅存一块"王文成公讲学处"碑刻。

关于敷文书院，清人闻人绅、叶绍本、李彦章、周起岐、颜鼎植等均有诗歌楹联，称颂王阳明"良知启后学，大任继先民"；"文德垂三立，武功屏六钧"；"立功惟立德，过化自存神"；"环海声名荡，邕江德化淳"；"不武而犹武，因人以治人"；"奕世一儒宗，功名着

---

① 莫炳奎纂：《学校志一》，《邕宁县志》，第30—31页。

鼎铸";"异地犹观感,谁人不景从";"斯文今未坠,俎豆赖群公";"岭外有文能止武,堂上习礼致精䄄"云。

敷文书院的创办,为广西的教育文化事业作出了很大贡献。据《邕宁县志》记载,整个明代年间,宣化(今南宁)共有举二百五十八人,其中嘉靖八年至崇祯十七年(1529—1642)的一百一十五年间,就有举人一百三十八人。自嘉靖六年(1527)阳明到南宁建敷文书院讲学以后,经阳明及弟子、再传弟子的不断努力,阳明心学开始在广西地区传播开来,从而打破了程朱理学在广西的垄断局面。可以说阳明对广西书院的发展贡献最著,而广西书院的发展又反过来促进了阳明心学在广西的传播和发展。① 据统计,嘉靖元年(1522)至明末广西创建书院五十四所,占整个明代广西书院数量的84.3%,其中仅嘉靖四十五年(1566)一年就建了二十四所。在嘉靖六年(1527)后所建的四十四所书院中,仅南宁一地就有十九所,而田州、宾阳等少数民族地区则是首次建书院,呈现出由东到西、由北到南的发展态势,从而极大地促进少数民族地区教育的发展。② 与此同时,还逐渐形成了"桂中王门",其代表人物有陈大伦(字伯言,南宁人,嘉靖八年进士,师从阳明,后创建明经书院于广东韶州,祀阳明)、吕调阳(1516—1580,字和卿,号豫所,桂林人,嘉靖二十九年进士,曾师从阳明弟子程文德)、张翀(字子仪,号鹤楼,马平人,嘉靖三十二年进士,阳明再传弟子徐阶的门生。他曾为思恩府撰写《建思恩军民府儒学碑记》,言及思恩府将阳明书院旧基扩建为府学)、张昌荫(1606—1626,全州人,天启元年举于乡,尝以阳明良知为宗,所著《立志》《辩志》诸篇,尽发先儒秘钥)、刘天麒(字仁徵,桂林人,弘治十五年进士,正德初谪贵州安庄驿,与时谪龙场驿的阳明定交,后天麟病卒,阳明为文祭之)等。

王阳明的绍兴后学徐渭在为季本写的《师长沙公行状》中尝称:

---

① 参见孙先英、覃明:《敷文书院与王守仁的书院教育思想在广西的传播及影响》,《广西社会科学》2010年第3期。
② 参见孙先英、覃明:《敷文书院与王守仁的书院教育思想在广西的传播及影响》,《广西社会科学》2010年第3期。按:2018年7月6日,宾阳县王阳明文化研究会筹备工作在宾阳中学召开,此前王阳明塑像也落成于宾阳中学。据说嘉靖七年(1528)春,阳明到宾阳(宾州),在宾阳5个多月时间里,他购得宾州指挥张大勋土地建楼堂5间,办起了敷文书院。

新建伯始建敷文书院于南宁,至是遂留先生(指季本)使主教事,至者日以百计。先生为发明新建旨,提关启钥,中人心髓,而言论气象,精深摆脱,士翕然宗之,南宁至今传新建(阳明晚年被朝廷封为新建伯,故又以新建代指阳明)学,大抵先生功也。①

说南宁至今传新建学,这是符合实际的。但因王阳明在广西待的时间不长(比如据阳明《南宁二首》中的"一驻南宁五月余"句,他在南宁估计只住了五个月),其思想未及充分传播,在广西问学于阳明的士人中有不少为非广西籍人士(如莆田人林富、布政使王大用等,皆非广西籍人),则是被《阳明年谱》等文献记录下来的阳明在广西的亲传弟子、学术活动相对较少,致使"桂中王门"势单力薄、阳明心学在广西传播不畅的重要原因。亦正因为此,阳明在广西制定的善后处置事宜等被落实的也比较少,如他在《处置八寨断藤峡以图永安疏》中所提出的五条措施,就未见落实。即使由阳明上奏朝廷而设的隆安县,也是在他去世后的嘉靖十二年(1533)才"辟为县治"的。据嘉靖《隆安县学碑记》记载:"南宁在广西为上郡,隆安旧属南宁极西之边地,为诸出入之门户,去府治稍远,民夷杂处,剽略无宁日。我皇上初年,总督王阳明公仗节平思州之乱,思欲严其扃钥,于是即今地创为隆安县治,冀以保障此方也。"最后才终使"邑人沐王阳明之雅化"②也。

三、六公祠与"阳明先生过化之地"

王阳明在创建敷文书院的同时,还在南宁修复了一处祠宇,"牌位祭物等项,照旧修举",以祭祀狄青、孙沔、余靖、苏缄四位先哲,欲通过"正风教"的手段,"以系属人心,以耸示诸夷",以"表扬先哲,以激励有位"③。

此祠最早称"三公亭",是宋朝邕州太守陶弼为纪念平贼三大功

---

① 徐渭:《徐渭集》卷二十七,中华书局1983年版,第645页。
② 刘振西纂修:《艺文考》,《隆安县志》,民国二十三年铅印本,第3—4页。
③ 王阳明:《批南宁府表扬先哲申》,《王阳明全集(新编本)》卷十八,吴光、钱明、董平等编校,第674—675页。

臣狄青、孙沔、余靖而建的亭宇，后改名"三公祠"。明洪武、弘治年间有过重修。阳明重修时，祭祀对象增加了苏缄，后人为纪念阳明平乱之功，又将其入祠祭祀，遂改名"五公祠"。清康熙十八年（1679），镇南将军莽吉图恢复南宁郡，人因其德并入祠奉祀，又改称"六公祠"。乾隆六年（1741），知县黄士俊以春秋仲月戊日为期，捐备登礼，以宗专祀，并撰文记之。民国三年（1914），巡阅使陆荣廷将祠拆毁，改建为镇宁炮台。

今镇远炮台内尚存"六公祠"残碑，残长68厘米，高14厘米，厚13厘米。现将可辨认的部分文字抄录如下："……王文成：理学姚宋，功业韩欧。列坐孔庭，流光邕州。读公奏章，十善十害。想公履台，一屯一寨。讲学席远，敷文院深。载登斯堂，如见其心。……头品顶戴、兵部侍郎兼都察院右副都御史、巡抚广西等处地方、提督军务、节制通省兵马，江夏张凯嵩撰，大清同治六年二月□日，署宣化县事同知衔补用知县南丰赵准书，手民桂林贺广文镌字。"

今南宁市青秀区青秀山风景区内有一横幅式"阳明先生过化之地"摩崖石刻，以纪念王阳明以"文德感化民众"之功。碑文保存完好，隶书，字径约60厘米×55厘米，右侧镌刻"大明嘉靖四十年闰五月吉日"，左侧镌刻"左江道兵佥事门生欧阳瑜刻"，两侧字径均约5厘米×5厘米。欧阳瑜，字汝重，江西泰和（一说安福）人，嘉靖间任分巡左江。清宣统元年《南宁府志》载："'阳明先生过化之地'八大字在青秀山撷青岩畔。"该摩崖石刻已于1983年被列为南宁市文物保护单位。

四、思恩府遗址与阳明书院

宋朝侬智高起兵反宋，朝廷派狄青率兵征讨，浙江余姚人岑仲淑随军南下，因军功授武荫侯，封思恩土州知州，后思恩土州知州遂为岑氏家族世袭，州治位于寨城山，即今平果县旧城镇。据《南宁府志》："思恩府，府城明以前在寨城山。"又据《广西通志辑要》："思恩故城，本唐思恩州地，四围皆山，环列如城，又名寨城……以山为城，石垒其缺，周四里，为门四，明永乐间，思恩知州岑瑛建。"近年在旧城镇爬峰山发现思恩州古城墙遗址，城墙残长200米，宽8米，残高5—6米，两侧用石块垒筑，中间夯土，沿思恩州城墙尚环绕一段护城河，并有一条官道横跨护城河通往城外。

明正统三年（1438），思恩土州升为土府，岑瑛因平叛少数民族有功，被任为思恩知府。正统七年（1442），岑瑛由寨城山迁府至乔利，垒石为思恩府城。据《白山司志》："思恩有古城于乔利圩西，明正统间，进岑瑛为知府时所筑，四周皆石。"今马山县乔利乡乔利街拉旧屯，即为阳明授命广西时的思恩府所在地。今城址已毁，唯拉旧屯东侧残存一段高2米、长50米、宽5米的石块墙基，墙基外侧有护体墙高0.7—1米，宽0.3—0.5米，延伸至山坡。在思恩府府衙遗址上，尚遗存带有纹饰的大量残砖、石构件、瓦当等。

嘉靖六年（1527），阳明在亲自勘察马山县乔利思恩府治后认为，乔利"四面皆斩山绝壁，府治亦在磋确之上，芒利碚砑之石冲射抵触，如处戈矛剑戟之中"，而荒田驿（今武鸣县城）"四野宽衍，皆膏腴之地，而后山起伏蜿蜒，敷为平原，环抱涵蓄，两水夹绕后山而出，合流于前，屈曲数十里，入武缘江水达于南宁，四面山势重叠盘回，皆轩豁秀丽，真可以建立府治"①，于是上疏改筑思恩府治于荒田。

武鸣县思恩府旧址今位于武鸣县府城高中新校园内。据《南宁府志》记载："嘉靖六年，新建伯王守仁迁建今所荒田驿，四郊广衍，江山环拱，高二丈二尺，阔一丈一尺，周围三百一十二丈，垛口六百八十六，为门三，东鸣凤，西悦化，南思正，城楼四座，四隅角楼四座，东西两河至南门交合，俨然濠堑，北倚山麓，无濠池。"②

明万历年间，知府侯国治在府治西建阳明书院，后兵燹塌废。思恩府城外东南两江合流处，相传为王阳明讲学地，因多榕树，故名榕树园。后为土官岑氏园。清道光六年（1826），知府李彦章重建"阳明书院"于榕树园，并在榕园留下"水月岩""阳明书院""云鳞洞"等题刻。"阳明书院"石刻后被毁，其余保存完好，现已列为武鸣县文保单位。李彦掌自号榕园主人，尝在阳明书院建天一阁藏书，聚徒数百人，开坛设讲。清咸丰间院、园俱废。光绪间知府黄鸿藻复设书院，刻王阳明石像供院中。宣统二年（1910）改为小学堂，1912年改堂为校，随后改名为阳明高等小学校。1943年由蒙培勤、李宗儒、黄

---

① 王阳明：《王阳明全集（新编本）》卷十五，吴光、钱明、董平等编校，第544页。
② 《南宁古籍文献丛书》编纂委员会编：《城池志》，《南宁府志（宣统元年版）》卷五十四，第934页。

铭珊等筹办成私立阳明初级中学。1948年更名为武鸣县立第三初级中学。1969年9月改为武鸣县府城高级中学,办学至今。

李彦章(1794—1836),字兰卿,福建闽侯人。清嘉庆十六年(1811)进士。道光五年(1825)任思恩知府,推崇阳明,倡办义学,集资兴建了武鸣阳明书院、环江西邕书院、环江阳明书院等,还制定《榕园学矩》,自编《榕园识字编》《榕园辨韵编》等教材,并亲临各书院讲学。以下两首对联就是他为阳明书院题写的楹联:

> 服其教,畏其神,故非常之功,必待非常之人,遍为尔德;
> 官先事,士先志,有君子之词,而无君子之行,莫入吾门。

> 合千里外东至屯所、西至田阳,俗喜儒风,今已见从游多士;
> 愿十年后家有洙泗、户有邹鲁,化行荒服,我又宗先世成公。

而他为环江西邕书院和南宁敷文书院题写的对联也颇为知名,其中西邕书院的楹联为:

> 院配阳明,皆先生过化之地;教成邹鲁,此初学入德之门。

> 儒馆辟边城,渐户多弦诵,士励廉隅,快养人才为世用;
> 郡斋邻讲院,喜公暇论经,夜深闻读,不忘书味似儿时。

南宁敷文书院的楹联为:

> 七万人相庆更生,计农桑教化兵防,名世允推儒作将;
> 十五卷共尊遗集,兼道学文章经济,此邦尤愿士希贤。

需要指出的是,李彦章担任思恩知府的清道光年间,恰好是阳明心学最为沉寂的时期,即使有尊崇者亦大都仅颂其军功、事功,而阳明心学思想则备受压制、排斥。李彦章能在这样恶劣的思想文化生态下,开出思恩乃至广西阳明学传播与弘扬的新局面,非常不易。他把一生的文集称作《榕园全集》,而这个"榕园",就是其在思恩所建的阳明书院(今属武鸣),亦足见其对王阳明的崇拜之程度。[①]

[①] 按:以上李彦章部分及其所题写的楹联,均参考了敬凌的《李彦章与广西的阳明书院》一文。

五、疏建隆安县

为加强对偏远地区的有效管理，发展社会生产和教育文化，王阳明在平思州之乱后曾上疏朝廷增设隆安县。设县之原因，首先是此地战略位置十分重要。《隆安县志·重建城楼碑记》载："邑虽小实当诸夷之冲，殆郡户牖也。先是岁甲午新建伯王公守仁经略斯土，既奏设县治，因檄郡倅林凤鸣董置城郭，草创诸楼。"其次是便于行政管理和发展民生。此地全部都是夷村土寨，没有县治管理，当地百姓"内迫于县民之奸，外苦于土夷之暴"，设县不但有利于朝廷管治，而且也有利于百姓安居乐业。《隆安县志·隆安县学碑记》载："南宁在广西为上郡，隆安旧属南宁极西之边地，为诸出入之门户，去府治稍远，民夷杂处，剽掠无宁日。我皇上初年总督王阳明公仗节平思州之乱，思欲严其扃钥，于是即今地创为隆安县治，冀以保障此方也。朝命既允王公经营疆理，凡城郭、宫室、公署、学校之设翼如也。"①再其次是有利于发展教育文化事业，开启民风。《隆安县志·文化》载："隆安本宣化之思笼乡，僻处偏隅，南西北三面控诸羁縻州，惟东一面直达郡城，土汉杂处，文化之落后无庸讳矣。明嘉靖十二年辟为县治，邑人沐王阳明之雅化。"②从此，建学宫，办学校，创阳明学堂，隆安民风日渐开化。

六、王文成公祠与王阳明线刻碑像

为了纪念王阳明对隆安政治、文化、教育等方面的功绩，当地建有王文成公祠，"祠在文庙右，祀明新建伯王守仁"。嘉靖十六年（1537），知县章珪在县城北门内建"阳明书院"。嘉靖三十五年（1556），知县姚居易认为"阳明书院创于湫隘之地，尤为塌茸，学者无所依归，风俗无所观感，无怪乎二三十年之间，人文之不振也"。要使隆安人文振兴，必须另辟新址，重建学校。嘉靖三十九年（1560）冬，择现隆安中学校址处新建隆安学宫，一年后落成。"前为棂星门，次仪门三间，中为圣殿（大成殿）。中庭左右为两庑，以妥

---

① 刘振西纂修：《艺文考》，《隆安县志》卷五，第4页。
② 刘振西纂修：《艺文考》，《隆安县志》卷五，第29页。

配享诸贤。右为祠堂，以祀王公，示不忘本也。左为明伦堂，为升讲之地。圣殿之后为启圣宫祠。明伦堂后为斋宿所，为庖厨所。"从明万历十四年（1586）至清乾隆五十七年（1792），隆安学宫先后进行过七次修缮。乾隆五十七年这次修缮，知县张树绩还在学宫旁建起了"榜山书院"。道光二年（1822）知县钟孚吉建起了"隆阳试院"。自始创学宫后的三百多年间，先后有二十一位知县、署知县、训导、典史、教谕等官员主持修建了当地文化教育设施，为隆安的文化教育和人才培育做出了重要贡献。到二十世纪五十年代时，隆安学宫仅存大成宝殿。

今隆安中学校园内，还保存着一块碑高1.43米、宽0.88米的"王阳明线刻碑像"。碑刻左上方镌有"邕郡敷文书院镌阳明先生遗像于石，志不忘也。隆之民尤感肇造斯邑之德，立有生祠，久亦荒芜，兹为改建神阁，复就其余地设立书院，以广教化，是即所以仰体，阳明先生讲学不倦之盛心也哉。其真像自应移摹于兹，俾得崇奉祭祀，以报功德。故既赞之，复记其大略云。知隆安县事昆明张树绩敬题，嘉庆元年（1796）林钟上浣穀旦"。其右上方为《王文成公像赞》："猗欤上哲，旷世名贤，德综将相，学贯人天，良知阐奥，性道独传，民求通隐，过愿绳愆，宸濠既定，复靖思田，干羽布化，顿净烽烟，泽流邕管，远近鸣弦，隆邑肇造，遗爱惟先，冠裳宛在，遗貌依然，谥崇爵懋，食报绵延。"

七、"杨墟书岩"

"杨墟书岩"石刻高约1米，宽0.82米，阴刻，镌有"剿除八寨□□新建伯尚书阳明王公兴师统兵扎寨，（上）（都）督□止戈里□□□□□□□年冬，梁瓒等请勒石，□□□□□嘉靖七年秋八月中秋日□□□□奉议大夫南宁府同知陈志敬□□□"①。

"杨墟书岩"在广西马山县古零乡杨墟。题刻原镌刻在山洞的洞底，由于历年开山取石，今山洞不存，题刻暴露在山坡上，漫漶风化，剥蚀严重。经实地考察，距题刻一百米左右，尚残留有王阳明

---

① 叶树望：《姚江问学稿》，浙江古籍出版社2012年版，第73页。

率军自南宁经武鸣县进军八寨的途中营寨，占地约二十亩，用黄泥夯筑的寨墙还残高三米有余。

据王阳明《八寨断藤峡捷音疏》载："仰右布政林富，副总兵张祐照牌事理，即便分投密切起调各自兵夫，迂路前到南宁，面听约束行事。各职遵奉起调，行至新墟地方，又密奉进兵方略，刻定日期。""先于二十二日晚，于新墟地方集各土目人等申布本院，密授方略，乘夜衔枚速进，所过村寨，寂然不知有兵。黎明各抵贼寨，遂突破石门天险，我兵尽入。"①广西境内名"新墟"者有二：一在北流县西北三十里，一在蒙山县西北。两地距八寨门户石门的直线距离分别有约二百二十公里和两百公里，官军绝不可能在一夜之间从新墟出发行进两百公里至石门。再查"正戈里"地名，唐时为止戈县，在今上林县西，宋开宝间省入上林，此处与杨墟仅一箭之遥，而杨墟离石门的直线距离仅二三十公里。因此，进剿八寨的官兵只有在杨墟扎营，才能在"密奉进兵方略"后"连夜分哨速进"，奔袭石门，于黎明时分攻破石门天险。可见，阳明奏疏中的"新墟"实乃"杨墟"之误。

八、断藤峡、八寨与红水河

断藤峡原名大藤峡，位于广西桂平市西北约六十里处，此地人迹罕至，直到元末才有瑶民移居于此，遂陆续出现瑶族村寨。由于两岸往来不便，瑶民便将大藤从北岸牵引至南岸，横跨峡谷，因而得名"大藤峡"。其大致范围包括今沿柳江—黔江—浔江一线的柳州、象州、武宣、桂平、平南、贵县、藤县、梧州等地，是东西数百里长、南北上百里宽的瑶族和壮族聚居地。因黔江上通柳州、庆远，下通梧州、广州，明清时期不仅是沟通桂东南与桂西北、更是连接粤桂两省的水路交通要道。

明成化年间，名将韩雍平定大藤峡之乱，截断江上大藤，遂改地名为"断藤峡"。正德十一年（1516），陈钧平定瑶民之乱后，又改名为"永通峡"。至嘉靖六年（1527），应当地百姓之求，王阳明依计成

---

① 王阳明：《王阳明全集（新编本）》卷十五，吴光、钱明、董平等编校，第532页。

功平定八寨、断藤峡之乱。此后虽有反复，然至明代末年，已基本趋于稳定。故《徐霞客游记》称："大藤峡东抵府约三百余里，乃漓、柳二江之夹中也。两江瑶贼昔甚猖獗，屡征之后，今两江晏然。当其猖獗时，贼东西相结，盖其中有力山焉。东助府江，西援藤峡，互相窜伏，所谓狡兔之三窟也。王新建讨定之后，当有布置，俟考之。"①

"八寨"之名始于元代。然八寨具体所指，古今说法不一，其中较有代表性的说法有四种：一是《明史·土司传》的思吉、周安、罗洪、古卯、罗墨、古钵、古蓬、都者之"八寨"；二是《徐霞客游记》的寨垒、都者、剥丁、罗洪、那良、古卯、古钵、何罗之"八寨"；三是明张任《十寨善后疏》的周安、思吉、古卯、古钵、古蓬、罗墨、剥丁、都者之"八寨"；四是《读史方舆纪要》的思吉、周安、古卯、古钵、都者、罗墨、剥丁之"八寨"。"其地东达柳州三都、皂岭、北四诸洞，西连东兰等州及夷江诸洞，南连思恩及宾州、上林、铜盘、渌毛诸峒，北连庆远、忻城、东欧、八仙诸洞，周环五百里。"②今据蓝承恩考证，"八寨"应指周安、古卯、思吉、古钵、罗墨、古蓬、都者、剥丁③，具体范围位于今广西上林县、忻城县一带。

红水河在忻城县，因两岸红土流失河中，水呈褐红色而得名，为忻城县最长的河流，境内河段长约五十六公里，河床最宽处约三百五十米，平均约一百五十米，水流湍急，多峡谷险滩。据王阳明《八寨断藤峡捷音疏》："其稍有强力者尚一千余徒，将奔往柳、庆诸处贼巢。我兵四路夹追，及之于横水江。各贼皆已入舟离岸，兵不能及。然贼众船小，皆层叠而载，舟不可运；复因争渡，自相格斗，适遇飓风大作，各船尽覆，浮迫登岸得不死者，仅二十于余徒而已。"横水江即红水河也。

九、五公祠、八贤祠、四贤四公祠、八公祠

在王阳明平定八寨、断藤峡之乱的中心地带桂平县，后人为其所设的祭祀场所，历经数次迁移、变化，先后祭祀于五公祠、八贤

---

① 徐弘祖：《徐霞客游记》，褚绍唐、吴应寿整理，上海古籍出版社2010年版，第404页。
② 顾祖禹：《读史方舆纪要》卷一百九十，贺次君、施和金点校，第4919页。
③ 蓝承恩：《忻城莫氏土司500年》，广西人民出版社2006年版，第206页。

祠、四贤四公祠、八公祠等。

据《桂平县志》记载："八公祠，在城隍庙右，文昌宫左。其始为三先生祠，祀宋濂溪、程明道、程伊川。缘宋庆历年间，濂溪游浔，皇祐间，二程随父龚州任，受业讲学于邑罗丛岩，邑人敬之，为立祠。成化、嘉靖间，韩雍、王守仁、蔡经、翁万达先后平定藤峡，有德于浔，而毛伯温则以出师安南，不俟戎衣属国称臣纳贡，浔以近郡得免于馈饷之苦，遂获与四公同祀，于是有五公祠。万历间，以王守仁增入三先生祠而改五公祠为四公祠。后两祠俱毁，合建一祠曰八贤祠。旋复毁。康熙间，知府阿琳重建，周程王之位居于左，韩蔡毛翁之位居于右，仍存两祠合建之意。"①

可见，宋代为纪念周濂溪、程明道、程伊川而建"三先生祠"，凸显的是三人在文化教育方面的贡献。中明以后为纪念韩雍、王守仁、蔡经、翁万达、毛伯温五人之军功而建"五公祠"，已具有明显的颂扬其事功军功之功能。随着隆庆年间对阳明学说的重新评价，万历时阳明被增入"三先生祠"，并改称"四贤祠"，原来的"五公祠"则改为"四公祠"，而阳明被移入"四贤祠"，则明显是为了凸显其在文化教育上的贡献。后两祠俱毁，合建一祠，称"八贤祠"，又被毁。

康熙三十六年（1697），知府阿琳重建"八贤祠"。据阿琳《重建八贤祠碑》曰：

> 从来称不朽者，太上立德，其次立功。立德者探性命之原，赖以风世率物；立功者抱经纶之略，借以戡乱安民。故其人而存也，景仰之维殷；其人而殁也，追思之罔替。凡夫祠庙蒸尝，群蒿凄怆，莫非崇德报功，以昭将享也。浔郡（桂平别名浔州）旧有八贤祠，余于癸酉守是邦，以丁日往祭，至其地，则蒿莱满目，堂构无存，视其位则总书八贤，而姓氏不列。祠既圮毁，名复湮没，牲醴陈设，徒为具文，其何以荐馨香而隆俎豆也哉。因谋重建，以妥神灵，询之郡吏，访诸父老，乃竟莫有识其姓与氏者，悒悒久之。戊寅春，纂修郡志，博采旧闻，搜罗逸史，始知八贤，盖宋周濂溪、二程三先生，明总督韩公雍、王公守仁、蔡公经御史、毛公伯温、观察翁公万达也。考周濂溪先生庆历中游

---

① 黄占梅修，程大璋纂：《纪地·坛庙》，《桂平县志》卷十五，民国九年铅印本，第5页。

西粤，寓于浔。至皇祐间，二程夫子随父龚州任，遂受业于濂溪先生，讲学罗丛畅岩，风流广被，爰有三先生祠。韩公、王公、蔡公、翁公于成化、嘉靖间先后平定藤峡、弩滩有造，浔郡毛公功绩虽未详，而与四公并祠，则有五公祠焉。迨万历时以王公守仁增入三先生祠内，又改五公祠为四公祠。后两祠俱毁，合建一祠，崇祀八贤，此八贤祠之所由来也。夫向之欲建八贤祠而不果者，以未悉其人之姓与氏耳。今既得其详矣，可不亟令堂构聿新、位次秩然乎？遂捐资鸠工、庀材经始，于二月望落成，于四月朔恭制牌位，薰沐拜手，设周濂溪先生、程明道先生、程伊川先生、王公守仁居左，韩公雍、蔡公经、毛公伯温、翁公万达居右，仍存两祠合建之意。呜呼！兹八贤者，或以德传，或以功显，光明正大，如日月之经天，江河之行地，垂诸千百世而不朽。此一祠也，宁足为八贤重独是，后之登斯祠者，仰其名而论其世、师其人，流连景慕，以为某也风世率物，某也戡乱安民，则懋德丰功，永流峙于浔山浔水之间，未必不由此也。是为记。①

雍正十三年（1735），王勍重建"四贤四公祠"，并撰《重建四贤四公祠碑》：

浔州旧有三贤祠，祀濂溪周子，明道、伊川二程子，以二程子随父龚州任，曾受学于周子，此为过化地也。后又有五公祠，祀王文成公守仁、韩襄毅公雍、蔡公经、毛公伯温、翁公万达，以先后帅师平藤峡、弩滩寇，前此皆大有造于浔也。迨万历朝，则以文成公配享三贤祠，遂改为四公祠。凡三历建造，为增为损，要之均有合于天理民彝之大公，何也？盖祠祀三贤，是为学脉百世之昭，宗祠祀五公，是为追报武功之震叠，奠生民于安居。而以文成公移配三贤而为四贤，则根心之学术，自不等于外际之勋名，而有以维古今不堕之道防也，为此者殆皆大有心人哉。无何，世久岁移，而两祠俱废。以康熙岁戊寅，前守阿君琳改建祠宇，乃列四贤四公于一堂，春秋合祀，而颜曰八贤祠焉。呜呼！自两祠之废，守土者每逢祭期，则结茅为

---

① 黄占梅修，程大璋纂：《纪文·文录三》，《桂平县志》卷四十八，第6—7页。

舍，设主以奠，祭毕，即不知迁置何地，崇德报功之谓何，而屑越乃若此也。得阿君创举之力，不容息乎。乃越数十年来，俎豆不虔，祠又日就倾圮。雍正岁次乙卯，承乏来守是郡，及秋祀，询考来历，悚然不安于心者久之，爰与桂平令李君、贵县令孙君谋，输资建造，并所以位置之宜，谓莫宜于仍万历之旧。二君良以为然。遂因旧址，鸠工庀材，为四贤祀三楹，居中四公祠亦三楹，居右四贤祠。前为门一，颜曰四贤四公祠，所以明四贤四公之各有专祀也。窃计四贤四公分祀两室，庶几神人心安耳。夫浔郡居粤西之中，襟喉柳邑，控连梧郁，土著者率民夷杂处。今沐浴圣朝深仁雅化，彬彬文艺，几与中土埒。特不闻有精求孔孟心源、天德王道统备之学者，然观思陵南山之胜，实亦钟灵毓秀之区。窃冀将来谋建讲堂，广设书舍，丰廪饩资膏火，延师立课，集四邑中俊彦之英，讲明圣贤正道，以储经文纬武之才，为国家良佐、为洙泗传人。庶几不材，迂阔区区报称之丹忱，将于是籍之是役也。基虽仍旧，其经营规度实有创焉。自议复之日，阅岁月而始落。或共用缗五百六十有奇董其事者，署桂平令杜君、李君，今皆迁去，予亦改官。吾知四贤未绝之心，传四公相继之志，遇必有以默佑思陵南山之秀。后之来者，鉴予未竟，续之可耳。是为纪。①

另据陈肇波撰于乾隆二十年（1755）的《重建浔郡八公祠碑记》："浔之有八公祠由来旧矣，八公者，前明韩公雍、王公守仁、毛公伯温、蔡公经、翁公万达、田公汝成、陶公鲁、刘公台也。旧名八贤祠有周、程三先生，而田公、陶公、刘公不与焉，知府王勋重建，以王附程周为四贤，韩、蔡、毛、翁为四公，而合为一祠。知府胡南藩复厘定而变通之，迁祀周、程于浔江书院，归王公于四公，益以田、陶、刘，额为八公祠。"又据《桂平县志·附考》："粤西文载：八公祠在城隍庙右，祀明韩雍、陶鲁、王守仁、蔡经、毛伯温、翁万达、田汝成、刘台八人。有四公祠祀韩雍、蔡经、毛伯温、翁万达四人，知府王吉贞有碑，久毁。又有三先生祠在府学内，祀宋周子及二程子，后移于书院并祀王守仁。旧有五公祠祀明韩雍、

---

① 黄占梅修，程大璋纂：《纪文·文录三》，《桂平县志》卷四十八，第7—8页。

毛伯温、翁万达、蔡经、王守仁。万历间，以王守仁增入三先生祠改为四公祠。后两祠俱毁，合建一祠曰八贤祠。寻复毁。国朝康熙间，知府阿琳重建，雍正间，知府王勋又分为二，乾隆二十年知府胡南藩迁周程三神主祀浔阳书院，增祀陶鲁、田汝成、刘台，改为八公祠。"①就是说，乾隆二十年知府胡南藩将周濂溪、程明道、程伊川迁祀于浔江书院，又将王阳明迁回，并增加了陶鲁、田汝成、刘台三人。可见，前后两个"八公祠"所祀对象是有所区别的。

十、白虎山题刻

今来宾市忻城县古蓬镇周安白虎山回春岩、卧仙岩，尚存有当地内容最丰富、规模最庞大的十余方摩崖石刻，均为反映明代平定八寨之乱的纪实诗文。该摩崖石刻于2009年被列入广西壮族自治区文物保护单位。其中有三方摩崖碑刻详细记载了张祐、陈志敬、孙纲等地方官员奉王阳明之命至周安督建南丹卫城的相关情况，现移录于下。

白虎山题刻之一，在忻城县白虎山东侧回春岩石壁上，碑高0.26米，宽0.5米：

> 戊子之冬十月，奉新建伯尚书阳明王公委，至周安督筑南丹卫，间与守备孙纲历览山水，而得实岩翳于□石，命于辟之。适副总戎张公可兰亦以总理前事至，敬请游焉。公曰：斯地也，而有斯岩也，可无名乎？敬曰：回春。公曰：何所取尔？敬曰：兹地也，公既奉命率师征之于前，宪伯翁公豫斋矜残悯伤抚之于后，是乃秋冬剥落之余，而有阳和发育之德也。公曰：然。遂为书之，镌于岩左。敬僭笔纪此。因叹乎岩之所遇，犹夫人之所遇，固有其时也。意未足而系以诗：岩对青山绿水环，对岩花木亦勘看，岩偏路窄嚣尘远，随处人生可寄闲。嘉靖七年十二月朔，奉政□南宁府同知东莞陈志敬书。

白虎山题刻之二，在忻城县古蓬镇周安村白虎山西侧卧仙岩上，碑高0.5米，宽0.65米：

---

① 黄占梅修，程大璋纂：《纪地·坛庙》，《桂平县志》卷十五，第5—6页。

协同镇守副总兵、镇国将军张祐,奉兵部尚书新建伯王委,重建筑南丹卫城。偶登仙石,惟冀北工役早竣,永奠兹山,务俾夷瑶绥服咸归。春台玉烛之中,人马平安,共至寿考。康宁之域,遮副委记,乃遂予□。时同事者按察副宪翁公,分理则南宁府同知陈志敬、宾州守备孙纲也。嘉靖戊子岁闰月十八日题。①

白虎山题刻之三,在白虎山卧仙岩旁岩壁上,高0.3米,宽0.75米:

钧旨于斯八寨游,无村夜泊此岩头。凶山有约如回顾,恶水无情向北流。此地传闻生贼种,暴朝杀戮使人愁。从今设置千军镇,殄灭瑶蛮永绝休。右无名氏诗,莫稽题于何时。然已载诸宾志,则其来远矣。此地自古负固不服,游人不通,故世传为异人之笔。细绎结句,似为今日谶也。戊子冬十月,纲奉新建伯尚书王委,筑城垣,至此初是朱书烟然,逮后观览者多摩挲模糊,恐久失其真也,故为刻之,以俟观风者考焉。嘉靖戊子腊月,守备宾州中山孙纲跋。②

平定八寨后,王阳明认为:"群贼之于八寨,犹车轮之有轴,树木之有本,若八寨不除,则群贼决无衰息之期也。"③于是提议"移南丹卫城于八寨"。据《读史方舆纪要》记载:"嘉靖初,王守仁定思恩,密图八寨,潜师分道捣之,破石门,贼始觉,警溃。守仁议以八寨诸贼实柳庆诸贼根柢,四山环合,同据一险,各巢贼皆倚八寨为逋逃薮。今幸平荡,宜据其要害,建置卫所,以为控御;其周安堡正当八寨之中,宜创筑一城,移南丹卫守之。"④然据《明史》说,阳明上疏提议在周安设立卫所时"已病甚,疏乞骸骨";林富继之,言:"南丹卫设在宾州,既不足以遥制八寨,迁八寨又不得以还护宾州,为今日计,独上林之三里,守仁所议设县者,可迁南丹卫于此。"⑤今据白虎山题刻可知,阳明于嘉靖七年十月已派张祐、陈志

---

① 叶树望:《姚江问学稿》,第74—75页。
② 叶树望:《姚江问学稿》,第76页。
③ 王阳明:《王阳明全集(新编本)》卷十五,吴光、钱明、董平等编校,第542页。
④ 顾祖禹:《读史方舆纪要》卷一百九十,贺次君、施和金点校,第4919页。
⑤ 张廷玉等:《田州传》,《明史》卷三百一十八,中华书局1974年版,第8252页。

敬、孙纲等至八寨之周安督筑南丹卫城,直至十二月仍在施工。可见,他确实实施了在周安设立卫所的计划。为此,他还要求相关人员进行实地勘察,合理设计,以顺民意:"本院身亲督调各兵,看得周安堡正当八寨之中,而三里堡亦当八寨之隘,俱各山势回抱,堪以筑立城郭,移卫设县;但未经广询博访,详审水土之善恶,民情之顺逆,中间有无利害得失,拟合再行查访。为此牌仰分巡右江道兵备副使翁素,会同该道分守官,及便督同同知桂鳌,指挥孙纲等,带领高年知识,亲至其地,经营相度;若果风气包完,水土便利,即行料理规制,景定方向,各另画图贴说。"①此外,在阳明所撰的《批右江道移置凤化县南丹卫事宜呈》中还有设立南丹卫的财务预算,"南丹卫该银三千六百四十五两,凤化县该银三千一百七十六两,其食米南丹卫一万石,凤化县八千石,每石价银三钱,共该银五千四百两";并且要求"该道守巡官仍要不时亲诣调度督促,工程务在精致坚牢,永久无坏……各官务在上紧催督,昼夜鸠工,不日而成"②。

至于题刻所言"回春"之事,据实地考察,在白虎山东侧岩洞石壁上,镌刻着高0.3米、宽1米、笔力苍劲的行楷"回春岩"三字,落款为"副总兵张祐为南宁同府陈志敬书,嘉靖戊子岁孟冬闰十月十八日也"。而"回春岩"的真实意义,即题刻所谓的"公既奉命率师征之于前,宪伯翁公豫斋矜残悯伤抚之于后,是乃秋冬剥落之余,而有阳和发育之德也"。它真实反映了阳明在战事中反对穷搜极讨,明令"除临阵斩首外,其余胁从一切皆可宥免,惟以定乱安民为事,不以多获首级为功",主张恩信抚慰,"其间平日纵有最顽,从今但能真心改过,官府决不追论旧恶,一体抚恤",战后又十分重视当地的社会安定和恢复发展生产的治世理念。

周安古城墙遗址现位于忻城县周安村东侧漭江河两岸,分布面积约1.5平方公里,由三座城池和城外烽火台组成,城垣由夯土建筑。第一座城墙遗址的北城墙残高3.5米,西城墙残长43米、残高4.5米,沿河城墙均为植被所覆盖,轮廓较为清晰。第二、三座城墙遗址的城垣不太明显。另有烽火台位于第二与第三座城墙之间,直径20米,高约7米,保存相对完整。

---

① 王守仁:《王阳明全集》卷十八,吴光等编校,第653—654页。
② 王守仁:《王阳明全集》卷三十,吴光等编校,第1118页。

遗憾的是，该工程尚未竣工，阳明便以疾剧，上疏告归："既而抚臣林富议云：'八寨为柳、庆、思恩各贼渊薮，而周安堡委当思恩八寨之中，四方贼巢道路所会，宜就筑新城，委官驻扎。'亦不果。"①不数年，八寨盗匪猖獗如故。这在忻城土司莫镇威的《协剿八寨记》一文中得到印证："嘉靖年间，新建伯王守仁得思恩降贼潜师进破，贼大溃，未及善后，新建伯卒。贼仍蜂起，猖獗尤甚。"之后，明隆庆四年（1570）、万历二年（1574），朝廷又数度派兵征剿，然终究死灰复燃。直至万历七年（1579），"督臣刘尧诲等议征之，分官兵为四部：一由三里，一由忻城，一由夷江、一由上林，进破贼穴，贼皆披靡，又以北五诸聚落习与贼通，移师破之"②。为了彻底解决八寨之乱，实现长治久安，据《广西通志》记载，刘尧诲当时采取了数项措施："一曰设三镇以重弹压，二曰屯三里以树声援，三曰分汛地以重责成，四曰迁卫所以振武威，五曰议屯田以示优恤，六曰开道路以通险阻。"③其中最为重要的是一、二、四项。刘尧诲提议"今宜分设三镇，以周安、古卯为一镇，思吉、古钵、罗墨为一镇，古蓬、都者、剥丁为一镇，各置土巡司戍守，以思恩参将辖之而隶于宾州，建参将置于三里，龙哈、咘咳各筑左右堡，募兵置戍，迁南丹卫八所与参将同城而居"④。自是八寨顺服，于是万历八年（1580）南丹卫又重新迁回上林三里。

十一、拜谒伏波庙

嘉靖七年（1528）十月，王阳明由郁江水路返乡，途经横州县伏波庙时曾下船拜谒。据《世德纪》载："至是舟至乌蛮滩，舟人指曰'此伏波庙前滩也'。公呀然登拜，如梦中所见，因诵梦中诗，叹人生行止之不偶云。"⑤因早在成化二十二年（1486）十五岁时，阳明就"尝梦谒伏波庙"，所以此次拜谒，乃实现了其少年时的梦想。

据《横州县志》载："岁丁亥十二月，总制尚书都御史新建伯王

---

① 顾祖禹：《读史方舆纪要》卷一百九十，贺次君、施和金点校，第4919页。
② 顾祖禹：《读史方舆纪要》卷一百九十，贺次君、施和金点校，第4920页。
③ 参见《广西通志》，清雍正十一年刊本。
④ 顾祖禹：《读史方舆纪要》卷一百九十，贺次君、施和金点校，第4920页。
⑤ 王阳明：《王阳明全集（新编本）》卷三十七，吴光、钱明、董平等编校，第1447—1448页。

公守仁来治，思田事过谒祠下，慨叹卑陋，不称显名。爰命州府增饰栋宇，作而新之。初事庀材，有大木二湍流涌抱，自出滩下，人皆以为神。明年戊子三月，庙成，郡首蒋山卿书其事，以诏来世。"所以在清宣统元年刊刻的《南宁县志》中，还发现了阳明所作的《谒伏波庙二首》，系阳明散佚诗，①现收录于下：

  英主规恢开远绩，文人韬略见雄才。却看铜柱标南极，似有龙光烛上台。江上烟波秋驻马，云中烽火夜登台。明时未报销金甲，山鸟林猿亦可哀。

  矍铄犹传定远漠，白头心事半驰驱。泷流漂泼投鞭断，岛屿依微发啸孤。志托风云堪跃马，身依日月尚还珠。百年论定君何在，庭木萧萧客自呼。

该伏波庙位于南宁市横州市云表镇郁江乌蛮滩北岸，是为纪念东汉伏波将军马援南征交趾、平叛乱、定疆界、疏河通航之功绩而建的纪念性建筑。伏波庙外墙立"起敬滩"碑刻，右镌刻"此滩昔名乌蛮滩，今更起敬，往来士民再勿呼旧名"，左镌刻"嘉靖二十九年南宁府知府王贞吉书立"。据《横州县志》记载："北宋庆历六年，知州任粹重修，有碑记。"可见，该庙始建于北宋庆历六年（1046）前，历代有修缮和扩建，庙宇内外至今尚立有数块明清时重修碑刻。现为明清时期建筑。庙宇坐北朝南，为三进两院式建筑，沿中轴线由南向北分列钟鼓楼、牌坊、前殿、回廊、厢房、中殿、后殿及耳房，建筑面积990平方米，占地面积1452平方米。建筑布局严谨，工艺精湛，浮雕丰富，壁画逼真。为自治区文保单位。

此伏波庙依山傍水，庙后天堂山连绵起伏，古木婆娑，庙前乌蛮滩礁石林立。雨后放晴，庙宇清新洁净，绿叶青翠欲滴，与滩上绿水浑然一体，山水一色，构成了横州古八景之一"乌蛮积翠"的美景。历代名人如徐霞客、解缙、陆荣廷、李宗仁等尝慕名前来。

（黄懿撰稿）

---

① 《南宁古籍文献丛书》编辑委员会编：《艺文志》，《南宁府志（宣统元年版）》卷五十五，第1740页。

王阳明与湖南

"楚中"地处洞庭湖平原和江汉平原，有湘楚（湖南）和荆楚（湖北）之分。因两地分别处于楚图南北部，故而又被称为南楚文化和北楚文化。南楚文化或湖湘文化作为楚文化的组成部分，其文化性格明显有别于王阳明所生活的吴越文化圈。但楚与越在文化上自古以来就有千丝万缕的渊源关系，尤其从南宋到明代，两地在理学和心学的集大成过程中皆做出了举足轻重的贡献，分别形成了在理学发展史上最有影响的四大学派之一——湘学和浙学（另两个是闽学和赣学）。王阳明即为浙学在明代最杰出的代表和传统心学思潮的集大成者。他与湖南及湘湖学有着极为密切的关系。他途经湖南时曾在那里讲学，其弟子后学曾在湖南为官游学、交友讲学，致使阳明心学在南楚大地广为传播，并且播及北楚，逐渐形成了覆盖楚之南北的"楚中王门"。"楚中王门"的概念是独具慧眼的明末清初的浙江大儒黄宗羲在《明儒学案》中首次提出的。遗憾的是，《明儒学案》中的"楚中王门"仅涵盖了湘楚王门，对于荆楚王门，作者只在"泰州学案"等中有所涉及。总的来说，黄宗羲及其同时代的一批学术大师，无论对湘楚王门还是荆楚王门都没有作过充分研究，资料搜集更是欠缺，给后人留下的挖掘余地和想象空间要远远超出我们的预期。

分别传承了古楚文化和古越文化之精髓的两湖文化和两浙文化，都崛起于两宋时期。在宋元明清时，一批又一批领时代风潮的理学家和心学家在两地纷纷涌现，尤其是南楚和浙东。无论宋代的胡宏、张栻、陈亮、吕祖谦，还是明代的王阳明、王夫之、黄宗羲等，无不通过汲收、消化佛、道资源，建构起以儒家价值系统为主体的具有标杆意义的思想大厦，成为举世公认的思想文化巨匠。

比较而言，在明代中叶，以王阳明为代表的浙学与周边的赣学、徽学、闽学等的学术交流和人员往来是比较频繁、密切的，而与当时同样具有代表性的南方的巴蜀、岭南乃至湘湖等地的学术交流和人员往来则显得相对薄弱。王阳明途经湖南讲学并导致楚中王门的形成，可以说是浙湘两地学术界开展直接交流的成功案例之一。

一、王阳明的湖南之行及其讲学活动

王阳明一生有两次途经湖南讲学的经历，第一次是在正德三年（1508）早春。①据《阳明年谱》记载，正德元年"二月，上封事，下诏狱，谪龙场驿驿丞"，正德二年"夏，赴谪至钱塘"，其间，因避刘瑾谋害，乃假托投江，潜入福建武夷山中。至同年十二月重返杭州，启程赴黔，道经江西广信（今上绕）、分宜、宜春、萍乡而进入湖南的醴陵。过醴陵时，阳明宿泗州寺，游靖兴寺、龙潭，探访李靖遗迹，有诗咏怀，然后抵达长沙。清赵宁的《新修岳麓书院志》则对阳明的这一次湖南之行作了如下记述：

> 正德间忤阉瑾，谪贵阳。道经长沙，泛湘沅，吊屈贾，寓岳麓，为朋徒斤斤讲良知之学。是时，朱、张遗迹久湮，赖公过化，有志之士复多兴起焉。②

从这条材料来看，阳明曾寓居岳麓书院讲良知之学，而且效果显著，既结束"朱张遗迹久湮"的过去，又开启志士兴起的新局。然查万历年间吴道行《重修岳麓书院图志》，除收录阳明的三首诗外，在年表、沿革、先贤列传、圣学统宗等可能记载之处，都未找到任何相关记录。万历年间，仍是王学盛期，若阳明真的在岳麓书院讲过良知之学，对于岳麓来说，当属重大事件，盛事不纪，于理于情都不通，个中原委，似有必要予以澄清。

邓洪波认为：阳明"寓岳麓，为朋徒斤斤讲良知之学"属于夸张之词，应予更正。知行合一、良知之学始成于龙场悟道之后，不可能预先讲于前往龙场的途中，此不辩而知其误，且他在长沙期间"病齿废谈诵"，根本就不可以去"斤斤"讲学。而所谓"寓岳麓"也要正之为"游岳麓"。③

---

① 按：湖南常德学者邓声斌、沅陵学者陈勇等曾据地方志等资料，考出王阳明第一次抵湖南是在正德二年春（陈勇：《阳明心学首发湖南沅陵疏证》，《怀化学院学报》2019年第12期）。杨德俊亦持此说见本书《王阳明与修文（龙场）》。
② 吴道行、赵宁修纂：《迁谪三公传》，《长沙府岳麓志》卷三，《岳麓书院志》，邓洪波、杨代春等校点，岳麓书社2011年版，第244页。
③ 参见邓洪波、赵路卫：《王学在岳麓书院的传播》，《湖南大学学报（社会科学版）》2015年第2期。

其实，赴谪路上的长沙之旅，阳明自己就有明确记录。他在给朋友湖广提学陈凤梧的信中说过：

> 病齿兼虚下，留长沙八日。大风雨绝往来，间稍霁，则独与周生金者渡橘州，登岳麓。尝有三诗奉怀文鸣与成之、懋贞，录上请正。又有一长诗，稿留周生处，今已记忆不全，兼亦无益之谈，不足呈也。南去俦类益寡，丽泽之思，悫如调饥，便闲无吝教言。秋深得遂归图，岳麓、五峰之间，倘能一会甚善。公且豫存之意，果尔，当先时奉告也。①

由此可知，阳明因为生病在长沙停留了八天，虽有"俦类益寡"之虑，但预计谪期秋深即可结束，希望"遂归"之时能有岳麓、五峰之会，对前途较为乐观，未曾料想谪居龙场竟有两年之久，此其一。其二，在长沙期间，大风雨绝往来，稍霁之时，独与长沙秀才周金渡湘江而作麓山之游。②

除此之外，王阳明可能还在长沙做了件鼓励一士子人家按照礼仪"嗣子"的事。对此，他在嘉靖五年（1526）写的《寄邹谦之》信中曾回忆道："往年湖湘一士人家，有曾伯祖与堂叔祖皆贤而无后者，欲为立嗣，则族众不可；欲弗祀，则思其贤，有所不忍也。以问于某。某曰：不祀二三十年矣，而追为之嗣，势有所不行矣。若在士大夫家，自可依古族属之义，于春、秋二社之次，特设一祭，凡族之无后而亲者，各以昭穆之次配袝之，于义亦可也。"③这年阳明已三十五岁，兄弟四人俱未举子，故而可能已与家父商量过立嗣之事。正因为有了这样的思想准备，他才会于正德十年（1515）在北京同意父亲王华为其"立再从子（即侄孙）正宪为后"④的决定。

然后，王阳明又从长沙乘船沿湘江北下，经常德，溯沅江西上，经沅陵、辰溪、溆浦、芷江等地，再由沅江支流而进入贵州。而他

---

① 《新刊阳明先生文录续编》卷一，引自永富青地：《上海图书馆藏〈新刊阳明先生文录续编〉について》，《东洋の思想と宗教》2006年第23号。按：书中所说的奉怀文鸣即陈凤梧，字文鸣，号静斋，江泰和人；成之即徐守诚，字成之，余姚人；樊贞即林希元，字樊贞，一作茂贞，同安人。
② 参见邓洪波、赵路卫：《王学在岳麓书院的传播》，《湖南大学学报（社会科学版）》2015年第2期。
③ 王阳明：《王阳明全集（新编本）》卷六，吴光、钱明、董平等编校，第217页。
④ 钱德洪：《年谱一》，王阳明：《王阳明全集（新编本）》卷三十二，吴光、钱明、董平等编校，第1244页。

因齿病留居长沙的八天时间以及其后由湘入黔的路上所做之事,今可考出者主要有以下几件:与提学陈凤梧、参议吴世忠、佥事徐守诚、太守赵维藩、推官王教交往,由府学生周金陪同游岳麓并谒朱张祠,并多有诗咏唱酬;过洞庭作赋吊屈原;过湘阴栗桥作诗吊易先墓;过沅江阻泊于天心湖;过武陵欣游桃源洞,作《去妇叹》五首自叹谪臣命运;最后过溆浦和辰溪而入贵州境。《阳明年谱》说"先生赴龙场时,随地讲授"①,或即指这次途经湖南在长沙留居八天时所做之事,其时有所交集者或向他问学,而周金在陪他游岳麓时更执弟子礼,对他十分敬重,故阳明有《长沙答周生》诗。诗曰:

  旅倦憩江观,病齿废谈诵。之子特相求,礼殚意弥重。自言绝学余,有志莫与共;手持一编书,披历见肝衷;近希小范踪,远为贾生恸;兵符及射艺,方技靡不综。我方惩创后,见之色亦动。子诚仁者心,所言亦屡中;顾子且求志,蕴蓄事涵咏。孔圣固惶惶,与点乐归咏;回也王佐才,闭户避邻哄。知子信美才,大构中梁栋;未当匠石求,滋植务培壅。愧子勤倦意,何以相规讽?养心在寡欲,操存舍即纵。岳麓何森森,遗址自南宋;江山足游息,贤迹尚堪踵。何当谢病来,士气多沈勇。②

途中阳明还作有《罗旧驿》《沅水驿》《钟鼓洞》《兴隆卫书壁》等诗。罗旧驿即今芷江县的罗旧,《沅水驿》中提到的沅州就是现在的芷江,钟鼓洞在今怀化辰溪县沅江边③,兴隆疑即今芷江的新店坪④。过了兴隆,不远就到贵州玉屏平溪卫了,所以阳明在诗中写

---

① 钱德洪:《年谱一》,王守仁:《王阳明全集》卷三十三,吴光等编校,第1230页。
② 王守仁:《王阳明全集》卷十九,吴光等编校,第688页。按:同治《长沙县志》称,阳明到达长沙后,住在寿星观。这一说法是有根据的。阳明诗中所称的"江观",即指寿星观。寿星观初建于长沙驿步门内,始建于北宋政和时,元至大间重修。据《明一统志》:"初在府城驿步门(大西门)内,本朝洪武初徙通货门内。"即今长沙市寿星街一带。明永乐间毁于火,天顺间修复,旋又废败。正德二年(1502),长沙吉藩发内帑进行扩修,恰逢阳明贬谪贵州,过长沙,在寿星观歇了一宿。自此,寿星观常见名人题咏。正德七年(1512)再修,越三年告成,有《黄宝重修记》传世。清光绪三十一年(1905)端方抚湘,将玉皇殿(即寿星观)前殿改做官立第四学校校址,后殿仍供奉玉皇。今不存。
③ 按:在钟鼓洞内外石壁上,现存十七幅摩崖石刻,以明王阳明、薛瑄、邓子龙,清傅桓、林则徐等手迹最为珍贵。
④ 按:一说系贵州兴隆卫(今黄平县),明洪武二十二年(1389)置,属贵州都司,清康熙二十六年(1687)废。

道:"山城高下见楼台,野戍参差暮角催;贵竹路从峰顶入,夜郎人自日边来。莺花夹道惊春老,雉堞连云向晚开。尺素屡题还屡掷,衡南那有雁飞回?"①

查王阳明《赴谪诗》,尚收有一首五百余字的《游岳麓书事》诗,此即阳明《答文鸣提学》书中所言存留周金手中的长诗,它是阳明游览岳麓山的原始记录。尽管阳明自称此诗为"无益之谈",但对于我们澄清一些史实却是最有价值的资料,现将全文录于下:

醴陵西来涉湘水,信宿江城沮风雨。不独病齿畏风湿,泥潦侵途绝行旅。人言岳麓最形胜,隔水溟蒙隐云雾。赵侯需晴邀我游,故人徐陈各传语。周生好事屡来速,森森雨脚何由住。晓来阴翳稍披拂,便携周生涉江去。戒令休遣府中知,徒尔劳人更妨务。橘洲僧寺浮江流,鸣钟出延立沙际。停桡一至答其情,三洲连绵亦佳处。行云散漫浮日色,是时峰峦益开霁。乱流荡桨济倏忽,系楫江边老檀树。岸行里许入麓口,周生道予勤指顾。柳溪梅堤存仿佛,道林林壑独如故。赤沙想象虚田中,西屿倾颓今冢墓。道乡荒趾留突兀,赫曦远望石如鼓。殿堂释菜礼从宜,下拜朱张息游地。凿石开山面势改,双峰辟阙见江渚。闻是吴君所规画,此举良是反遭忌。九仞谁亏一篑功,叹息遗基独延伫。浮屠观阁摩青霄,盘据名区遍寰宇。其徒素为儒所摈,以此方之反多愧。爱礼思存告朔羊,况此实作匪文具。人云赵侯意颇深,隐忍调停旋修举。昨来风雨破栋脊,方遣圬人补残敝。予闻此语心稍慰,野人蔬蕨亦罗置。欣然一酌才举杯,津夫走报郡侯至。此行隐迹何由闻,遣骑候访自吾寓。潜来鄙意正为此,仓卒行庖益劳费。整冠出迓见两盖,乃知王君亦同御。肴羞层迭丝竹繁,避席兴辞恳莫拒。多仪劣薄非所承,乐阕觞周日将暮。黄堂吏散君请先,病夫沾醉须少憩。入舟暝色渐微茫,却喜顺流还易渡。严城灯火人已稀,小巷曲折忘归路。仙宫酣倦成熟寐,晓闻檐声复如注。昨游偶遂实天假,信知行乐皆有数。涉猎差偿夙好心,尚有名山敢多慕。齿角盈亏分则然,行李虽淹吾不恶。②

---

① 王守仁:《王阳明全集》卷十九,吴光等编校,第694页。
② 王守仁:《王阳明全集》卷十九,吴光等编校,第690—691页。

考诗中所涉诸人，赵侯即长沙知府赵维藩，王君指推官王教，吴君为毁寺扩院的参议吴世忠，故人陈、徐分指上引信中的陈文鸣、徐成之二人，周生则是长沙诸生周金。读解全诗，大致可以复原以下实景：

第一，阳明岳麓之游，晨出暮归，一天时间，虽有沾醉之憩，但夜则酣卧仙宫寿星观，未曾寓居岳麓山，《岳麓志》所谓"寓岳麓"之说不能成立。

第二，阳明游程可以分为前后两段。先是独与周金参观柳溪、梅堤、西屿、麓山寺、道乡台、赫曦台、岳麓书院诸名胜，有参拜朱、张两夫子之举，对吴君、赵侯先后规划书院亦怀赞慕之情，但至和野人罗置蔬蕨、举杯饮酒之时，只字不及讲学之事。其后，赵太守、王推官二位地方官前来同游，虽然仪多、辞恳、礼遇有加，但黄堂之上，尽是肴馔层垒、乐阕觞周、丝竹繁音、晚筵而已，未曾讲学。因此，阳明岳麓讲学之说亦不能成立。

游程中，阳明留下未被通行本《王阳明全集》收录的《登赫曦台》诗一首：

隔江岳麓悬情久，雷雨潇湘日夜来。安得轻风扫微霭，振衣直上赫曦台。①

赫曦台位于岳麓山禹王碑之下，南宋乾道三年（1167），朱熹自闽来访张栻，讲学岳麓、城南书院达二月之久，与张栻同居一室，同渡一舟。常晨起登岳麓山观日出，每见旭日腾空、霞光万道、万物沐浴在朝阳之中，一派生机，命名岳麓山顶曰"赫曦"。张栻筑台，朱熹题额，并作跋以碑记之。阳明振衣登上赫曦台，诗兴大发，提笔挥毫。

至于阳明为何不能寓居岳麓讲学，原因既有病齿畏风湿而致废谈诵的生理因素，也有风雨破栋、堂舍残敝的实际困难，更有病夫沾醉的临时状况等。不过最主要的，我们认为还是因为此时阳明是在赴谪途中，情绪低落，与道友相会，多半也是强打精神，很难

---

① 王阳明：《王阳明全集（新编本）》卷四十二，吴光、钱明、董平等编校，第1712页。

说有讲学传道的心思，钱德洪所称的"随地讲授"，实有借题发挥之嫌。

然而，若细考阳明在长沙所撰之诗文，我们又不得不说他实在怀有讲学岳麓之心意。如《长沙答周生》称："岳麓何森森，遗址自南宋。江山足游息，贤迹尚堪踵。"①《涉湘于迈》有"昔贤此藏修，我来实仰止"；"缅思两夫子，此地得徘徊"；"何当来此聚，道义日相求"②。《次韵答赵太守王推官》更称："皇皇弦诵区，斯文昔炳郁。兴废尚屯疑，使我怀悱懊。近闻牧守贤，经营亟乘屋。方舟为予来，飞盖遥肃肃。花絮媚晚筵，韶景正柔淑。浴沂谅同情，及兹授春服。令德倡高词，混珠愧鱼目。努力崇修名，迂疏自岩谷。"③字里行间，无一不透显对朱、张讲学之崇敬，对地方贤明牧守修复书院的赞赏，对聚而相求道义的向往，这些和《游岳麓书事》中所表露的对吴世忠规划遭忌的叹息，对佛道寺观遍寰宇的羞愧，对赵维藩遣人补残敝的欣慰，尤其是对赵太守"隐忍调停旋修举"颇具深意的肯定，等等，在在皆是岳麓书院这一天下讲学名区对阳明巨大的吸引力的具体反映。虽良知之学未成，但讲学之心已萌，因此自然要写信给时任湖广提学的陈凤梧，预约结束谪居时赴会岳麓讲学。从某种意义上讲，阳明的岳麓书院之行，虽未讲学，胜似讲学，它实际开启了明代书院与学术再度一体辉煌的大门，预示着书院的王学时代即将来临。④

离开长沙，途经常德，进入湘西。在常德桃源县时，阳明专程拜访了隐居在桃花源东侧绿萝山一带的杨应源。杨应源，字昆东，武陵人，"与王阳明友善，而讲学不合"⑤。尽管在学问上两人有分歧，但深怀道教情结的阳明对"隐居终身"⑥的杨应源很是尊重，事后寄书云：

---

① 王守仁：《王阳明全集》卷十八，吴光等编校，第688页。
② 王守仁：《王阳明全集》卷十八，吴光等编校，第689页。
③ 王守仁：《王阳明全集》卷十八，吴光等编校，第691页。
④ 参见邓洪波、赵路卫：《王学在岳麓书院的传播》，《湖南大学学报（社会科学版）》2015年第2期。
⑤ 应先烈修、陈楷礼纂：《列传》，《常德府志》卷四十四，清嘉庆十八年刻本。湖南人民出版社2001年出版有涂春堂、应国斌主编的注释本。
⑥ 应先烈修、陈楷礼纂：《列传》，《常德府志》卷四十四，清嘉庆十八年刻本。

绿萝别后，脱尽鸩媒。历览青溪云林，步步寻到源头。觉此道中另辟一番幽邃世界。斜阳古驿，芳草天涯。闲时读君近作诗① 古文词，欲歌欲泣，不须把酒读《离骚》也。《易》诠错综尽致，而取象处不出考亭法门。某窃谓：宋儒释经只是天地间糟粕物事耳！杜句"重与细论文"，不足为外人道也。浮梗薄躯，有时邀恩归里，当访君于桃花流水间，君其扫开闾巷以待。②

此信后被收录在杨应源后人纂修的家谱中，《常德府志》又据杨氏家谱予以转录。其中的"鸩媒"，语出屈原的《离骚》，是借指仕进之心。根据信中"浮梗薄躯"的情景和"有时邀恩归里，当访君于桃花流水间"的约定，可以推定阳明访杨应源应是在赴龙场驿途中，而此信则是阳明抵龙场后读到杨氏"近作古文词"的回信。也就是说，阳明在桃花源见到杨应源后，讨论了许多问题，但观点多有不合，主要集中在对宋儒的《周易》取象诠释上。或许讨论未取得共识，且内容"不足为外人道也"，所以分别后又保持私信联系，阳明还答应杨氏，若能"邀恩归里"，将再会桃花源。这不仅是对杨应源个人的兴趣，更是流露出对桃花源的向往。

以上所述，即为王阳明第一次过湘的主要经历。

王阳明第二次过湘，是从贵州赴江西任庐陵知县，时间为正德五年（1510）初，沿途经过了芷江、溆浦、辰州、常德、长沙③、醴陵等地。据阳明《居夷诗》所记，他离开贵州的时间是正德四年（1509）底，因为这年除夕他是在舟中度过的。其《舟中除夕二首》有云："扁舟除夕尚穷途，荆楚还怜俗未殊。处处送神悬楮马，家家迎岁换桃符。"④这说明，正德五年春节，阳明是在湖南度过的。他坐的船顺沅水东下，经溆浦大江口、辰溪，直达沅陵。沅陵是当时

---

① 据同治《武陵县志》，"诗"为衍字。
② 按：同治元年陈启迈纂辑的《武陵县志》卷三十九《人物志第五》中亦收录此文。该文未收入钱明编纂的《王阳明全集（新编本）》和束景南的《王阳明佚文辑考编年》，应系阳明佚文。
③ 按：据《王阳明全集》卷十九《三山晚眺》，王阳明由贵阳往庐陵赴任途中，仍然经过长沙，并在鹅羊山道院住了一晚。
④ 王阳明：《王阳明全集（新编本）》卷十九，吴光、钱明、董平等编校，第753页。

辰州府治所在地。阳明"喜郡人朴茂，留虎溪讲学，久之乃去"①。虎溪山在沅陵城西郊，山麓有龙兴寺，始建于唐贞观二年（628）。当时，此地尚无书院，阳明就在寺中授徒讲学。据《阳明年谱》嘉靖二十三年条记："师昔还自龙场，与门人冀元亨、蒋信、唐愈贤等讲学于龙兴寺，使静坐密室，悟得心体。"②关于这一点，阳明在《与辰中诸生》信中也有述及："前在寺中所云静坐事，非欲坐禅入定。盖因吾辈平日为事物纷拏，未知为己，欲以此补小学收放心一段功夫耳③"。信中不仅点出了讲学地点，而且记述了讲学内容。阳明在正德九年（1514）写的《与沅陵郭掌教》诗亦云："记得春眠寺阁云，松林水鹤日为群。诸生问业冲星入，稚子拈香静夜焚。"④ 形象地描述了其在沅陵所居寺院之环境。在龙兴寺，阳明还留下题壁诗一首，名为《辰州虎溪龙兴寺闻杨名父将到留韵壁间》。

离开沅陵后，阳明来到武陵（今常德），住在潮音阁。据《武陵县志》载，潮音阁，一名二圣寺，位于"县西城外石框上。唐沈如常建，宋乾道间修，明永乐间重修。正德时王守仁谪龙场寓此"⑤。这是说阳明赴谪贵州时曾在此下榻。但两年后阳明赴庐陵时，大概因春雨连绵，河水上涨，致使潮音阁"檐前水涨遂无地"，"新春尚沮东归楫"⑥，于是只好在此停留数日，讲学静坐，有诗怀老友湛甘泉（即《武陵潮音阁怀元明》），同时写了《阁中坐雨》《霁夜》《僧斋》《德山寺次壁间韵》等诗，还游览了道教第五十三福地德山，登德山善卷台，并参拜了"战国四公子"之一春申君黄歇墓。

又是在桃源县，阳明特地去拜访了文澍。文澍，字汝霖，明成化二年（1466）进士，授南京刑部主事。历郎中，出补重庆知府。明万历《桃源县志》称他是桃源县"杜青村人"，以正直廉洁著称于世。阳明来访时，他正好因受政治迫害而致仕在家。文澍去世后葬

---

① 郎廷楗修，张佳晟纂：《学校》，《沅陵县志》卷十三，清康熙四十四年刻本。
② 钱德洪：《年谱附录一》，王阳明：《王阳明全集（新编本）》卷三十五，吴光、钱明、董平等编校，第1350页。
③ 王阳明：《王阳明全集（新编本）》卷四，吴光、钱明、董平等编校，第156页。
④ 王阳明：《王阳明全集（新编本）》卷二十，吴光、钱明、董平等编校，第777页。
⑤ 陈启迈纂：《武陵县志》卷十二，清同治二年刊本。
⑥ 王阳明：《王阳明全集（新编本）》卷十九，吴光、钱明、董平等编校，第754—755页。

于"府西三十里武山侧"①，阳明特为其撰写墓志铭，赞曰："人也，朴而理，直而虚。笃学审问，比耄而不衰。吾闻其莅官矣，执而恕，惠而节，其张叔之俦欤！吾闻其居乡矣，励行饬己，不言而俗化，其太丘之俦欤！呜呼！于今时为难得也矣。"②对文澍人品和为政之道予以充分肯定。不难看出，此时的阳明与三年前赴龙场时拜访隐者杨应源时的心情已大不一样，可谓踌躇满志，意气风发。

离开常德后，阳明乘船过沅江，有《沅江晚泊》《夜泊江思湖忆元明》《睡起写怀》等诗，再咏静坐体悟；至长沙，晚眺三山，宿鹅羊山（即石宝山，在长沙县）道院，有《三山晚眺》《鹅羊山》等诗；再溯湘江南行，从渌口溯渌江东行，经醴陵进入江西萍乡；然后抵达庐陵。在醴陵时阳明写的《泗州寺》诗："渌水西头泗洲寺，经过转眼又三年。老僧熟认直呼姓，笑我清癯只似前。"③即为对己贬谪三年之感怀。④

从王阳明当时所做的诗文中可以看出，他第二次过湘时的心情与第一次大不一样。例如第一次过长沙游岳麓山时，他写道："怀我二三友，伐木增离忧。何当此来聚，道谊日相求。"⑤"伐木"一语出自《诗经·伐木》。《毛诗序》曰："伐木，燕朋友故旧也。"后人用以比喻友谊深挚。阳明所谓"伐木增离忧"，暗喻他虽与好友一道游山玩水，但心中忧戚，只是为了道义，才强打精神与友朋相聚。当时他还写过一篇《吊屈平赋》，并在题注中说："正德丙寅，某以罪谪贵阳，取道沅、湘，感屈原之事，为文而吊之。"⑥屈原忠而被谤，阳明因谏君而被谪，正是这种类似的遭遇，使他感慨万千，悲愤不已。但在第二次过湘时，因刘瑾已失势，阳明重获朝廷信任，任庐陵县令，所以归心似箭，恨不得一日千里。这在其所作的《过

---

① 《祠祀志·丘墓》，嘉靖《常德府志》卷十，张元济主编：《天一阁藏明代方志选刊》（第87册），上海书店2014年版。按：清嘉庆《常德府志》直称文澍葬于"（桃源）县东高吾山"。据梁颂成考证：武山就是河洑山，"武山侧"就是高吾山。
② 王阳明：《文橘庵墓志》，《王阳明全集（新编本）》卷二十五，吴光、钱明、董平等编校，第979页。
③ 王阳明：《王阳明全集（新编本）》卷二十，吴光、钱明、董平等编校，第757页。按：据醴陵当地人说，阳明过醴陵时，曾被邀去靖兴寺旁的著名的渌江书院讲学，故他一直与朱熹、张栻、吕祖谦、左宗棠一起被祀于渌江书院"五贤祠"，但此说并无直接史料可作支撑。
④ 参见束景南：《王阳明年谱长编》，第556—564页。
⑤ 王阳明：《王阳明全集（新编本）》卷十九，吴光、钱明、董平等编校，第727页。
⑥ 王阳明：《王阳明全集（新编本）》卷十九，吴光、钱明、董平等编校，第699页。

江门崖》诗中可窥知一斑："三年谪官沮蛮氛，天放扁舟下楚云。归信应先春雁到，闲心期与白鸥群。"① 此诗道出了阳明脱离蛮氛后，放逸自然，如野马奔腾于楚中大地的喜悦之情。然而由于当时交通条件所限，阳明于正德五年（1510）三月才抵达庐陵，路上花了约三个月时间，虽比入黔时快了近九个月，但依然不能使阳明遑心。

但即使在这样急迫返程的动力驱使下，王阳明依然在途经湖南时进行了两次重要的讲学活动，即辰州龙兴寺讲学和武陵潮音阁讲学。② 足见他对讲学的迷恋程度，以及"龙场悟道"后欲向世人宣讲自己新说的迫切心情，甚至还流露出对讲学没几日便"遽尔别去"的"极怏怏"的无奈情绪。

而正因为有这两次重要的讲学活动，王阳明才为湖南培养了一批王学中坚。后来阳明在滁州讲学时，一批湖南籍弟子曾专程前往问学，其中就有正德五年（1510）初培养的刘观时（字易仲）、王嘉秀（字实夫）、萧琦（字子玉）等中坚分子。晚年阳明回绍兴讲学时，又有"萧璆、杨汝荣、杨绍芳等来自湖广"③ 的门生聚于其门下。湘籍弟子的这些后续行动，其实都与阳明第二次路经湖南时所播下的种子有很大关系。

钱德洪曾在《阳明年谱》"（正德）五年庚午"条中详细记载了阳明这两次讲学的心情及所教之内容：

> 先是先生赴龙场时，随地讲授，及归过常德、辰州，见门人冀元亨、蒋信、刘观时辈俱能卓立，喜曰："谪居两年，无可与语者，归途乃幸得诸友！悔昔在贵阳举知行合一之教，纷纷异同，罔知所入。兹来乃与诸生静坐僧寺，使自悟性体，顾恍恍若有可即者。"④

从中透露出阳明对湘楚弟子所抱的莫大期望，甚至想把在贵州

---

① 王阳明：《王阳明全集（新编本）》卷十九，吴光、钱明、董平等编校，第753页。
② 按：辰州（沅陵）、武陵（常德）后皆建有专祠祀王阳明。明万历十年（1582）阳明三传弟子张元忭以使事入长沙时，曾去武陵拜谒阳明祠，并赋诗《过武陵谒阳明先生祠》（张元忭：《张元忭集》卷十六，钱明校，上海古籍出版社2015年版，第505页）。
③ 钱洪德《年谱三》，王阳明：《王阳明全集（新编本）》卷三十四，吴光、钱明、董平等编校，第1299页。
④ 钱洪德《年谱一》，王守仁：《王阳明全集》卷三十三，吴光等编校，第1230页。

悟得的"知行合一之教"在湘楚得到印证的心愿，而这从其后来所作的《题王实夫画》诗之"他年还向辰阳望"①句中也可感受到。只不过此时的阳明已将为学重心转向了"静坐"，并希望"诸友于此处着力"，"以此补小学收放心一段功夫耳"。后来他尝在《与辰中诸生》中对此次龙兴寺讲学之所以要教诸生"静坐密室，悟见性体"②"静坐僧寺，使自悟性体"③的理据作过如下解释：

> 谪居两年，无可与语者。归途乃得诸友，何幸何幸！方以为喜，又遽尔别去，极怏怏也。绝学之余，求道者少；一齐众楚，最易摇夺。自非豪杰，鲜有卓然不变者。诸友宜相砥砺夹持，务期有成。近世士夫亦有稍知求道者，皆因实德未成而先揭标榜，以来世俗之谤，是以往往骧堕无立，反为斯道之梗。诸友宜以是为鉴，刊落声华，务于切己处着实用力。前在寺中所云静坐事，非欲坐禅入定。盖因吾辈平日为事物分拏，未知为己，欲以此补小学收放心一段工夫耳。明道云："才学便须知有着力处，既学便须知有着力处。"诸友宜于此处着力，方有进步，异时始有得力处也。"学要鞭辟近里着己""君子之道暗然而日章""为名与为利，虽清浊不同，然其利心则一""谦受益""不求异于人，而求同于理"，此数语宜书之壁间，常目在之。举业不患妨功，惟患夺志。只如前日所约，循循为之，亦自两无相碍。所谓知得洒扫应对，便是精义入神也。④

对于王阳明在辰州龙兴寺与门人的论学内容，其好友湛甘泉也曾作过简要叙述：

> 往时阳明先生在辰州府龙兴寺讲学，时世隆与吴伯诗、张明卿、董道夫、汤伯循、董粹夫、李秀夫、刘易仲、田叔中俱时相从，每讲坐至夜分。一夕讲及好色者，众咸曰："吴伯诗、

---

① 王守仁：《王阳明全集》卷二十，吴光等编校，第739页。
② 钱德洪：《年谱附录一》，王守仁：《王阳明全集》卷三十六，吴光等编校，第1336页。
③ 钱德洪：《年谱一》，王守仁：《王阳明全集》卷三十三，吴光等编校，第1230页。
④ 王守仁：《王阳明全集》卷四，吴光等编校，第144页。

张明卿恐难免此。"先生曰:"若一向这里过来,忽然悔悟,亦自决烈;若不曾经过,不能谨守,一旦陷入里面,往往多不能出头。尝见前辈有一二人,平时素称不饮酒、不好色,后来致仕家居,偶入妓者家饮酒,遂至倾家资与之,至老无所悔。此亦是不曾经过,不能谨守之故也。以此知人于此须是大段能决烈谨守,乃可免此耳。"此莫不亦只是戒人不能慎终之意,非必欲其经历此事以为学也。①

湛氏的《金台答问录》对此次讲学之内容也有一些重要记录:

隆问阳明先生曰:"神仙之理恐须有之,但谓之不死则不可。想如程子修养引年者,则理或然耳。"先生曰:"固然。然谓之神仙须不死,死则非神仙矣。"隆闻此语时,先生年已三十九矣。……吴伯诗问阳明先生:"寻常见美色,未有不生爱恋者,今欲去此念未得,如何?"先生曰:"此不难,但未曾与着实思量其究竟耳。且如见美色妇人,心生爱恋时,便与思曰:'此人今日少年时虽如此美,将来不免老了,既老则齿脱发白面皱,人见齿脱发白面皱老妪,可生爱恋否?'又为思曰:'此人不但如此而已,既老则不免死,死则骨肉臭腐虫出,又久则荡为灰土,但有白骨枯髅而已,人见臭腐枯骨,可复生爱恋否?'如此思之,久久见得,则自然有解脱处,不患其生爱恋矣。"②

以上这几则未见于《王阳明全集》的珍贵资料,为亲聆过阳明讲学,故可称为其亲传弟子,后又成为甘泉门人的王世隆所记,由此可见阳明在兴隆寺与辰中诸生讲学之实况。

只不过,王阳明当时对湘楚弟子其实是存有几分担忧的,比如他在《门人王嘉秀实夫萧琦子玉告归书此见别意兼寄声辰阳诸贤》诗中说:

---

① 湛若水:《金陵答问》,《泉翁大全集》,钟彩钧、游腾达点校,第1903—1904页。
② 湛若水:《金台答问录》,《泉翁大全集》,钟彩钧、游腾达点校,第1920—1921页。

> 王生兼养生，萧生颇慕禅。迢迢数千里，拜我滁山前。吾道既匪佛，吾学亦匪仙。坦然由简易，日用匪深玄。始闻半疑信，既乃心豁然。……世学如剪彩，妆缀事蔓延。宛宛具枝叶，生理终无缘。所以君子学，布种培根原。……秋风动归思，共鼓湘江船。湘中富英彦，往往多及门。临歧缀斯语，因之寄拳拳。①

楚地是老庄道家学说的发源地，"楚狂"是王阳明用来比喻楚中士人的中性词，故而阳明的主要两位楚中弟子，一个"兼养生"，一个"颇慕禅"，实属楚文化传统之"综合症"。对此，具有深厚道教情结且身处赴谪途中的阳明起初似乎并不反感，这从其《与沅陵郭掌教》诗中即可看出，诗云：

> 记得春眠寺阁云，松林水鹤日为群。诸生问业冲星入，稚子拈香静夜焚。世事暗随江草换，道情曾许碧山闻。别来点瑟还谁鼓？怅望烟花此送君。②

此前的弘治十五年（1502），王阳明以病告归阳明洞，翌年，其好友、杭州郡守杨孟瑛请他撰《平山书院记》。平山在鄞陵之北三里，杨孟瑛早年"尝读书其下。鄞人之举进士者，自温甫之父金宪公始，而温甫承之，温甫既贵，建以为书院"。阳明虽"未尝一至平山"，然"有老氏宫焉，殿阁魁杰伟丽"的"平山岩岩之气象"，则让闻后的阳明向往不已，于是欣然作记文，以表明自己对杨孟瑛曾"诵读于其间（指平山），盖冥然与世相忘；若将终身焉，而不知其他也"③的高度认同。

然而，正德五年（1510）初当王阳明再次路过楚地时，因政治处境已大为改观，心中郁闷已根本解除，对圣道也已因"龙场悟道"而至于大彻大悟，于是对湘楚弟子的要求也随之发生了改变。湛甘泉称赞其"谪去龙场，归而教人也，一变为正念头之说，亦是

---

① 王阳明：《王阳明全集（新编本）》卷二十，吴光、钱明、董平等编校，第770—771页。
② 王阳明：《王阳明全集（新编本）》卷二十，吴光、钱明、董平等编校，第777页。
③ 王阳明：《王阳明全集（新编本）》卷二十三，吴光、钱明、董平等编校，第932页。

矣"①，而阳明则在怀念好友湛甘泉②并向湘楚弟子发出"本来面目还谁识，且向樽前学楚狂"③之感叹的同时，还通过诗的形式，把"吾道既匪佛，吾学亦匪仙；坦荡由简易，日用匪深玄"的思想理念和盘托出。此言不仅明确揭示了阳明的为学宗旨，而且可以说是阳明对自己学说的最精练概括，它对包括湘楚王门在内的后世王学的发展具有深远的意义。不唯如此，在重入楚地后，阳明还通过对湘楚王门诸子的成功转化，一方面使自己的思想得到了升华，另一方面还使之对圣学与佛道间的关系有了更透彻、全面的把握，从而为建构逐步走向成熟的思想体系做了极好的理论铺垫。对此，阳明于正德十年（1515）写给刘观时的《见斋说》是最好的佐证：

> 辰阳刘观时学于潘子，既有见矣，复学于阳明子。……问于阳明子曰："道有可见乎？"曰："有，有而未尝有也。"曰："然则无可见乎？"曰："无，无而未尝无也。"曰："然则何以为见乎？"曰："见而未尝见也。"观时曰："弟子之惑滋甚矣。夫子则明言以教我乎？"阳明子曰："道不可言也，强为之言而益晦；道无可见也，妄为之见而益远。夫有而未尝有，是真有也；无而未尝无，是真无也；见而未尝见，是真见也。……"曰："然则吾何所用心乎？"曰："沦于无者，无所用其心者也，荡而无归。滞于有者，用其心于无用者也，劳而无功。夫有无之间，见与不见之妙，非可以言求也。……斯求见之道也已。"④

可见，阳明的辰州龙兴寺讲学在湘楚王学乃至整个王学发展史上都具有十分重要的意义。正因为此，阳明殁后，学者遂思慕之，"门人徐珊建虎溪精舍于辰州，祀先生"⑤，而王门的领袖级人物邹

---

① 湛若水：《潮州宗山精舍阳明王先生中离薛子配祠堂记》，《甘泉先生续编大全》卷五，明刻本。
② 按：正德五年（1510）初春，阳明离开贵州路经湖南武陵时，尝作《武陵潮音阁怀元明》诗，其中的"新春尚沮东归楫，落日谁堪话此心"（王守仁：《王阳明全集》卷十九，吴光等编校，第715页）句，除了对三年前为自己送行前的湛元明（号甘泉）表示怀念外，更深层次的原因，可能还在于对湛学的某种认同以及重新出山后的思想诉求。
③ 王守仁：《王阳明全集》卷十九，吴光等编校，第711页。
④ 王守仁：《王阳明全集》卷七，吴光等编校，第262页。
⑤ 钱德洪：《年谱附录一》，王守仁：《王阳明全集》卷三十六，吴光等编校，第1336页。

守益、罗洪先等则皆著有《辰州虎溪精舍记》，以揭阳明辰州讲学之深义。其中邹《记》曰：

> 阳明王夫子自会稽谪龙场，道出辰阳。辰阳之胜，曰虎溪山寺，世称二十六洞天。因宿僧舍弥月。有古松甚奇，大书其轩曰"松云"，复留诗于壁。一时从游诸彦，如唐柱史诩、萧督学璆，千余人切琢正学，剖剥群淆，若众鸟啾啾获闻威凤鸣也。嗣是大酉王宪副世隆题所寓曰"思贤堂"。东桥顾中丞璘载诸通志。年来山麓产紫芝，光丽异常，识者曰："兹其文明之祥乎！"①

罗《记》曰：

> 阳明先生当正德初，以上章忤瑾，矫诏庭杖，不死，谪邮龙场。三年赦归，道出辰州，憩龙兴寺，久之，题诗壁乃去。困极愈亨，卒能明绝学于天下。先生既没，学者遂思慕之，凡所经历者，皆特祠设位。而在龙兴寺后者，曰虎溪精舍。精舍之制，入寺自左，跨虎溪为飞虹桥，桥南为精舍，门内为杖藜坞。由坞西折而东，有门曰"二十六洞天深处"。又西而南，曰修道堂，堂之上为好景楼，其后为思贤祠，则先生位在焉。傍为舍四楹，以栖来学者。而其东稍前为见江轩，中为松云轩。轩前多奇松，年甚古，有先生手扁字。其西则前为含雨阁，中为鸥鹭居。又其后有亭，曰"玉芝"，以往年紫芝产其地。而亭之后为云起阁，极山之巅，稍平而甬曼，为射圃，中为观德轩。入由寺右，有虎溪别院。名祠盖取诸王大酉宪副所扁先生寓舍。自坞以内，楼阁轩居尽取先生题壁之语。其指画区措，则同知某君也。君事先生最久，自谪所有片言，皆谨录而传之。至其旧游，其不能无感，而有是役，固不独以情也。②

邹氏之记文为我们揭示了虎溪精舍聚会（属辰州龙兴寺讲学的组成部分）之规模："千余人切琢正学，剖剥群淆，若众鸟啾啾获闻

---

① 邹守益：《邹守益集》卷七，董平编校整理，第397页。
② 罗洪先：《罗洪先集》卷四，徐儒宗编校整理，凤凰出版社2007年版，第122—123页。

威凤鸣也。"而罗氏之记文虽主要介绍了虎溪精舍的建筑格局及其由来，但同时也告诉我们"困极而后亨""物极而必反"的道理："困极愈亨，卒能明绝学于天下。"暗指贬谪龙场驿对阳明思想创设的重大意义，这与阳明本人及钱德洪等弟子的看法完全一致。

虎溪精舍建成的第二年，徐珊的老师、同为阳明弟子的梁廉（庐陵人）出任辰州府通判，又据阳明《辰州虎溪龙兴寺闻杨名父将到留韵壁间》诗中的"林疏地底见江流"句，在精舍旁建一轩，名"见江轩"。后明代历任辰州府县官员对精舍又一拓再拓，至崇祯初，守道樊良枢驻辰州时已建成大批建筑，樊良枢将其更名为"阳明书院"。

二、阳明门人后学入湘为官及其影响

也就在王阳明常德讲学五年之后，同为余姚人并有王门颜子之称的徐爱，于正德十年（1515）正月，"以南曹督逋"[①]的身份"督逋江湖"，遂趁便带领好友抵武陵（今常德）之德山游学[②]，次年二月初，又至湖北游武当山，"以为仙游"[③]。在游常德之前，徐爱即与王阳明的常德弟子群进行了接触，同时还在游德山时吟诗论道、交流心得，从而更密切了浙湘两地的人员往来，加深了彼此的学术联系。遗憾的是，徐爱过世较早（其过世时王阳明才四十六岁），致使两地的学术交流形成了湘籍学者远赴外地尤其是越地问学阳明的大趋势。

到了后阳明时期，王阳明的门人后学才又通过长住或路过湖南的方式，促使两地王门之间的人员互动和思想传播得到了恢复和加强，较有代表性的便是其弟子季本、徐珊、孙应奎、邹守益、顾应祥以及介于王（阳明）、湛（甘泉）之间的蔡汝楠和阳明再传弟子张元忭等人。季本（嘉靖十三年任辰州通判，十八年任长沙知府）、徐珊（嘉靖二十年任辰州同知）、蔡汝楠（嘉靖二十八年任衡州知府）、翟台（嘉靖四十二年任长沙推官）、张元忭（万历十年受兵备道李天

---

① 徐爱：《洗心轩记》，《徐爱　钱德洪　董沄集》，钱明编校整理，第69页。
② 参见徐爱：《同游德山诗叙》，《徐爱　钱德洪　董沄集》，钱明编校整理，第66页。
③ 徐爱：《追记武当之游》，《徐爱　钱德洪　董沄集》，钱明编校整理，第73页。

植敦请，主讲岳麓、惜阴二书院）等都是借为官或讲学湖南的机会，在湘湖一带开展学术活动；孙应奎（嘉靖三十年刻《传习录》于石鼓书院）、邹守益（嘉靖二十二年出游衡山，穷石鼓、岳麓之胜）、顾应祥（正德十二年任广东岭东道佥事、嘉靖二十七年巡抚云南时，都曾到过辰州、武陵等地，留下《辰溪钟鼓楼次王伯安先生韵》《过常德留别陈司马用韵》《访秦人洞》《重过桃源》等诗作①）等则是趁途经湖南作短暂滞留的机会，与湘湖地区的友人频繁接触，讲学论道，以共倡圣学。

王阳明的这批门人后学，对湘楚王门的形成和发展所作出的贡献是不言而喻的，通过他们的努力，湘楚王门在全国的学术影响力也得到了较大提升。而以上所列人物中，浙江籍阳明学者又占了大多数，这也一个侧面反映了浙湘两地学术联系的紧密之程度。

比如嘉靖二十八年（1549）出任衡州（今衡阳）知府的蔡汝楠，尝广结阳明、甘泉门人，在主持石鼓书院时期，尝与诸生穷经于此，对石鼓书院的建设和发展作出了巨大贡献，也对衡湘地区的思想演进产生了重要影响。由于他在石鼓书院"倡道衡湘，斯文兴起，有继往开来之功"，遂使诸生朱炳如、王大韶数十人"聚财鸠工，创立祠院"，以成"白石讲院"。该讲院"前为讲堂，后为尸祝之所。郡守金立爱丞助成之，节推邹昆置有祀田"②，借以纪念和表彰蔡汝楠对石鼓书院所作的卓越贡献。在衡阳期间，蔡汝楠不仅刊刻了自己的《说经札记》《太极问答》等代表性著述，而且还诚邀包括浙中王门的孙应奎、王宗沐，蜀中王门的赵贞吉等著名学者前来讲学。据《石鼓书院志》记载："孙应奎与白石蔡公（汝楠）讲论石鼓，刻阳明先生《传习录》，与诸生曾乔、朱炳如、王大韶辈议论辩难，终日不辍。"③ 在此期间，信奉阳明学的茅坤亦应邀来石鼓书院讲学，他"由衡阳以家属寄郡守蔡子木（汝楠），因同赵大洲（贞吉）、王敬所（宗沐）讲学石鼓书院"④。除了传播阳明学，蔡汝楠还同时宣

---

① 见顾应祥：《崇雅堂全集》卷之六，日本内阁文库藏明万历三十八年顾衍谨跋刻本。其中《辰溪钟鼓楼次王伯安先生韵》所谓"何当移取归清庙，免向江干鸣不平"句与《过常德留别陈司马用韵》所谓"楚水吴山应万里，何时重叙笑谈间"句，不仅反映了顾应祥欲为王阳明平反昭雪的强烈意愿，同时也说明顾氏心向楚越二地学术交流的热切愿望。
② 李安仁修，王大韶重校：《石鼓书院志》，明万历十七年刻本。
③ 李安仁修，王大韶重校：《石鼓书院志》，明万历十七年刻本。
④ 李扬华：《国朝石鼓志》卷一，清光绪六年刻本。

讲甘泉学,并且许下了将甘泉思想泽被天下的宏愿:"及抵衡阳,谒精舍,江门夫子梦游之地,师翁得烂睡痛饮其间,可欲真种子之指。湖南人士,领略揭起。盖自无极老翁以后,学术重明。他日运用,自兹方以及天下,皆吾师翁余泽与!"① 故此可以说,蔡汝楠是将王、湛融通、调和的理念传播于湘湖大地的先驱,对楚中王门的发展方向产生过引领作用。

正因为蔡汝楠对王阳明钦慕之至,不仅盛赞阳明"致良知"之学"易从意晓,一时群英,见者倾倒,不著丝毫,阶入大道"②,而且还将《传习录》比作道学"指南车",所谓"《传习》一篇,斯道之舆,载道有具"③,所以才有了同时期孙应奎应汝楠之请,刊刻《传习录》于石鼓书院之要举。据孙应奎作于嘉靖三十年(1551)夏五月壬寅的《刻阳明先生传习录序》记载:"兹应奎较艺衡水,涉洞庭,登祝融,访石鼓,跂乎濂溪之上,有余慨焉。道不加闻而年则逮矣,固愿窃有豪杰者出,以翼吾之往也。同志蔡子子木守衡,则已群多士,而摩之以性命之学,亦浸浸乎有兴矣。应奎因乐与成之,乃出先生旧所手授《传习录》,俾刻置石鼓书院。"④ 由于该刻本原出于王阳明手授,不仅不包括后出的《传习续录》,而且所录书札亦与通行本有异,因此在阳明学者眼里,显得较为纯正,颇具权威性。但很可惜,后世最为流行的是钱德洪编纂的《传习录》本,而非孙应奎本,这对阳明学派的分化也产生了一定的影响。

再比如,早在嘉靖二年(1523)就协助邱养浩编刻了王阳明贬谪贵州时所作诗文《居夷集》三卷,为传播阳明心学、收集阳明早期文献作出过重要贡献的徐珊,于嘉靖二十年(1541)出任辰州府同知。他到辰州后即遍访王阳明三十年前的过化遗迹。嘉靖二十三年(1544),他又建阳明先生祠于虎溪,并立像祀之,额曰"思贤",同时还兴建虎溪精舍,筑修道堂,邀请四方学者前来讲学

---

① 蔡汝楠:《自知堂集》卷十五,《四库全书存目丛书·集部》(第97册),第1135页。
② 蔡汝楠:《自知堂集》卷十五,《四库全书存目丛书·集部》(第97册),第1121页。
③ 蔡汝楠:《自知堂集》卷十五,《四库全书存目丛书·集部》(第97册),第1121页。
④ 孙应奎:《刻阳明先生会传习录序》,王阳明:《王阳明全集(新编本)》卷五十二,吴光、钱明、董平等编校,第2102页。按:该序孙应奎《燕诒录》未收录,原载于明嘉靖三十年蔡汝楠校刻本,笔者录自日本京都大学附属图书馆藏衡湘书院重印本(重印时间不详)。全书共分七卷,卷首载有南大吉原序和孙应奎序,卷末载有蔡汝楠后叙。

修道。①在辰州时，徐珊曾与时任通判的梁廉相友善，并折节称弟子，一如师事王阳明。在与梁廉的交往过程中，徐珊不敢以同官而忘师谊，问学不止，请益不倦。这个梁廉乃江西庐陵人，早年以道自任，问学浙江会稽（今绍兴）时，曾日与徐珊侍王阳明于鉴湖，所得颇深。嘉靖二十一年，梁廉由举人历工部主事，出为辰州府通判，谒阳明先生祠，筑江轩于其侧，与徐珊等人相与讲论良知学，遂使阳明学大昌于辰州，一时被儒林传为佳话。②是故邹守益《思默子说》曰："吾友徐汝佩（珊），受学于阳明先生之门，直而睿，辩而有章，先生以'思默'箴之，汝佩奉以周旋，弗敢失也。"③然而，"珊为辰州同知，侵饷缢死，时人为之语曰：'君子学道则害人，小人学道则缢死。'人羞称之。所谓盖棺论定者非耶！"④说明辰州人对他也有负面评价。⑤在辰州期间，徐珊还曾以庙工采木于卯洞⑥，并积两年中所著公牍、杂文为二卷，诗歌为二卷，以其地名辑为《卯洞集》⑦。此书系有关恩施土家族苗族自治州风土人情最早的人文论著，也是该州唯一被列入《钦定四库全书》书目的区域性著作。

除了蔡汝楠、徐珊这两位直接为楚中王门的发展作出过重要贡献的阳明弟子，我们还可以从明人文集和地方史志中窥知其他一些阳明门人后学在湖南留下的足迹及其对湘楚王学产生的影响。

据徐渭《师长沙公行状》，明嘉靖十三年（1534），季本"出通判辰州。辰故新建谪龙场时所尝经寓地，其于良知旨，士往往有闻。

---

① 邹守益：《邹守益集》卷七，董平编校整理，第397页。
② 席绍葆、谢鸣谦等修纂：《名宦传二》,《乾隆辰州府志》卷三十四，岳麓书社2010年版，第495页；王兴国：《王阳明及其弟子在湖南的活动情况略考》,《浙江学刊》1997年第6期。
③ 邹守益：《邹守益集》卷八，董平编校整理，第445页。
④ 黄宗羲：《楚中王门学案》,《明儒学案》卷二十八，沈芝盈点校，第738页。
⑤ 按：华中理工大学教授张良皋认为，说徐珊贪污，是一桩冤案。"徐珊能视功名如粪土，自古以来，能有几人？""徐珊之死，不过深恶小人构陷，宁折不弯，自杀明志，陷至于坐实人言。"于是呼吁道："徐珊何罪之有！如果徐珊故里人士不能为徐珊请będzie配享先贤，我们鄂西人（辰州明代属湖广省，地处鄂西）也该在卯洞立祠奉祀徐珊。他以身殉名，以身殉职，他的案由未必不与卯洞采木之役有关，所以甚至很可能是以身殉卯洞之开发，值得我们崇敬。"［张良皋：《〈卯洞集〉读后》,《湖北民族学院学报（哲学社会科学版）》2011年第1期］
⑥ 按：卯洞在恩施来凤县盘顺中里，介于楚、蜀之交，现已开发成旅游胜地。
⑦ 按：浙江省图书馆藏有《卯洞集》四卷，沅陵门人陈煦校，明嘉靖二十三年胡鳌序，嘉靖二十四年许士元跋。胡鳌是辰溪胡氏安定堂33代华二公的4世孙。可见徐珊《卯洞集》的编刻与辰州的关系非常密切。

一闻先生至，执经者满庭庑。先生为择辰阳书院居之，月九至其处，亲为讲授，士争自洗濯，相奋起，一时号称多贤"①。嘉靖十八年（1541）任长沙知府："其在长沙，政尚严，锄击豪强，不少假借，豪家苦之，竟为蜚语入京师中先生，竟以是去。先生在官凡二十余年，所至辄聚徒讲学，孳孳不倦。……在辰州时，辰故新建所尝经寓地，其于良知旨，士往往有闻，一闻先生至，执经者满庭庑。先生为择辰阳书院居之，亲为讲授，士多所奋起。"②长沙公即季本，浙江山阴人（今绍兴），阳明高足。

据《邹守益集》记载，嘉靖二十二年（1543），邹守益尝出游衡山，穷石鼓、岳麓之胜："嘉靖癸卯，予游衡山，访石鼓、岳麓之胜，湘中诸生自远而集。时周生得之宅忧于益阳，亦趋以会，相与讲言行相顾之学。诸生眷然江浒，不能别。"③"夫衡山，南方之宗；而石鼓，先哲讲学之名区也。古人明德亲民之丰功伟烈，具在可覆。"④"年来卜行窝于石屋之胜，春暖秋晴，升祝融，历石鼓、岳麓，徘徊武功，聚华盖，入梅陂，良朋四集，天机相触，无往非学，无往非乐，皆先师陶冶力也。"⑤"东郭子偕莲坪子游于衡岳，刘君崇简以文甫趋会于石鼓，切磋义利之辨。"⑥

据《岳麓书院志·张元忭传》："壬午（万历十年，1582），皇嗣生，赍书告楚中六王，因上匡庐，浮沅湘，入武彝，翛然山水间。所至辄偕同志集聚讲学，远近喁喁向风。万历间，兵宪李公天植敦迎主讲岳麓，士习翕然丕变，湖南正学，绝而复续云。"⑦元忭虽为阳明高足王畿的弟子，但他并不恪守王畿之学，相反，他对王畿的一些观点还提出质疑，批评王畿只识本体而"讳言工夫"。元忭受命主讲岳麓书院时，张居正毁书院、禁讲学之令尚未废除。岳麓书院当时虽未被毁，但讲学之风已停止。元忭到后，即致力于重振书院学风，湖湘士生纷纷慕名而来，使岳麓书院继南宋张栻、朱熹讲学

---

① 徐渭：《徐渭集》卷二十七，第646页。
② 张元忭：《张元忭集》卷九，钱明编校，第235—236页。
③ 邹守益：《邹守益集》卷二十三，董平编校整理，第1053页。
④ 邹守益：《邹守益集》卷四，董平编校整理，第168页。
⑤ 邹守益：《邹守益集》卷十一，董平编校整理，第575页。
⑥ 邹守益：《邹守益集》卷六，董平编校整理，第340页。
⑦ 吴道行、赵宁修纂：《先儒列传》，《长沙府岳麓志》卷三，《岳麓书院志》，邓洪波、杨代春等校点，第241页。

之后，又进入了一个新的学术繁荣期。

例如，后担任长沙惜阴书院和岳麓书院山长的吴道行，善化（今长沙）人，即为张元忭主讲岳麓时的学生。他服膺元忭，追随其左右，"尝发良知孝悌之旨"，并参照元忭纂修《绍兴府志》的做法而编纂了《善化县志》和《长沙府志》。被张居正禁废的长沙惜阴书院恢复后，吴道行出任山长，人称"嵝山先生"。万历十八年（1590），吴道行出任长沙知府，遂重修岳麓书院并主持编纂《岳麓书院志》。后又任岳麓书院山长达10年（1633—1643）之久。崇祯十四年（1641），东林学派传人高世泰任湖广按察使金事提督学政，吴道行遂邀请他来岳麓书院讲学。王夫之即在此时就学于岳麓书院，他对吴道行的学识人品十分敬重，其思想的形成亦与岳麓书院有非常密切的关系。而这其中应该说就有吴道行、高世泰为恢复理学正宗、培养湖湘弟子所尽的一份力。值得注意的是，王阳明、张元忭等人在湖南传播王学时，都不排斥以程朱理学为正宗的湖湘学统，不仅如此，他们还对朱熹、张栻表现出了相当的敬重。而这点也无疑成了湘楚王门的特色之一。

三、湘楚王门的形成及其代表人物

王阳明的两次湖南之行及其所开展的讲学活动，不仅在湘楚大地播下了心学思想的火种，而且培养了一批湘籍弟子。学术界已有研究表明，阳明的两次湖南之行，尤其是正德五年（1510）的湖南讲学，主要培养了两个弟子群，一个是辰州（今沅陵）弟子群，一个是武陵（今常德）弟子群。刘时观、王嘉秀、萧琦当为辰州之代表，① 而徐爱在《同游德山诗叙》中言及的蒋信等14人则当为武陵之代表。徐爱叙曰：

> 正德乙亥春正月壬午，与予同游德山者十有四人。杜世荣仁夫则浙人，余皆武陵人士也。王文鸣应奎、胡珊鸣玉、冀元亨惟乾、刘瓛德重、蒋信卿实、杨礿介诚、何凤韶汝谐、唐演

---

① 按：王阳明《别刘易仲》诗称"辰州刘易仲从予滁阳"（《王阳明全集》，吴光等编校，第727页），而黄宗羲《楚中王门学案》则称刘时观"出自武陵"［沈善洪主编：《黄宗羲全集》（第7册），第728页］，后者有误。

汝渊、龙起霄止之，他日从吾师阳明先生游者：徐辅汝周、杨欑介敬、杨袗介礼、冀文明汝诚，则闻风而兴者。究同游之志，咸谓不得见吾师也。于予若将见之，苟非是，诸子虽甚爱予，欲强从，弗可得也；予虽甚慕诸子，欲强同，弗可得也。①

此处记载的应该都是正德五年初阳明路过常德时向其问学的门生。因徐爱是阳明最早的及门弟子，所以他游南岳衡山后特来常德德山游学，自然会吸引这批多年见不到阳明先师的常德籍弟子。而黄宗羲《明儒学案·楚中王门学案》小引所依据的就是徐爱的这篇序文。不过黄宗羲所谓楚中"当阳明在时，其信从者尚少"；"武陵之及门，独冠全楚"②，则明显属于片面之词。因为阳明在时，其湖南籍亲传弟子并非只有黄宗羲所列举的那几位，而所谓"武陵之及门，独冠全楚"也仅仅是根据没有机会到湖南其他地区游学的徐爱之记录。

如果说王阳明的湖南之行主要培养了两个弟子群，徐爱的湖南之行主要与阳明的常德弟子进行了对接和交流，那么在后阳明时代，阳明的弟子蔡汝楠、季本、徐珊、邹守益及再传弟子张元忭等人在湖南的讲学活动，则进一步把湘楚王门的发展推向高潮。蔡汝楠、季本、徐珊、张元忭等人都曾借在湖南为官的机会，在湖南讲学交友，因而他们对湘楚王门的形成与发展也作出过很大贡献。

由此我们可以得出这样的结论：王阳明的两次湖南之行是楚中王门形成的最重要前提，其门人后学在两湖地区设坛讲学尤其是湘籍弟子对当地教育文化事业的强力推动，乃是楚中王门发展壮大的主要动因。

据邹建锋统计，王阳明的湖南嫡传弟子，资料可考者主要有周金、冀元亨、蒋信、龙翔霄、萧璆、萧琦、刘观时、王嘉秀、唐愈贤、吴鹤等10人，资料不可考者且不能确定是否为阳明夫子亲传弟子者有王文鸣（字应奎）、胡珊（字鸣玉）、刘璘（字德重）、杨袗（字介诚）、何凤韶（字汝谐）、唐演（字汝渊）等6人③。下面就择

---

① 徐爱：《同游德山诗叙》，《徐爱　钱德洪　董沄集》，钱明编校整理，第66页。按：据嘉靖《常德府志》卷十六《人品志》，杨欑、杨袗为武陵人。杨袗是嘉靖元年（1522）举人。胡珊是嘉靖年间岁贡，曾任东平州学正。何凤韶亦为嘉靖年间岁贡，性醇学优，早卒。他们二人均为武陵人。
② 黄宗羲：《楚中王门学案》，《明儒学案》卷二十八，沈芝盈点校，第627页。
③ 邹建锋：《阳明夫子亲传弟子考》，中国社会科学出版社2017年版，第167—168页。

其要而绍述之。

1. 冀元亨(？—1521)，字惟乾，号闇斋，武陵人。阳明谪龙场途径湘地，他与蒋信往师焉，后成为楚中王门中立场最坚定的人。正德五年(1510)三月，阳明任庐陵知县，"从之之庐陵，踰年而归。正德十一年(1516)，湖广乡试，有司以'格物致知'发策，先生(元亨)不从朱注，以所闻于阳明者为对，主司奇而录之。阳明在赣，先生又从之，主教濂溪书院"，同时还兼任其子正宪的塾师。宁王宸濠叛乱，被朝中忌阳明者陷害入狱，"榜掠不服，科道交章颂冤，出狱五日而卒。在狱与诸囚讲说，使囚能忘其苦"①。为营救元亨，阳明不避嫌疑，特作《咨六部伸理冀元亨》咨文，后又作《仰湖广布按二司优恤冀元亨家属》牌文，并大加赞赏其不挫志于艰危的优秀品格，甚至拿来与崇尚静养的赣中诸子作比较："赣中诸子，颇能静坐，苟无见于仁体，槁坐何益？"②

2. 蒋信(1483—1559)，字卿实，晚年号道林，武陵人。阳明路过常德，蒋信与冀元亨拜其为师。嘉靖初应贡入京，又拜湛甘泉为师，两人交游甚久，故其学"得于甘泉者为多也"③。嘉靖十一年(1532)中进士，授户部主事，转兵部员外郎，后调任四川水利佥事，迁贵州提学副使。任副使时，在贵阳兴建正学书院，修复文明书院，为培养湘、黔学子贡献颇著。蒋信之学"以慎独为主，以笃论修行为实践，以明理通世务致用之具"；"本朱子小学教人之方，以达乎居静穷理之奥"；具有鲜明的王、湛合一的思想倾向；《明史》称其"践履笃实，不事虚谈"；湖南学者宗其教，称之曰"正学先生"④。晚年"筑精舍于桃花冈，学徒云集，远方来者，即以精舍学田廪之。先生危坐其中，弦歌不辍，惟家祭始一入城"⑤。出其门者，如姚学闵、龙德孚、胡舜华、邹元标等，大都长于政事，优于德行。

据李元度《南岳志》："阳明谪龙场，过武陵，见先生(蒋信)之诗而称之，先生与冀师事焉。"然钱德洪《阳明年谱》则谓："师

---

① 黄宗羲：《楚中王门学案》，《明儒学案》卷二十八，沈芝盈点校，第634页。
② 黄宗羲：《楚中王门学案》，《明儒学案》卷二十八，沈芝盈点校，第634页。
③ 黄宗羲：《楚中王门学案》，《明儒学案》卷二十八，沈芝盈点校，第627页。
④ 张廷玉等：《蒋信传》，《明史》卷二百八十三，第7268页。
⑤ 黄宗羲：《楚中王门学案》，《明儒学案》卷二十八，沈芝盈点校，第626页。

昔还自龙场，与门人冀元亨、蒋信、唐愈贤等讲学于龙兴寺。"①这说明，蒋信和冀元亨有可能在阳明由湘入黔和出黔入湘的两次途径常德时，都陪侍在阳明身边。后来当蒋信"以应贡入京师"后，即转为师事湛甘泉。嘉靖二十三年（1544），"及甘泉在南雍，及其门者甚众，则令先生（蒋信）分教之。先生弃官归，甘泉游南岳，先生从之弥月"；"后四年入广东，省甘泉。又八年甘泉再游南岳，先生又从之。是故先生之学，得于甘泉者为多也"②。所以黄宗羲所谓的"道林实得阳明之传"的说法，是需要做具体分析的。蒋信是阳明路过湖南时培养的弟子。由于阳明在湖南滞留的时间很短，当时的思想亦远未到达成熟的程度，所以蒋信等人不仅受其教诲不多，而且所领受的也是阳明悟道前的学说，因而在阳明学方面表现出某种先天发育不全的特征并进而转学粤中大儒湛甘泉，是很正常的。

3.刘观时（1489—1539），字易仲，号见斋，郡庠生，学者称沙溪先生，辰州沅陵（今属怀化市）人。"为人刚方正直，一切声华势利淡如也。"③他在阳明辰州讲学时即已拜为弟子，后又至滁阳、南京受学阳明。蒋信《明贡士刘沙溪先生墓志铭》说："予自正德庚午拜阳明先生于吾郡之潮音阁，即闻辰阳有刘易仲者，在谒拜诸子中英发迥异。阳明子出《伊洛渊源录》示之，辄请手抄焉。越一年，得其手简于吾友冀闇斋（元亨），又见其意趣高远，将必求为古圣贤之业，视今世利禄文词之习弗屑也。寻裹粮就阳明子于南都，既归，道常，宿于讲舍数夕，乃尽为道其所闻格致之学……"④阳明于正德八年（1513）冬十月至九年四月，在滁州督马政，刘观时专门从湖南赶到滁州问学。阳明《别易仲》诗的题解曰："辰州刘易仲从予滁阳，一日问"道可言乎？"予曰："哑子吃苦瓜，与你说不得。尔要知我苦，还须你自吃。"易仲省然有悟。久之辞归，别以诗。"⑤后阳明又作《见斋说》与刘观时。据《阳明年谱》正德九年条记载，当年五月阳明至南京，刘观时还和唐愈贤等人随侍在侧。《见斋说》

---

① 钱德洪《年谱附录一》，王阳明：《王阳明全集（新编本）》卷三十五，吴光、钱明、董平等编校，第1350页。
② 黄宗羲：《楚中王门学案》，《明儒学案》卷二十八，沈芝盈点校，第627页。
③ 郎廷梿修，张佳晟纂：《人物》，《沅陵县志》卷三十，清康熙四十四年刻本。
④ 《蒋道林先生文粹》卷五，转引自束景南：《王阳明年谱长编》，第558页。
⑤ 王阳明：《王阳明全集（新编本）》卷二十，吴光、钱明、董平等编校，第765页。

便作于正德十年（1515），其宗旨与阳明《别易仲》诗的题解意思相同。"见斋"是刘观时的书斋名。刘氏以为自己的名字为"观时"，"观必有所见"，因而问阳明"道有可见乎"？阳明便对他讲了一番"有有而未尝有""无无而未尝无"的道理："道不可言也，强为之言而益晦；道无可见也，妄为之见而益远。夫有而未尝有，是真有也；无而未尝无，是真无也；见而未尝见，是真见也。"从而告诫刘要"戒慎乎其所不睹也已，斯真睹也已，斯求见之道也已"①。就是说，求道不能单凭感官目睹，关键还是要用心去领会和体验。

4. 王嘉秀，字实夫，沅陵人，擅长绘画②，且好仙学。阳明在虎溪龙兴寺讲学时成为其弟子，从此陪侍阳明左右。阳明到滁州后，嘉秀特前往问学。阳明有《书王嘉秀请益卷》，教其"仁者以天地万物为一体"，并劝其要重视恕道："恕之一言，最学者所紧，其在吾子则犹对病之良药，宜时时勤服之也。……此远怨之道也。"③大概嘉秀对阳明讲的"远怨之道"颇有心得，所以当他说"今学者不必先排仙、佛，且当笃志为圣人之学。圣人之学明，则仙、佛自泯"④时，便得到了阳明的基本肯定。当嘉秀要离开滁州时，阳明特作诗相别。阳明在诗中一方面说明自己对学生能兼收并蓄，另一方面则标榜已说如"光内全"的出土铜镜，不像"世学"那样无"根原"。而所谓"湘中富英彦，往往多及门"⑤，则表明了阳明对湖南有许多及门弟子的现象是相当满意的。

5. 唐愈贤，字子充，号万阳，沅陵人。嘉靖五年（1526）进士。幼聪慧，长有大志。曾在虎溪龙兴寺听阳明讲学，后又追随阳明至滁州、南京等地，"充然有得"。《阳明年谱》正德九年条，即记有阳明在南京讲学时从学者中唐愈贤的名字。唐在桃溪山中修业很久，后出任海宁知县，颇有政绩，士民德之，建祠以祀之。迁广东道御史，刻奸党碑，抗言时政，因不合于当道，乞养归。所作《吊岳武

---

① 王守仁：《王阳明全集》卷七，吴光等编校，第262—263页。
② 按：王嘉秀尤精擅画山水，王阳明尝作《题王实夫画》诗云："随处山泉着草庐，底须松竹掩柴扉。天涯游子何曾出？画里孤帆未是归。小酉诸峰开夕照，虎溪春寺入烟萝。他年还向辰阳望，却忆题诗在翠微。"（王守仁：《王阳明全集》卷二十，吴光等编校，第739页）对他的画艺评价颇高。
③ 王守仁：《王阳明全集》卷八，吴光等编校，第272页。
④ 王守仁：《王阳明全集》卷一，吴光等编校，第18页。
⑤ 王阳明：《王阳明全集（新编本）》卷二十，吴光、钱明、董平等编校，第771页。

穆诗》有"奸谀何代无秦相"句,寄慨颇深。家居时,喜与门人论学。去世前,召亲友环坐中堂,对食尽欢,自歌而逝①。

6. 吴鹤(1476—1558),辰州府泸溪县(今属吉首市)人,苗族。王阳明赴庐陵上任途径虎溪时,他曾随刘观时等人一起在虎溪山龙兴寺听阳明讲学。正德十三年(1518)秋,他又置仕途于不顾,追随阳明到江西吉安。光绪三年增修的《乾州厅志》记载:"所学既正且专,或与余姚钱德洪、山阴王畿不相远也。"后来他以讲学为业,终于成为吉首苗族地区著名的教育家。吴鹤有著述,笔墨甚高,文亦正嘉,惜遭炬。去世后当地人建鹤公祠祀之,贡生文征远尝为之立传②。正因为吴鹤是王阳明培养的苗族思想家和教育家,故学术界对他作过不少专门研究,③成为楚中王门之翘楚。

7. 杨褫,字介福,武陵人。明弘治九年(1496)进士,任吏科都给事中。正德初年,亦因忤逆刘瑾,被撤职遣归。回到武陵后,在府西清平门(大西门)城内创办闻山书院(即今常德市育英小学一带)。曾与蒋信、冀元亨等一起讲学。阳明在常德所住的今屈原公园东头江边的潮音阁(寓贤阁),与闻山书院仅数百步之遥,来往极为方便。相同的仕途经历和被贬原因,阳明到武陵后与其见面,以述各自遭遇乃是很自然的。刘瑾倒台后,杨褫被重新起用,正德七年(1512)升通政司誉黄右通政,九年(1514)升南京太仆寺卿,与阳明又有交接。杨褫为官直言敢谏,有忠鲠声誉。尝多次向上反映常德地方遭受荣藩王府剥削危害之情况。其中有一篇与邓巡抚《请赈荒书》,在当时社会上影响很大。④

8. 龙翔霄,字泰渠,武陵人。出生时其父龙珣尝梦见"擢丛桂"(指科举及第),遂取名"龙飞霄"。后入闻山书院问学于杨褫。阳明谪龙场过武陵,下榻潮音阁,距离龙家不足百米,龙飞霄常去拜访。阳明见后很是喜欢,遂建议他把姓名中的"飞"字改为"翔",并为他取字"潜之",意思是要实现腾空高翔的理想,必先脚踏实

---

① 参见邹建锋:《阳明夫子亲传弟子考》,第177页。
② 席绍葆、谢鸣谦等修纂:《人物传上》,《乾隆辰州府志》卷三十六,第535页。
③ 参见刘自齐、何大万:《吴鹤和他的老师王阳明》,《湖南教育》1981年第3期;姚金泉:《一位明代苗族大师:吴鹤》,《金筑大学学报》2001年第2期;程景玲:《民族教育家吴鹤在明代教育事业中的重要性》,《兰台世界》2014年第22期。
④ 此条由梁颂成先生补入,谨致谢忱。

地，韬光养晦。而阳明为其更名之事，后在武陵竟传为佳话，以至后来文学大家汪道昆在作《明故贵阳太守进阶中议大夫泰渠龙公暨赠安人傅氏合葬墓表》时还特地提及此事："公幼受业杨太史（杨褫）之门，孳孳问道。会王文成公谪鬼方，杨绍介而见公于蘧庐。既知名，命以'翔'易'飞'，公唯唯。既冠，字潜之。"① 正德十四年（1519）乡试中举，任阆中县令。执正持平，境内大治，邑人歌之。后补太和令，升南京军车驾左主事，晋员外郎，徙南京户部郎中，出为程番② 知府，多有政绩。《贵阳名宦传》评价他："翔霄之学，虽源出守仁、若水，不尽主其师说。比为郎，善何吉阳、杨忠愍，抱方负圆，与古为徒。子孙率以清白承家，出入不倍其教。"鄂尔泰乾隆《云南通志》卷十九传云："龙翔霄，湖广武陵人。嘉靖间任太和知县，熟谙吏治，决讼如流，他郡邑有疑狱或难事悉委之。太和仓有积粟，吏虞红朽获罪，霄令春粟得米，出陈易新，民免困累，而积贮之数无亏，上官下其议，行于阖省。后迁南京兵部主事。"③

9. 萧璆，字子鸣，号云磐。正德二年（1507）乡荐。嘉靖间，与杨汝荣等从学阳明。嘉靖二年（1523）进士，任吏部主事，典试中州。督学贵州，为士模范。归养二亲，尽孝之暇，日与门人讲性命之学。未四十而卒，士人惜之。祀乡贤。④

10. 萧琦，字子玉。慕禅。先后从学阳明于湖南、滁州。⑤

以上介绍的10人中，辰州府占了6位，足见当年辰州王学之盛况。后辰州士人便常以此为荣，例如张珣的《虎溪乐府》曰：

先生（阳明）不幸龙场谪，天使吾乡延道脉。婆心一片挽沦胥，性善良知旨未殊。明道无惭师孔孟，立言偶尔异程朱。倾心撰杖称高足，臣里沙溪（刘观时）与实夫（王嘉秀）。日近音容承意旨，武陵蒋（信）冀（元亨）同操履。《见斋说》，

---

① 龙膺：《龙氏外集》卷二，《龙膺集》，梁颂成、刘梦初辑点，湖南人民出版社2008年版。
② 治所在今贵州惠水县境，辖境相当于今贵州省贵阳、开阳、惠水、长顺、修文、息烽、贵定、龙里、罗甸等地。明隆庆二年（1568）程番府治迁贵阳，次年改称贵阳府。
③ 此条由梁颂成先生补入，谨致谢忱。
④ 转引自邹建锋：《阳明夫子亲传弟子考》，第173页。
⑤ 或与萧璆为亲戚宗族辈。然遍查方志，尚未发现其有价值史料。

戒慎耳;《请益卷》,恕而已;原属圣贤真实理,两贤附骥而传矣。独有觥觥唐御史(愈贤),亦是先生门下士。褚氏能传岳庙诗,南邨未附真儒纪。万阳山下义田留,典型不坠麻衣市。旧是先生过化乡,当年讲学盛南邦。求仁见许道林蒋,异代谁知是汝章。①

诗中最后一句中提到的汝章即世维,字汝章,一作汝张,也是沅陵人。少从蒋信游,学务实践。蒋信称其"澄心"之说即孔门默识之学,求仁之要即孔子尽心知性知天之旨。隆庆丁卯(1567)岁贡不仕,徒居沪溪山中,构庐读书,以道自乐。

阳明的湘籍再传、三传乃至私淑弟子颇多,仅常德师从蒋信的弟子就有唐相、胡维、徐仲文、姚士英、杨时芳等多人。②现将《湖南通志》所载明代湘籍人物中的王门弟子简述如下:

洪云蒸(?—1634),字化卿,号紫云,攸县人。少好阳明之学,建金仙书院于里中,集同志讲论。

郭谏,字本明,益阳人。为郭都贤之父。从邹守益游最久。曾任常德训导。

陶金,字仲良,湘乡人。以诸生肄业南雍,讲阳明之学。曾任济源、兴宁等县知县,所至公廉。

贺凤梧,字松涧,益阳人。早年从蒋信游,闻求仁之学,后入太学,上《崇正还朴疏》,授陕西判官,谢归。构城南山房讲学,立还朴会以教化乡里。

吴道行(1560—1644),字见可,善化(今长沙)诸生。张元忭主讲岳麓,从之游,得闻良知孝弟之旨。尤究心经济,凡兵储马政、兴革利病,当道多采纳之。曾任岳麓书院山长。

艾而康,字太冲,平江人。在京师时,从邹守益游,得参性命之旨,学者宗之。

向淇,字子瞻,沅陵人。少从蒋信游。曾官南京户部主事,聚同志讲学于甘泉书院,以体认为宗。

---

① 守忠等修,许光曙等纂:《沅陵县志》卷二十九,清光绪刻本。
② 详见陈启迈纂:《人物志第五》,《武陵县志》卷三十九,清同治二年刻本。

毕士和，字介卿，安乡人。宗阳明之学。曾知朝邑县，有异政。

刘尧诲（1522—1585），字君纳，临武人。少喜泰州王艮之学。官至南京都御史、户部尚书。为官清廉，注重兴学育才。

曾朝节，字直卿，号植斋，临武人。为罗汝芳弟子。他曾与州太守蔡汝楠及刘尧诲等人一道讲良知之学。蔡汝楠虽为甘泉弟子，但交游者均为阳明门人。

陈谟卿，字皋明，临武人。读书以性理为本。慕阳明、白沙之学，动必矜式，邑人士多出其门。

周良相，字季翰，号合川，道州（今道县）人。尝从泰州王艮游。仕不废学，既归，学愈笃。

王之臣，零陵人。在任吉安州训导时，与邹德溥、邹元标讲学，以致良知为宗，穷彻性命之旨。

徐时述，字居明，永明（今江永）人。与曾朝节、周良相等为友，以心得相证。

彭良臣、字时卿，衡阳人。好象山、姚江之学，传《大学》古本及《太极说》。曾任归善知县，能约己节用，与民休息。

王万善，字楚阳，衡阳人。尝与曾朝节追随王艮弟子程天津问学。又从衡州太守蔡汝楠讲良知之学。

伍定相，字学父，衡阳人。《湖南通志》云："时衡州守蔡汝楠讲良知之学。增城湛若水数至石鼓讲论。桂阳曾朝节、刘尧诲及县人王万善等应之，定相尤有时名。博综天文地纪兵法水利，慨然有当世之志。"

王朝仰（1568—1647），字修侯，衡阳人。师从邹德溥、王朝聘。王夫之在《显考武夷府君行状》中说："先君子早问道于邹泗山先生，承东廓（邹守益）之传，以真知实践为学。"[①] 可见，阳明学说也是王夫之思想体系的渊源之一。

由此可见，阳明的湘籍及门弟子多数为辰州、常德人，这与阳明当年入黔、出黔皆路过这一带有关。而阳明的二传、三传湘籍弟子则多为湘中、湘南人，这又与阳明的非湘籍及湘籍及门弟子大多在该地域活动有密切关系。如王朝仰，字子嵩，桂阳人，初从邹守

---

① 王夫之：《〈姜斋文集〉校注》，阳建雄校注，湘潭大学出版社2013年版，第63页。

益游。一日闻阳明"心斋"说,往从之,数日大悟,遂究心《易》旨,毅然以圣贤为必可至。[①]

(钱明撰稿)

[①] 参见《湖南通志》卷一百七十四《人物志》。

阳明学在湖北

众所周知，黄宗羲《明儒学案》中所谓的"楚中王门"是将湘楚与荆楚合在一起叙述的，但《楚中王门学案》序言所说的全是湘楚王门，荆楚王门只提到一句："楚学之盛，惟耿天台一派，自泰州流入。……然道林实得阳明之传，天台之派虽盛，反多破坏良知学脉，恶可较哉！"[①]而导致楚中王门发展不均的主要原因，应该与阳明正德年间往返贵州时，曾两次路过湖南讲学，而从未去过湖北讲学有一定关系。然而，虽说阳明没有去过湖北，[②]但却不能说湖北未受过阳明学的影响。

一、王阳明的湖北籍亲传弟子

尽管人数不是很多，且多不著名，但王阳明亲传弟子中也有荆楚士子。如《阳明年谱》记正德九年（1514）五月，阳明到南京任鸿胪寺卿后，郭庆、吴良吉自湖北黄州来受学。而据邹守益《阳明先生书院记》："阳明先生官滁阳，学者自远而至。……中丞方近沙任，旧学于予也，谋于诸缙绅曰：'阳明公归自贵阳，诸生郭庆、吴良吉辈及门受学，请尸祝公为矜式。'"[③]郭庆、吴良吉原为师徒，因闻阳明倡道东南而特地从湖北徒步至江苏，拜阳明为师。光绪年间所修《黄州府志》卷十九《儒林》载：

> 郭庆，字善甫。正德丁卯（1507）举人，质直力学。时，王守仁倡道东南，庆徒步往从之。三年始归，充然有得也。授清平知县，有冰蘖，称勤于抚字，捐俸给贫民牛种。后乞休归，民不忍舍，为立祠祀之。家居不治垣屋，澹泊自守。戚里有困匮，辄赒给焉。耽吟咏，每诗成，常自削稿，故著述不多见云。

---

① 黄宗羲：《楚中王门学案》，《明儒学案》卷二十八，沈善洪主编：《黄宗羲全集》（第7册），第728页。
② 详见本书序章。
③ 邹守益：《邹守益集》卷七，董平编校整理，第379页。

吴良吉，字仲修，号石梁。师事王守仁，讲良知学。家贫，授生徒，箪瓢嶷然，而纯粹可掬，学者昵就之。作诗歌，有邵尧夫风。孟津宰黄冈，延之书院。有暮夜怀金请闲者，力却之。及卒，耿定向备棺敛，为作传。知府瞿汝稷志其墓。著有《居湖集》。

此外，《问津书院志》亦记郭庆"闻王阳明倡道东南，徒步往，从之三年。讲学问津，充然有得"①。然此二志所言郭庆等此次向阳明"从之三年"，却并不准确，因为阳明《赠郭善甫归省序》明言："郭子自黄来学，逾年而告归。"兹将阳明作于正德十年（1515）的此序全录于下：

> 郭子自黄来学，逾年而告归，曰："庆闻夫子'立志'之说，亦既知所从事矣。今兹将远去，敢请一言以为夙夜勖。"阳明子曰："君子之于学也，犹农夫之于田也，既善其嘉种矣，又深耕易耨，去其蝥莠，时其灌溉，早作而夜思，皇皇惟嘉种之是忧也，而后可望于有秋。夫志犹种也，学问思辨而笃行之，是耕耨灌溉以求于有秋也。志之弗端，是荑稗也。志端矣，而功之弗继，是五谷之弗熟，弗如荑稗也。吾尝见子之求嘉种矣，然犹惧其或荑稗也；见子之勤耕耨矣，然犹惧其荑稗之弗如也。夫农春种而秋成，时也。由志学而至于立，自春而徂夏也；由立而至于不惑，去夏而至于秋矣。已过其时，犹种之未定，不亦大可惧乎？过时之学，非人一己百，未之敢望，而犹或作辍焉，不亦大可哀乎？从吾游者众矣，虽开说之多，未有出于立志者。故吾于子之行，卒不能舍是而别有所说。子亦可以无疑于用力之方矣。"②

郭庆到滁阳后不久，阳明即有升南京鸿胪寺卿之命，郭庆于是

---

① 转引自束景南：《王阳明年谱长编》，第739页。
② 王守仁：《王阳明全集》卷七，吴光等编校，第237—238页。按：阳明其时多以"立志"诫勉弟子，如其弟守文来学，亦"告之以立志"，曰："夫学，莫先于立志。志之不立，犹不种其根而徒事培拥灌溉，劳苦无成矣。"（王守仁：《王阳明全集》卷七，吴光等编校，第259页）

随侍阳明往南都继续受学。《阳明年谱》录载阳明南都讲学弟子中即有郭庆。关于郭庆从学阳明的情形，薛侃据其亲见而在《研几录》中记曰：

> 昔者郭善甫见先生于南台，善甫嗜书者也，先生戒之曰："子姑静坐。"善甫坐余月，无所事，复告之曰："子姑读书。"善甫憨而过我曰："吾滋惑矣。始也教庆以废书而静坐，终也为庆以废坐而读书。吾将奚适矣？"侃告之曰："是可思而入矣。"①

郭庆显然不同于那些"放言高论""渐背师教"的"自滁游学之士"②，而是位谨守师教、勤学苦读之人，故而后来阳明亲题"泉石不知尊爵贵，乾坤何碍野人居"③，以嘉其志。嘉靖元年（1522）暮冬，郭庆致书阳明问安请益并述思念之情，阳明随即复书云：

> 朱生至，得手书，备悉善甫相念之恳切。苟心同志协，工夫不懈，虽隔千里，不异几席，又何必朝夕相与一堂之上而后快耶？来书所问数节，杨仁夫去，适禅事方毕，亲友纷至，未暇细答。然致知格物之说，善甫已得其端绪。但于此涵泳深厚，诸如数说，将沛然融释，有不俟于他人之言者矣。荒岁道路多阻，且不必远涉，须稍收稔，然后乘兴一来。④

接此复书，郭庆思师之情更加迫切，次年春正月，他就携吴良吉来到绍兴，再次向阳明求学。他们途中讨论学问，意见参差，颇不相合，故见到阳明后即向其求证。耿定向《新建侯文成王先生世家》记之曰：

> 黄冈郭善甫挈其徒吴良吉走越受学，途中相与辩论未合。既至，郭属吴质之先生。先生方寓楼馆，不答所问，第目摄良

---

① 转引自束景南：《王阳明年谱长编》，第739页。
② 钱德洪：《年谱一》，王守仁：《王阳明全集》卷三十三，吴光等编校，第1237页。
③ 杨正显：《王阳明佚诗文辑释》，《觉世之道：王阳明良知说的形成》，北京师范大学出版社2015年版，第248页。
④ 王守仁：《王阳明全集》卷二十七，吴光等编校，第995页。

吉甫再，指所馈盂语曰："此盂中下乃能盛此馈，此案下乃能载此盂，此楼下乃能载此案，地又下乃能载此楼。"良吉退就舍，善甫问先生何语？良吉涕泗横下，呜咽不能对。已，良吉归而安贫乐道，至老不负师门云。①

郭、吴二人在绍兴受学阳明至少月余，邹守益《同郭善夫魏师颜宿阳明洞》诗从一个侧面反映了他们其时学习、生活之状况：

跻足青霄石万寻，谢墩何处更投簪？云穿草树春亭静，水点桃花洞口深。屋漏拂尘参秘诀，匡床剪烛动幽吟。千年射的谁能中？莫道桑蓬负壮心。②

从目前所见资料看，敦朴笃行的郭庆，在思想上对阳明心学并无多少发挥，且其著述已无传世，所以我们也就无从了解他的心学造诣。但善甫不仅对阳明有很深的感情，而且讲学乡里，接引后生，在荆楚之地传扬阳明心学自亦有功。

嘉靖年间阳明居越时，八邑彦士纷纷来学，其中荆楚士子前来从学的有：黄冈人蒋月泾，后入南雍与湛甘泉游，终身不仕，教授生徒，岁至数百人，著有《易经肤说》；麻城人毛凤起，德性和易，志行高洁，弃举子业而从阳明学，归后授徒于乡，作《心学图》《致知说》阐扬师说，知县陈子文为建道峰书院居之，传播阳明心学，就教者甚众。黄冈人朱守乾请学而归时，阳明特书"致良知"三字赠别：

黄州朱生守乾请学而归，为书"致良知"三字。夫良知者，即所谓"是非之心，人皆有之"，不待学而有，不待虑而得者也。人孰无是良知乎？独有不能致之耳。自圣人以至于愚人，自一人之心以达于四海之远，自千古之前以至于万代之后，无有不同。是良知也者，是所谓"天下之大本"也。致是良知而行，则所谓"天下之达道"也。天地以位，万物以育，将富贵

---

① 耿定向：《耿定向集》卷十三，傅秋涛点校，华东师范大学出版社2015年版，第535页。
② 邹守益：《邹守益集》卷二十六，董平编校整理，第1308页。

贫贱，患难夷狄，无所入而弗自得也矣。①

守乾由此而获悟阳明"良知教"精意。应城人杨绍芳、继芳兄弟，均受学于阳明，深契良知之旨。绍芳是嘉靖二年（1523）进士，从学阳明时为上虞知县，《读史方舆纪要》卷九十二说他"复堤塘，浚壅塞，往来者便之"；万历《绍兴府志》卷三十八说他"好兴剔利蠹，改运河，拓学地，修筑海塘，治绩甚著"。可见其治邑颇有政声，又在上虞县北龙王堂建水东精舍以传播阳明心学，后升御史，任江西按察副使，年四十卒于官。安陆人杨汝荣，从阳明游归后与杨继芳等一道研习践行"良知"学，省心饬行，为乡里表率。通山人朱廷立，字子礼，号两崖，嘉靖二年（1523）成进士后任诸暨知县，究心政事，常至越城向阳明求教，阳明《书朱子礼卷》曰：

> 子礼为诸暨宰，问政，阳明子与之言学而不及政。……他日，又见而问为学，阳明子与之言政而不及学。……他日，又见而问政与学之要。阳明子曰："明德亲民，一也。古之人明明德以亲其民，亲民所以明其明德也。是故明明德，体也；亲民，用也。而止至善，其要矣。"子礼退而求至善之说，炯然见其良知焉，曰："吾乃今知学所以为政，而政所以为学，皆不外乎良知焉。……"②

这"'问政'的故事说明，在阳明的良知学逻辑中，所谓大学之道，就是为政之道。而政道之要，就在'明德、亲民、止至善'三纲领。为政的根本在明德，德是道之体，其见之于实践便是亲民，亲民是道之用。而'止于至善'则是'明德亲民'的根本旨要和终极目标。这个'至善'便是'良知'，'止至善'便是'致良知'。所以，阳明的亲民思想，是与其良知之学密不可分的，是其良知之学的重要组成部分"③。而在当时的王门弟子中，朱

---

① 王守仁：《王阳明全集》卷八，吴光等编校，第279页。
② 王守仁：《王阳明全集》卷八，吴光等编校，第281页。
③ 吴光：《论王阳明的亲民思想及其当代意义》，《国学新讲——吴光演讲录集粹》，浙江人民出版社2016年版，第397—398页。

廷立实为能问能思、善学善行者，在为政实践中切实践行了阳明的"明德亲民"之教，并因此而契悟良知，优入至道之域。故而他在知县任上，能爱民礼士，勤于职守，治称第一。后晋升河南道御史，任两淮盐政，巡按顺天，督修河道，又起补北畿辅学政，倡正学，精藻鉴；迁升南京太仆寺卿，勤于牧政，寻以老母忧去职；起都察院右佥都御史，升大理寺卿，后终以礼部右侍郎谢事归。归家，或闭门著述，或坐炯然亭赋诗论学，著有《盐政志》《马政志》《家礼节要》等行于世，另有《两崖集》《清朝疏》藏于家。

上述获阳明亲传的湖北籍弟子都是荆楚王门的主要成员，惜乎均失载于黄宗羲《明儒学案》，但正是尊奉阳明、笃信心学，并亲承阳明之教的他们首先在荆楚大地播撒了王学种子。

二、荆楚王门的形成及其主要代表

当然，对于阳明学在湖北的传播和发展起到关键作用的，乃是阳明殁后其门人后学在湖北所开展的各种学术活动。据去过湖北讲学的钱德洪说：

> 嘉靖戊子（1528）冬，德洪与王汝中奔师丧，至广信，讣告同门，约三年收录遗言。继后同门各以所记见遗。洪择其切于问正者，合以私录，得若干条。居吴时，将与《文录》并刻矣，适以忧去，未遂。当是时也，四方讲学日众，师门宗旨既明，若无事于赘刻者，故不复萦念。去年同门曾子才汉得洪手抄，复傍为采辑，名曰《遗言》，以刻行于荆。洪读之，觉当时采录未精，乃为删其重复，削去芜蔓，存其三之一，名曰《传习续录》，复刻于宁国之水西精舍。今年夏，洪来游蕲，沈君思畏曰："师门之教久行于四方，而独未及于蕲。蕲之士得读《遗言》，若亲炙夫子之教；指见良知，若重睹日月之光；惟恐传习之不博，而未以重复之为繁也。请裒其所逸者增刻之，若何？"……乃复取逸稿，采其语之不背者，得一卷；其余影响不真，与《文录》既载者，皆削之，并易中卷为问答语，以付黄梅尹张君增刻之。庶几读者不以知解承，而惟以实体得，则无

疑于是录矣！嘉靖丙辰（1556）夏四月，门人钱德洪拜书于蕲之崇正书院。①

蕲即湖北蕲州（今蕲春县），《遗言》即《阳明先生遗言录》，由阳明弟子曾才汉采辑，初刻行于湖北荆州。嘉靖三十五年（1556），钱德洪讲学蕲州崇正书院时，曾增补后由黄梅县令张君增刻于蕲州。另据《阳明年谱》记载，同年（1556）夏四月，湖广兵备佥事沈宠在蕲州建仰止祠于崇正书院，钱德洪游学于此②，沈宠"属洪撰《仰止祠记》"。仰止祠即在蕲州麒麟山之崇正书院内。而湖北王学正是在阳明的湖北籍亲传弟子基础上，经过阳明高足如钱德洪等人的不断努力，才逐渐兴盛起来的。钱德洪《游三祖寺赴沈古林顾日涯崇正书院期》诗"寄与荆南诸学士，肯将吾道属言诠"③，即道出了王门领袖级人物为传播阳明学于荆楚大地所做的种种努力。到了万历年间，阳明学又经过耿定向、耿定理、耿定力三兄弟以及李贽等人的大力倡导，在湖北进一步扩大了自己的影响力，其地缘学术氛围以及以耿氏兄弟为代表的荆楚王门亦由此形成。

耿定向（1524—1596），字在伦，号楚侗，世称天台先生，黄安（今红安）人。嘉靖三十五年（1556）会试及第，擢监察御史。次年归里，与仲弟耿定理论学，偶遇罗念庵门人，闻念庵主静之学，"自是学以存为主"。嘉靖三十七年（1558），与罗汝芳、胡直、邹继甫（邹守益之子）等结识于京师。是年，忽然有悟"良知之指"。嘉靖四十一年（1562），出任南畿督学，与王畿、罗汝芳等过从讲学。隆庆初，升为大理寺丞，其后历任太仆寺少卿、右佥都御史、福建巡抚、协理佥都御史、左副都御史、刑部侍郎、南京右都御史、户部尚书等职。居官期间，与各任内阁首辅均保持了良好关

---

① 钱德洪：《〈传习录〉下跋》，《徐爱 钱德洪 董沄集》，钱明编校整理，第196—197页。
② 蕲州在楚地，今属湖北长江以北、蕲春以东地区。黄宗羲称钱德洪"在野三十年，无日不讲学，江、浙、宣、歙、楚、广名区奥地，皆有讲舍"[黄宗羲：《浙江王门学案一》，《明儒学案》卷十一，沈善洪主编：《黄宗羲全集》（第7册），第254页]。其中楚之奥地，疑即指蕲州之崇正书院。
③ 钱德洪：《游三祖寺赴古林顾日涯崇正书院之朝》，《徐爱 钱德洪 董沄集》，钱明编校整理，第244页。

系，与张居正①的关系尤其不一般，这在一定程度上使耿定向成了被张居正禁毁的部分书院和被贬斥的王门学者的保护人。

其仲弟耿定理（1534—1584），字子庸，号楚倥；昆弟耿定力（1541—1607），字子健，号叔台。耿氏三兄弟和天台的门生弟子以及聚集在他们周围的一些志同道合者，大体上构成了黄宗羲所说的"耿天台一派"。关于此派的思想学说，黄宗羲说是"自泰州流入"。检索天台资料，可见其为学无常师，在思想上倾慕邹守益、罗洪先，更自谓私淑王艮，又称受到罗汝芳、胡直、史惺堂和王庐陵的影响。但实际上，其仲弟定理对他的思想影响最大并最为直接。当然，定向、定理间论学亦时有不合。他们兄弟二人，一个崇佛，一个尊儒；一个出世，一个用世；一个守定"未发之中"一言，一个恪守"人伦之至"一语，其矛盾自在其中。②而定理是李贽的知己好友。万历五年（1577），李贽擢任云南姚安知府，赴滇途经团风，舍舟登岸，直抵黄安看望定理。李贽《耿楚倥先生传》说："有弃官留住之意。楚倥见余萧然，劝余复入，余乃留吾女并吾婿庄纯夫于黄安，而因与之约曰：'待吾三年满，收拾得正四品禄俸归来为居食计，即与先生同登斯岸矣。'楚倥牢记吾言，教戒纯夫学道甚紧。吾女吾婿，天台先生亦一以己女己婿视之矣"③。李贽之外，定理又与被定向称为"三异人"的方湛一、邓豁渠、何心隐最为相契。因此虽可说，"无论问学师从还是学术取向，耿定向都是王门中较为特殊的人物，很难简单地把他划入哪一派、哪一门"④，但从总体上看，"天台思想尽管具有某种复杂性，但是就其思想的本质而言，无疑属于阳明心学"⑤。故以天台一派出而使荆楚王门得以兴盛，这应该是合乎史实的。黄宗羲所谓"天台之派虽盛，反多破坏良知学脉"，则

---

① 张居正（1525—1582），字叔大，号太岳，湖广江陵人。以铁腕政治人物著称的张居正，同阳明心学之间有着十分微妙的关系。他既迫害过阳明后学中具有"异端"思想的何心隐，并严禁讲学，又与王学中人有着个人感情上的密切联系，其思想深受阳明心学影响，与之并无根本矛盾，且其个性和行事作风也具有非常鲜明、强烈的阳明心学所提倡的狂狷色彩。惜乎向来的史家或者只谈张居正的改革，或者着力强调前者，而对后者多视而不见，致使张居正与阳明心学的真实关系长期以来被湮没无闻。参见陈寒鸣：《张居正与阳明后学》，《贵阳学院学报（社会科学版）》2020年第6期。
② 参见许建平：《李贽思想演变史》，人民出版社2005年版，第193页。
③ 李贽：《耿楚倥先生传》，《焚书》卷四，中华书局2009年版，第142页。
④ 参见钱明：《王阳明及其学派论考》，第283页。
⑤ 吴震：《阳明后学研究》，上海人民出版社2003年版，第406页。

并不妥切。

对于耿定向来说，他是持守着一种"不容已"的学术宗旨而成为官僚兼学者而以政治职业为主的，更将这种"不容已"的为学为人宗旨自觉转化为强烈的"卫道"意识。他身处晚明之世，目睹社会生活和思想文化领域所出现的种种"异变"现象，深感危机而欲力挽狂澜于既倒。王世贞称天台"有实见实力，又勇于卫道，确然回澜之柱也"①。其弟子焦竑说：

> 先生……目无流视，坐无倚容。孝友忠直，出自天性。若好学不倦，若火之必热，水之必寒，有不能自己者。主持正学，先后凡累变，大都以反身默识为先，以亲师取友为助，以范围曲成为征验。一言一动，皆足为学者法。至于微言渺论，第以开端启途，徐俟人之自得。他如淫诐之词、诡异之教，则排斥之不少假借。盖国朝理学开于白沙，大明于文成。文成之后一再传，而遂失之。承学后进，窃其管窥筐举，穿径而穴焉。以至发碱抉樊，受衍于荒淫之陂，而失其大宗。先生重忧之，为坊甚力。②

天台一派的崛起，使荆楚王门在晚明兴盛起来。而李贽弃官后于万历九年（1581）至黄安投靠耿定理，并自此长期在楚地生活讲学，受其思想深刻影响而有"公安三袁"的出现，更使楚中王门发展至高峰。袁宗道、袁宏道、袁中道三兄弟与李贽是在万历十八年（1590）相识的，其时，李贽漫游荆楚至公安县，住在柞树林里，且以"狂禅"之貌出现在集市上，当地人讶称他为"柞林叟"。熟知历代狂士怪诞人格的年轻的三袁兄弟听说后，立即前去拜访：

> 柞林叟，不知何许人，遍游天下，至于郢中。常提一篮，醉游市上，语多颠狂。庚寅春，止于村落野庙。伯修（宗道）时以予告寓家，入村共访之。扣之，大奇人！再访之，遂不知所在。予仿佛次其语，以传于后。③

---

① 王世贞：《管金宪》，《弇州山人续稿》卷二百〇一，明万历间刻本。
② 焦竑：《天台耿先生行状》，耿定向：《耿定向集》附编五，傅秋涛点校，第906—907页。
③ 袁中道：《柞林纪谭》，《珂雪斋集》附录二，钱伯城点校，上海古籍出版社1989年版，第1475页。

"公安三袁"兄弟一见到李贽，就提出许多问题请教，李贽一一作了回答，如问"王心斋何如人"，答："也是一个侠客。所以相传一脉，为波石、为山农、为心隐，各有杀身不悔之气！波石为左辖时，事不相干，挺然而出，遂以死，肉骨糜烂。山农以行船事为人所恨，非罗近溪救之，几至以死，不但谪戍而已。心隐以言忤人，遂死于杀人媚人之手。盖以心斋从来气骨高迈，亢不惧祸，奋不顾身，故其儿孙都如此！所谓龙生龙子，果然非虚。"问"何心隐何如人"，答："这样人，甚么人？好轻易！"并谓宗道曰："公如何只在枝叶上求明白？纵枝叶上十分明白，也只是枝叶。"强调学问须"要有些真实受用，不然只在道理上缠缚，如何了得"！并向他们专门介绍罗汝芳的思想，说："渠是为己的学问，不求一人知的。"又将之称为"根器"，释曰："根器即骨头也，有些骨头者方可学道。"①如此等等。"公安三袁"大感获益，惊叹为"大奇人"，并从此愈益敬慕李贽，与他结下深厚情谊。袁中道后来把这次拜访李贽的经过写入《柞林纪谭》。

　　李贽与"公安三袁"的这番遇合，对他们有很深刻的影响，袁宏道即坦承卓吾之学对自己的人生观起了改造性作用："仆少时曾于小中立基，枯寂不堪。后遇至人，稍稍指以大定门户始得自在度日，逢场作戏矣。"②后来，李贽将新印出的《焚书》寄赠"公安三袁"，袁宏道作诗《得李宏甫先生书》云："似此瑶华色，何殊空合音！"③备致倾倒之意。三袁"读他人文字觉懑懑，读翁（李贽）片言只语辄精神百倍"④，"床头有《焚书》一部，愁可以破颜，病可以健脾，昏可以醒眼，甚得力"⑤。对李贽的《焚书》推崇得五体投地。三袁自此以李贽为师，而他们所兴起的性灵派文学思想则无疑深受卓吾之学的影响。"公安三袁"的文学思想及其文学创作实践，在晚明文化史上发挥了重大作用。所以可以说，李贽长期生活、讲学于湖北，使荆楚王门发展至高峰并形成了全国性的影响力。

---

① 参阅袁中道：《柞林纪谭》，《珂雪斋集》附录二，钱伯城点校，第1476—1489页。
② 袁宏道：《徐同卿》，《袁宏道集笺校》卷十一，钱伯城笺校，上海古籍出版社1981年版，第500页。
③ 袁宏道：《得李宏甫先生书》，《袁宏道集笺校》卷一，钱伯城笺校，第25页。
④ 袁宗道：《白苏斋类集》卷十五，明万历间刻本。
⑤ 袁宏道：《李宏甫》，《袁宏道集笺校》卷五，钱伯城笺校，第221页。

三、耿、李之争及其思想史意义

荆楚王门在晚明思想界之所以格外引人注目，是因为耿定向与李贽之间的论争。吴震注意到这场论争的复杂性，因而指出："天台与卓吾的思想论争，是否意味着两者之间存在着截然不同的思想对立，换言之，耿天台固然有强烈的'卫道'意识，那么作为其对立派的人物李卓吾是否对整个儒家学说（包括宋明以来的理学与心学）持完全否定的态度？回答应当是否定的。天台对阳明后学中出现的所谓'异端'人物及其思想的批判攻击可谓毫不留情，其目的是欲纠正心学运动内部所产生的诸种弊端，这是事实，但天台并非视阳明心学为异端而加以排斥，相反天台直至晚年对无善无恶说仍抱着极大的关心，70岁时之作《遇聂赘言》便反映出他对无善无恶论并非一味地批判，同时也有较深的理解。天台守定'人伦之至'，卓吾守定'未发之中'；天台注重'从无入有'，卓吾注重'从有入无'，这种思想上的对立也并不意味着阳明学与反阳明学或传统儒学与反传统儒学的冲突。"① 这是正确的。但他又说："事实上，卓吾是文人，天台是学者；文人作文讲究直抒性情，可以做得神采飞扬、不讲循规蹈矩，学者的文字却要求有板有眼；天台是一位严肃的学者，有时会怒骂，但其文字绝无喜笑之态，在对待卓吾的文字言论之时，往往过于认真，所以经常是处于挨骂的境地。"② 按诸史实，耿、李之争又绝非如此简单。

李贽当年自云南姚安辞官携妻来湖北黄安，本是依约投靠耿定理的，故到后即住在耿家。当定向、定理之间论学不合时，他尽管与定理观点一致，但多充当调解人。但他无论在感情上或是在观念上，都是倾向于定理的。李贽与定理论学相契，《明儒学案·楚倥论学语》记曰："卓吾寓周柳塘湖上。一日论学，柳塘谓：'天台重名教，卓吾识真机。'楚倥诮柳塘曰：'拆篱放犬！'"③ 这种"重名教"与"识真机"的异趣，已为日后耿定向、李贽之间激烈论争的爆发埋下伏笔。耿定向在给周柳塘的回信中说：

---

① 吴震：《阳明后学研究》，第407—408页。
② 吴震：《阳明后学研究》，第408页。
③ 黄宗羲：《泰州学案四》，《明儒学案》卷三十五，沈芝盈点校，第826页。

忆昔年卓吾寓兄湖上时，兄谓余"重名教"、卓吾"识真机"，亡弟诮兄曰："拆篱放犬！"意盖讶兄与余营道同术者，而作此分别，未究余学所主，语若右卓吾云尔。兄时不解，曾以语余，余哂而不答，盖冀兄之自解也。乃近书来，复曰余"以继往开来为重"，而卓吾"以任真自得为趣"。则亡弟此诮，兄到今未会矣。亡弟非讶兄轻余而轩卓吾也，盖慨兄之不识真也。夫孔孟之学，学求真耳；其教，教求真耳。舍此一真，何以继往，何以开来哉？近日学术淆乱正原，以妄乱真，坏教毒世，无以绍前启后，不容已于呶呶者，亦其真机自不容已也。如不识真而徒为圣贤护名教，妄希继往开来之美名，亦可羞已，不已与兄大隔藩篱耶？若卓吾果识真机，任真自得，余家兄弟自当终身北面之。亡弟安忍如此引喻，置之篱外哉？①

在一定意义上说来，天台与卓吾的后来论争，乃是楚倥与天台兄弟二人矛盾的深化及剧烈化之展开。

这里提到的周柳塘及其弟思敬，都是湖北名儒，李贽的知交好友，荆楚王门的重要人物。柳塘名思久，字子征，柳塘为其号，嘉靖三十四年（1555）进士，曾当过四任知府，致仕后在麻城建辅仁书院，讲学授徒。晚年筑室龙潭湖，故又号石潭居士。李贽到黄安后，他常到黄安小住，与李贽和耿氏兄弟等人切磋学问，并常邀李贽去麻城讲学。周思久的弟弟思敬，字子礼，号友山，隆庆二年（1568）进士，官至南京兵部侍郎。张居正为相时赏识其才，但他不阿附张，还为救援台官而忤张意，被贬四川。张去世后，吏科给事中邹元标上疏称思敬不阿附权相有节守，获升太仆寺少卿，但他却疏谓："相臣（张居正）实臣知己，元标荐臣不附相臣，是臣负知己也。"② 李贽对思敬的这种高风亮节很敬佩，说："若夫剖心析肝相信，意者其唯古亭周子礼乎！"③ 而思敬亦很敬重李贽，内心深处以之为师。

万历十二年（1584）七月，年仅51岁的耿定理卒于黄安家中。

---

① 耿定向：《耿定向集》卷三，傅秋涛点校，第123—124页。
② 曹应昌：《明司空周友山公传》，郑重监修、余晋芳总纂：《麻城县志前编》卷九，民国二十四年铅印本。
③ 李贽：《李生十交文》，《焚书》卷三，第129页。

一向认为"学道人脚跟未稳当,离不得朋友;脚跟既稳当,尤离不得朋友。何者?友者有也,故曰道德由师友有之,此可以见朋之不可离矣。然世间真友难得,而同志真实友尤其难得。古人得一同志,胜于同胞,良以同胞者形,而同志者可与践其形也。孔、孟走遍天下,为着甚么?无非为寻同志焉耳"①的李贽,因定理去世而痛失良朋知己,故而极为悲痛,一气作了四首《哭耿子庸》。他在给焦竑的信中说,定理的去世使他太感寂寞了:"此间自八老去后,寂寥太甚!因思向日亲近善知识时,全不觉身在何方,亦全不觉欠少甚么。相看度日,真不知老之将至。盖真切友朋,生死在念,万分精进,他人不知故耳。自今实难度日矣!"②

李贽与定理相契,而与定向则在思想观念、价值取向、为人风格等方面均大相径庭。他来黄安本是依靠定理的,定理在世,定向尚能与他相安无事,且还不时谈学论道。所以李贽说他在耿家"绝世嚚,怡野逸"③,很相宜。但定理去世使李贽失去了同定向之间的黏合剂,两人在各方面的差异及由此引发出的矛盾遂凸显了出来。深陷痛失爱弟悲境的定向,更迁怒于李贽,责其教坏了耿家子弟。袁中道《李温陵传》颇为委婉地说:"子庸死,子庸之兄天台公惜其超脱,恐子侄效之,有遗弃之病,数至箴切。"这样,李贽就难以再在耿家住下去了。万历十三年(1585),李贽移居麻城,寻将眷属送回福建,并给定向寄去告别信,信中语多感慨,要皆反映出其时不得不离开黄安耿家的心境,而与定向的矛盾冲突自此日益显露。耿定向在给李贽的信中说:

> 窃谓古人有与世推移、因时变化的模样,有自生民以来不容改易的模样;有从闻见上来名义格式的道理,有根心不容自己的道理。夫所谓千古不容改易的模样,古人原从根心不容自己的道理做出,所谓"天则"、所谓"心矩"是已。此非特不可不依仿,亦自不能不依仿,不容不依仿也。④

---

① 李贽:《与吴得常》,《续焚书》卷一,第17页。
② 李贽:《与弱侯焦太史》,《续焚书》卷一,第21页。
③ 李贽:《复焦漪园》,《续焚书》卷一,第46页。
④ 耿定向:《耿定向集》卷四,傅秋涛点校,第161页。

而李贽则根本无视这"所谓'天则'、所谓'心矩'",依然借评议邓豁渠而申明自己的观点说:"夫世人之是非,其不足为渠之轻重也审矣。且渠初未尝以世人之是非为一己之是非也。若以是非为是非,渠之行事,断必不如此矣!"①并且还针锋相对地回应耿定向道:

> ……此公所得于孔子而深信之,以为家法者也。……然此乃孔子之言也,非我也!夫天生一人自有一人之用,不待取给于孔子而后足也。若必待取足于孔子,则千古以后无孔子,终不得为人乎?故为愿学孔子之说者,乃孟子之所以止于孟子,仆方痛憾其非夫,而公谓我愿之欤?②

李贽还曾明确对耿定向说要打破"学孝学弟,学为忠信"的外在束缚,追求个性自由与思想解放。这就引起了耿定向的莫大担忧和高度警觉。于是,从万历十二年(1584)开始到万历二十年(1592)前后,耿定向与李贽之间便展开了一场激烈争论。

李贽的《焚书》集中反映了他与耿定向根本异趣的思想及部分耿、李论争的景况,而耿定向则编有《求儆书》,汇集了他与李贽论辩的文章。③耿定向之作《求儆书》,名为求人针砭自己,实际是自居孔子,而望其门生能做子路对李贽"鸣鼓而攻之"。此号召一发出,迅即有人响应,其门徒刘承烈谓:"卓吾、深有(禅僧,号无念)之毒入人膏肓矣……故相率以乱天下也。"④蔡毅中(字弘甫,河南光山人)更专著了本《〈焚书〉辨》。耿定向对此自然十分高兴,他从"卫道"立场出发,道出了自己难言之隐:"《求儆书》,余实袒臂披膺,冀相知者针砭我也。顷,光山蔡弘甫著《〈焚书〉辨》并书来,过我依违隐忍,不能为斯道张主。余则何辞?顾其中情难言矣。……非为己辨谤自明也,惟高明谅之。"⑤

而正是在耿定向的号召和蔡毅中的率先响应下,对李贽的围剿渐成声势,以至有使用迫害手段雇用流氓去驱逐、辱骂李贽者。清

---

① 李贽:《又答耿中丞》,《焚书》卷一,第18页。
② 李贽:《答耿中丞》,《焚书》卷一,第16页。
③ 按:此书未见,《耿天台全书》卷四有《〈求儆书〉后》一篇。
④ 刘承烈:《天台祠答焦弱侯问》,耿定向:《耿定向集》附编五,傅秋涛点校,第915页。
⑤ 耿定向:《耿定向集》卷六,傅秋涛点校,第259页。

初钱谦益认为:"(李贽)掊击道学,抉摘情伪,与耿天台往复书,累累万言天下之为伪学者,胥莫不胆张心动,恶其害己,于是咸以为妖为幻,噪而逐之。"

这场争论,从表面上看,到万历二十二年(1594)渐趋平息,到二十三年(1595)底,双方终于"和解"。当时李贽曾亲赴黄安,在耿家住了一个多月,与耿定向握手言和,结束了长达十多年的论争。为耿、李和解最感高兴的,是耿定力和那些耿、李共同的朋友们。在耿定向与李贽之争中,耿定力对其兄长严苛的卫道立场和态度很不以为然,故一直以中立者的身份尽力调和,激怒了其兄长,定向曾盛怒而又动情地说:"乃吾家学旨,弟亦自破坏,岂世道当厄,斯道当厄如此耶?嗟嗟!斯世寥寥,道何攸属哉!是夕抚枕涕泗横下不已,盖悲仲子之不可作,而印可之无从也。"① 所以,当李、耿和解,李贽作《耿楚倥先生传》后,便"特寄子健(定力)于京,志予喜而且恨,恨而又喜也"。至于耿、李共同的朋友中如周思敬(友山),"耿门三兄弟,皆其儿女之托,至亲也;天台又其严事之师,楚倥又其同志之友,若叔台之相与亲密,又其不待言者也。夫论情则耿门为至重,论势则耿门为尤重,乃友山顿舍至重之亲不顾、尤重之势不顾,而极力救护一孤独无援之老人"② 。非但知李贽且极敬重李贽的周思敬③,处于耿、李之间,虽倾向于李,但实际上却左右为难,很是尴尬,故其对他们的和解自然十分高兴。

然而,耿、李之争的余波并未了结。万历二十四年(1596),耿定向的门生、官居巡道的史旌贤巡视麻城,以李贽"大坏风化"为由,提出要把他递解回福建,或者"以法治之"。李贽自认"一生只是以法自律,复依律以治百姓,是自律最严者莫我若也。但自律虽严,而律百姓甚宽。今自律之严已七十载矣,环视大地众生再无有一人能如我者矣,谁敢不以律处我而妄意逐我耶?"④ 对此自然毫无畏惧,坦然拒绝了朋友们希望他尽快回避的要求。而所谓史旌贤或

---

① 耿定向:《耿定向集》卷六,傅秋涛点校,第262页。
② 李贽:《答梅琼宇》,《续焚书》卷一,第22—23页。
③ 李贽《豫约》说:"深知我者,无如周友山……且友山非但知我,亦甚重我……友山实是我师,匪但知我已也。彼其退藏之密,实老子之后一人,我自望之若跂。"(李贽:《焚书》卷四,第183页)
④ 李贽:《与马伯时》,《续焚书》卷一,第26页。

欲递解或欲"以法治之"的风波，终以不了了之。"以堂堂之阵、正正之旗"①来应对的李贽，有惊无险。这倒不是因为执政的"卫道"者有所忌惮。事实上，执政的"卫道"者与虽不执政但以"卫道"者自居的"儒学大佬"们，从来就没有放弃过寻机加害李贽的想法。只是史旌贤这次自觉没有掌握到"以法治之"的真凭实据罢了。此次事件应该与耿定向没有什么直接关系，他在此事风平浪静后不久就去世。不过，耿、李纷争以及在这场纷争中耿定向攻斥李贽的那些"罪名"，还是有相当持续的影响力。比如刘承烈受耿定向影响而成为耿氏的吹捧者，在他眼中，李贽完全是个既叛儒道，又违释老，并且十分骄横的异端。而所谓"天台一日在，卓吾一日可免也"云云，则更有把耿氏视为李贽之恩人兼保护神的意图。事实上，耿定向绝非如刘承烈所言，与李贽为"全交"而"不较"，甚至认为李贽所著《观音问》"中有好处……何概弃之"②。而是始因定理去世迁怒于李贽，责其教坏了耿家子弟，继而要"为天下争所以异于禽兽者几希界限"而与李氏展开论辩，其间又讥讽李贽佞佛灭伦、挟妓宿娼等，这就超越了学术论争之范畴而变成人身攻击了。而且从耿、李论争看，耿氏极富策略，不仅始终占据道德制高点，而且善于制造舆论，这就在从黄安至麻城、至武昌一带给李贽营造出很坏的舆论环境，终使他无法在此生活下去。总之，李贽为避麻城地方当局之迫害而出走武昌，复在武昌遭人围攻谩骂，无法再在麻城安居而不得不离去，以及最终被系诏狱，均实肇因于耿、李纷争以及在这纷争中耿氏攻斥他的那些"罪名"。

耿、李之争是晚明学术思想史上的一件大事。这一事件充分反映了耿、李二人思想观念和处世态度等方面重大歧异。定向虽标榜王学，对心斋、东廓、念庵、近溪等都很推崇，也热衷于王门中的讲学活动，且更被黄宗羲《明儒学案》列名于泰州学派，但他的学说宗旨始终在于依据圣贤教言守定"人伦之至"四字。他为申明己之为学宗旨，特撰《喻盲》，并且为捍守其所理解的严格遵循圣贤规矩的所谓"人伦之至"，如顾允成《小辨斋偶存》卷五《客问》所讥刺的那样，督学南畿时可以不疏救海瑞，张居正执政时可以"袖

---

① 李贽：《与周友山》，《续焚书》卷一，第15页。
② 刘承烈：《天台祠答焦弱候问》，耿定向：《耿定向集》，傅秋涛点校，第912页。

手冷观"而不救洪垣,此后又"怡然安之"地不救当时的一些贤者。而持守这种学术宗旨和为人风格的耿定向,自然难与李贽和平共处,也无法接受李贽对他的批评,如其对李贽的指责所作出的回应:

> 余惟反之本心不容已者,虽欲坚忍无为,若有所使而不能;反之本心不自安者,虽欲任放敢为,若有所制而不敢。是则浅肤之纲领,惟求不失本心而已矣,岂是束于其教,不达公上乘之宗耶?
>
> 公谓余之不容自已者,乃《弟子职》诸篇入孝出弟等事;公所不容已者,乃大人明明德于天下事。此则非余所知也。除却孝弟等,更明何德哉?窃意公所云明德者,从寂灭灭己处觑得无生妙理,便谓明了。余所谓不容已者,即子臣友根心处识取有生常道耳。①

而所有这些,就为学品格而言,实际表明耿定向尽管"作盲喻以自省",却始终未能闻道而在所谓"人伦之至"的拘囿下目盲昏蔽。就是说,"李为求本,耿为求末;李为明德,耿言亲民;李持未发之中,耿执人伦之至;李主顿悟,而耿主渐修。就其实质而言,李贽的思路应该更符合阳明心学重自我体悟而求心之本体的学术传统,尤其是与王龙溪的自然良知更为接近;而耿定向的重视'人伦之至'也许带有一些泰州学派强调人伦日用的特点,但却有着较浓厚的程朱理学依傍圣贤格套的倾向"②。他因痛失耿定理的情感刺激而爆发出强烈且偏激的卫道取向,进而对李贽采取痛加挞伐的做法,不仅与李贽所主张的从孔子"和而不同"论引发出来的各不相碍、一任见道的立场和态度相去甚远,而且确已超出正常的辩学论道之范畴,而流露出明显的仗势欺人之情绪了。

关于这场发生在荆楚之地的耿、李论争,黄宗羲认为:"(天台)因李卓吾鼓倡狂禅,学者靡然从风,故每每以实地为主,苦口匡救。然又拖泥带水,于佛学半信半不信,终无以压服卓吾。乃卓吾所以

---

① 耿定向:《耿定向集》卷四,傅秋涛点校,第163页。
② 左东岭:《王学与中晚明士人心态》,人民文学出版社2000年版,第554页。

恨先生者，何心隐之狱，唯先生与江陵（张居正）厚善，且主杀心隐之李义河，又先生之讲学友也。斯时救心隐固不难，先生不敢沾手，恐以此犯江陵不说学之忌。"①表面上看，是由于对待禅学的态度导致了耿、李反目乃至论争，而实质则是维护文化专制与提倡思想解放、言论自由的原则分歧。

耿定向与李贽"和解"不久便去世了，而李贽很快又受到新一轮更加猛烈的攻击和迫害，以至最终不得不离开他本想终老并安息的麻城龙湖，这实际上宣告了楚中王门的终结。至于后来李贽被下诏狱并自刭于狱中，则可以说标志着晚明阳明学派讲学运动的落幕。

（陈寒鸣撰稿）

---

① 黄宗羲：《泰州学案四》，《明儒学案》卷三十五，沈芝盈点校，第815页。

阳明学与四川

王阳明一生没有到过四川，但阳明学在四川有影响、有发展，遗憾的是历史上并没有引起很大关注，直到晚近阳明学成为学界热门研究领域，始有学者开始特意提及。钱明2010年首提"巴蜀王门"说："然其他地域王门，亦应给予更多关注，尤其是偏远地区的王门，比如黔中、巴蜀王门（黔中王门、巴蜀王门，《明儒学案》中无此称呼，从其地域特色以及重要性而言，应予补入）。黔中不必多言，是王阳明龙场悟道处，《明儒学案》不入，毫无道理；巴蜀的内江地区有赵贞吉、邓豁渠等人，在当地也产生了重要影响，似存在一个地域流脉。"[①] 但列入《明儒学案》的巴蜀王门学者，出生地在四川的仅《泰州学案》赵贞吉、邓豁渠、何祥三人，三人出生地都在内江，且后两者皆师事赵贞吉，故可谓之"内江王学"。张宏敏在2017年4月28日于成都召开的"蜀学·湘学与儒学学术研究会"上发表《蜀中王学论纲——"蜀学"与"浙学"互动的一个案例》一文，提出"蜀中王学"，且又列入席书、杨名、杨甲仁等学者。金生杨2017年8月参加贵阳"知行论坛"时在参会论文《任瀚与南充王学的开创》中提出"南充王学"，考述南充地区任瀚、黄辉、罗为赓等学者前后相续传承、弘扬王学，以及与王门弟子的交游，考证精详。另外，胡直、孙应鳌等不少著名阳明学者入川，也是阳明学在四川发展的一道亮丽风景线。然而，入蜀王门学者在四川的事迹和活动之文献记载渺茫，故本文仅在介绍"南充王学"时略述任瀚与之交游的情况。长期被忽略的巴蜀王学其实有非常丰富的发展历史和学术思想内容，巴蜀王学研究尚有非常庞大的深入发掘和研究探索空间。

一、近侍阳明：席书对阳明心学的启迪和弘传

席书（1461—1527），字文同，号元山，四川遂宁人，祖籍山西临汾。弘治三年（1490）进士，历任山东郯城知县、工部都水

[①] 钱明：《阳明学派国际学术研讨会概述》，《中国哲学史》2010年第1期。

司主事、户部山东员外郎、河南按察司佥事、副使、贵州提学副使、河南布政司右参政使、浙江按察司按察使、山东布政司右布政使、云南布政司右布政使、福建布政司右布政使、右副都御史巡抚湖广、都察院右都御史、南京兵部右侍郎，累官至光禄大夫、柱国少保兼太子太保、礼部尚书加武英殿大学士，赠太傅，谥文襄，入祀理学名臣祠，崇祀乡贤祠，归葬四川遂宁市蓬溪县吉祥镇祖茔珉水坝。撰有《漕船志》二卷、《鸣冤录》五卷、《救荒策》一卷、《大礼奏议》一卷、《春秋论》一卷、《元山文集》五卷等，《明史》卷一百九十有传。

  席书为王阳明在贵州弘道和阳明学在贵州的传播作出过突出贡献。正德四年（1509），席书出任贵州提学副使，阳明此时被贬谪龙场驿丞，自正德三年（1508）春以来居龙场而悟格物致知之旨，建构了"心外无物""知行合一"的心学体系。席书到任后拜访阳明，请教朱陆同异之辨，而阳明"不语朱陆之学，而告之以其所悟，书怀疑而去"。第二天席书又来拜访，阳明"举知行本体证之五经诸子，渐有省"。这样拜访四次以后，席书"豁然大悟"："谓圣人之学复观于今日，朱陆同异各有得失，无事辨诘，求之吾性本自明也。"① 于是撰专文邀请阳明："误天下豪杰者，举业也。然使天下士借是而如所向上者，亦举业也。故韩子因文而见道，宋儒亦曰科举非累人，人自累科举。今之教者，能本之圣贤之学，以从事于举业之学，则亦何相妨。执事早以文学进于道理，晚以道理发为文章，倘无厌弃尘学，因进讲之间，悟以性中之道义，于举业之内，进以古人之德业，是执事一举而诸士两有所益矣。"② 并在贵阳修葺文明书院，"身率贵阳诸士以所事师礼事之"③。阳明抵贵阳后，席书以年长阳明十一岁的地方学官身份执弟子礼师事阳明："公余则往见，论学或至夜分。诸生环而观听者以数百，自是贵人士始知有心性之学。"④ 因为席书为阳明龙场悟道期间问学拜师第一人，是阳明提出

---

① 以上均见钱德洪：《年谱一》，王守仁：《王阳明全集》卷三十三，吴光等编校，第1228—1229页。
② 席书：《为诸生请王阳明先生讲学书》，谢东山修，张道纂：《贵州通志》卷十一，明嘉靖间刻本。
③ 钱德洪：《年谱一》，王守仁：《王阳明全集》，吴光等编校，第1229页。
④ 周作楫修，萧琯、邹汉勋纂：《贵阳府志》卷五十六，清咸丰二年刻本。

"知行合一"思想的启迪者和见证人,又邀请阳明讲学并力行推广阳明心学,贵州学人受到"心性之学"熏陶,阳明心学成为贵州学术的主流,不仅使受到启蒙的不少贵州学者成为黔中王学传播和研究的中坚力量,而且对在阳明心学在贵州初建之后的全国范围的传播起到了积极的作用。阳明尝曰:"又忆往年与公论学于贵州,受公之知实深。"① 阳明亦以知音、道友相许。因此,称席书为阳明第一大弟子和黔中王门开山,并不为过。阳明后学者李贽赞席书胆识云:

> 即此一事,公之才识已足盖当世矣。当是时,人之尊信朱夫子,犹夫子也,而能识知朱子之非夫子,唯阳明之学乃真夫子,则其识见为何如者!然有识而才不充,胆不足,则亦未敢遽排众好,夺时论,而遂归依龙场,以驿丞为师也。官为提学,而率诸生以师驿宰,奇亦甚矣。见何超绝,志何峻卓,况不虞贼瑾之虐其后乎!②

席书还是宋明心学从陆九渊到王阳明过渡发展的关键桥梁。席书在贵州向阳明问学时,首问便是朱陆异同,其时王阳明对陆九渊的思想避而不答,但从此阳明开始注意陆九渊之心学,两年后阳明回京便编纂《陆象山文集》,较完整地"论晦庵、象山之学",这与席书的追问和论学是分不开的。"(阳明)先生刻《象山文集》,为序以表彰之。席元山尝闻先生论学于龙场,深病陆学不显,作《鸣冤录》以先生寄。称其身任斯道,庶几天下非之而不顾。"③《鸣冤录》四卷,附录一卷,又名《为陆象山鸣冤录》,席书撰,是为象山心学正名的心学专著。南宋朱子理学、象山心学、永嘉事功之学并为南宋鼎足之民间私学,而朱子理学后来逐渐成为学术主流和官学,当阳明和席书等提倡与陆学精神一致的心学思潮时,便立即引起"天下非之",故席书撰此书为陆学鸣冤,寄于阳明以明心志。可见席书在见到阳明之前便深究陆学而病陆学不显,见到阳明后遂以

---

① 王守仁:《祭元山席尚书文》,《王阳明全集》卷二十五,吴光等编校,第963页。
② 李贽:《续藏书》卷十二,张建业主编:《李贽文集》(第4卷),社会科学文献出版社2000年版,第279页。
③ 钱德洪:《年谱一》,王守仁:《王阳明全集》卷三十四,吴光等编校,第1279—1280页。

知音师事之，并将所悟陆学宗旨精髓录以寄示明师，共担淑世弘扬圣学的时代使命。正德十六年（1521）阳明《与席元山》云："向承教札及《鸣冤录》，读之见别后学力所到，卓然斯道之任，庶几乎天下非之而不顾，非独与世之附和雷同从人非笑者相去万万而已。喜幸何极！"① 嘉靖二年（1523）阳明《寄席元山》又云："向见《鸣冤录》及承所寄《道山书院记》，盖信道之笃，任道之劲，海内同志莫敢有望下风者矣，何幸何幸！"② 可见，阳明对席书《鸣冤录》的作用及其学问志向是看得相当高的。

席书还在"大礼议"事件中与王阳明和王门弟子站在同一条战线上而深豫其事。"大礼议"是指发生在正德十六年（1521）到嘉靖三年（1524）间的一场皇统问题上的政治争论，由明世宗以地方藩王入主皇位，而改换父母的问题所引发，是明朝历史第二次小宗入大宗的事件。明世宗登基不久，便与杨廷和、毛澄为首的武宗旧臣们之间关于以谁为世宗皇考，以及世宗生父尊号的问题发生了争议和斗争。以内阁首辅杨廷和为首的"护礼派"以继嗣为由要求世宗改换父母。而当时的"议礼派"、观政进士张璁则上疏责廷臣之非，提出了"继统"的理论。席书与王门师弟黄绾、黄宗明、方献夫等"议礼派"成员一起支持嘉靖帝"继统而不必继嗣"，请立兴献王庙于京师。期间，他们将所作的《议大礼疏》寄呈在越中讲学的王阳明，但并未得到阳明的答复。至嘉靖三年（1524），"大礼议"事件以世宗钦定大礼而结束。嘉靖四年（1525）七月，时任礼部尚书的席书提议编辑《大礼集议》，后诏编纂《大礼全书》（书成称《明伦大典》）。可惜嘉靖六年（1527）书未成而席书病逝，略晚病逝的王阳明在《祭元山席尚书文》中高度评价席书道："可谓豪杰之士，社稷之臣矣。世方没溺于功利辞章，不复知有身心之学，而公独超然远览，知求绝学于千载之上；世方党同伐异，徇俗苟容，以钧声避毁，而公独卓然定见，惟是之从，盖有举世非之而不顾。"③

---

① 王守仁：《与席元山》，《王阳明全集》卷五，吴光等编校，第180页。
② 王守仁：《王阳明全集》卷二十一，吴光等编校，第822—823页。
③ 王守仁：《祭元山席尚书文》，《王阳明全集》卷二十五，吴光等编校，第962页。

二、南充王学：任瀚及其与王门学者的交往

在论述"南充王学"之前，先介绍与任瀚研究王学密切相关的两位四川籍阳明学者：杨名和王惟贤。杨名（1505—？），字实卿，号芳洲，四川遂宁人，著有《芳洲集》五卷。杨名为童子时，督学王廷相见他出语不凡，遂补弟子员。嘉靖七年（1528）参加乡试，夺得第一名（解元）；嘉靖八年（1529），中己丑科进士第三名（探花），该科状元罗洪先、榜眼程义德都是阳明学者。王惟贤（生卒年待考），四川中江人，嘉靖十一年（1532）举进士，尝从欧阳德讲求王学。《王阳明年谱·附录一》载："（嘉靖）十一年壬辰正月，门人方献夫合同志会于京师。自师没，桂萼在朝，学禁方严。薛侃等既遭罪谴，京师讳言学。至是年，编修欧阳德、程文德、杨名在翰林，侍郎黄宗明在兵部，咸贤、魏良弼、沈谧等在科，与大学士方献夫俱主会。于时黄绾以进表入，洪、畿以趋廷对人，与林春、林大钦、徐樾、朱衡、王惟贤、傅颐等四十余人始定日会之期，聚于庆寿山房。"① 嘉靖十一年（1532）正月，黄绾以南京礼部右侍郎身份入京进表、考绩，与时任翰林院编修方献夫、欧阳德、程文德等王门弟子四十余人，定日会聚于庆寿山房，蜀中王门学者杨名、王惟贤在列。庆寿山房日会及同乡好友王惟贤对任瀚学术转向起到了非常关键的作用。

任瀚（1502—1592），字少海，号忠斋，又号五岳山人，人称固陵先生，四川顺庆府南充县人。少颖悟，嘉靖元年（1522）举人，八年进士，选庶吉士，未上，授吏部主事，屡迁考功郎中。十八年，简宫僚，改左春坊左司直兼翰林院检讨。引疾请归，不报，复引还，为周来所劾。十九年，被勒为民。后遇赦复官，致仕。四川巡抚张时彻以遗贤荐，世宗不复用。神宗立，四川巡抚刘思洁、曾省吾先后疏荐，优旨报闻而已。任瀚在京与同乡阳明学者王惟贤"相见阙下"，以为其"精神意气，炅炅不类凡儒"，以至于"一时京师聚讲诸贤，皆自以支离，莫及此学正"，于是"每朝下即以所疑相印可"，与之最"相莫逆"②，由是与阳明学者广泛交游，深研心学。任瀚先

---

① 钱德洪：《年谱附录一》，王守仁：《王阳明全集》卷三十六，吴光等编校，第1329页。
② 任瀚：《寿王卓·少参八十序》，《任文逸稿》卷三，明万历刻本。

师从邹守益等问学,得阳明心学之旨,此为其转向王学之始。

后任瀚隐居故里,与入蜀阳明后进胡直、孙应鳌等皆有交游,并一起研经讲学,门下陈于陛、黄辉等南充后学亦皆有成于阳明学,因而可谓开创了"南充王学"。任瀚之王学,由疑入信,与大多数王门弟子的学术转向类似,然而也有其独特的三教合一的学术色彩。任瀚深受老庄道教的影响,也有佛学的影子,但总体上为学宗旨平实。在本体论上,发明道本,阐发源自邵雍的圆中之学,认为道涵摄万物,开张万象,无为而无不为,不假安排,主张"以道物物",认为道"不可以色相求",只能用心去领悟与印证。在工夫论上,任瀚将慎独、诚意看作是工夫的根本与基础,主张合内外、同物我、并身心家国天下为一,重视功业,将合内外、内圣外王作为学问的终始。在境界论上,他主张道体自然流露,随顺应物,"处心当如青天白日,应事当如流水行云"①。

任瀚与王门学者之交往,堪称巴蜀王学之典范,其典型的例子,就是与入蜀阳明后学胡直和孙应鳌之间的学术交往和思想探讨。

胡直是阳明的再传弟子,任瀚的同年好友,后来又曾从陈大伦、邓鲁等人学道、学禅,故其学亦带有阳明后学常有的三教合一色彩,黄宗羲曾谓其"先生之旨,与释氏所称'三界惟心,山河大地,皆妙明心中物'不远"②。任瀚十分了解胡直的学术渊源和为学宗旨,曰:"庐山子(胡直)将学为圣人,尝师事念庵子(罗洪先),而守其独知之旨,以号召天下之将学为圣人者。"③嘉靖四十二年(1563)春,胡直入蜀为官,临别时,罗洪先赠以《松原别语册》,教以"收敛静定"④工夫,并嘱咐:"圣人之道大矣,吾所尝语子者,涂之人可以语知焉,人道也;及其至,虽圣人亦有所不知焉,天道也。夫子之言天道,自子贡不可得而闻,苟不聪明圣知达天德者,其孰能知之?吾观往圣继天立极,所以成变化而行鬼神者,其精蕴在《易》,其费隐在《中庸》。吾友巢虚子居剑南,墨然愚,嗫然讷,

---

① 任瀚:《川北分宪王用吾升广东少参序》,《任文逸稿》卷五,明万历刻本。
② 黄宗羲:《江右王门学案七》,《明儒学案》卷二十二,沈芝盈点校,第512页。
③ 任瀚:《鸿蒙游送胡庐山提学归豫章》,《任文逸稿》卷四,明万历刻本。
④ 胡直:《书松原别语册后》,《衡庐精舍藏稿》卷十八,文渊阁《四库全书》本。

将无庶几其有闻乎，而其往问之。"①"巢虚子"即任瀚晚年自号。罗洪先自谦只语及人道，而推扬任瀚通晓天道，认为圣人天道精蕴在《易》，而任瀚尤长于《易》，故嘱咐胡直前往问学。由此可以推知，胡直入蜀后与任瀚的交往，在《易》学以及阳明学的良知本体论和工夫论方面会有深入的交流启发和研讨心得。

入蜀后，胡直曾针对任瀚《河关留著集》中关于太极图的观点，著《太极图说辩》，疑《太极图说》非周敦颐所作。任瀚作《答胡庐山太极图辩》，解释自己答阳明学者蔡汝楠而留著之图的观点，并欲"俟前病少苏，更当益闻所未闻耳"②。胡直见此颇受鼓舞："予昔在蜀时，尝著之辨。蜀有固陵先生，读之叹曰：'此虽周子复作，不易斯语。'"③于是复著《太极图说辩后语》以记其事，补其论说，又于杂著《续言》中著问答，将其疑辩总结发挥，以"吾所疑有十不可解者"，一一辩难，以证其非疑周敦颐而疑《太极图说》非周敦颐所作的论说。

孙应鳌曾受业于王艮门人徐樾，又尝问学于阳明弟子蒋信，为阳明再传，"以学行知名，为黔中人士之冠"④。嘉靖四十二年（1563），孙应鳌由陕西提学副使迁四川右参政，翌年春"移镇剑南，始按部"访任瀚于江门。任瀚赞其"固欲为圣贤君子者，其神明内蕴，思若悬河"，又"惧其或尝试于大巧也"，遂力加"节之"⑤。孙应鳌"缮治果州之公局，得苟完，详著《敬安堂记》中，敬安堂后为私居正室，室有堂"，"命其堂为孚吉之堂，复著其义"，而以《易》义论之。⑥孙还将《陈图南睡佛像图》交与任瀚，任瀚题而复之："坐忘，圣学也。今伏羲先天之易皆出于图南，世称理窟。其蛰也，殆忘言之象，画前之易，枕藉乎羲皇之庭而以神遇者哉！图南常画寝天人下，访焉而听其息，鼾齁然则乌涂满纸而后去之，曰：彼华胥调此混沌谱也。今所自为图者，华胥耶？混沌耶？其坐忘乎

---

① 任瀚：《鸿蒙游送胡庐山提学归豫章》，《任文逸稿》卷四，明万历刻本。
② 任瀚：《答胡庐山〈太极图辨〉》，《任文逸稿》卷三，明万历刻本。
③ 胡直：《续言下》，《衡庐精舍藏稿》卷三十，文渊阁《四库全书》本。
④ 万斯同：《孙应鳌传》，《明史》卷三百一十八，清钞本。
⑤ 何乔远：《皇明文征》卷四十五，《四库全书存目丛书·集部》（第329册），第66页。
⑥ 孙应鳌：《孚吉堂记》，《督学文集》卷三，《黔南丛书》本。

而莫得其朕耶！"①说明其治《易》带有浓厚的道家色彩。

任瀚在南充精研学术，热衷讲学交游半个世纪，乡党后学归化阳明学者甚众。"倡道经筵，已而乞休"之后，任瀚与南充陈以勤、王廷等为友，"讲学五十余年"②，"从公学者甚众，李竹、张鉴、陈于陛、王续之、杜翼所、文衡、李益、索俊、杨文举、黄辉、罗仲元兄弟皆出其门"③。任瀚、文衡、张鉴、王续之、陈于陛、黄辉、李竹、罗仲元以及后学罗为赓后皆入祀南充乡贤祠。罗为赓曾将任瀚与西蜀心学家赵贞吉作比较，以为"明任少海先生，当嘉、隆间，与赵文肃公齐名"，而感叹于任瀚弟子众多，"其门人之最著者，李华池竹著《皇极经世发明》，大中丞张鉴著《经世衍义目》，陈文宪（陈于陛）著《正意见》及《道术辩》"，"其子太守元康、给事杜翼所、佥事文衡、孝廉索俊，或见之文学，或施之政事，皆卓有可观，而文肃之后无闻焉"④。

三、泰州续脉："出入禅儒"赵贞吉

黄宗羲《明儒学案》卷三十三《泰州学案二》曾专门记载赵贞吉的事行言论，可见重视之程度。赵贞吉（1508—1576），字孟静，号大洲，四川内江桐梓坝人（今四川内江市内）。明代名臣、学者，南宋右丞相赵雄之后。嘉靖十四年（1535）进士及第，授翰林编修，迁国子司业。"庚戌之变"时，俺答包围京师，赵力言不可订城下之盟，应督促诸将勇战。明世宗擢其为左谕德、监察御史，奉旨宣谕诸军。后两次遭权臣严嵩中伤，被夺职。明穆宗时复出，官至礼部尚书兼文渊阁大学士、掌都察院事、太子太保，参与促成"俺答封贡"。因与高拱不合，于隆庆五年（1571）致仕归乡，居家闭门著述。逝世时获赠少保，谥号"文肃"。赵贞吉工诗文，与杨慎、任瀚、熊过并称"蜀中四大家"，遗著有《赵文肃公文集》《赵太史诗

---

① 任瀚：《题陈图南睡像复孙山甫》，《任文逸稿》卷三，明万历刻本。
② 吕潜：《高惕庵语录序》，张晋生等编纂，黄廷桂等监修：《四川通志》卷四十七，文渊阁《四库全书》本。
③ 费密：《任少海先生传》，范鄗鼎辑：《理学备考》卷十六，《四库全书存目丛书·史部》（第122册），第145页。
④ 罗为赓：《与陈秀才书》，袁凤孙纂：《南充县志》卷五，清嘉庆十八年刻本。

抄》等。赵贞吉交游天下，立教当世，来往论学者不乏前辈、同辈、后学，其中与同辈胡直、姜宝、蔡汝楠、王宗沐、曾省吾、何良俊、高拱、张居正等最为可观，而阳明学者难计其数。①

赵贞吉少习禅，后举业并讲学，学道于王门弟子、泰州学派传人。清彭际清编《居士传》第三十九卷尝为赵大洲立传，言"大洲年二十学禅"，赵贞吉也直言其终身学禅："夫仆之为禅，自弱冠以来矣，敢欺人哉！"②赵与胡直交谈，胡认为吾儒与二氏的关系是吾儒能兼二氏而二氏不得兼吾儒，赵却认为吾儒与二氏相通。在赵贞吉看来，三教相通，"其任异，其归合者也"③。故《明儒学案》曰：

> （赵贞吉）先生之学，李贽谓其得之徐波石。按先生之论中也，曰"世儒解中者，不偏不倚，无过不及之名，而不知言中为何物。今夫置器于地，平正端审，然后曰'此器不偏不倚'；度物之数，长短适中，然后曰'此物无过不及'。今舍其器物，未问其作何名状，而但称曰'不偏不倚，无过不及'，则茫茫虚号，何所指归？若以为物物有天然之则，事事有当可之处，夫天然之则，在此物者，不能以该于彼物；当可之处，在此事者，不能以通于他事。若以为道心为主，而人心听命，则动静云为之际，自无过不及之差，此又以中为学问之效。宁有三圣心传，不指其体而仅言其效乎？"波石之论中也，亦曰："伊川有堂之中为中，国之中为中，若中可拟而明也，《易》不当曰神无方而易无体矣。"故知先生有所授受也。先生初不自讳其非禅学，尝与徐鲁源相遇，鲁源言："学问当有所取，有所舍。"先生厉声曰："吾这里无取无舍，宛然宗门作用也。"其答友人云："仆之为禅，自弱冠以来，敢欺人哉！试观仆之行事立身于名教，有悖谬者乎？则禅之不足以害人明矣。仆盖以身证之，非世儒徒以口说诤论比也。"先生谓"禅不足以害人"者，亦自有说："朱子云：'佛学至禅学大坏。'盖至于今，禅学至棒喝而又大坏。棒喝因付嘱

---

① 参见阚彬：《立教当世、交游天下——论赵贞吉的教育活动与社会交往》，西华师范大学2016年硕士学位毕业论文。
② 赵贞吉：《赵文肃公文集》卷二十二，《四库全书存目丛书·集部》（第100册），第574页。
③ 姜宝：《赵文肃公文集序》，《姜凤阿文集》卷二十九，《四库全书存目丛书·集部》（第128册），第211页。

源流，而又大坏。就禅教中分之为两：曰如来禅，曰祖师禅。如来禅者，先儒所谓语上而遗下，弥近理而大乱真者是也。祖师禅者，纵横捭阖，纯以机法小慧牢笼出没其间，不啻远理而失真矣。今之为释氏者，中分天下之人，非祖师禅勿贵，递相嘱付，聚群不逞之徒，教之以机械变诈，皇皇求利，其害宁止于洪水猛兽哉！故吾见今之学禅而有得者，求一朴实自好之士而无有。假使达摩复来，必当折棒噤口，涂抹源流，而后佛道可兴。"先生之所谓"不足以害人"者，亦从弥近理而大乱真者学之。①

徐波石即徐樾（1501—1552），字子直，号波石，江西贵溪人，嘉靖十一年（1532）进士，历任礼部侍郎、福建参议、贵州提学副使、云南左布政使等，著有《日省仁学录》《徐子直集》等。《明儒学案》言其"得事阳明，继而卒业心斋之门"②。心斋即泰州学派创始人王艮。徐樾在阳明卒后于嘉靖七年（1528）、十年（1531）、十八年（1539），三次到王艮门下受业，"现成良知之言，以不犯做手为妙诀"③。

赵贞吉从学徐樾，学问要旨承其"现成良知"，主张"以天命本然者，即良知也"④，认为"天命之性者，生质之本然也，良知也"⑤。他发明《大学》修齐治平之道，在《经筵讲章》中强调君子"正心诚意"和"絜矩"日常工夫之紧要，"如是则心正身修全体之昭明自复，而大用之絜矩自行，欲平天下不难矣"⑥。黄宗羲称其论"中"为"人心"听命于"道心"之心体，与徐樾论"中"当有一脉相承处。赵贞吉说："能随顺觉性，则即体即用，即用即体，体用一如矣。学至于体用一如，则达乎大觉圆顿之门矣。"⑦其言"良

---

① 黄宗羲：《泰州学案二》，《明儒学案》卷三十三，沈善洪主编：《黄宗羲全集》（第7册），第874—875页。
② 黄宗羲：《泰州学案二》，《明儒学案》卷三十三，沈善洪主编：《黄宗羲全集》（第7册），第847页。
③ 黄宗羲：《泰州学案二》，《明儒学案》卷三十三，沈善洪主编：《黄宗羲全集》（第7册），第848页。
④ 胡直：《少保赵文肃公传》，《衡庐精舍藏稿》卷十一，文渊阁《四库全书》本。
⑤ 赵贞吉：《赵文肃公文集》卷十四，《四库全书存目丛书·集部》（第100册），第436页。
⑥ 沈乃文：《明别集丛刊》（下册）卷九，第145页。
⑦ 黄宗羲：《泰州学案二》，《明儒学案》卷三十三，沈善洪主编：《黄宗羲全集》（第7册），第883—884页。

知"之体用颇近佛家用语。黄宗羲记载赵贞吉有"禅之不足以害人"之语,认为这是学自似是而非的"弥近理而大乱真者";并且指出:"阳明先生之学,有泰州、龙溪而风行天下,亦因泰州、龙溪而渐失其传。泰州、龙溪时时不满其师说,益启瞿昙之秘而归之师,盖跻阳明而为禅矣。"① 赵贞吉续脉泰州学派,不讳言禅,亦难逃"跻阳明而为禅"之讥。耿定向在评论赵贞吉的佛学倾向时说:"夫近世士大夫好佛者,如吴旺湖、陆平泉之修洁,近佛之清净;赵大洲、陆五台之刚简,近佛之直截。"② 而袁宏道却说:"蜀中,高士薮泽也,近代性命之学始于赵文肃。尝窃读公书,出入禅儒,而去其肤,关、闽所未及也。"③ 赵贞吉之学虽有"出入禅儒"之皮相,袁宏道还是肯定其学术之高明,实有超迈张载关学和朱熹闽学之处,可见评价之高。

四、内江后学:儒僧邓豁渠与"儒者矩矱"何祥

赵贞吉一生在内江讲学的时间较多,晚年致仕归乡,内江乡党子弟多有归化王学,可谓之"内江王学"。其中弟子邓豁渠和何祥与之同列黄宗羲《明儒学案》之《泰州学案》中,可谓之"内江后学"。

邓豁渠(1498—1569),名鹤,号太湖,成都府内江县(今内江市市中区)人,著有《南询录》,书名典出《华严经》善才童子赴南方求法。他在赵贞吉出入禅儒的基础上变本加厉,直入佛门以求心学之宗旨。《明儒学案》称他:

> 为诸生时,不说学。赵大洲为诸生,谈圣学于东壁,渠为诸生讲举业于西序,朝夕声相闻,未尝过而问焉。已渐有入,卒抠衣为弟子。一旦弃家出游,遍访知学者,以为性命甚重,非拖泥带水可以成就,遂落发为僧。访李中溪元阳于大理,访邹东廓、刘师泉于江右,访王东崖于泰州,访蒋道林于武陵,

---

① 黄宗羲:《泰州学案二》,《明儒学案》卷三十三,沈善洪主编:《黄宗羲全集》(第7册),第821页。
② 耿定向:《耿天台先生文集》卷四,明万历二十六年刻本。
③ 袁宏道:《寿何孚可先生八十序》,《袁宏道集笺校》卷五十四,钱伯城笺校,第1534页。

访耿楚倥于黄安。与大洲不相闻者数十年，大洲起官过卫辉，渠适在焉，出迎郊外。大洲望见，惊异下车，执手徒行十数里，彼此潸然流涕。大洲曰："误子者，余也。往余言学过高，致子于此，吾罪业重矣。向以子为死，罪恶莫赎，今尚在，亟归庐而父墓侧终身可也。吾割田租百石赡子。"因书券给之。时有来大洲问学者，大洲令渠答之。大洲听其议论，大恚曰："吾借是以试子近诣，乃荒谬至此。"大洲入京，渠复游齐鲁间，初无归志。大洲入相，乃来京候谒，大洲拒不见，属宦蜀者携之归，至涿州，死野寺中。渠自序为学云："己亥，礼师，闻良知之学，不解。入青城山参禅十年。至戊申，入鸡足山，悟人情事变外，有个拟议不得妙理。当时不遇明师指点，不能豁然通晓。癸丑，抵天池，礼月泉，陈鸡足所悟，泉曰：'第二机即第一机。'渠遂认现前昭昭灵灵的，百姓日用不知，渠知之也。甲寅，庐山礼性空，闻无师智闻说'没有甚么，甚么便是'，始达良知之学，同是一机轴，均是认天机为向上事，认神明为本来人。延之戊午，居沣州八年，每觉无日新之益，及闻三公俱不免轮回生死，益加疑惑。因入黄安，居楚倥茅屋，始达父母未生前的、先天地生的、水穷山尽的、百尺竿头外的所谓不属有无，不属真妄，不属生灭，不属言语，常住真心，与后天事不相联属。向日鸡足所参人情事变的，豁然通晓，被月泉所误二十余年。丙寅以后，渠之学日渐幽深玄远。如今，也没有我，也没有道，终日在人情事变中，若不与，泛泛然如虚舟飘瓦而无着落，脱胎换骨实在于此。渠学之误，只主见性，不拘戒律，先天是先天，后天是后天，第一义是第一义，第二义是第二义，身之与性，截然分为二事，言在世界外，行在世界内，人但议其纵情，不知其所谓先天第一义者，亦只得完一个无字而已。嗟乎！是岂渠一人之误哉？"①

黄宗羲在《泰州学案·前言》中尽列邓豁渠学术，盖其为"跻阳明而为禅"之典型也。邓豁渠一旦从赵贞吉那里得闻阳明良知之

---

① 黄宗羲：《泰州学案一》，《明儒学案》卷三十二，沈善洪主编：《黄宗羲全集》（第7册），第824—825页。

学，竟弃家在青城山参禅十年，后到云南鸡足山落发为僧，云游四方，参悟心学，遍访各地王门先进，以至于赵贞吉在十几年后与他重逢时，竟内疚自己当年"言学过高"，导致邓豁渠余生流浪求道；而当赵听闻邓的荒诞言论后，也惊诧得难以接受。前言所述，"渠学之误，只主见性，不拘戒律，先天是先天，后天是后天，第一义是第一义，第二义是第二义，身之与性，截然分为二事，言在世界外，行在世界内，人但议其纵情，不知其所谓先天第一义者，亦只得完一个无字而已。嗟乎！是岂渠一人之误哉"，实为邓晚年的自叙定论。邓豁渠之求本性，乃理上去求，而不能落实于实践，然此身心二分之弊，在儒、释、道三家那里皆遭诟病，却多为众生和求道者所常犯之通病，所不同者，常人百般掩饰，而邓豁渠光明磊落、明白无误地将其呈现道出。

何祥，号克斋，四川内江人。嘉靖十三年（1534）举乡试，以执教兴学名世，先后授浙江遂昌县、湖北麻城县教谕，继后任职陕西华阴知县，再升湖北襄阳府同知、晋南京刑部郎中。何祥早年与同乡赵贞吉、马升阶为友，同研经史，潜心道学，与赵贞吉在亦师亦友之间。据《明儒学案》载：

> 何祥号克斋，四川内江人。官至正郎。初事南野于太学，大洲谓之曰："如南野，汝当执贽专拜为师可也。"先生如其言，南野笑曰："予官太学即师也，便更以贽为？"先生谓："太学生徒众矣，非此不足以见亲切也。"南野乃受之。凡南野、大洲一言一动，先生必籍记之，以为学的。京师讲会，有拈识仁定性者，先生作为讲义，皆以良知之旨通之。大洲有诗赠之云："君辞佳丽地，来补昔巢居，予亦同方侣，高悬合辙车。已指甪里诀，新注紫阳书。灼艾消残病，纫衣返太初。忘形非避俗，觌体即真如。荷莼种已大，杞苗耘正疏。烟波用无尽，棹笠溪有余。愿附玄真子，扁舟纵所如。"先生之学，虽出于大洲，而不失儒者矩矱。耿定力曰："大洲法语危言，砭人沉痼；先生温辞粹论，辅人参苓，其使人反求而自得本心，一也。"①

---

① 黄宗羲：《泰州学案四》，《明儒学案》卷三十五，沈善洪主编：《黄宗羲全集》（第8册），第101—102页。

南野即欧阳德，系江右王门的主要代表人物之一。何祥之学得欧阳德和赵贞吉学问之大旨，讲学以"良知本体""求其放心""推扩心志"为要。著有《洗心录》《性理要论》《定性注》《诚仁解》《家训》《通解论学书》等，今仅见《明儒学案》选录数语。何祥之子何起鸣（1531—1590），字应岐，号来山，嘉靖三十七年（1558）举人，三十八年（1559）进士，历任陕西盩厔（今周至）知县、礼部给事中、顺天府丞、山东巡抚、工部尚书，著有《奏议》《蓄德要览》《教言》等。何其鸣受家学影响，亦属阳明后学。

赵贞吉一生交游讲学，所授弟子甚众，其中有一位他器重的乡人弟子邓林材值得一提。邓林材，字子培，四川内江人，嘉靖四十年（1561）举人，四十三年（1564）出任卫辉府知府，隆庆六年（1572）任新宁州知州。其致仕归里时，"余禄尽分亲族，布衣蔬食，谈道自若"①，寿八十卒。《内江县志》称邓林材"不乐仕进，以讲学明道为己任。尝自谓：'从前诸儒倡道学，或以主静、以居敬、以行恕、以致知、以格物，门户不一。赵师絜矩，其要谓皆不外于志。孔子十五志于学，至七十从心所欲不逾矩，此志毕矣，志固学者顶门一金针也。'"②曾与李贽相交，于"上下古今，多所参证"③。邓林材"为诸生时从赵文肃（贞吉）游，年与识俱弟子班首"④，赵贞吉"亦以畏友礼之"。邓林材常将"诗文杂体，质之文肃"，"互为倡和，莫逆于心"。邓林材与其师患难与共，赵贞吉得罪高拱，最终致仕归田，邓林材也因此受到牵连，由顺天府推官远调广西新宁州，赵贞吉遂赠诗勉励他，要在艰险之世虔诚修养。⑤赵贞吉去世后，邓林材撰《赵文肃公先生年谱序》，赞其"专意性命之学，保索孔孟微言"⑥，对赵贞吉的一生志业进行了全面总结和高度评价。

（吴龙灿撰稿）

---

① 陆为棻等修：《内江县志》卷六，光绪九年续修本。
② 陆为棻等修：《内江县志》卷六，光绪九年续修本。
③ 陆为棻等修：《内江县志》卷六，光绪九年续修本。
④ 陆为棻等修：《内江县志》卷六，光绪九年续修本。
⑤ 参见赵贞吉：《赵文肃公文集》卷五，《四库全书存目丛书·集部》（第100册），第316页。
⑥ 陆为棻等修：《内江县志》卷六，光绪九年续修本。

第二编 阳明学与北方诸省地域文化

阳明学在北京、河北

自永乐年间迁都,北京一直是明王朝的首都,而环绕京师的河北自然成为京畿重地。京冀地区显然是明代的政治文化中心。王阳明不仅在北京生活、宦游过,而且还在这里最早接受了白沙心学的影响,并且最早展露出经略四方之志,最早开展了讲学活动并接纳了前来问学者,甚至在他殁后,京师朝中政治仍与他及其阳明学派休戚相关。至于其后学,在京冀地区更是有许多重要的讲学和政治活动。从一定意义上可以说,阳明学的兴盛与衰歇同京冀地区息息相关。

一、王阳明与京师

成化十七年(1481),王阳明的父亲王华廷试时名列第一甲第一人,授翰林院修撰。次年,王华迎养竹轩翁王伦,十一岁的阳明跟随祖父来到京师。阳明《送绍兴佟太守序》说:"成化辛丑,予来京师,居长安西街。久之,文选郎佟公实来与之邻。"① 他与比邻而居的林俊兄弟相识并结为好友,后来在《与林见素》中他说:"执事孝友之行,渊博之学,俊伟之才,正大之气,忠贞之节。某自弱冠从家君于京师,幸接比邻,又获与令弟相往复。其时固已熟闻习见,心悦而诚服矣。第以薄劣之资,未敢数数有请。"②

长安街是当时京师的繁华之地。王华任职的翰林院位于长安东街,京官则多居住在长安西街坊(即时雍坊)。这里佛刹道观林立,尤以规模壮丽宏伟的大兴隆寺为其时京城诸寺之最,三教九流亦杂聚于长安街,城隍庙市更是相卜巫祝、商贩走卒、杂技戏耍、斗鸡玩鸟的最大交流活动场所。从江南水乡初至北方京师的少年阳明,生活在这样一个闹市区,"眼界大开。自是性格放逸,旷达不检,喜好任侠,骑马射箭,六博斗鸡,常出入于佛、道、相、卜之处"③。据吴肃公《明语林》卷九《夙惠·自新》载:

---

① 王守仁:《王阳明全集》卷二十九,吴光等编校,第1056页。
② 王守仁:《王阳明全集》卷二十七,吴光等编校,第1012页。
③ 束景南:《王阳明年谱长编》,第40页。

王伯安十一岁，奕奕神会，好走狗、斗鸡、六博，从诸少年游。一日，入市买雀，与鬻雀者争。相者异之，出箧钱市雀送伯安，曰："自爱，自爱！异日万户侯也。"伯安奋厉读书，以经术自喜。

据说少年阳明还沉湎于下棋，王华屡规不止，"遂将棋抛于水，阳明因作诗云：'象棋终日乐悠悠，苦被严亲一旦丢。兵卒堕河皆不救，将军溺水一齐休。马行千里随波去，象入三川逐浪游。炮响一声天地震，忽然惊起卧龙愁。'"①钱德洪《王阳明年谱》亦记："先生豪迈不羁，龙山公常怀忧……先生……一日悔之……正色曰：'吾昔放逸，今知过矣！'"②所以，"倜傥出常矩"③，乃是少年阳明的真实写照。

成化十九年（1483），阳明就塾师读书习经，虽不免少年习性，时常伺塾师外出即率同学旷游，甚至"以豪杰抗志为学"，胸怀大志，颇为自负，以战阵立功、摧敌制胜为要务。《年谱》说他曾问塾师何为第一等事，塾答之以"惟读书登第耳"，而阳明却疑曰："登第恐未为第一等事，或读书学圣贤耳！"④这一年，"白沙陈献章应诏入京，居长安西街大兴隆寺，与林俊、王华比邻而居。林俊与白沙日日讲学于大兴隆寺中，少年阳明常往返出入于大兴隆寺与林俊家中，对林俊与白沙两人日日讲学已熟闻习见"⑤。陈献章（1428—1500），字公甫，别号石斋，广东新会白沙里人。他"年二十七始发愤，从吴聘君（吴与弼）学，其于古圣贤垂训之书盖无所不讲，然未知入处。比归白沙，杜门不出，专求所以用力之方，既无师友指引，惟日靠书册寻之，忘寝忘食，如是者亦累年而卒未得焉。所谓未得，谓吾此心与此理未有凑泊吻合处也。于是舍彼之繁，求吾心之约，惟在静坐，久之然后见吾此心之体，隐然呈露，常若有物，日用间种种应酬，随吾所欲，如马之衔勒也；体认物理，稽诸圣训，各有头绪来历，如水之有源委也。于是，涣然自信曰：作圣之功，

---

① 转引自束景南：《王阳明年谱长编》，第41页。
② 王守仁：《王阳明全集》卷三十三，吴光等编校，第1221—1223页。
③ 邹守益：《邹守益集》卷四，董平校整理，第207页。
④ 钱德洪：《年谱一》，王守仁：《王阳明全集》，吴光等编校，第1221页。
⑤ 束景南：《王阳明年谱长编》，第45页。

其在兹乎"①。陈献章早就有"真儒复出"之誉称，这次是因布政使彭韶和都御史朱英的推荐应诏赴京的，但他以疾病为由推辞了吏部的考试并上疏乞终养老母，终授以翰林院检讨而放归。陈献章与林俊日日讲论的，当是其所自信的心学。这在少年阳明心中留下深刻烙印，他后来评价道：

> 白沙先生学有本原，恁地真实。使其见用，作为当自迥别。今考其行事，亲信友、辞受取予、进退语默之间，无一不概于道。而一时名公硕彦如罗一峰、章枫山、彭惠安、庄定山、张东所、贺医间辈皆倾心推服之，其流风足征也。②

束景南说，阳明对白沙之学"如此心悦诚服，即渊源于此也"，后来阳明于正德五年（1510）又一次"入京师，亦寓居大兴隆寺，与湛甘泉在大兴隆寺中讲学，盖即有意仿当初白沙与林俊在大兴隆寺中讲学也"③。而白沙、阳明先后崛起，倡扬心学，彻底结束了程朱理学一统天下的局面。阳明心学由此逐渐登上思想文化界的舞台。

十五岁时，阳明"出游居庸三关，即慨然有经略四方之志，询诸夷种落，悉闻备御策，逐胡儿骑射，胡人不敢犯。经月始返"④。据黄绾《阳明先生行状》说，其时，畿内盗起，阳明"为书将献于朝，请往征之。龙山公（王华）力止之"⑤这件事"充分体现了少年阳明的豪迈性格，其'经略四方之志'亦并未因龙山公的呵斥而消泯，其后尝苦心孤诣，研习兵法，则无疑可视为其经略四方、经济世务之志的进一步发展"⑥。

发生于青少年时期又最有影响的事件，无疑是阳明十五六岁时

---

① 陈献章：《复赵提学金宪》，《陈献章集》卷二，孙通海点校，中华书局1987年版，第145页。
② 魏时亮：《白沙陈先生》，《大儒学粹》卷八上，明万历十六年刻本。
③ 束景南：《王阳明年谱长编》，第47页。
④ 王守仁：《王阳明全集》卷三十三，吴光等编校，第1222页。
⑤ 黄绾：《阳明先生行状》，《黄绾集》卷二十四，张宏敏编校，上海古籍出版社2014年版，第457页。
⑥ 董平：《王阳明的生活世界》，中国人民大学出版社2009年版，第8页。董氏此说是符合事实的。钱德洪《年谱》记阳明二十六岁在京师学兵法。"当时边报甚急，朝廷推举将才，莫不遑遽。先生念武举之设，仅得骑射搏击之士，而不能收韬略统驭之才，于是留情武事，凡兵家秘书莫不精究"。他还撰述了《武经七书评》等兵学著述［参见钱明：《王阳明兵学著作考述》，《江西师范大学学报（哲学社会科学版）》2019年第2期］。

与塾馆同学钱友同一道"格竹子"。据《阳明年谱》记：

> 为宋儒格物之学。先生始侍龙山公于京师，遍求考亭遗书读之。一日，思先儒谓"众物必有表里精粗，一草一木，皆涵至理"，官署中多竹，即取竹格之，沉思其理不得，遂遇疾。先生自委圣贤有分，乃随世就辞章之学。①

此事给阳明留下的印象太深刻了，直到晚年，他还对门人述及此事道："众人只说格物要依晦翁，何曾把他说的去用？我着实曾用来。初年与钱友同论做圣贤，要格天下之物，如今安得这等大的力量？因指亭前竹子，令去格看。钱子早夜去穷格竹子的道理，竭其心思，至于三日，便致劳神成疾。当初说他这是精力不足，某因自去穷格。早夜不得其理，到七日，亦以劳思致疾。遂相与叹圣贤是做不得的，无他大力量去格物了。及在夷中三年，颇见得此意思，乃知天下之物本无可格者。其格物之功，只在身心上做，决然以圣人为人人可到，便自有担当了。"②阳明、友同如此"早夜去穷格竹子的道理"，自然是对程朱理学"格物致知"说的严重误解。陈来对此解释说："阳明把朱子的格物哲学了解为面对竹子的沉思，可以说是宋明哲学史上绝无仅有的。绝大多数理学家，尽管可以不赞成朱子格物理论，但还没有人把朱子思想误解到这个程度。而就阳明的过人才智来说，这种误解就更不应该发生，因此，对这一事件的唯一的合理解释就是，它是在阳明青少年时代即他的思想还完全不成熟的时期所发生的"③。后来随着阳明的成熟，对朱学之非有了进一步认识，故而又针对朱学"析心与理为二"批评说："晦庵谓'人之所以为学者，心与理而已'……是其一分一合之间，而未免已启学者心、理为二之弊。"④不难看出，阳明心学思想的形成，是与他对朱子学不断加深的怀疑和批判紧密相关的。

阳明第二次北上赴京是在弘治六年（1493），这次是为了参加会试，但结果名落孙山而返回余姚，并作《来科状元赋》以明志。同年

---
① 钱德洪：《年谱一》，王守仁：《王阳明全集》卷三十三，吴光等编校，第1223页。
② 王守仁：《王阳明全集》卷三，吴光等编校，第120页。
③ 陈来：《有无之境：王阳明哲学的精神》，人民出版社1991年版，第132页。
④ 王守仁：《王阳明全集》卷二，吴光等编校，第42页。

闰五月，其父王华服阕，升右春坊右谕德，充经筵讲官。秋九月，阳明随父入京，寻入北雍，与程文楷、王寅之、刘景素、林小泉等人同游太学。他曾忆述在北雍的学习情况说："往时仆与王寅之、刘景素同游太学，每季考，寅之恒居景素前列，然寅之自以为讲贯不及景素，一旦执弟子礼师之。仆每叹服，以为如寅之者，真可为豪杰之士。使寅之易此心以求道，亦何圣贤之不可及？"①弘治九年（1496），阳明再次会试下第，自是卒业北雍。此时的他，已是25岁的青年了。

弘治十一年（1498）冬，为备来年会试，阳明又一次北上京师。其时，王华以右谕德兼任东宫讲读，还曾受命主顺天府乡试，眷誉日隆。阳明参加了弘治十二年己未（1499）春的会试。这次会试期间，发生了震动朝野的"鬻题"案，主考官程敏政因此案郁闷而终，举子唐寅等亦因此案而终身不得入仕。此案很有可能是场冤案。②不过阳明并未受此影响，结果获举南宫第二人，赐二甲进士出身第七人，观政工部。

阳明在观政工部期间，在京师与罗钦顺相识。罗与王（阳明）、湛（甘泉）二人都有交往，同阳明相交尤深，结识十年后曾作《送王伯安入朝》诗云："厄垆联句佛灯前，云散风流顿十年。"③但他在思想上与王、湛有明显分歧，在一些重要学术问题上还展开过论辩。

此时的阳明，在京师过着颇为悠闲的文人生活。黄绾《行状》说："己未登进士，观政工部。与太原乔宇、广信汪俊、河南李梦阳、何景明、姑苏顾璘、徐祯卿、山东边贡诸公以才名争驰骋，学古诗文。"④这样的生活大约延续到正德元年（1506）。此即阳明自谓"上国游"时期，亦即湛甘泉《阳明先生墓志铭》所谓"三溺于辞章之习"时。

弘治十三年（1500），阳明获授刑部云南清吏司主事，"与同僚名士陈凤梧、潘府、郑岳等讲学论文，结成'西翰林'文士群体"⑤。十五年（1502）因日事案牍、苦读经史而过劳成疾，不得

---

① 王守仁：《王阳明全集》卷二十一，吴光等编校，第814页。
② 参见陈寒鸣：《程敏政与弘治己未会试"鬻题"案探析》，《中国社会科学院研究生院学报》1998年第4期。
③ 罗钦顺：《整庵存稿》卷十七，文渊阁《四库全书》本。
④ 黄绾：《阳明先生行状》，《黄绾集》卷二十四，张宏敏编校，第458页。
⑤ 束景南：《王阳明年谱长编》，第184页。

不上疏乞归越地养病。十七年（1504）应巡按山东监察御史陆偁聘主山东乡试，亲取穆孔晖为第一名；寻回京销假复职。不久，户部主事李梦阳上疏抨击朝政，阳明暗助梦阳奏劾寿宁侯张鹤龄，《空同集》卷三十九《秘录》对之有详尽记述。

弘治十八年乙丑（1505）科会试，录取三百余名进士，束景南说："是科所取进士，后来多与阳明关系密切，如湛若水、方献夫、严嵩、刘节、张邦奇、陆深、周广、郑一初、郑善夫、胡东皋、胡铎、闻渊、倪宗正、徐桢卿、顾应祥、谢丕、翟銮、穆孔晖、戴德孺、陈鼎、许完等，其中如方献夫、张邦奇、陆深、周广、郑一初、郑善夫、顾应祥、穆孔晖、陈鼎等皆来问学，多成为阳明弟子。"① 所以钱德洪《年谱》记曰："是年，先生门人始进。学者溺于词章记诵，不复知有身心之学。先生首倡言之，使人先立必为圣人之志。闻者渐觉兴起，有愿执贽及门者。至是专志授徒讲学。"②

也就在弘治十八年（1505），阳明始识湛甘泉，正德元年（1506）又与湛正式订交而相期于圣学。估计甘泉此时不仅向阳明介绍了其本人的思想，而且还介绍了白沙心学，而这无疑成为阳明由词章之学转向心性之学的重要助力。尽管少年时阳明曾耳闻目睹林俊与白沙讲学于大兴隆寺，但那时白沙心学不可能对他产生真正的影响。弘治十五年（1502），"养疴阳明洞时"，他又与"潜心性命之学"的白沙弟子许璋"相朝夕"③，但那时的阳明正矢志于"究极仙经秘旨，静坐，为长生久视之道"④，也不可能真正关注白沙心学。而弘治十八年至正德元年期间的阳明，正经历着被昔日诗社友朋深为惋惜其由词章之学向心性之学的转变，甫与甘泉相识相交便一见如故，将其视为同道。⑤

---

① 束景南：《王阳明年谱长编》，第347页。
② 钱德洪：《年谱一》，王守仁：《王阳明全集》卷三十三，吴光等编校，第1226页。
③ 参阅耿定向：《先进遗风》，《天台集》卷五。
④ 黄绾：《阳明先生行状》，《黄绾集》卷二十四，张宏敏编校，第458页。
⑤《王阳明全集》卷七《文录四·别三子序（丁卯）》自述其心路历程道："自程、朱诸大儒没而师友之道遂亡。'六经'分裂于训诂，支离芜蔓于辞章业举之习，圣学几于习矣。有志之士思起而兴之，然卒徘徊容嗟，逡巡而不振；因弛然自废者，亦志之弗立，弗讲于师友之道也。夫一人为之，二人从而疑之，已而翼之者益众焉，虽有难为之事，其弗成者鲜矣。……自予始知学，即求师友于天下，而莫予诲也；求友于天下，而与予寡矣。又求同志之士，二三子之外，邈乎其寥寥也。殆予之志有未立邪？"（王守仁：《王阳明全集》卷七，吴光等编校，第226页）

与此同时，徐爱也开始师事阳明。而稍早的弘治十六七年，徐爱已娶王华之女为妻，故又为阳明妹婿。阳明曾致信徐爱，要他来京读书。弘治十八年（1505）冬，徐爱进京受学，成为阳明最早的及门弟子之一。湛甘泉《祭徐郎中曰仁文》说他于正德元年（1506）在北京阳明处见到过"如玉之英"[①]的徐爱，在《赠别应元忠吉士序》中又说他正德元年因阳明而"得曰仁徐子者"[②]。尽管徐爱三十一岁即病卒，但他尝作《同志考》，又最早记录整理了阳明《传习录》，故被时人誉为"王门颜子"。

阳明在京师并不只是交友论学，他还十分关注朝政，参与了同权阉的斗争。正德元年（1506），阳明作砚铭曰："五气五行，五常五府。化育纪纲，无不惟五。石涵五星，上应天数。其质既坚，其方合矩。蕴藉英华，包含今古。"[③]表达了期盼朝廷更化之愿望。但这只能是阳明一厢情愿的幻想。其时，刚即位登基的武宗朱厚照，荒淫无道，性好畋猎骑射，宠信宦官，至太监刘瑾用事，朝政日渐荒芜。这自然要激起群臣的强烈不满和批评。

正德元年（1506）八月，就任才一个月的顺天府通判汪循因上《陈言外攘内修疏》《论裁革中官疏》，触忤了刘瑾而不得不乞归，阳明有《书汪进之卷》赠别。九月，大学士刘健、谢迁及户部尚书韩文等伏阙上劾宦官状，请诛刘瑾、马永成等"八虎"。结果，王岳、范亨被"诏窜南京，寻杀二人于途"，又严旨"连斥刘（健）、谢（迁）二老"。十月，刘健、谢迁去位罢归。南京科道官戴铣、牧相等以为"元老不可去，宦竖不可任"，遂上疏乞留刘、谢，并劾太监高凤，又疏刘瑾不法数十事。"帝怒，逮系诏狱，廷杖除名"。时刚起补兵部主事的阳明，十一月间获闻戴铣、牧相等将械系进京，立即抗章疏救。束景南说："牧相为阳明姑父，故阳明上此疏之最初真实动因，乃在援救姑父牧相。"[④]尽管我们并不能排除阳明"最初"有"援救姑父牧相"的动机，但也不能仅从私情角度来看待此事件，而是要把它放到当时以刘健、谢迁、李东阳等为代表的朝臣

[①] 湛若水：《祭文》，《徐爱　钱德洪　董沄集》，钱明编校整理，第112页。
[②] 束景南：《王阳明年谱长编》，第368页。
[③] 张倍仁修，李元度纂：《平江县志》卷五十五，清同治十三年刻本。
[④] 束景南：《王阳明年谱长编》，第385页。

与刘瑾等"八虎"权阉斗争的背景下来分析。事实上，阳明上此疏并因此而下诏狱，亦已成为这场斗争的重要部分。而且只有结合武宗初政时阳明在《五星砚铭》表露出的迫切期望朝政更化的心理，才能理解阳明何以会在此疏中直指君过，反复指陈武宗缺失，尤谓其"赫然下令，远事拘囚"，"使陛下有杀谏臣之名"。如此放言撄触龙鳞，当然致使雷霆震怒，被诏逮入狱，并不奇怪。

阳明有多首诗咏叹其狱中生活，如《有室七章》云：

> 有室如簏，周之崇墉。窒如穴处，无秋无冬。耿彼屋漏，天光入之。瞻彼日月，何嗟及之！倏晦倏明，凄其以风。倏雨倏雪，当昼而蒙。夜何其矣？靡星靡粲。岂无白日？寤寐永叹。心之忧矣，匪家匪室。或其启矣，殒予匪恤。氤氲其埃，日之光矣。渊渊其鼓，明既昌矣。朝既式矣，日既夕矣。悠悠我思，曷其极矣！①

他被系囹圄而与狱友林富、刘菂等学周文王讲《易》演《易》，弥月间"昼夜不怠，忘其身之为拘囚也"②，并有诗云：

> 囚居亦何事？省愆惧安饱。瞑坐玩羲《易》，洗心见微奥。乃知先天翁，画画有至教。"包蒙"戒为寇，"童牿"事宜早。"蹇蹇"匪为节，"虩虩"未违道。《遯》四获我心，《蛊》上庸自保。俯仰天地间，触目俱浩浩。箪瓢有余乐，此意良匪矫。幽哉阳明麓，可以忘吾老。③

当然，岁暮天寒地冻，阳明在狱中更有思乡归隐之吟，如《天涯》云："天涯岁暮冰霜结，永巷人稀罔象游。长夜星辰瞻阁道，晓天钟鼓隔云楼。思家有泪仍多病，报主无能合远投。留得升平双眼在，且应簑笠卧沧洲。"④

---

① 王守仁：《王阳明全集》卷十九，吴光等编校，第674页。
② 王守仁：《送别省吾林都宪序》，《王阳明全集》卷二十二，吴光等编校，第884页。
③ 王守仁：《读易》，《王阳明全集》卷十九，吴光等编校，第675页。
④ 王守仁：《王阳明全集》卷十九，吴光等编校，第675—676页。

正德元年（1506）十二月二十一日，阳明终于迈出了暗无天日的锦衣卫牢狱，行前，他作《别友狱中》曰：

> 居常念朋旧，簿领成阔绝。嗟我二三友，胡然此簪盍！累累图圄间，讲诵未能辍。桎梏敢忘罪？至道良足悦。所恨精诚眇，尚口徒自蹶。天王本明圣，旋已但中热。行藏未可期，明当与君别。愿言无诡随，努力从前哲！①

另又有两首诗赠送给曾参与刘健、谢迁等疏劾刘瑾事件的同年刘菃："骨鲠英风海外知，况于青史万年垂。紫雾四塞麟惊去，红目垂光凤落仪。天夺忠良谁可问？神为雷电鬼难知。莫邪亘古无终秘，屈轶何时到玉墀？""检点同年三百辈，大都碌碌在风尘。西川若也无秋佩，谁作乾坤不劳人？"②还撰写《咎言》，以自抒心中之愤郁。

据谈迁《国榷》卷四十六记载，正德元年（1506）十二月，凡两京奏劾刘瑾的官员均遭罢贬行遣，而阳明在午门被杖三十后，即奉诏谪贵州龙场驿丞。此后，阳明还曾北上入京，如正德五年（1510）他以庐陵知县的身份赴京入觐述职，并与湛若水、黄绾在大兴隆寺讲论学问，三人由此订下终身共学之盟，顾璘亦在此期间来访阳明并论学。但是，自贬谪贵州龙场驿后，阳明活动的主要舞台便不再是京师了。

二、阳明后学在北京的讲学活动

王阳明一生以讲学为要，钱德洪称其"平生冒天下之非诋推陷，万死一生，逞逞然不忘讲学，惟恐吾人不闻斯道，流于功利机智，以日堕于夷狄禽兽而不觉。其一体同物之心，诳诳终身，至于毙而后已。此孔、孟已来圣贤苦心，虽门人子弟未足以慰其情也"③。阳明后学亦多承继这一传统，以讲学为事，以讲学为乐。下面介绍一

---

① 王守仁：《王阳明全集》卷十九，吴光等编校，第676页。
② 束景南：《王阳明年谱长编》，第388页。
③ 钱德洪：《〈传习录〉中序》，《徐爱 钱德洪 董沄集》，钱明编校整理，第194页。

下阳明后学在北京及其周边地区的重要讲学活动。

阳明后学在北京的讲学活动，首先得从嘉靖元年（1522）王艮驾蒲轮北上入京讲学之事说起。此事《心斋年谱》有详细记载，袁了凡亦有记录：

> ……（王心斋）叹曰："圣人作而万物睹，理也。今有名贤而四方不闻，吾辈之罪也！"遂驾小蒲车，插标牌云："问五经疑义者，立此牌下。"他如欲明心见性者，商量经济者，凡十余牌。以一骡驾之，二仆肩随，从扬州而北，沿途夹舆问道，常数百人。公随缘启发，各欣欣有得。或止公车而留宿者，或请稍驻足而终教者，或追随累日不能舍者。行二月余，将至都下，先一夕，有老叟梦黄龙无首行雨，至崇文门，倏变为人，拱而立。晨起往候，先生适至，观其下车之处，宛然如梦，因延之家，礼貌之。时嘉靖初立，方严异言异服之禁，诸同志恐为逻者所侮，共匿其车，劝止之，因送之南还。阳明闻之，怒曰："士君子立身行己，自有法度，何自眩也！"公既抵家，即谒阳明，阳明拒而不纳。公进而跪诸庑下，自晨至于日之昃，不敢起。阳明遂出见之，面数其过，公引咎自责，举止蔼如，阳明不觉释然。①

但王艮并未因遭阳明严斥而就此圭锋尽敛，翌年初春，受阳明所揭"狂者胸次"激发的他，便又以"狂者"面目冠服驾车入京师。董燧《心斋年谱》记曰："（嘉靖二年癸未）春初，往会稽侍阳明公朝夕。"② 黄直《奠王心斋文》亦曰："癸未之春，会试举场。兄忽北来，驾车彷徨。随处讲学，男女奔忙。至于都下，见者仓皇。事迹显著，惊动庙廊。同志曰吁，此岂可长？再三劝谕，下车解装。共寓京师，浩歌如常。我辈登科，兄乐未央。"③ 对于王艮此次"惊动庙廊"的北上活动，阳明似未置可否，而只是请正好在会稽作客的王艮之父守庵公致书其子，促其南归。后曾在嘉靖五年

---

① 转引自吴震：《明代知识界讲学活动系年 1522—1602》，学林出版社2003年版，第2—3页。
② 王艮：《王心斋全集》，陈祝生等点校，江苏教育出版社2001年版，第71页。
③ 王艮：《王艮全集》卷五，陈寒鸣编校，上海古籍出版社2022年版，第113—114页。

（1526）《答甘泉》中说：

> 向承狂生之谕，初闻极骇，彼虽愚悖之甚，不应遽至于尔。既而细询其故，良亦有因。近复来此，始得其实。盖此生素有老佛之溺，为朋辈所攻激，遂高自矜大，以夸愚泄愤。盖亦不过怪诞妖妄如近世方士呼雷斩蛟之说之类，而闻者不察，又从而增饰之耳。近已与之痛绝，而此生深自悔责，若无所措其躬。赖其资性颇可，或自此遂能改创，未可知也。学绝道丧之余，苟以是心至，斯受之矣。忠信明敏之资，绝不可得。如生者，良亦千百中之一二，而又复不免陷溺若此，可如何哉？可如何哉！①

此处讲的所谓"狂生"或即指王艮。但湛甘泉的"狂生之谕"，今未获见。

对于王艮第一次驾蒲轮北上入京讲学之事，束景南评论道：此举"实犯朝廷大忌。其后遂有程启充、毛玉、向信、章侨等纷起攻阳明学为'异学''邪说'，实因王艮是次入都意气太狂、行事太怪有以启之；阳明之不胜危惧，促其速归，盖亦以此也。自是而后，斥阳明学为'异学''邪说'而欲禁之之说起矣"。②而对王艮第二次以"狂者"面目冠服驾车入京讲学事，束景南则认为："（王艮）嘉靖二年初再来绍兴，旋即又二次冠服驾车北上入都，实不合时宜，触犯'学禁'，钱德洪、董燧年谱皆讳言之，几湮没无闻矣。"③

在晚明思想文化界，比王艮北上入京讲学影响要大得多的，无疑是阳明后学在京师兴办的"灵济宫大会"。灵济宫乃永乐十五年（1417）为祭祀洪恩灵济真君徐知真、徐知谔兄弟而敕令修建的道观，位于今北京西城区灵境胡同。明英宗、宪宗时均加以扩建，使之呈"雄伟轩敞，不下宫掖"的气象，名列明代京师九庙之一。阳明学者曾在此处兴办过多次规模颇大的讲会活动。

嘉靖二十三年（1544），罗汝芳赴京应试，与徐樾、颜中溪、王西石、敖梦坡、谭二华等大会于此，颜钧自述其也参加了此次讲会。

---

① 王守仁：《王阳明全集》卷六，吴光等编校，第216—217页。
② 束景南：《王阳明年谱长编》，第1485—1486页。
③ 束景南：《王阳明年谱长编》，第1505页。

但此会并未被黄宗羲列入阳明学史上著名的"灵济宫大会"之中。黄氏《明儒学案》所述的几次"灵济宫大会"皆由徐阶所主持。徐阶于嘉靖四十一年（1562）至隆庆二年（1568）利用位居内阁首辅的地位，在京师大力推行讲学，影响巨大。"成、弘以上，学术醇而士习正，其时讲学未盛也。正、嘉之际，王守仁聚徒于军旅之中，徐阶讲学于端揆之日，流风所被，倾动朝野。于是，搢绅之士、遗佚之老联讲会、立书院，相望于远近。"①

关于"灵济宫大会"，黄宗羲《明儒学案》记载了两次：

> 聂双江初令华亭，先生受业其门，故得名王氏学。及在政府，为讲会于灵济宫，使南野、双江、松溪程文德分主之，学徒云集，至千人。其时癸丑甲寅，为自来未有之盛。丙辰以后，诸公或殁或去，讲坛为之一空。戊午，何吉阳自南京来，复推先生为主盟，仍为灵济之会，然不能及前矣。②

罗汝芳《盱坛直诠》卷下曾详细记载了发生在嘉靖癸丑年（1553）的"灵济宫大会"：

> 癸丑，廷试中式。时内阁存斋徐公、部院双江聂公、南野欧阳公、俨山周公皆以兴起斯学为己任者，乃定会所于灵济宫。师（罗汝芳）集同年桂岩顾公、近麓李公、洞阳柳公、望山向公、一吾李公，会试同年昆湖瞿公、泽峰吴公、浑庵戴公、少龙贺公、敬所王公，旧同志善山何公、西吾张公、吉阳何公、浮峰张公、芳麓王公数十百人，联讲两月，人心翕然，称盛会也。③

而发生在嘉靖戊午年（1558）何迁任职京师后复推徐阶为主盟所兴办的"灵济宫大会"，《世庙识余录》卷二十一则有明确记载："戊午岁，太仆少卿何迁自南京来，复推阶为主盟，仍为灵济宫之

---

① 张廷玉等：《叶茂才传》，《明史》卷二百三十一，第6053页。
② 黄宗羲：《南中王门学案三》，《明儒学案》卷二十七，沈芝盈点校，第618页。
③ 转引自吴震：《明代知识界讲学活动系年 1522—1602》，第185页。

会。乃迁名位未可恃号召，诸少年多无应者。"①罗汝芳的《詹讷斋传》亦载曰："嘉靖戊午，余官比部。乐安纳斋詹公以四川邛州学正起服来京，同诸缙绅谈学于灵济、广慧之间。"②

此外，嘉靖四十四年（1565）春，由时任宁国知府的罗汝芳推动而举办的"灵济宫大会"也与徐阶有关，据《盱坛直诠》载：

  乙丑，入觐。吏部养齐严公，考公五台陆公，考师卓异。诸公卿相谓罗宁国真实好官，不可多得。……谒政府存斋徐公。公访以时务，师曰："此时人材为急。欲成就人材，其必由讲学乎。"公是之。遂属师合部寺台省及觐会诸贤，大会灵济宫。徐政府手书程子《定性》一书"学者先须识仁"一条，令长子携至会所。兵部南离钱公出次朗诵。诸公恳师申说，师亦悉心推演，听者跃然。③

据颜钧说，他也参加了此次讲会并为主讲："时，徐少湖名阶为辅相，邀铎（颜钧晚年因避明神宗朱翊钧讳而改名铎）主会天下来觐官三百五十员于灵济宫三日。越七日，又邀铎陪赴会试举人七百士，亦洞讲三日。如此际会，两次溢动。湖公喜，信私邀铎与近溪、吉阳，尽日倾究。岂期及筵，朝仕骈至湖公庭。湖公出庭周旋，底暮入座，西城又促去，良可慨也。"④ 说是与弟子罗汝芳等入京参加了此次"灵济宫大会"。但颜钧在这里夸大了自己在讲会中的地位和影响力，故其说不可尽信。

同时，王时槐也参加了此次讲会，并在会后与罗汝芳联榻夜谈，讨论"本心"。对此时槐本人有详细记述：

  是春，外官入觐。徐存斋公倡集百官大会于灵济宫。外官自方伯而下，列坐于堂之左西向；京官自亚相李石麓公而下，列坐于堂之右东向；士人以会试到京及庠生皆得赴会。徐公以

---

① 转引自吴震：《明代知识界讲学活动系年 1522—1602》，第227页。
② 罗汝芳：《罗汝芳集》，方祖猷等编校整理，凤凰出版社2007年版，第605页。
③ 转引自吴震：《明代知识界讲学活动系年 1522—1602》，第265—266页。
④ 颜钧：《自传》，《颜钧集》卷三，黄宣民点校，中国社会科学出版社1996年版，第26页。

《定性书》一篇及《学者识仁》一篇录出,命□□尚宝琨躬送至会堂。设茶毕,兵部郎钱南离朗诵二篇。在坐者互相质问,宁国郡守罗近溪踊跃欣畅。某与会,目击感叹,羡以为盛事。罗近溪邀某同宿,至五鼓,问曰:"近日何如?"某曰:"吾惟直透本心耳。"近溪诘问"本心",某请示,答曰:"难言也!譬如蒸饭,必去盖始知甑中饭,去甑始知锅中水,去锅始知灶中火。真难言哉!"某曰:"岂无方便可指似处?"答曰:"莫如乐,但从乐而入可也。"①

此次讲会期间,钱南离②的朗诵也曾给与会者留下了深刻印象,"会之冠首,咸推彀钱君",甚至有"元相(徐阶)倡道之功大,而钱君讽诵之不可诬也"③的说法。吴震综评说:"灵济宫大会自嘉靖二十年代以来,曾多次举行,主持者多为阳明弟子,可以说该会是王门讲学运动达致高潮的一大标志,其有赖于徐阶之力为多。"④这是合乎史实的论断。

除上述外,"有赖于徐阶之力为多"的"灵济宫大会",还有隆庆二年(1568)欧阳德仲子欧阳乾江"授试中书舍人,入制敕房办事。……少暇,辄合馆院台省部寺诸同志数十人,偕灵济宫、西瓦厂二所。其间,若赵翰林某、徐议部某……咸昕夕切劘,善类以兴"⑤。万历二年(1574),宋仪望倡举讲会于灵济宫:"四方缙绅及诸挟册士云集阙下。时学禁愈厉,公倡会灵济宫,亹亹多所发明。"⑥万历十五年(1587),"都门诸同志会于灵济宫。内翰张阳和举'知命'说相

---

① 王时槐:《王时槐集》,钱明、程海霞编校,第656页。
② 钱南离(1509—1596),字守中,南离为其号,晚更号淡庵,浙江归安人,嘉靖三十八年进士。"少游同里唐一庵之门,而私淑姚江王文成之学"(许孚远的《敬和堂集》卷一《寿钱淡庵先生序》)。他在此次"灵济宫大会"上,"对众端几婉诵,其声琅琅,其气闿闿,侃侃入乎耳,感乎心,如春阳被物,充盎向荣"(郭汝霖:《赠兵曹南离钱君请告南还序》,《石泉山房文集》卷八,明万历二十五年刻本)。
③ 转引自吴震:《明代知识界讲学活动系年 1522—1602》,第269页。
④ 吴震:《明代知识界讲学活动系年 1522—1602》,第267页。
⑤ 转引自吴震:《明代知识界讲学活动系年 1522—1602》,第287页。
⑥ 转引自吴震:《明代知识界讲学活动系年 1522—1602》,第315页。按:其时,"廷议王文成公从祀者,众议纷纭,莫知所决策",宋仪望撰"《或问》一篇,大意谓'……王公指以示人曰:所谓致知者,乃致吾心之良知,而非以知识先也;证诸孟子所言,孩提之知爱知敬,颜子有不善未尝不知之知,无不吻合'。持论侃侃,无所顾忌,闻者悚服"(郭汝霖:《华阳宋公墓志铭》,《泉湖山房稿》卷二十二)。

质"①。万历十七年（1589），"杨复所偕邹泸水诸同志者，举会于灵济宫。时，进士补外有司理者、有守州者、有宰邑者，座中谈及亲民事"②。当然，无论是讲会的规模，还是所产生的影响，这些都无法与前面所述的那几次同徐阶有关的"灵济宫大会"相比肩。

阳明后学在北京开展的形式不一、规模不等的讲学或会讲活动还有很多。比如嘉靖十八年（1539），邹守益与徐阶、罗洪先、赵时春、唐荆川、胡宗宪、毛介川、张浮峰等相从讲学于京师，"士类兴起甚众"③。嘉靖三十六年（1557），都下有讲学会。同年，以御史起复的宋仪望与胡直、邹善、罗汝芳等立会讲学，"士大夫翕然从之，每会至百数人"④。嘉靖三十九年（1560）春试期间，徐阶、李石麓主持的近三千人参加的讲会。关于此次讲会，沈懋孝的《沈太史全集·讲学述》有如下叙述：

> 冢宰柏泉胡公大计事竣，乃约诸路入觐，诸僚天下髦士之试春官者，以及京朝各署，下至山林隐叟布衣，几三千人，大会于象所。而阁相存斋徐公、石麓李公为之主，共推柏泉胡公正讲席，式扬明道程先生"定性"之指。⑤

然据《宋元学案》卷十三《明道学案上》黄百家案语，此次大会参加者"约五千余人"。此外，嘉靖四十一年（1562），罗汝芳在京师亦曾与罗一山、万合溪、刘小鲁、李材、徐鲁源等"日夕聚论，商确理学"⑥；又与王时槐会讲于京师，时槐记道："壬戌，予以内艰服阕入京，先生时为刑郎，邀予夜对，亹亹剧谈。已而语人曰：'吾与王子剧谈，诚祝天愿其有契于吾言也。'其切恳恳至如此。"⑦

在阳明学者所发起的京师讲会中，声名显赫并在思想史上具有重要意义的，当推数年间多次举行的"京师同志会"，而这最早是嘉靖

---

① 耿定向：《知命解·后》，《耿定向集》卷七，傅秋涛点校，第295页。
② 于孔兼：《愿学斋亿语》卷三，明万历三十五年刊本。
③ 耿定向：《东廓邹先生传》，《耿定向集》卷十四，傅秋涛点校，第553页。
④ 宋仪望：《奉贺胡母太夫人八十寿》，《华阳馆文集》卷四，清道光二十二年刊本。
⑤ 转引自吴震：《明代知识界讲学活动系年 1522—1602》，第232页。
⑥ 转引自吴震：《明代知识界讲学活动系年 1522—1602》，第247页。
⑦ 王时槐：《近溪罗先生传》，罗汝芳：《罗汝芳集》，方祖猷等编校整理，第857页。

五年（1526）春，王畿入京参加会试时，由阳明弟子们共同发起的：

> 丙戌，士复当试礼部。文成命公（王畿）往，不答。文成曰："吾非欲以一第荣子，顾吾之学，疑信者犹半，而吾及门之士，朴厚者未尽通解，颖慧者未尽敦毅。觐试，仕士咸集，念非子莫能阐明之，故以属子，非为一第也。"公曰："诺。此行仅了试事，纵得与选，当不廷试而归卒业焉。"文成曰："是惟尔意。"乃觅大舟，聚诸同志以行。其在途，自"良知"外，口无别谈；自六经四书、《传习录》外，手无别检。间有及时艺者，曰："业已忘之矣。"有及试事者，曰："业已任之矣。"及抵都，欧阳南野宗伯、魏水洲谏议、王瑶湖宪伯，泊郡县入觐诸同志，争迎公，与相辨证，由是公名盛一时。①

三年后，阳明衢州弟子王玑（在庵）"己丑举进士。时，都下同志大倡良知之学，若中离薛君、南野欧阳君，既同年念庵罗君、松溪程君、双华柯君及陈君辈，晨夕聚会，究明师（阳明）旨"②。嘉靖十一年（1532），时任吏部尚书的"方献夫合同志会于京师。自师没，桂萼在朝，学禁方严。薛侃等既遭罪谴，京师讳言学。至是年，编修欧阳德、程文德、杨名在翰林，侍郎黄宗明在兵部，戚贤、魏良弼、沈谧等在科，与大学士方献夫俱主会。于时，黄绾以进表入，洪、畿以趋廷对入，与林春、林大钦、徐樾、朱衡、王惟贤、傅颐等四十余人始定日会之期，聚于庆寿山房"③。同年，王畿再次赴京应试，"日以聚友讲学为事。每大会中有所商订，或有所指陈，兄（戚南玄）以余能道其师说，必谬属于予，从而赞之，以起人信心"④："每期会，余未尝不与。众谬信，谓余得师门晚年宗说，凡有疑义，必归重于余，若为折衷者"⑤。同时，他还与罗洪先相从讲

---

① 徐阶：《龙溪王先生传》，王畿：《王畿集》附录四，吴震编校整理，凤凰出版社2007年版，第823—824页。
② 王畿：《中宪大夫都察院右佥都御史在庵王公墓表》，《王畿集》卷二十，吴震编校整理，第637页。
③ 王守仁：《王阳明全集》卷三十六，吴光等编校，第1329页。
④ 王畿：《祭戚南玄文》，《王畿集》卷十九，吴震编校整理，第570—571页。
⑤ 王畿：《中宪大夫都察院右佥都御史在庵王公墓表》，《王畿集》卷二十，吴震编校整理，第637页。

学,洪先曾回忆说:"忆壬辰岁,与君处。君是时孳孳然神不外驰,惟道之求。泛观海内,未见与君并者。"①

到了万历年间,京师同志会"渐成避忌",但王畿仍给刚中状元的沈懋学写信,殷殷期望能再举"京师同志会"。他说:

> 顷见题名,大对第一,可为圣朝得人之贺。不肖辱贤父子两世交承,相信相爱之情甚笃,于宗门宗说契悟亦深。……夫学之于朋友,如鱼之于水,不可一日离。京师旧有同志月会,相传已久,今因时好差池,渐成避忌。消息盈虚,时乃天道,不足为异。但吾人此生发心,原为自己性命,自性自修,自命自立,无所待于外。若以时之向背为从违,所学何事?非所望于豪杰也!……所云月会之议,还望终始自信,约三五同志,续而举之。此件事不论在朝在野,原是一体同善不容已之心,非强饰门户,求以矫抗于时也。②

由此不难看出,王畿对讲学的重视和对"京师同志会"的留恋。因此,后来耿定向、邹聚所、周友山、耿定力等在京举会讲学,③王畿听说后十分高兴,在给相关同志的信中曾反复念道:"闻京师已复同志大会,乃吾丈与一二同志倡之,浣慰可知。曾见台时相会否?此可与性命相许之友。"④"闻京师已复同志大会,吾丈与楚侗二三兄实倡之。此会实系世道之盛衰。人心向背、学术邪正之机,皆在于此。六阳从地起,阳长则阴自消。"⑤"闻京中已续同志大会,吾弟与楚侗二三君为之倡。此人心向背之机,吾道何幸!"⑥

明代中晚期的心学思潮与讲学运动密不可分。阳明及其门人后学正是借讲学而使心学思想风靡一时,耸动朝野。京师乃明朝中

---

① 罗洪先:《书王龙溪卷》,《罗洪先集》卷十五,徐儒宗编校整理,第663页。
② 王畿:《与沈宗颜》,《王畿集》卷十二,吴震编校整理,第328—329页。
③ 刘元卿《邹聚所言行录》载:"甲戌,(聚所)授刑部主事。……时,天台先生在京,则时时诣公门考德,汲汲招引四方豪杰,纳于师门。及先生出京,则与友山周子、叔台耿子倡率为会。甲戌新榜诸君稍稍来入,君勠力启迪鼓舞,人人以为因君有得。当时秉国者(张居正)方恶言学,智士率隐迹潜修,而君挺身不避,又业已上《从祀疏》,于是外补之命下矣。"(转引自吴震:《明代知识界讲学活动系年 1522—1602》,第315—316页)
④ 王畿:《与耿楚侗》,《王畿集》卷十,吴震编校整理,第240页。
⑤ 王畿:《与曾见台》,《王畿集》卷十二,吴震编校整理,第304—305页。
⑥ 王畿:《与赵瀔阳》,《王畿集》卷十一,吴震编校整理,第288页。

枢，阳明后学在此频频举办讲会，有时参加者竟达数千人，这对扩大阳明心学的影响力具有不可估量的作用。尽管从目前我们所见到的资料看，阳明亲传弟子中并无今河北省籍人，但由于王阳明及其后学在北京的各种学术活动的强烈影响，京畿区域的燕赵之地自然会刮起阳明学的旋风。下节将论述的鹿善继与燕南王学，就说明了这一点。

耸动朝野的阳明后学讲学运动，渐渐引起当政者的不满和反对，到万历朝时更出现了对自由讲学的严厉弹压。万历五年（1577），罗汝芳奉贺入京，终日以讲学为事，甚为张居正不悦，遂被勒令致仕归里。如果说罗汝芳还只是为讲学丢了乌纱帽，那么万历三十年（1602），李贽却因讲学而在通州被捕系狱并自刎于狱中，为捍卫人格尊严和讲学自由献出了生命。

其实，在万历三十年（1602）以前，策划剿灭"异端"的行动就已经紧锣密鼓地进行了。当时京官结社讲学之风颇盛，倾心心学的黄慎轩、陶石篑、袁宗道、袁宏道、吴本如等李贽友人的聚会讲学、谈禅论道尤为瞩目，于是引起执政者沈一贯等的强烈不满。在此背景下，曾迅即响应乃师号召编写出《焚书辨》的耿定向门生蔡毅中，辛丑科会试中了进士，被选为翰林院庶吉士。他一向认为耿师对李贽太过隐忍，应效孔子诛少正卯而将李贽置于死地，遂与其旧日座师、时任都察院左都御史的温纯和都察院礼科给事中、著名东林党人张问达合谋向李贽发难。张问达在沈一贯授意下上专疏奏劾李贽，疏上，万历帝下旨："李贽敢倡乱道，惑世乱民！便令厂卫五城严拿治罪。其书籍已刻未刻，令所在官司尽搜烧毁，不许存留！如有党徒曲庇私藏，该科道及各有司访奏治罪。"①不到十天，礼部尚书冯琦复上劾疏，内容与张问达疏基本相同，万历帝亦降旨谓："祖宗维世立教，崇尚孔子；明经取士，表章宋儒。近来学者不但非毁宋儒，渐至诋讥孔子，扫灭是非，荡弃行简，复安得忠孝节义之士为朝廷用？"②于是，李贽在北通州被削职为民的前御史马经纶家中被捕并投入监狱。据马经纶说："卓吾先生安然听命，无他意，惟曰：'衰病老朽，死得甚奇，死真得所矣！如何不死？'日来呕吐狼

---

① 《明神宗实录》卷三百六十九。
② 《明神宗实录》卷三百七十。

狃，便溺不通。痛苦之余，唯愿一棒了当为快耳。"①

身陷囹圄的李贽，"照旧观书候圣旨"，寄望于万历皇帝能够理解自己忧国忧民之苦心，能够御览所著书而知其绝非"惑世诬民"，从而颁下恩诏为自己洗刷冤屈。但"狱词上议，勒还原籍"。绝望了的李贽，于万历三十年三月十五日（1602年5月6日），"呼侍者薙发。侍者去，遂持刀自割其喉，气不绝者两日。侍者问：'和尚痛否？'以指书其手曰：'不痛。'又问：'和尚何自割？'书曰：'七十老翁何所求！'遂绝。时，马公以事缓，归觐其父。至是，闻而伤之曰：'吾护持不谨，以致于斯也，伤哉！'乃归其骸于通，为之大治冢墓，营佛刹云"②。焦竑为其墓碑书写了"李卓吾先生之墓"的碑额。

李贽在京师狱中自尽并葬于通州（位于今北京通州区海子公园燃灯塔西侧），具有十分重要的象征意义，从此，包括讲学在内的作为一场思想运动和社会思潮的阳明心学逐渐走向萎缩。

三、河北保定的阳明学遗迹③

保定古称上谷、保州、靴城、保府，位于河北省中部、太行山东麓。素有"北控三关，南达九省，畿辅重地，都南屏翰"之称。民国以前，作为"京畿重地""首都南大门"的保定，一直为直隶省省会，河北的政治、经济、文化、军事中心。地处直隶总督府旁边的"古莲花池"，始建于金元之交，原名雪香园，原为金末元初名将张柔的居所，现为中国十大园林之一，全国重点文物保护单位。园中的"莲池书院"，是清雍正十一年（1733）所建的直隶省最高学府，被誉为清末全国书院之冠。绍兴人章学诚、贵阳人黄彭年等清代著名学者先后担任过书院山长。

清康熙二十一年（1682），北直隶保定府新安县（今雄安新区）人、曾师从孙奇逢的魏一鳌，在晚年致仕退隐保定期间，纠合守宪董子丹、巡按吴北海、太守纪伯禹、县尹方秋潭暨各州县的捐俸，

---

① 李贽：《与黄慎轩宫谕书》，《李温陵外纪》卷四，明万历间刻本。
② 袁中道：《李温陵传》，《珂雪斋集》卷十七，钱伯城点校，第722页。
③ 本节内容系钱明根据相关材料及实地考察后补入。

在保定府贡院街北创建"阳明王先生祠",由汤斌撰写《创建阳明王先生祠记》,并将自己珍藏的王阳明草书七绝二首真迹献出,募刻诗碑(简称"王阳明草书诗碑"),立于祠内。内容即阳明于正德年间平定朱宸濠叛乱后在庐山所作的"江西诗"之《夜宿天池月下闻雷次早知山下大雨三首》前二首。诗碑高2.85米,宽0.77米。碑阳正文是:"昨夜月明峰顶宿,隐隐雷声在山麓。晓来却问山下人,风雨三更卷茅屋。"落款为"天池月下闻雷阳明山人守仁书"(故又称《天池月下闻雷诗》),下钤"阳明之章""新建承恩"两枚篆文方印。碑阴正文是:"野夫权作青山主,风景朝昏颇裁取。岩傍日脚半溪云,山下雷声一村雨。"落款为"夜宿天池阳明山人书"(故又称《夜宿天池诗》),下钤印文与碑阳同。诗碑中文字有三处与《王阳明全书》本不同。

碑阴文下有魏一鳌用隶书撰写的跋文,记述了该碑的创建缘由。跋文曰:"予得阳明先生此字于晋阳,宝如拱璧,藏之书笥者二十余年。壬戌之夏,幸遇诸老公祖父母,皆崇重理学,各捐清俸建亭以奉之,勒其字于石,可谓先生知己,异代同心云。上谷后学魏一鳌敬识。"①清咸丰、同治年间,"阳明王先生祠"倒塌,旅居保定的绍兴人感念乡贤阳明先生"提倡良知""羽翼圣道",在重修保阳府浙江会馆的同时,又集资新建了"阳明先生祠"。同治五年(1866)春,绍兴人宗稷辰(1792—1867)撰《重修保定浙绍会馆碑记》,对康熙年间魏一鳌建"阳明先生祠"、立"阳明先生遗像",同治年间旅保绍兴人重修"保阳浙绍会馆"、新修"阳明先生祠"等事项有较详记录。

原立于保定府贡院街北阳明先生祠内的"王阳明草书诗碑",1955年拆除此祠时被移入集园林、行宫、书院为一体的古莲花池。现位于古莲花池水东楼南侧,与唐代易州刺史田琬德政碑并列而立,用玻璃框罩住。②而宗稷辰撰并书的《重修保定浙绍会馆碑记》原碑,今亦保存在古莲花池内。碑文曰:

---

① 参见柴汝新、柴一鸣:《保定古莲花池清刻王阳明诗碑刻诗创作地点辨析》,《保定学院学报》2015年第6期。
② 以上内容参见柴汝新、柴一鸣:《保定古莲花池清刻王阳明诗碑刻诗创作地点辨析》,《保定学院学报》2015年第6期;孟繁峰等编著:《古莲花池》,河北人民出版社2008年版,第51—52页、第77页;姚秀珍主编:《保定文物》,中国文史出版社1999年版,第57页。

先是，街北有王文成公祠，康熙间魏莲陆（一鳌）建，岁久倾圮，址亦浸失。方兴工时①，掘土得公遗像，距数武复得仆碑。考碑文，始晰所自并葺。祠祀之与会馆，衡宇相望，诸同人以时萃集致景仰焉。……又于文成祠北建旅舍数十间，俾老弱无归者得以栖托焉。每岁朝及春秋二仲祀文成……盖雍雍乎数十年于兹矣。厥后司存代更，浸失初意。咸丰庚申（1860），复议规则，越次年辛酉，又明年癸亥再修，增建厅事及台楼十数间，并新文成公祠，增祀刘忠介公。……文成公提倡良知。忠介公率修诚意，皆羽翼圣道为百世师。吾侪生大贤之乡，流风未远，其私淑宜何如耶卓哉！先圣垂数百年如一日，旷数千里如一堂，使旅人知学，同人有功，馆与祠交相济，是安可作寻常乡邸观也？②

由此可见，阳明学在保定的传播和弘扬，乃至清代阳明学在京畿地区的传承，皆与王阳明的故乡绍兴人有密切之关系，而这一点以往是未被学界所注意到的。

王阳明一生未到过保定，那为什么要在保定修建王阳明祠堂呢？修建王阳明祠堂的魏一鳌的同门汤斌写的《创建阳明王先生祠记》对此作过解释。他在文中是这样表述的："阳明未游宦于斯，何以祠？""圣贤之精神无处不在，我辈沐其教泽，亦无地不当香火，今曲阜、解州庙貌遍天下否乎！"这是将王阳明与出身山东曲阜的孔子和山西解州的关公相并列，而视阳明为文武兼备之圣人。而这一点又恰恰与保定在军事上所处的特殊地理位置，以及成为清代中国军校之发祥地有密切关系。

讲到保定古莲花池内的"王阳明草书诗碑"及莲池书院，就必涉及孙奇逢、章学诚、黄彭年和魏一鳌这四位清代大儒。孙奇逢（1584—1675），字启泰，一字钟元，容城人。明亡后入保定易县五公山自耕讲学。晚年移居河南辉县夏峰村讲授"夏峰之学"。故有关孙奇逢，将在后文做穿插介绍，兹不赘述。

章学诚（1738—1801），字实斋，浙江绍兴人。乾隆四十三年

---

① 按：指清嘉庆十四年（1809）沈毅亭等4人建浙绍会馆于贡院街南。
② 钱明据古莲花池所藏原碑碑文抄录。

（1778）进士。乾隆四十六年（1781）三月，至河南谋事未就，北上途中遇盗，行李文稿皆被抢，遂投奔同年进士、河北肥乡县令张维祺。张安排他担任肥乡清漳书院主讲。是年冬，辞归北京。乾隆四十七年至四十八年，应邀主讲直隶永平敬胜书院。乾隆四十九年（1784），经同乡座师梁国治（1723—1786），字阶平，号瑶峰，又号丰山。浙江会稽人。乾隆十三年状元推荐，到莲池书院任主讲。乾隆五十年（1785），作《论课蒙学文法》，提出了较为系统的儿童教育思想。次年五月，聚保定丁酉乡试同年于莲池书院，并作《保定公会丁酉同年齿录序》。十二月十日，张维祺与王春林月夜过访，与章同游莲池，章作《月夜游莲池记》。乾隆五十二年（1787）春，座师梁国治去世，章失去依靠，遂辞去莲池书院主讲，投奔曾就读于莲池书院的河南巡抚毕沅（1730—1797，字秋帆，号灵岩山人，江苏太仓人）。①

黄彭年（1823—1890），字子寿，号陶楼、更生等，尊称"黄观察"。贵州贵筑（贵阳）人。道光二十七年（1847）进士，改翰林院庶吉士，授编修。其父黄辅辰（1798—1866）是道光十五年（1835）进士，《清史稿》有传。咸丰九年（1859）应邀任莲池书院山长。后在陕西主讲关中书院数年。同治十年（1871）应直隶总督李鸿章聘请，主持编纂《畿辅通志》。光绪四年至八年（1878—1882）春，再次主讲莲池书院。光绪八年开始官宦生涯，历任湖北按察使、陕西按察使兼布政使、江苏布政使、湖北布政使等。

黄彭年主持莲池书院期间，将古莲花池万卷楼划归书院成藏书楼。光绪四年（1878），他在万卷楼前建"学古堂"讲舍，并增设"朴学课"，一扫以往专为科举应试服务的沉闷空气。光绪七年（1881），为满足教学需要，黄彭年又主持新建和翻修讲舍二十四间，购书三万余卷，规整万卷楼，设斋长一职，专司图书及借阅诸事，详情见其所撰的《万卷楼藏书碑记》。②

此前的咸丰五年（1855），黄彭年在贵阳曾为保存著名的"王阳明朝服大像"出过大力，为后人所称道。据郑珍跋文曰：

---

① 参见柴汝新：《章学诚主讲莲池书院始末》，《保定晚报》2010年6月19日。
② 参见郑新芳：《黄彭年在莲池书院》，《当代人》2014年11期。

（阳明）祠中别藏侯服大像，幅高六七尺许，上书封新建侯敕，亦不能详其传授。贵筑黄观察、琴坞辅辰言，自嘉庆初建祠时，有敖芗坪从云贵督百菊溪龄所，乞奉于祠，后失去。道光中，为同里王观察梦湘玥（1855—1921，名以敏，字梦湘，湖南武陵人。玥疑为另一讳名）购得，仍奉归之。自是祠有大小二幅像。①

黄彭年本人对此也有详记：

（阳明）祠，《府志》失载。螺山（即扶风山）旧祀阳明神主，嘉庆戊寅、己卯（十一、十二年）中，杨商某说："傅先生小泉、李先生他山建祠时，有敖芗坪者，常从云贵总督柏龄（即百菊溪龄）得阳明像，即今祠所奉朝服大像也。"雕像盖仿此成之。予时从傅先生游，亲与其事。厥后寺僧不能守，大像流传市间，王观察复得而归之，与此册共奉，又近事也。②

另据日本著名阳明学者高瀬武次郎的《阳明学新论》转引黄彭年的另一篇记文载：

像盖公（指阳明）子孙祠祀作于明代，故衣冠符明制也。公谪黔，黔人慕公，犹邹鲁之于孔孟，像之来非偶也。嘉庆中，傅汉（小泉）建议祠公于螺山。始出此像者敖芗坪也，敖得之云贵总督石龄（即柏龄）也。刻此像以成螺山祠雕像者吾父也。此像存螺山祠，散失市肆，复得而返者王玥也。沐浴斋戒、敬改而志者黄彭年也。时大清咸丰五年冬十有二月。

说明"王阳明朝服大像"在嘉庆十九年（1814）建贵阳阳明祠时就已被供奉于祠，后曾一度流于民间，至道光中才由王梦湘购得，奉归于祠。又过了二十来年，到咸丰五年（1855），此像复经黄彭年考证绘制，其父黄辅辰雕刻，存于祠中。光绪七年（1881）仲春，

---

① 贵阳市文化局编：《贵阳阳明祠·阳明洞碑刻拓片集》，贵州人民出版社2002年版，第63页。
② 贵阳市文化局编：《贵阳阳明祠·阳明洞碑刻拓片集》，第81页。

贵筑人杜瑞征又据此线刻像，以为祭像。① 明治后期高濑武次郎著《阳明学新论》，印录此像，故知此像至少在明治年间已流入日本，成为传播较广的王阳明肖像。黄彭年在其中所起的作用，不可低估。十余年后，黄彭年受邀主持莲池书院，又使我们对"王阳明草书诗碑"与"王阳明朝服大像"之间，以及浙、黔、冀三地阳明学的互动关系，有了无限遐想的空间。

魏一鳌（1613—1692），字莲陆，直隶新安（今属雄安新区）人。崇祯年间举人，官至山西忻州知州。清顺治二年（1645），师从大儒孙奇逢。顺治十三年（1656），丁忧期满后，退隐保定。后往来于河南夏峰村、河北五公山及北京之间，以研究理学，整理先贤文献和明英烈史料为己任。孙奇逢去河南辉县白泉书院主讲"夏峰之学"，魏一鳌常随其一同前往，向孙问学前后达三十二年，所记语录涉其讲学问答最多。又在孙奇逢所居辉县夏峰村之兼山堂旁筑室而居，取名"雪堂"。还曾与汤斌、耿介等共倡心学，汤斌对其赞赏备至。后与董守宪等协力共建上谷五贤祠，以祀刘因、杨继盛、孙承宗、孙奇逢、鹿善继等先贤。魏一鳌撰记文曰："仆弱冠时即闻阳明先生良知之学于鹿江村（指鹿善继）、孙征君（指孙奇逢）二先生，服膺不失，至今四十余年矣，欲构数椽为先生香火地而未能也。一日与董守宪谈及，守宪欣然有同心，因与巡宪诸公谋，协力共建，并将所存先生真笔二幅勒碑竖之祠内，而保郡贡院东隅，遂巍然称巨观矣。是不可不记。"②著有《四书偶录》《诗经偶录》《北学编》《夏峰年谱》《雪亭梦语》《雪亭诗草》等。

也许正因为有始于清初的孙奇逢、章学诚、黄彭年、魏一鳌等阳明学信奉者的影响和示范，以及保定古莲花池所珍藏的"王阳明草书诗碑"之感染，古莲花池在清末又收藏了六件王阳明手书的《客座私祝》墨迹刻石，每件纵140厘米，横59厘米。

王阳明晚年的《客座私祝》墨迹，最早为绍兴刘宗周所得并作跋。后被福州陈氏所得，题跋为文征明之孙文元发所作。入清以后，又为瑛榮（？—1878年，号兰坡居士，原姓郑，名瑛桂）所得。后

---

① 参见《王阳明在龙场》，修文县地方志办公室2002年编印（内部资料）。
② 汤斌：《创建阳明王先生祠记》，转引自柴汝新：《魏一鳌与清刻王阳明诗碑》，《保定日报》2011年8月21日。

瑛棨曾分别将《客座私祝》墨迹借给骆汝舟和任信成临摹刻石。此后流传不明。据考证，《客座私祝》摹刻有木刻和石刻两种传世。木刻帖共四块，原悬于贵州修文县阳明洞王文成公祠东厢客堂，后前三块刻板被毁，最后一块流落民间。现藏于贵阳阳明祠和修文阳明洞的《客座私祝》木刻，皆为此件的复制品。石刻帖共有三处：一处在北京，由骆汝舟摹刻，现下落不明。第二处在重庆云阳县张飞庙，刻于光绪二十八年（1902），现保存完好。第三处在保定，由原为曾国藩幕僚、后出任天津知府的任信成摹刻。据说任信成是在同治九年（1870），通过徐悝斋（生平不详）向瑛棨借得《客座私祝》墨迹，刻石后立于浙绍会馆并题写跋语，跋曰：

> 文成督两广，在南赣大功后，勋德之盛，当时无两。乃此书谆谆以游从为戒，敕约自好，无异寒素，诚吾道伟人也。帧为公手书，旧藏瑛兰坡中丞处。骆君汝舟曾模刻于京师，原石已失，无以应求者。余从徐悝斋观察，乞中丞借得墨迹，重刻于保阳。使凡阅者诵者，咸知躬行实践，率其子弟，化及友朋，将来进德立功，处盛不懈，因可即于燕游时卜之。是则文成所望而亦乡人士之大慰也。同治庚午六月任信成谨书。

1965年，该刻石被移入古莲花池，现镶嵌于古莲花池西北面巨砚轩廊内北壁的六件《客座私祝》帖刻石，即为任信成所刻。①

四、鹿善继与燕南王学

鹿善继在北方绍述弘扬阳明之学，并以其志节事功"振拔一时"。在王学的绍述阐扬过程中，"一意实践"，并以之引领、教授生徒，形成了以躬行实践为主要特色的燕南王学，并使之成为晚明王学的一个重要支脉。刘青芝《拟明代人物志·鹿太常传》谓鹿善继："一时从游之盛，熙然有河汾濂洛之风，畿南之士，殖学修行，镞砺自好者不问而知为鹿氏之徒也。"因此，如果说明中后期北方信

---

① 参见柴汝新、孙月：《保定古莲花池的〈客座私祝〉帖刻石》，《文物春秋》2011年第4期。

王学而不惑者，应以龙西川、孟我疆、孟云浦等为主要代表，那么晚明北方王学的重镇则无疑是鹿善继。惜乎《明史》《明儒学案》所记寥寥，厥后研究者甚少，使鹿善继及燕南王学近乎湮没。

鹿善继（1575—1636），字伯顺，号乾岳，晚年自号江村渔隐，谥号"忠节"，北直定兴（今河北定兴）人。万历四十一年（1613），观使兵部。后授户部山东司主事、河南司主事，署广东司事，官至兵部职方司主事。官虽不大，但颇有节气。崇祯九年（1636）七月，清兵攻定兴。县令病，邑绅请善继入城谋划防御。善继慷慨道："年来中原士大夫非望风而走，则髡发以降，某实耻之！"①遂别鹿太公，未及与家人语，与诸绅赴难，与敌相持六日，城破死之。当是时，清兵以"刀协降，善继不可，兵怒斫公三刀，复射一矢而死"②。善继死节事闻于朝，追赠大理寺卿，谥"忠节"，并敕建祠祭奉。

鹿善继"先世自小兴州徙定兴之江村，世有名畿辅"③。祖父鹿久征为万历进士。父鹿正，字成宇，"少为诸生以孝闻，性不解饮，顾好客，客常满座，为人偁偨有道骨，能急人难，至激于大义，为排解虽自弃其身家不恤，年八十余卒，人至今称鹿太公"④。善继"端方谨悫"⑤，"生而凝重，少不嬉戏"⑥，家人不令其就塾师，故在家中接受祖父之教。挚友孙奇逢谓其"少以祖父为师，小章句，薄温饱，读《传习录》，深契之，慨然有必为圣贤之志"⑦。据《年谱》：善继十九岁顺天乡试落第后，对场中题目不解者，归而旁搜诸家注义，试图得到自己的答案。当搜辑到阳明《传习录》时，"每阅之，则心动"。祖父鹿久征甚为高兴，对之悉心指导培植。鹿久征还在为官任上为善继购《王文成公全书》寄去，并嘱咐："寄去《王文成公全书》一部计三十本，《王心斋遗录》一本，旧本稍不齐整，令吏书另誊寄去。善继可用心看之。"⑧并告诉家人："家间有《象山

---

① 陈铉辑：《鹿忠节公年谱》，民国二十六年本。
② 计六奇：《鹿善继传》，《明季北略》卷十二，清初抄本。
③ 方象瑛：《鹿忠节公传》，《定兴鹿氏二续谱》卷十三，清光绪二十三年刻本。
④ 方象瑛：《鹿忠节公传》，《定兴鹿氏二续谱》卷十三，清光绪二十三年刻本。
⑤ 张廷玉等：《鹿善继传》，《明史》卷二百六十七，第6889页。
⑥ 陈铉辑：《鹿忠节公年谱》，民国二十六年本。
⑦ 孙奇逢：《忠节鹿公祠记》，《定兴鹿氏二续谱》卷八，清光绪二十三年刻本。
⑧ 《安邑公手纂家训》，《定兴鹿氏二续谱》卷十，清光绪二十三年刻本。

语录》一册，善继可看之，理学书待访来寄去。"①

黄宗羲《明儒学案》谓："（善继）先生读《传习录》，而觉此心之无隔碍也。故人问其何所授受，曰：'即谓得之于阳明可也。'"②善继自述读《传习录》曰："我读《传习录》后发志愿担起这担子，力破流俗，一点一画，丝毫不敢假借，既见信于天下，然后渐渐宽绰。将来到如今，事到眼前，亦不大费安排了。"③说明他有强烈的阳明学之担当情怀。孙奇逢曾述其狂狷气象："每与同侪谈说经旨，曲折尽变动中妙理，同侪谓其能记忆也。公对曰：'只是要醒，如何要记？醒的如何？是我，则由我而周程而孔孟而汤文尧舜，无不觌面以相质，六经四书皆我注脚，夫岂有疑于心乎！'自是论交日盛。"④而在善继躬行实践甚得阳明"知行合一"之旨方面，世论有更高的评价："窃惟公（善继）事事不亏本分，时时不愧本心，生平券此两语，学本姚江，而能以姚江所称'将本体只作一番光景玩弄者'为戒，故随其所在，必提本来之心，按当下之身，此日此时此事此心便可下手，此知行合一之功也。昔贤以濂溪为孟子之闻知，阳明为濂溪之闻知，诚千古不易之论，姚江而后，公其嗣响矣。榆关之行，南门之役，则又武侯所为鞠躬尽瘁，文山所谓成仁取义者也。"⑤盖谓善继为阳明之"嗣响"真传也。方苞虽以程朱为宗，但亦不得不对善继躬行阳明学的"志节事功"而表示钦佩，尝发论道：

> 余尝谓自阳明氏作，程朱相传之统绪几为所夺，然窃怪亲及其门者，多猖狂无忌，而自明之季以至于今，燕南、河北、关西之学者能自坚立而以志节事功振拔于一时，大抵闻阳明氏之风而兴起者也。……吾闻忠节公之少也，即以圣贤为必可企，而所从入则自阳明氏，观其佐孙高阳及急杨左诸公之难，其于阳明氏之志节事功，信可无愧矣。终则致命遂志，成孝与忠，虽程朱处此，亦无以易公之义也。用此知学者果以学之讲为自

---

① 《安邑公手纂家训》，《定兴鹿氏二续谱》卷十，清光绪二十三年刻本。
② 黄宗羲：《诸儒学案下二》，《明儒学案》卷五十四，沈芝盈点校，第1304页。
③ 《忠节公年谱语录》，《定兴鹿氏二续谱》卷十，清光绪二十三年刻本。
④ 孙奇逢：《鹿忠节传》，《定兴鹿氏二续谱》卷十三，清光绪二十三年刻本。
⑤ 《鹿善继传》，《定兴鹿氏二续谱》卷四，清光绪二十三年刻本。

事，其身心即由阳明氏以入，不害为圣贤之徒。①

认为善继学宗阳明，躬行实践，不蹈虚空，以节义自期而又事功显著，超乎学派纷争之上而深得儒者真精神，故其人品、学品，为人为学有机统一，晚明阳明后学中罕有与他相似者。唯因其具有这种真精神，所以才会获得孙奇逢的高度赞誉："公为诸生，处女守身；公举孝廉，侠士为邻。自入官后，到处认真。修明职掌，清真绝尘；不计得丧，不顾喜嗔。天子宣督，宰相怒嗔，徐理所请，不惊其神。戎马簿书，学习益纯。江村之席，姚江之滨，百有余岁，道域同臻。以子静为知己，作元晦之忠臣，尝自命为吾党之狂简，岂甘心于君子而未仁。力能开辟，学耻因循，破腐去伪，温故知新。予四十年所心服而敬事，以一身而兼直、谅、多闻之三益者，实唯公一人。"②

鹿善继"生平应事接物，一意认真，学以认理为主，而言理即在事上。故其言曰：'读有字书却要识无字理，则其自得可知矣'"③。他著述甚富，计有《四书说约》三十三卷、《前督师纪略》十六卷、《后督师纪略》十卷、《认理提纲》一卷、《寻乐大旨》一卷、《车营百八答》（不分卷）、《寻声谱》一卷、《认真草》十五种二十二卷、《三归草》二卷、《麈谈》一卷、《无欲斋诗草》八卷（今佚一卷）。《明史·艺文志》著录有《鹿善继文稿》四卷。今存《鹿忠节公集》二十一卷、门人陈铉编次《年谱》二卷。其中《四书说约》《认理提纲》《寻乐大旨》等最能反映其思想特质。孙奇逢评《四书说约》说，"其旨盖取子舆博学详说将以反约之意"；"其所说皆躬之所行，未可以语言文字观也"④。而善继著此书乃有感于王学末流泛滥于谈空论之弊，故重申阳明原旨，强调反求于心的躬行实践工夫。指出："夫读圣贤书而不反求之心，延平所比于玩物丧志者，可汗人背也。即云反求之心，而一切着落，不以身实践之，徒以天倪之顿见虚为承当，阳明所称将本体只作一番光景玩弄者，更可汗人背也。"⑤这就难怪其身后，学者"复刻此编于楚，

---

① 方苞：《鹿忠节公祠堂记》，《定兴鹿氏二续谱》卷八，清光绪二十三年刻本。
② 孙奇逢：《鹿子伯顺赞》，《夏峰先生集》卷九，朱茂汉点校，中华书局2004年版，第356页。
③ 孙奇逢：《鹿忠节公传》，《夏峰先生集》卷五，朱茂汉点校，第160页。
④ 孙奇逢：《重刻四书说约序》，《夏峰先生集》卷四，朱茂汉点校，第131、132页。
⑤ 鹿善继：《四书说约引》，《四书说约》卷首，清道光戊申重刻本。

附以《近溪语录》，意谓伯顺之说得之阳明最深，而近溪之说与阳明合符"①。

鹿善继居乡讲学多年。《定兴县志》记其讲学活动说："（善继）究心理学，教授生徒，以绍往开来为己任，痛除将就冒认影响浮游之病，而一言一动触处逢源，《说约》一编，日与同人谆复口授，四方来学者以数百计，舍不能容，邻居僧院几无闲室，彬彬有邹鲁风。"②足见鹿氏居乡讲学时的盛况。

检陈铉《鹿忠节公年谱》可知，其集中收徒讲学有4次：第一次是万历四十二年（1614）中进士后至次年秋授户部山东司主事止。其时"门人始进"，如陈铉父陈范彭"趣受业"，而杜越、张果中、贾三槐、王烨诸人亦接踵来问学，善继"顾而乐之，朝夕提命，亹亹不倦"。第二次是万历四十五年（1617）至四十六年，是为其丁母忧期间。"四方来学者益众，先生性严，是非好恶未尝少徇于人，而同心者则无不饮以和，迎以善，春风之座，嘘入肺腑，殆不独发彼群蒙也。""先生内弟太冲亦以是时入学，先生拈'做人'二字示之。"第三次是泰昌元年（1620）二月至八月，善继因"金花银事件"而辞官归里期间，"先生去国归里，海内争以孤凤似之，而先生教授如曩时，布衣草履，不敢以诤臣自异也"。第四次是天启六年（1626）再次辞官归里后，到崇祯九年（1636）守定兴遇害止，《年谱》记曰："（天启六年）先生抵里门后，教授生徒如待放时，而门人益进。""（崇祯四年）先生病渐瘳，教授如再归时，门人大进。"崇祯五年（1632）孙奇逢"命其子立雅偕伯叔昆弟来从先生学"。崇祯六年（1633）"黄适甫集乐自江右来从先生学"③。

鹿善继学行著世，忠正节义，尤以躬行任事而闻名，"海内争以孤凤似之"，故自四十岁门人始进后，及门问业者极多。刘青芝《明代人物志·鹿太常传》描述其讲学之盛曰："里居教授生徒以百数，至舍不能容……畿南之士，殖学修行，镞砺自好者，不问而知为鹿氏之徒也。"据统计，鹿善继弟子有姓名里籍可考者一百四十二人，其中定兴七十九人，容城十八人，新安十二人，固安四人，涿州五

---

① 孙奇逢：《重刻四书说约序》，《夏峰先生集》卷四，朱茂汉点校，第132页。
② 参见《乡贤事实》，《定兴鹿氏二续谱》卷十，清光绪二十三年刻本。
③ 以上见陈铉辑：《鹿忠节公年谱》，民国二十六年版。

人，新城十人，安肃四人，雄县三人，易州二人，涞水二人，辽东藩阳一人，山东益都一人，江西新城一人。除有三人来自外省，另一百三十九人皆燕南子弟。今择其要并见之载籍者略述如下。

1. 陈氏父子。在鹿善继的早期及门弟子中，涿州人陈范彭及其子陈铉、陈锐父子三人均拜其门下。陈范彭，字述古，入鹿门时年岁已不小，但领悟体认鹿氏之学却甚为迅速，令善继十分欣赏，他在《贺陈范彭入学序》中说："（陈）范彭闻余谈学，而深信真举业不在学外也。探经考传，务求实底，举微危消息，欹慊关键，悉就吾身日用间认之，不敢据低上为活计。故人所穷年占毕，苦于望洋者，范彭以数月得其要领。问切思近，领略甚速，始信德性中原有无穷智慧，特人自不着手耳。薛文清云：'读书吾得其要，天命之性是也。'范彭，范彭，可与言《读书录》矣。"① 其子陈铉，字国镇，为善继最重要的弟子之一。颜元曾过访陈铉②，其所撰《年谱》记述善继之言曰："传吾学者，杜越而外，陈氏子而已。"③ 足见他在善继心目中的地位。善继慨然入定兴城为防御清军时的诸种情形，全靠陈铉随侍左右，才录传后世。颜元过访时，陈铉已七十余岁，仍然"谆谆提引后进不少倦"，以弘扬鹿氏之学。陈锐，字不退，陈铉之兄。善继死节后，其子鹿化麟奔丧，陈锐多参与其事。

2. 李童，字荫绳，新安人，"少有俊才，师事鹿忠节伯顺，为高弟子"④。遭遇甲申国变后，"岁贡在睫，逸士（李童）投牒于学，携妻子移居成安，父子以教授生徒为业，越十五年困顿而死"⑤。李童于天启四年（1624）投到善继门下，"传习师学，较侍师时倍为真切"。教授生徒以善继《四书说约》为教本，"每为人讲解忠节《说约》一编，远迩士执经问业者无虚日"⑥。孙奇逢《李逸士传》曰："肥乡贺应旆造庐而访，檄诸士有云：新安李先生，学衍阳明，钵传忠节，吾侪所当心服而仪型之。相从者五十余人。……逸士少豪举，酒后悲歌，有燕赵风。中更家难，益自刻励，尝留心经济，间习兵

---

① 鹿善继：《贺陈范彭入学序》，《鹿忠节公集》卷六，清刻本。
②《颜习斋年谱》作"之铉"。
③ 陈铉辑：《鹿忠节公年谱》，民国二十六年本。
④ 孙奇逢：《李逸士传》，《夏峰先生集》卷五，朱茂汉点校，第181页。
⑤ 孙奇逢：《李逸士传》，《夏峰先生集》卷五，朱茂汉点校，第181页。
⑥ 孙奇逢：《李逸士传》，《夏峰先生集》卷五，朱茂汉点校，第182页。

事,迨其后,邱壑自适,学益笃。尝云:老而不学便衰,故随地接引,倡师学于赵卫之间,门弟子随录问答之。"①李童自明清鼎革,遭遇国变之后,遂放弃举业,终生弘扬善继之学,所谓"学衍阳明,钵传忠节",其"相从者五十余人",实大有功于鹿学传播矣。且其有豪举,"酒后悲歌,有燕赵风","喜谈节事","尝留心经济,间习兵事",与鹿善继颇为相近。惜其生不逢时,不能一展所学。

3. 薛凤祚,字仪甫,号寄斋,山东益都人,系鹿善继与孙奇逢二人共同的弟子。但他却以天文、数学而名世,《清史稿·畴人传》将其列在首位,并称其"不愧为一代畴人之功首"。他曾将鹿善继的《四书说约》与孙奇逢的《四书近指》辑为一编。此编"卷首列善继'认理提纲''寻乐大旨',又列善继、奇逢二人小传,前有凤祚自序,谓此书出,当与孔、曾、思、孟四圣贤书共揭星日而行中天,其说殊夸。……凤祚天文、地理之学皆能明其深奥,如《两河清汇》《天学会通》《天步真元》诸书已卓然足以自传,又何必画此蛇足乎?且二书皆有刊本,岂借凤祚之标榜?即以二书而论,亦蛇足也"②。尽管《四库提要》对其合编鹿、孙二人书颇有微词,但对其"天文、地理之学皆能明其深奥"还是十分认可的。而且就传播鹿氏之学而言,其书也是有价值的。薛凤祚还编选了《历学会通》近六十卷,书中收录《西洋火器法》一卷。就其颇懂兵器学而言,恐怕也有得于善继之传。

4. 李完一及再传李顺昌。李完一,字衷实,新安人。人"奇君才,令从受学,坐卧一楼,书声达四野,至夜分不辍,其笃志好学,耕夫犹能道其咿唔灯火间也"。教授同里李顺昌。李顺昌,字燮五,"研究经史,旁搜博览,根极理要,且留心当世之务"③,后以明经充太学,曾官济宁知州,著有《表忠录》。二人皆得于善继学问之真谛。李顺昌事迹见孙奇逢《济宁知州燮五李君墓志铭》。

关于燕南王门,学术史上未见述及。黄宗羲《明儒学案》卷二十九《北方王门学案》仅论列山东穆孔晖、张后觉、孟秋,河南尤时熙、孟化鲤、杨东明,陕西南大吉等七人。从与王门有直接渊

---

① 孙奇逢:《李逸士传》,《夏峰先生集》卷五,朱茂汉点校,第182页。
② 永瑢、纪昀主编:《四库全书总目提要》卷三十七,海南出版社1999年版,第208页。
③ 孙奇逢:《济宁知州燮五李君墓志铭》,《夏峰先生集》卷六,朱茂汉点校,第215—216页。

源关系来说,黄氏这样记述自无不可,但若从信奉并践履王学,更使王学在北方弘扬光大角度论究,就不能不关注鹿善继及其所开启的燕南王学了。

鹿氏承家学而绍述弘扬王学,躬行实践,以阳明学旨教授燕南子弟,生徒甚众,颇为可观。虽无材料证明其与阳明有直接的传承关系,但就其把握王学精髓,服膺阳明、念庵而言,谓之传阳明学脉于北方,殆无可疑。故以"燕南王学"目之,是非常确切的。方苞亦曾指出:"自明之季以至于今,燕南、河北、关西之学者能自树立而以志节事功振拔于一时,大抵闻阳明氏之风而兴起者也。"①可知,阳明学在北方并非如黄宗羲论列得那样萧索,从"以志节事功振拔一时"来看,北方王门总体面貌是十分重志节、重事功、重实践。而鹿善继所引领之燕南王学当为其重要代表。

颜元说过:"高阳相公与太常鹿先生、征君孙先生三君子,讲学论道,树帜河北,呜呼,盛哉!江村、夏峰俱得佳弟子阐绪于后。"②《颜习斋年谱》亦记云:"善继讲学,宗王守仁,而躬行切实过之。"③因此,其高弟陈铉对鹿善继死节后朝廷的封赠褒美仍感遗憾,以为善继在学术与道统上的地位没有得到更好确认。申称:

> 铉犹有憾之者,何阳明崛起姚江,直接洙泗嫡传,尼山之奥,因之以穷;尼山之覆,因之以发。《传习录》一书泄漏天机尽矣。阳明之后,其道在念庵(罗洪先),念庵之后,其道在先生(善继)。念庵之于《传习录》也,奔假而手抄之;先生之于《传习录》,索之侍御公按吴时,洞见源本,身体力行,庶几光大阳明而不第绍述之已也。假令阳明南面而享天下之崇极如文庙比,则二先生享如颜、曾比,而龙溪、绪山诸君子应退处其下尔。④

在陈铉等门弟子看来,鹿善继"身体力行""光大阳明",通过罗

---

① 方苞:《鹿忠节公祠堂记》,《定兴鹿氏二续谱》卷八。清光绪二十三年刻本。
② 颜元:《与高阳孙表渊书》,《习斋记余》卷四,《颜元集》,王星贤、张芥尘、郭征点校,中华书局1987年版,第454页。
③ 李塨纂,王源订:《颜习斋先生年谱》,民国二十六年本,第51页。
④ 陈铉辑:《鹿忠节公年谱》,丛书集成初编本,民国二十六年本,第51页。

洪先而直绍阳明心学，且有自身之特色，大有功于王门，故在王学阵营中的地位应高于王畿与钱德洪等人。而善继"所北面者阳明也，所比肩者象山、念庵也。……先生诱我及门士者亦惟向此一路开发"，所授弟子者乃为阳明—念庵一系。念庵传阳明心学而被世人誉为"阳明功臣"，是故善继的弟子们认为乃师亦得阳明之真精神。这种看法并非毫无道理，鹿门弟子中唯一的一个南方人黄时甫（一作适甫），为江西新城人，千里迢迢北上投师鹿善继，大概也可以说明一些问题。

（陈寒鸣撰稿）

王阳明与山东

阳明学在江淮以北地区的传播与展开,是整个中国阳明学发展过程中的重要组成部分,为此黄宗羲在《明儒学案》中特设"北方王门"①篇。从北方王门的分布态势看,又可分为鲁中王门②、豫中王门、关中王门③、燕南王门④等,其中至少像豫中王门还可再作细分。《明儒学案》限于当时的主客观条件,在区分上略显笼统和粗糙。从笔者目前所掌握的史料看,集中于山东鲁中地区的阳明弟子群和交友群,可以说是北方王门的主要分支。⑤本节拟对阳明与山东的关系——梳理分析,并论述阳明学在山东尤其是聊城地区的传播与展开。

一、王阳明因父辈而与山东结下人缘

由《上虞达溪王氏宗谱》和《余姚上塘王氏宗谱》等王氏宗谱可知,王阳明的先祖来自山东琅琊,故世称"琅邪王氏"。其家族世系最早可追溯到王融次子王览。王览长孙即王羲之堂伯父王导,为乌衣大房一世祖。王导之后乌衣大房二十九世孙王彦洪(即王道),于北宋"靖康之难"后扈驾南渡,赠爵杭州府余杭县开国男,居余

---

① 黄宗羲所说的"北方"实际上指的是淮河以北。
② "鲁中王门",学术界向来无此称谓,笔者根据黄宗羲《明儒学案》中的"浙中王门""楚中王门""南中王门"之称谓,而称山东王门为"鲁中王门"。
③ "关中王学"的概念虽未见学术界直接使用,但相关论文却有不少,如刘学智:《南大吉与王阳明——兼谈阳明心学对关学的影响》,《中国哲学史》2010年第3期;米文科:《明代关学与阳明学关系略论》,《孔子研究》2011年第6期等。
④ 参见陈寒鸣、贾乾初:《鹿善继与燕南王学》,黄宣民、陈寒鸣编:《中国儒学发展史》,中国文史出版社2009年版。
⑤ 如吕景琳的《明代王学在北方的传播》(《明史研究》第三辑,黄山书社1993年版,对鲁中王门作过简略介绍;吕景琳的《明代东昌王学述论》(《东岳论丛》1993年第2期),简要论述了山东东昌府王学的概貌;赫兰国的《〈茌邑三先生合刻〉版本源流考及其他》(《重庆师范大学学报(哲学社会科学版)》2014年第6期),对张后觉、孟秋、赵素衷师徒的著作《茌邑三先生合刻》的版本源流进行了考察;以及李平的《王守仁致路迎书函考略》(《齐鲁学刊》1993年第2期),刘俊梅的《浅析茌邑三先生学术思想》[《聊城大学学报(社会科学版)》2011年第2期],邹建锋的《赵素衷哲学思想引论》(《船山学刊》2009年第2期),黄巍巍、邹建锋的《晚明北方王门心学巨子赵维新哲学研究》[《山东理工大学学报(社会科学版)》2009年第6期],都对鲁中王门做过研究。

杭仙宅界，遂为王氏余杭派始祖。王道次子王补之登第后知绍兴府，与其弟王辅之移居绍兴上虞达溪之虹桥。王补之曾孙王季，即阳明九世祖，又由达溪迁居余姚秘图山，是为姚江秘图山派之始祖。然在阳明本人的著述中，对自己家族的记录最早却始于六世祖王纲（1302—1373）。

阳明父亲王华（1446—1522），字德辉，号实庵，晚号海日翁，因年轻时曾读书于余姚龙泉山，故人称龙山先生。阳明十一岁后即随王华官居北京长达五六年，所以王华的同年进士或同朝为官的一些高朋，有不少人也成了阳明的前辈挚友或人生知己，其中就包括山东的张天瑞、于凤喈和毛纪。据明人赵宽的《白驹联句引》，阳明在考中进士前，已在京师与春坊中允张天瑞、赞善费之充（宏）、检讨毛维之（纪）、刑部副郎傅日彰、吏部主事杭世卿（济）等达官公卿唱酬交游，即其自谓"上国游"也。①

1. 王华的同年探花张天瑞。明成化十七年（1481）辛丑春，王华"自布衣魁天下"②，山东清平（今临清市）③人张天瑞为同年探花，两人由此建立起深厚友情，王、张两家亦成为世代之交，形同一家。

临清市位于山东省西北部，漳卫河与古运河交汇处，与河北省隔河相望，是山东西进、晋冀东出的重要门户，京杭大运河从市区穿越而过。明清时的清平凭借大运河漕运兴盛而迅速崛起，成为当时中国三十个大城市之一，素有"富庶甲齐郡""繁华压两京""南有苏杭，北有临张"之美誉。

据清平《张氏族谱》④记载，张氏一世张大公，元代至元年间人。明南京吏部尚书余姚人黄珣⑤尝为其作赞文称："嗟公之为人兮，吾不其素履；嗟公之功名兮，吾未见其经济。第以年逾八旬，历经九帝，何不与桑哥比肩事主？何不与铁木迭儿皆登堂陛而必？仕于

---

① 参见束景南：《王阳明年谱长编》，第103—104页。按：钱德洪序王阳明《续录》曰："是卷师作于弘治初年，筮仕之始也。自题其稿曰《上国游》。"［王阳明：《王阳明全集（新编本）》卷二十八，吴光、钱明、董平等编校，第1089页］
② 黄绾：《祭实翁先生文》，《黄绾集》卷二十八，张宏敏编校，第555页。
③ 清平为古县名，现已撤销，明代治所在现在高唐县清平镇，辖区现分别属于临清县和高唐县。
④ 感谢张氏十九世孙、山东齐鲁音像出版社的张金栋先生向笔者提供该谱的部分照片。
⑤ 黄珣（1438—1514），字廷玺，号碧山，又号梅川，王阳明曾为其写过祭文［见王阳明：《王阳明全集（新编本）》卷四十三，吴光、钱明、董平等编校，第1765页］。

仁宗之朝，交于金许师弟，则其人亦大概知矣！五世其昌，谁曰不宜！"①二世张得录，生于元末，王华在清平《张氏族谱》中尝赞其曰："元朝制度世禄，无闻万户侯裔躬亲籽耘，或者命名之始适逢乎仁宗之君。嗟乎！父辞君禄，子当皆隐，唯耕唯读，克勤克俭，而元之富贵亦藐若浮云矣！得与不得，亦何云然？而公之所得，不是皇家颁赐，天橱攸分。天朝既修，天禄孔殷，父子兄弟鼓舞，欢欣为孝友于，亦是奇勋！"②三世张明善，黄珣尝赞其曰："经曰明德，又曰新民，皆止于至善，此《大学》也。而公独讳明善，岂先人命名之意，有鉴于元末之不可以仕，故止欲其明之善，而不欲其新之善。与语云：积德者昌，后为善者获福，公可谓名称其实者哉！"③四世张浩（1415—1486），即张天瑞的父亲，王阳明尝为其写过赞辞，因未见于今人收录，故录全文于下：

雀城世家，万户后裔，上承耕读之业，下开诗书之宗；守我先畴，享前人之余庆，教子成名，受天家之宠荣。嘉靖七年蒲月上浣谷旦，新建伯南京兵部尚书参赞机务兼都察院左都御史通家眷弟王守仁顿首拜撰，清源谢元吉书。④

"蒲月"即农历五月，"上浣"即每月初一至初十，阳明于此时在广西思田兴学校，抚新民，六个月后病逝于返程路上的江西大庚青龙铺。谢元吉与陈献章交友。张浩可能与陈献章、谢元吉、王华的关系都不错，此时唯谢元吉尚在，故张天瑞特邀王华之子王阳明为其父撰赞辞、谢元吉题书。弘治十三年（1500）天瑞母亲韩氏去世，孝宗下敕封为孺人，并派山东布政司祭祀，立谕祭碑，高度评价其教子有方。⑤

五世张天瑞（1451—1504），字文祥，号云坪，清平胡刘庄（现称胡里庄）人，成化十三年（1477）乡贡进士。成化十七年（1481）与王华一起参加殿试，王华获一甲状元，黄珣获二名榜眼，张天瑞居

---

① 《张氏族谱》，2007年清平张氏重修本。
② 《张氏族谱》，2007年清平张氏重修本。
③ 《张氏族谱》，2007年清平张氏重修本。
④ 《张氏族谱》，2007年清平张氏重修本。
⑤ 《张氏族谱》，2007年清平张氏重修本。

三名探花，初授翰林院编修，纂修《宪宗实录》。弘治四年（1491）八月，升侍讲，充经筵讲官。弘治十三年（1500）六月，升左春坊左庶子，参与编修《资治通鉴纂要》。弘治十七年（1504）八月，因积劳成疾，身染风寒卒于京师。孝宗垂青其人品文才，于次年（1505）四月十八日遣山东布政使司左参议毛程赴墓地亲祭，立谕祭碑。①焦竑《国朝献征录》称他："天资绝人，诗文数千言，常信笔成篇，不复检窜对。客与闲居无异，其言妙轹古今，他人贮思者恒不及见者，莫不惊服。人或有欲难之者，以四韵律诗期以限百篇使成，天瑞亦挥毫立就，限者复至，供韵不及。然颇自负才，人亦不为计也。其蕴经济而不及施，人甚惜之云。"②著有《云坪集》《经筵讲义》《东宫讲读》《云坪遗诗》等，另有《云坪曲谱》抄本传于世。

张天瑞对音乐戏曲贡献颇著，尤其是对书法乐谱有很深研究，现存的书法乐谱即为张天瑞所传。据说书法乐谱与聊城（临清、高唐）有很深的渊源关系。张氏家族在明代曾组织过不少昆曲戏班。由清平张氏后人整理的原汁原味的乐曲、书法舞蹈套路等，现已被国家列入非物质文化遗产。③

张天瑞与王氏父子均有莫逆之交，故其生病，王华特写信慰问。④张氏修谱，王阳明、杨椒山又专为此谱作序。⑤阳明所撰序文全文如下：

> 余慨夫仁义之不明于天下，吾人莫知所本也，知则仁义明而人极立矣。自仁率亲而至于祖，吾宗之所本也；自义率祖以至于祢，吾亲之所本也。今人之祖宗以及其身，昭以昭分，穆

---

① 据中新山东网济南2006年4月25日报道：清明节前，临清市胡里庄村张氏家族在整修墓地时挖出本家张天瑞墓地"皇谕祭碑"。此碑材质为汉白玉大理岩，高2.05米，宽0.85米，厚0.18米，碑额高浮雕镌六龙棒印纹饰，印方镌篆书"皇谕祭碑"四字，碑文正楷，周饰浮雕云龙纹，碑体规正，皇皇显赫。碑文书："弘治十八年，岁次己丑，四月辛朔十八日癸酉。皇帝遣山东布政使司左参议毛程，喻祭于左春坊左庶子张天瑞……"
② 焦竑：《左春坊左庶子张天瑞传》，《国朝献征录》卷十九，明万历四十四年刊本。
③ 此据清平镇文化站宋怀川文，见聊城新闻网2011年8月2日。按：王阳明在音乐戏曲方面也有很深造诣（详见钱明：《王阳明的音乐戏曲思想与实践》，《孔子研究》2006年第1期），与张天瑞是否有关，应有想象空间。
④ 《张氏族谱》，2007年清平张氏重修本。
⑤ 此据清嘉庆三年《清平县志·乡贤列传》："余姚王华、黄珣皆与天瑞同成进士，称莫逆之交，天瑞修《张氏族谱》成，王阳明、杨椒山皆乐为之序，盖知其为人也。"

以穆别，支派传递本自分明也。无以续之，则派络不贯；无以分之，则亲疏无等；甚至数传而忘其祖，觌面而失其亲，此无他，仁义之不明于心故也。仁义立而忠孝行，余于张氏之谱见之矣。其直衍而下者，继宗之源；横列而分者，支派之异。直溯横流，各有分晓。书爵、书名、书娶、书嗣、书宅兆、书生卒，以及诗文篇章，皆载于卷末，俾后世观之，井然有条，而尊祖敬宗之意，亦莫不由于斯也。故书以为序。①

张天瑞对王华、王阳明也非常敬重，在其所作的诗篇中，有两首与王华、阳明有关，一首是《寿王老夫人同年德辉先生母也》："紫诰鸾回照锦堂，帔霞偏称秀浔长。人登耄耋推遐算，家近蓬莱隔知墙。载座喜迎宾客盛，称觞笑看子孙忙。我来为辨长生曲，鲁闷重歌第几章。"② 另一首是《忆伯安王秋官》："几载姚江隔好音，怀人清夜苦难任。吟边每念贤司寇，教下时承老翰林。古往今来嗟世态，天南海北忆同心。闻君宝砚余神滴，何不携将洒作霖。"③ 张天瑞坦诚"教下时承老翰林（即王华）"，把王华的学问品德作为自己学习的榜样。但他对阳明的推崇似乎要高于王华，不仅视阳明为"同心"，而且把阳明之书视若"神滴"。由此可见，张天瑞与王氏父子绝非普通的交友关系，而应该是志同道合的道友关系。

2. 王华的同年进士于凤喈。据束景南先生考证，于凤喈（1462—1514），山东莱阳人，成化十七年（1481）进士，与王华为同年，故阳明与之早识。正德六年（1511）于凤喈在嘉兴府任上撰写《正德嘉兴志补》，即取阳明诗《崇玄道院》④入志。正德七至九

---

① 此文未收于笔者所编《王阳明全集（新编本）》，也未见于束景南《阳明佚文辑考编年》，属于新出阳明佚文。
② 张天瑞：《云坪集》卷四，民国三十七年刊本。按：德辉是王华字，王老夫人即阳明祖母岑氏。
③ 张天瑞：《云坪集》卷四，民国三十七年刊本。按："秋官"出自《周礼》，武则天时改刑部为秋官，刑部尚书为秋官尚书，又别称刑部尚书为大司寇或秋官大司寇。掌管刑狱、纠察等事。然王阳明当过兵部尚书，而并未当过刑部尚书。据《京师诗》：阳明于"正德庚午年十月升南京刑部主事，辛未年入觐，调北京吏部主事作"。据《年谱》："十有三年庚申，先生二十九岁，在京师。授刑部云南清吏司主事。"正德"五年庚午，先生三十九岁，在吉。升庐陵县知县。……十有二月，升南京刑部四川清吏司主事"。张天瑞此处所记恐有误。
④ 按：此诗为阳明佚作。诗云："逆旅崇玄几度来，主人闻客放舟回。小山花木添新景，古壁诗篇拂旧埃。老去须眉能雪白，春还消息待梅开。松堂一宿殊匆遽，拟傍鸳湖筑钓台。"[于凤喈、邹衡纂修：《嘉兴县题咏》，《嘉兴志补》卷九，《四库全书存目丛书·史部》（第185册），第301页]

年（1512—1514），阳明在先后担任南京太仆寺少卿、鸿胪寺卿期间，于凤喈也刚好出任南京太仆寺少卿和大理寺卿，两人来往遂更为密切。故于凤喈去世后，其子于天锡、弟于凤嗈特来请阳明为其作墓志铭，阳明所撰《于延尉凤喈墓志铭》曰：

> 正德甲戌六月癸巳，南京大理寺卿于公卒。逾月，公弟自莱阳来奔丧，外姻及客之吊者毕至。乃举殡归葬，聚谋所以铭其墓者，求其家，唯诗文稿存焉，余则罔有证。公子天锡踊且泣曰："孤未即死，憯然丧迷。先君则又未尝以公事言于家，莫可得知也。"公弟凤嗈泣曰："吾先兄事吾父母，孝待吾友，吾知是而已，然犹不能举其辞，他尚何知？"惟诸舅氏实图公之婿孙宥曰："吾闻诸公之为郎也，尝雪久冤之狱，其人怀数十金以报，潜投公家而逸。公封其金于官，家人莫知也。"公廉若是，是可以铭矣。公之婿许仁曰："公之守嘉兴也，仁实从。尝岁饥，流莩者日以千数，公发廪，量地远近，授成法，使人分行属县大赈，活者八万有余。"公仁惠若是，是可以铭矣。公讳凤喈，字世和，世家登之莱阳。年十九，举于乡，连登进士，授行人。擢刑部员外郎、郎中，出知嘉兴府，参政云南，转太仆寺少卿，迁南太仆卿，又陟大理卿。中外凡八迁，年三十载，寿五十三。铭曰……①

阳明不仅充分肯定了于凤喈廉明惠仁的高尚品格，而且还为我们提供了于凤喈之子于天锡、弟于凤嗈、婿许仁，以及诸舅氏实图公之婿孙宥等人的一些信息，这对于了解王氏与于氏两家的关系有一定帮助。于凤喈在世时尝有诗文存于世。

3. 与王华同朝为官的毛纪。正德十二年（1517）王阳明在《致毛纪信札》中称毛纪为"大元老毛老先生"，这是因为毛纪尝以东阁大学士直阁，故被称为"大元老"。阳明在书札中说："守仁始至赣，即欲一申起居。因闽寇猖獗，莅事未数日而遂往督征，故前者进本人去，竟不及奉启，迄今以为罪。请教之渴，如何可言！守仁迂腐

---

① 束景南：《阳明佚文辑考编年》，第408页。

之资，实无可用于时。"① 所谓"守仁迂腐之资，实无可用于时"，乃阳明自谦之语；而"请教之渴，如何可言"，则为阳明求教心切之大实话。翌年阳明又作《寄毛砺斋大人书》曰：

> 守仁浅劣迂疏，幸遇大贤君子委曲裁成，诱掖匡持，无所不至。是以虽其不肖之甚，而犹得以侥幸成功，苟免于覆败之戮，则守仁之服恩感德于门下，岂徒苟称知己者而已哉！然而惶惶焉苟冀塞责而急于求去者，非独将以幸免夫诛戮，实惧大贤君子之厚我以德，而我承之以羞耳。人之才能，岂不自知？仰赖老先生之扶植教引，偶幸蒇事，既出意望之外矣。偶幸之事，安可屡得？已败而悔，何所及乎！兼之莅任以来，病患日剧，所以强忍未敢告病之故，前启已尝略具。且妻孥终岁瘴疫，家属死亡，百岁祖母日夜思一见为诀，老父亦以衰疾屡书促归。数月以来，恍恍无复人间之念。老先生苟怜其才之不逮，悯其情之不得已，遂使泯然全迹而去，幸存余息，犹得为门墙闲散之士，咏歌盛德于林下，则未死之年、未败之行，皆老先生之赐之全矣，感报当何如耶！不然，亦且冒罪径遁，以此获谪，犹愈于偾绩败事，幸归钳囚，为知己之玷矣。②

书中隐约表达了对毛纪不同意自己致仕归乡的埋怨之情。
据《明清进士录》载：

> 毛纪，成化二十三年三甲一百三十六名进士。山东掖县（今莱州市）人。字维之，号鳌峰逸叟。授检讨。正德中，累迁礼部尚书，寻为大学士，入预机务。有学识，居官廉静简重。卒谥文简。有《密勿稿》《归田杂识》《辞荣录》《鳌峰类稿》。

另据束景南先生考述，毛纪（1463—1545），又号砺庵、砺斋。弘治中毛纪与王华同朝任职，关系甚密，故阳明与毛纪早识。毛纪

---

① 束景南：《阳明佚文辑考编年》，第538页。
② 王阳明：《王阳明全集（新编本）》卷四十五，吴光、钱明、董平等编校，第1838—1839页。

有《送王伯安南还》:"一代骚坛蚤著声,时人尽识子安名。地临禹穴游偏胜,云近龙楼梦独清。槐树百年垂世荫,桂香二月满春城。长亭一笑幽怀在,未信乾坤负此生。"① "槐树百年垂世荫",指阳明乃出三槐王氏;"桂香二月满春城",指阳明是春折桂中进士,故此诗当作于弘治十二年(1499);毛纪作诗亲送阳明高中南归,即所谓"长亭一笑幽怀在"②;可见两人已甚相知。此后两人多有书信往还,阳明后又作《致砺斋书》云:"守仁之服恩感德于门下,岂徒苟称知己者而已哉!"③ 视毛纪既为"知己",更是"裁成""扶植教引"之恩人。文中还透出一个信息:即阳明在南赣军务期间,妻孥伴随同往,但苦于当地条件十分艰苦,"终岁瘴疫",苦不堪言。毛纪《答王阳明书》曰:"地方大变,旋就底平,可谓一代之殊勋矣。朝廷方将丕视功载,以寻带砺之盟,圣谟弘远,天心久定,固有不待言者。执事雅德执谦,乃置而不居,顾以私为请,恐非所宜也,亦非天下之所望于执事者也。承谕宽恤民患事宜,执事之苦心盖在于此,披阅至再,良切恫瘝,所司必有处矣。"④ 肯定阳明所建功勋乃"一代之殊勋",然阳明居功自谦,一心想着如何"宽恤民患"、长治久安之策。后因毛纪未批准阳明"顾以私为请"的告病省葬之请求,遂使两人关系逐渐疏远。⑤

4.与王华结为亲家的诸让。诸让是阳明的岳丈和启蒙老师。阳明与其女儿完婚是在其担任江西布政使司左参议时,也就是弘治元年(1488)七月阳明十七岁那年。诸让去世前若干年曾在山东任布政使司左参政,而阳明则在北京参加会试未果,准备三年后继续再战,期间诸让给了他很大鼓励和帮助。据笔者推测,弘治六年(1493)阳明进京参加第一次会试,途中可能去过济南看望刚刚就任山东布政使司左参政的诸让,其间诸让对他多有教诲。

诸让(?—1495)字养和,号介庵,浙江余姚人,成化四年(1468)举人,十一年(1475)进士。卒后阳明曾为他写过一篇近千

---

① 毛纪:《送王伯安南还》,《鳌峰类稿》卷二十一,《四库全书存目丛书·集部》(第45册),第185页。
② 束景南:《阳明佚文辑考编年》,第539页。
③ 束景南:《阳明佚文辑考编年》,第552页。
④ 毛纪:《答王阳明书》,《鳌峰类稿》卷十八,《四库全书存目丛书·集部》(第45册),第147页。
⑤ 参见束景南:《阳明佚文辑考编年》,第539—541页。

字的祭文。① 作此祭文时阳明年方二十四岁，文中所叙，多为阳明早年行事及其与诸让之间的亲密关系，笔者梳理了一下，至少包含以下几方面的信息。

第一，"公为吏部，主考京师。来视我父，他方儿嬉。公曰尔子，我女妻之。公不我鄙，识我于儿"，指的是成化十八年（1482），阳明在京师，年方十一岁，诸让即已指其为婿。

第二，"公既服阕，朝请于京。我滥乡举，寻亦北行。见公旅次，公喜曰……"，指的是丧服三年后的诸让，刚刚履新上任山东布政使司左参政，就在济南迎来了准备赴京参加会试的阳明，并告诫他千万不要骄傲自满。

第三，"南宫下第，我弗我轻……拜公之教，夙夜匪宁。从公数月，启我愚盲……踽踽都门，抚励而别。孰谓斯行，遽成永诀"，指的是弘治六年（1493）春，阳明会试下第"归余姚，结诗社龙泉山寺"，途经山东再次拜访诸让，受教达数月之久。

第四，"我公是任，语我以情。此职良苦，而我适丁。予谓利器，当难则呈。公才虽屈，亦命所令。公曰戏耳，尔言则诚。临行恳恳，教我名节……别公半载，政誉日彻，士论欢腾，我心则悦。昨岁书云，有事建业"，指的是诸让赴职山东后半年，即获卓著政绩，翌年尝寄信阳明，言及建业山东之事，有为阳明示范之意。

第五，"以公为人，且素无疾。谓必逸言，公则谁嫉？谓必讹言，讹言易出"，指的是诸让之死，颇为突然，阳明认为是被政敌讹言所害，足见阳明很早就对官场之险恶有所体验。

第六，"公之诸子，既壮且贤。谅公之逝，复亦何悬。所不瞑者，二庶髫年。有贤四兄，必克安全"，涉及多位诸让家人，有助于我们了解诸让的儿子、兄弟等家庭成员。

第七，"生为半子，死不能禭。不见其柩，不哭于次。痛绝关山，中心若刺。我实负公，生有余愧。天长地久，其恨曷既"，指的是诸让视阳明若半个儿子，而阳明则不仅在举业上未能遂其意②，而且没

---

① 即《祭外舅介庵先生文》，原载于诸章达等纂修：《姚江诸氏宗谱》卷六，民国十二年余姚叙伦堂刊本。现收录王阳明：《王阳明全集（新编本）》卷三十九，吴光、钱明、董平等编校，第1586—1587页。
② 按：王阳明于弘治五年（1492）二十一岁举浙江乡试后，连续两次会试皆失败，直到诸让死后四年才"举南宫第二人，赐二甲进士出身第七人"［钱德洪：《年谱一》，王阳明：《王阳明全集（新编本）》卷三十二，吴光、钱明、董平等编校，第1230页］。

有为老丈人送终守灵，有负老丈人，愧疚不已。

以上这些被阳明亲自记录在《祭外舅介庵先生文》中的生动史实，《阳明年谱》皆未载或语焉不详，故尤显珍贵，值得细细体味。此外，《阳明年谱》中还有一条误记。据《阳明年谱》记载："弘治元年，先生十七岁，在越。七月，亲迎夫人诸氏于洪都。"然而阳明在《祭外舅介庵先生文》中说："弘治己酉，公参江西，书来召我，我父曰：'咨，尔舅有命，尔则敢迟？'甫毕姻好，重艰外罹，公与我父，相继以归。"① 己酉为弘治二年（1489），时阳明18岁，从父命赴洪都迎亲。《阳明年谱》所载"弘治元年"应为阳明自京城归余姚为成婚做准备的时间，迎亲南昌的时间当以阳明本人所言为准。

正因为阳明与诸让之间有如此亲密的关系，二十六年后的正德十六年（1521）九月，阳明"奉召北行，便道归省"，又特地前往余姚祭扫祖茔及诸让墓，并且又为诸让写了篇短祭文，文中感叹道："中间盛衰之感，死生之戚，险夷之变，聚散之情，可悲可愕，可扼腕而流涕者，何可胜道……二十六年而始获一拜，自今以往，获拜公之墓下者知复能几？"② 流露出对政治生态、人生无常的惊愕和无奈。亦正因为此，正德九年（1514）十月，阳明在南京静观亭为即将赴长沙的诸让之孙诸升（伯生）送行时，在《临别寄怀》的序文中又强调说："予妻之侄诸升伯生将游岳麓，爰访舅氏，酌别江浒，寄怀于言。"并在诗中声称："万里岂不遥，眷言怀舅氏。……岁宴山阴雪，归桡正迟尔。"③ 道出了对岳丈大人的深切怀念，还希望能在冬季到来时在山阴家中宴请诸伯生。

从阳明与诸让类似父子的亲密关系，以及因诸让而与余姚诸氏家族所建立起来的广泛联系中④，我们完全可以得出以下判断：除了父亲王华，阳明与山东的缘分还与官至山东布政使司左参政的诸让有密切关系，甚至后来应邀主持山东乡试亦与诸让在山东所结下的人缘有一定关系。

---

① 王阳明：《王阳明全集（新编本）》卷三十九，吴光、钱明、董平等编校，第1586页。
② 王阳明：《王阳明全集（新编本）》卷二十五，吴光、钱明、董平等编校，第1003页。
③ 王阳明手迹纸本，原件藏日本京都国立博物馆。
④ 按：《王阳明全集（新编本）》中，与余姚诸氏家族直接相关的文献资料至少有七八篇（首）之多，且多数未收于隆庆本《王文成公全书》。

二、王阳明因主考乡试而与山东结下学缘

据《阳明年谱》记载：弘治十七年（1504）夏，进士及第后在京城刑部为官满五年，又回绍兴居家养病近两年①的王阳明，被聘为山东乡试主考。曾有学者从小说演义的角度，对阳明主考山东作了如下推论：因阳明父亲王华当时担任礼部右侍郎，负责管理全国科举考试是礼部的一项工作，于是便利用手中的权力，把自己的儿子安排到其朋友较多的山东去做主考官。一般来说，做一名乡试主考官，对上可接触一省的重要地方官员，对下可成为这一科考中所有举人们的"座师"，将来这些举人一旦做了官，他们一辈子都会奉阳明为"座师"，聚在阳明的"门下"。所以王华安排自己的儿子去做乡试主考官，就是为了在山东这个儒学发祥地结交人脉，聚集资源，进而为儿子织就一张做官必需的关系网。②似乎阳明主试山东是其父王华的有意安排。实际上，同意去山东主考乡试皆为阳明本人之主意。

至于阳明为什么会在病情刚好转就即刻同意出任山东乡试主考，明人的说法大致有两种：一是应朋友陆偁（字君美，号碧洲，鄞县人）之邀；二是奉朝廷之命。相比较，前者的说法更为普遍，如明人朱国祯的《涌幢小品》记曰：

> 弘治甲子，各省亦用京官，如王阳明主试山东是也。旧制：省试考官，皆监临会同提调监试官自聘。其年，山东巡按陆偁，慈溪人，阳明适起服入京，便道聘之，非京差也。③

按照《涌幢小品》的说法，阳明主考山东是时任山东巡按的浙江慈溪人陆偁私聘，而并非朝廷所命，这与阳明《山东乡试录序》中所谓"山东巡按监察御史陆偁辈以礼与币来请守仁为考试官"，

---

① 此据王阳明《乞由疏》："弘治十五年八月内告回原籍养病。弘治十七年七月内病痊赴部，改除兵部武选清吏司主事。"《阳明年谱》弘治十七年条："秋，主考山东乡试。……九月改兵部武选清吏司主事。"可见，阳明回原籍养病有近两年时间，而其两年后滞留山东，则是在接收到上任兵部武选清吏司主事之职的七月到九月之间。
② 参见许葆云：《王阳明的六次突围》，广西师范大学出版社2014年版。
③ 朱国祯：《京考》，《涌幢小品》卷七，王根林校点，上海古籍出版社2012年版，第123页。

以及《阳明年谱》"巡按山东监察御史陆偁聘主乡试"之记载基本相符。若完全根据阳明本人之叙述,其接受主考山东乡试之邀的真正原因,首先在于山东乃孔夫子故乡,"固其平日所愿一至焉者",此谓"主因"。其次是想通过科考来深入了解山东的人才资源,为今后打通南北学术而促其大融合做准备,①此谓"远因"。比较而言,阳明似乎更看重"远因",所以他在《山东乡试录序》中对这两个因素所用笔墨完全不等:

> 山东,古齐、鲁、宋、卫之地,而吾夫子之乡也。尝读夫子《家语》,其门人高弟,大抵皆出于齐、鲁、宋、卫之叶,固愿一至其地,以观其山川之灵秀奇特,将必有如古人者生其间,而吾无从得之也。今年为弘治甲子,天下当复大比(即乡试)。山东巡按监察御史陆偁辈以礼与币来请守仁为考试官。……虽然,亦窃有大惧焉。夫委重于考校,将以求才也。求才而心有不尽,是不忠也;心之尽矣,而真才之弗得,是弗明也。不忠之责,吾知尽吾心尔矣;不明之罪,吾终且奈何哉!……夫今之山东,犹古之山东也,虽今之不逮于古,顾亦宁无一二人如昔贤者?而今之所取苟不与焉,岂非司考校者不明之罪欤?虽然,某于诸士亦愿有言者。夫有其人而弗取,是诚司考校者不明之罪矣。司考校者以是求之,以是取之,而诸士之中苟无其人焉以应其求,以不负其所取,是亦诸士者之耻也。……夫为夫子之乡人,苟未能如昔人焉,而不耻不若,又不知所以自勉,是自暴自弃也,其名曰不肖。夫不肖之与不明,其相去何远乎,然则司考校者之与诸士,亦均有责焉耳矣。②

不过在笔者看来,除了阳明自己所说的这两条,可能还有两个较为隐蔽的原因:一是因为山东乃其岳父工作过的地方,而其父王华又有较多的山东朋友,他们在山东皆有较深的人脉关系,可利用

---

① 按:事实上也的确如此。据黄绾《阳明先生行状》记载:"甲子(弘治十七年),聘为山东乡试考官,至今海内所称重者,皆所取士也。"[黄绾:《阳明先生行状》,王阳明:《王阳明全集(新编本)》卷三十七,吴光、钱明、董平等编校,第1426页]
② 王阳明:《王阳明全集(新编本)》卷二十二,吴光、钱明、董平等编校,第878—879页。

的各种资源比较多，加上是他们的慈溪好友陆偁出面，"以礼与币来请"，而刚刚病愈的阳明正好缺钱，于是欣然应允。二是因为阳明二十八岁中进士后便一直在北方做官：先是在京城工部观政，后被派往河南浚县督造王越墓，完事后又被任命为刑部云南清吏司主事，并"奉命审录江北"①，直到三十一岁才离开京师归乡养病。所以相对来说阳明当时对北方地区比较熟悉，故而把自己的心思大都放在北方，这从《阳明年谱》中也可得到印证。直到正德以后，南方地区才成为阳明工作、交友、讲学、修行的主要区域，故而才成为他用心用力、讲习建功的主要地区。

奇怪的是，针对阳明主试山东这么件"小事"，当时竟亦遭到过御史王蕃的弹劾。据沈德符《万历野获编》记载：

> 弘治十七年甲子科，礼部建议，用京官各省考试，于是浙江聘南京光录少卿杨廉，山东聘刑部主事王守仁，既讫事矣。至十二月，南京御史王蕃，劾廉以省亲，守仁以养病。夫省亲者，背亲为不孝；养病者，托病为不忠。不忠不孝之人，大本已失，何以权衡人物？乞复里选之制，正廉等罪。然杨实依亲在浙，王以病痊北上，俱非现在官也。王蕃之言虽过，然当时御史辟聘，亦似出格，所以止行一科，旋即报罢。今制，则先期请于朝，皆以词林谏垣及部属中行出典省试，遂为成例，不可改矣。王文成后日功名不必言，即杨廉亦至南礼部尚书，谥文恪。则言官白简，亦未足轻重也。②

同样的记载还见于顾起元的《客座赘语》、焦竑的《玉堂丛语》等笔记史料：

> 陶希文举正统丙辰进士，以亲老耳疾，遂辞归不仕。然尝应天顺己卯、成化辛卯浙江、河南聘，典乡试。于时，士大夫不拘见任家居者，皆得为考试官。皇甫录《皇明纪略》云："杨

---

① 钱德洪：《年谱一》，王阳明：《王阳明全集（新编本）》卷三十二，吴光、钱明、董平等编校，第1230页。
② 沈德符：《万历野获编》卷十四，中华书局1997年版，第376页。

少卿以服阙主浙江乡试,阳明先生为刑部主事,以病痊入京,为山东聘主乡试。"当时事例,固与今复异矣。①

弘治甲子,礼部议各省主试以进士为之,而不拘见任致仕,故少卿杨廉以服阕主浙江试,主事王守仁以病痊主山东试。言官劾杨为不孝,王为不忠,法遂废。②

阳明因身体原因而归乡养病,病愈后即应聘主考山东,何来"托病"?何来"不忠"?这一"罪名"的关键还在于"托病",但"托病"的原因历代文献却没有明说。而从阳明当时的心路历程看,这一指责恐怕并非空穴来风。因为在此之前,阳明一直沉湎于道、佛二氏,不仅入九华山与著名道士蔡蓬头谈仙论道,更有"告病归越,筑室阳明洞中,行导引术"之举措,在南方尤其是家乡绍兴、杭州一带出入道观佛寺、结交道士僧侣,差不多有两年。正因为此,不久便"渐悟仙、释二氏之非"的阳明,才会选择山东这块儒门圣地去洗刷自己"溺于"二氏之过,以便向世人表明自己已转向圣学的坚决态度,同时也想通过倡导儒家"身心之学"而"使人先立必为圣人之志"③。

值得重视的是,阳明主考山东乡试时还为后人留下了颇有争议的《山东乡试录》以及前后两篇序文。关于该《乡试录》的内容即所谓"试录"④,钱德洪的《阳明年谱》和《年谱附录一》、邹守益的《王阳明先生图谱》及施邦曜的《阳明先生集要》均认为,"皆出(阳明)先生手笔",学术界的多数意见也认同这一说法,⑤至少认为

---

① 顾起元:《家居进士为考试官》,《客座赘语》卷七,谭棣华、陈稼禾点校,中华书局1987年版,第216页。
② 焦竑:《科试》,《玉堂丛语》卷六,顾思点校,中华书局1981年版,第212页。
③ 钱德洪:《年谱一》,王阳明:《王阳明全集(新编本)》卷三十二,吴光、钱明、董平等编校,第1232页。
④ 按:"试录"包括出题和程文。此次试题,是从《礼运篇》中出"故天秉阳……而生者也",从《礼器篇》中出"君子慎其所以与人者",从《乐记篇》中出"使其声足乐儿不流",从《淄衣篇》中出"心好之,身必安知,君好之,民必欲之"。程文中揭示了《礼器篇》和《淄衣篇》的答案(参见鹤成久章:《论明代的"登科录"》,《福冈教育大学纪要》2005年刊54号)。
⑤ 如安冈正笃的《王阳明传——王阳明的生涯和教学》[《阳明学大系》第一卷,(台湾)明德出版社1971年版]、蔡仁厚的《王阳明哲学》之《附录一·王阳明学行年表》[(台湾)三民书局1983年版]、钟彩钧的《王阳明思想之进展》(文史哲出版社1993年版)、吴震的《王阳明著述选评·导论》(上海古籍出版社2004年版)、俞樟华的《王学编年》(吉林大学出版社2010年版)、华建新的《论王阳明山东乡试文的思想内容与论证特色》(《国际阳明学研究》第三卷,上海古籍出版社2013年版),皆视《山东乡试录》为王阳明所作。

部分或大部分为阳明本人所作。①其中最具代表性的是束景南的《王阳明年谱长编》。束先生认为，明隆庆二年（1568）所刊《王文成公全书》卷三十一下所载《山东乡试录》，"实为阳明是次主考所作程文范本，题自拟，文自作，盖在为乡举考试立式示范，供举子揣摩学习"。他还通过对载于《嘉兴府图记》卷六的都穆《舟次石门和王刑部韵》诗所作的分析，明确认定"阳明二十篇程文作成于（弘治十七年）五月，至六月遂携此'新编'北上赴山东主考乡试"②。不过也有学者对此提出异议。③

依笔者之见，此《山东乡试录》的最大可能性，是其中的有些"程文"出于阳明手笔，另有一部分"程文"则是经他校阅的，所以总的来说可将此视为阳明之作，至少是他编著的，钱德洪将此收入阳明《文录续编》当不为过。至于前后序文，有学者认为，前序为阳明所作，而后序并非阳明之作。《后序》的真正作者是傅鼎④，

---

① 如鹤成久章认为："实际上《弘治十七年山东乡试录》（上海图书馆藏）中的文章是否都是经他之手这一点仍存在疑问。然而最大的可能是其中的不少文章出自王守仁之手，而另外的大部分文章也是经他校阅的。"（鹤成久章著，钱明译：《明代余姚的〈礼记〉学与王守仁——关于阳明学成立的一个背景》，吴震、吾妻重二主编：《思想与文献：日本学者宋明儒学研究》，华东师范大学出版社2010年版）钱明认为：隆庆四年，钱德洪将其附录于《文录续编·三征公移逸稿》后。然隆庆六年谢廷杰《王文成公全书》汇刻本目录不知何故未载此录。1986年日本明德出版社《王阳明全集》日译本，又将该录移置《外集》末尾。1992年上海古籍出版社《王阳明全集》本，则将该录附于《外集四》之《山东乡试录序》之后。一般而言，凡试录之"破题"，官样文章较多，属主试官之职责，故当与自由创作之诗文有所区分。但"破题"中主试官的权力较大，一定程度上也反映了其指导思想。此录除第五道"问"之部分为阳明所作外，其余虽皆非阳明之作，然谓其可反映阳明之经世思想，当不为过（钱明：《阳明学的形成与发展》，凤凰出版社2002年版，第31页）。董平亦指出："按《山东乡试录》，《年谱》谓'试录皆出先生手笔'，然详其内容，则或为士子优秀答卷的编集，其试题及策问则当出于阳明之手。《全集》'编者注'谓'非皆阳明之作'，或得之。但《试录》是否为阳明作品，仍可存疑。"（董平：《王阳明的生活世界》，第17页）

② 束景南：《王阳明年谱长编》，第303页。

③ 如明人李乐即对此提出异议，其曰："王阳明先生弘治十七年以刑部主事主山东乡试，人言一部《试录》，俱出先生手笔。前序文古简绝，与近年体格不同。五策，余少学尝诵读，久而失其本。"（李乐：《见闻杂记》卷六，上海古籍出版社1986年版）今人吴光认为："卷三十一下原为《山东乡试录》，其内容多非阳明著述，故移作卷二十二《山东乡试录序》之《附录》。"（吴光：《编校说明》，王守仁：《王阳明全集》，吴光等编校，第4页）最近彭鹏则更加明确地否定了此录出于阳明之手的说法，指出："王阳明主考之弘治十七年山东乡试所刻之《乡试录》刻本尚有孤本存于上海图书馆，而上图所收藏之《弘治十七年山东乡试录》刻本（游居敬、吕时中：《弘治十七年山东乡试录》，明嘉靖三十七年刻本），则《山东乡试录》非王阳明之亲作提供了铁证。"（彭鹏：《〈山东乡试录〉非出于王阳明之手辨》，《孔子研究》2015年第4期）

④ 按：实为陈鼎，字大器，一字文相。礼部尚书陈迪四世孙，山东登州卫（今蓬莱）人。明弘治十八年（1505）乙丑科进士。

证据有二，一是明朝科举考试有着明确规定，主考官作前序，副考官作后序，而当时傅鼎就是副考官；二是上海图书馆收藏之《弘治十七年山东乡试录》已经注明。①其实《山东乡试录后序》已说得很明白："弘治甲子秋八月甲申，《山东乡试录》成，考试官刑部主事王守仁既序诸首简，所以纪试事者慎且详矣。鼎承乏执事后，有不容无一言以申告登名诸君子者。"②所谓"既序诸首简"，即指阳明作前序；"鼎承乏执事后"，则意指陈鼎序其后。

有关阳明主考山东乡试的经过以及编纂、刊刻《山东乡试录》之情况，钱德洪《阳明年谱》、邹守益《王阳明先生图谱》是这样记载的：

> （弘治）十有七年甲子，先生三十三岁，在京师。秋，主考山东乡试。巡按山东监察御史陆偁聘主乡试，试录皆出先生手笔。其策问议国朝礼乐之制：老佛害道，由于圣学不明；纲纪不振，由于名器太滥；用人太急，求效太速；及分封、清戎、御夷、息讼，皆有成法。录出，人占先生经世之学。③

> （嘉靖二十九年）重刻先生《山东甲子乡试录》。《山东甲子乡试录》皆出师手笔，同门张峰判应天府，欲番刻于嘉义书院，得吾师继子正宪氏原本刻之。④

> 夏，山东聘主考试，梓文咸出先生手笔，展胸中素蕴，一洗陈言虚套之习。五策举可措诸用，海内传以为式。⑤

既然此录"皆出（阳明）先生手笔"，那么我们就有理由通过这些"程文"来具体剖析阳明当时的思想状况和政治倾向。此录共收有十三篇经义（《四书》三篇，《易》《书》《诗》《春秋》《礼记》各二篇），一篇论，一篇表，五篇策问。其中最吸引人的地方，当首推经义《礼记》之出题及程文之内容。有学者认为，从这些出题

---

① 参见彭鹏：《〈山东乡试录〉非出于王阳明之手辨》，《孔子研究》2015年第4期。
② 王阳明：《王阳明全集（新编本）》卷二十二，吴光、钱明、董平等编校，第911页。
③ 王阳明：《王阳明全集（新编本）》卷三十二，吴光、钱明、董平等编校，第1231—1232页。
④ 王阳明：《王阳明全集（新编本）》卷三十五，吴光、钱明、董平等编校，第1354页。
⑤ 邹守益：《王阳明先生图谱》，殷梦霞选编：《浙东学人年谱》（第2册），北京图书馆出版社2003年版，第18页。

和程文中似乎看不出特别值得注意的独到观点，①但笔者并不这么认为。

一般来说，阳明性格中兼具介入与超然、成圣与求仙这两种要素，以至于在成物与成己、外王与内圣、立功与立言之间也难以达到平衡，经常会因时势世道之变而发生重心之转移。换言之，即使在受到政治迫害、远离官场时，他的内心世界也是不"平静"的，只要政治气候适合，社会环境允许，或者有表现自己政治、军事才干的机遇，他就会"复思用世"，并以"天地万物同体"为宗旨，把明德亲民作为自己的政治志向。②据此可以说，三十三岁被聘为山东乡试主考，乃是阳明再次展示自己"用世""治世"之政治抱负的重要契机，于是将此视为"平生之大幸欤"③，而自然不会轻易放弃。因此，《阳明年谱》称"其策问议国朝礼乐之制：老佛害道，由于圣学不明；纲纪不振，由于名器太滥；用人太急，求效太速；及分封、清戎、御夷、息讼，皆有成法。录出，人占（阳明）先生经世之学"。可谓一语中的！只是与以往的经世路径略有不同，阳明想利用这次机会，在主流价值观的指导下，来弘扬儒学精神，选拔治世人才。换言之，此次阳明"复思用世"，重点不在"治世"，即国家治理，而在"淑世"，即社会教化；不在变革"政风"，而在改变"学风"；是在对自身此前于家乡绍兴、杭州等地出入佛道二氏近两年而误入歧途所进行的深刻反思后，思想观念上的一次巨大飞跃。飞跃的结果，便是从二氏之学到圣人之学再到经世之学。从此时开始，阳明不仅有了明确的学术方向，而且有了凝聚人气、传播圣学、讲学教化、建立学派的远大志向。不言而喻，讲学教化、建立学派是需要人气的，于是发现和网罗志同道合的人才便成为阳明当时的主要任务。正是在这种心理驱动下，他才毅然而然地接受邀请，赴山东主考乡试，以便到儒学大本营齐鲁大地去挖掘、培养人才。亦因此，他才会在自己的出题及程文中提出并阐释了重建儒学、抵制佛道等一系列的思想主张，并且在滞留山东的短短两个月间，考察

---

① 参见鹤成久章：《明代餘姚の〈禮記〉学と王守仁》，《东方学》日本东方学会2006年刊第一百十一辑。
② 参见钱明：《阳明学的形成与发展》，凤凰出版社2002年版，第16—32页。
③ 王阳明：《王阳明全集（新编本）》卷二十二，吴光、钱明、董平等编校，第878页。

和调研了不少儒家圣地或圣迹，以便从中寻找灵感，找到经世之学的"秘方"。

上面引用的《阳明年谱》中的这段话，可以说是对《山东乡试录》所呈现的阳明治世之思和经世之才的最好概括。由于阳明主考山东乡试的主要目的是选拔合格的治世人才，因此在程文中充满政治说教和正统儒学的"大道理"是不足为奇的，这也是阳明早年的政治抱负和社会责任感的自然流露。《山东乡试录》所宣扬的"大道理"主要表现在以下几个方面：

第一，着重阐述了仕者的社会责任及淑世精神：

> 圣人各有忧民之念，而同其任责之心。夫圣人之忧民，其心一而已矣。……夫禹、稷之心，其急于救民盖如此。此其所以虽当治平之世，三过其门而不入也欤！虽然，急于救民者，固圣贤忧世之本心，而安于自守者，又君子持己之常道。是以颜子之不改其乐，而孟子以为同道于禹、稷者，诚以禹、稷、颜子莫非素其位而行耳。后世各徇一偏之见，而仕者以趋时为通达，隐者以忘世为高尚，此其所以进不能忧禹、稷之忧，而退不能乐颜子之乐也欤！①

有了忧民之念、责任之心，便自然会以治国平天下为己任：

> 今夫吾夫子之道，始之于存养慎独之微，而终之以化育参赞之大；行之于日用常行之间，而达之于国家天下之远；人不得焉，不可以为人，而物不得焉，不可以为物，犹之水火菽帛而不可一日缺焉者也。②

本着这种强烈的社会责任心，阳明还不遗余力地对时弊进行了针砭：一曰官冗矣，而事益不治；二曰赋繁矣，而财愈不给；三曰

---

① 王阳明：《王阳明全集（新编本）》卷二十二，吴光、钱明、董平等编校，第882—883页。出题："禹思天下有溺者由己溺之也，稷思天下有饥者由己饥之也。"
② 王阳明：《王阳明全集（新编本）》卷二十二，吴光、钱明、董平等编校，第902页。

建屏满于天下,而赋禄日增,势将不掉;四曰清戎遍于海内,而行伍日耗;五曰蝗旱相仍,流离载道;六曰狱讼烦滋,盗贼昌炽;七曰势家侵利,人情怨咨;八曰戎胡窥窃,边鄙未宁。①忧国忧民之心跃然于字里行间。阳明在程文中还提出了许多为解决这些问题而涉及的政策、策略以及有关儒学的实际运用问题,要求考生们加以评论。

第二,完全回到了程、朱"格物之学"的立场。阳明二十岁以后在格物工夫上的两次失败,已使他对"格物之学"产生了怀疑和厌倦。然而,在其心学思想尚未完全形成的情况下,出于经世治国的政治需要,他又不能不对作为主流社会思潮的正统的程、朱"格物之学"表示赞同:

> 今夫天下之事,固有似礼而非礼者矣;亦有似非礼而实为礼者矣;其纤悉毫厘至于不可胜计,使非尽格天下之物而尽穷天下之理,则其疑似几微之间,孰能决然而无所惑哉?②

主张先尽格天下之物,然后尽穷天下之理,以格致为穷理之工夫。所以他赞同对韩愈学说的如下批评:"退之之学,言诚正而弗及格致,则穷理慎独之功,正其所大缺。"③很显然,这些主张基本上没有超出程、朱的视野。

第三,以经世精神判别儒家与佛、道。阳明在出题中这样问道:

> 佛老为天下害,已非一日,天下之讼言攻之者,亦非一人矣,而卒不能去,岂其道之不可去邪?抑去之而不得其道邪?将遂不去,其亦不足为天下之患邪?……故愿诸君之深辨之也。④

试图引导考生对佛、道二氏进行评论:

> 今夫二氏之说,其始亦非欲以乱天下也;而卒以乱天下,

---

① 参见王阳明:《王阳明全集(新编本)》卷二十二,吴光、钱明、董平等编校,第908—911页。
② 王阳明:《王阳明全集(新编本)》卷二十二,吴光、钱明、董平等编校,第905页。
③ 王阳明:《王阳明全集(新编本)》卷二十二,吴光、钱明、董平等编校,第906页。
④ 王阳明:《王阳明全集(新编本)》卷二十二,吴光、钱明、董平等编校,第901页。

则是为之徒者之罪也。夫子之道，其始固欲以治天下也，而未免于二氏之惑，则亦为之徒者之罪也。何以言之？佛氏吾不得而知矣，至于老子……其修身养性，以求合于道，初亦岂甚乖于夫子乎？独其专于为己，而无意于天下国家，然后与吾夫子之格致诚正而达之于修齐治平者之不同耳。①

这两段阳明的自出题和自程文，给人的感觉虽较为温和，分析得也较粗浅，但据此仍可看出阳明对佛、道的态度与其早年相比，已发生了明显改变。至于以"无意"还是"有意"于"天下国家"，即经世、入世还是避世、出世，作为区分儒、释、道的分界线，则是唐宋以来所有辟二氏之非者的共识，兹不赘述。

总的来说，《山东乡试录》代表了阳明三十八岁"龙场悟道"之前对儒学的认识及其在经世方面的见解。吴震先生曾对此提出过三点看法：一是《试录》强调了程朱"居敬"说的重要性，可见此时阳明的思想仍在程朱学的影响之下，然而，也是在此时，阳明第一次使用了"心学"一词，这一点值得注意。二是阳明根据"天下之道一而已矣"的信念，认为学者在儒、释、道论争之时，重要的是如何阐明孔孟之道，以此来克服儒家内部的种种弊端，阳明的这一思想相当重要，这是阳明后来敢于向朱子学挑战的一个出发点。三是阳明与湛若水结为至交，两人对程颢的"仁者以天地万物为一体"的思想非常倾倒，并表示要共同"倡明圣学"。这一点与阳明在《山东乡试录》中要求人们时常反省己心，努力阐明圣道，在精神上是一脉相承的。②这一归纳颇有启发意义，同时也证实了笔者有关阳明主考山东乡试并编撰程文，是其思想从二氏之学到圣人之学再到经世之学转变的重要标志的基本判断。

除此之外，还要看到一点，即阳明主考山东乡试的思想史、学术史的意义。这个意义，在笔者看来，就在于发掘并培养了一批人才，从而使阳明认识到："夫今之山东，犹古之山东也，虽今之不逮于古，顾亦宁无一二人如昔贤者？"而发掘的结果，为"是科得人为盛"③，

---

① 王阳明：《王阳明全集（新编本）》卷二十二，吴光、钱明、董平等编校，第902页。
② 参见吴震：《王阳明著述选评·导论》，第4页。
③ 转引自束景南：《王阳明年谱长编》，第315页。

这不仅使阳明确立了"星星之火，可以燎原"的独创学派的莫大信心，而且使他对自己的学术选择和发展方向也有了更加明确的目标。后来明代思想史的演进过程，也的确犹如阳明所望，其早期在山东发掘的人才和结交的道友，竟然都成了他的信奉者或追随者，从而不仅为"鲁中王门"的发展提供了人才储备，更使王阳明与山东的因缘关系在其长辈们的基础上进一步趋于紧密。尽管在后阳明时代，以鲁中王门为发端的北方王门，较之表现日趋火热的南方诸王门大为逊色，但阳明在鲁中埋下了北方王门的星星之火却是不争的事实。

三、从王阳明诗作看其与山东之文缘

如上文所述，王阳明尝利用滞留山东的短短两个月时间，考察和调研了不少儒家圣地或圣迹，以便从中找到重建儒学、抵制佛道的灵感，以及经世之学的"秘方"。这一点从阳明所作的大量山东诗文中可以明显感受到。

在《王阳明全集》中，作于山东的诗文除了《山东乡试录》及前后序文外，还有"山东诗"六首，而在笔者和束景南先生所收集的阳明散佚诗文中，与山东有关的诗文又发现了十余篇之多。可以说，山东是阳明在北方地区留下文字最多的地方，也是北方地区保留阳明文献史料最丰富的地方。

据束景南先生《王阳明年谱长编》考述①：弘治十七年（1504）七月，王阳明在赴山东主考乡试、抵达济南府前，曾途经彭城，游百步洪，感苏东坡事，作《黄楼夜涛赋》以自抒达人大观之怀。七月中旬至济南府，主山东乡试。八月初一，与提学副使陈镐游趵突泉，作《咏趵突泉》诗②，以和赵松雪韵。八月五日，文衡堂夜坐，有诗感怀，题于堂壁③，并呈提督学政袁文华。宁波天一阁博物馆藏有《旧拓明弘治王阳明书七言律诗》，即此诗。诗后附吴天寿识语："阳明先生此作几五十年，笔精如新。李中岩、邵甘泽二公与予相继分巡济南，咸爱而欲传之。一日郡守李大夫子安来，因与之

---

① 参见束景南：《王阳明年谱长编》，第311—330页。
② 收入王阳明：《王阳明全集（新编本）》卷四十三，吴光、钱明、董平等编校，第1741页。
③ 即《晚堂吟》，收入王阳明：《王阳明全集（新编本）》卷三十九，吴光、钱明、董平等编校，第1592页。

言，遂欣然征工勒石，以垂不朽云。嘉靖辛亥（三十年，1551）季冬望日后学吴天寿谨识。"①八月九日，主考山东乡试，十七日试毕，有诗咏怀，题文衡堂。九月初，下榻平陵郡（今属济南市章丘区），在平陵行馆题写楹帖②。后往曲阜访孔子阙里，经长清县（今济南市长清区），游灵岩寺，有诗次苏辙韵③。九月九日，至曲阜，谒周公庙，有诗咏④；疑同时还拜谒了与周公庙一起重建于弘治十七年的孔子庙；陪同阳明前往的，有曾参与曲阜孔子庙重建工作的提学副使陈镐、佥事李宗泗。九月中旬，由曲阜北上往游泰山，登日观峰，有诗咏⑤；过泰山腰时游御帐坪，又登十八盘，至南天门，皆有诗咏⑥。九月十六日，次内翰王瓒韵，作《泰山高》⑦，并刻石立碑，后返回济南府。九月下旬，从济南府回到京师，出任兵部武选清吏司主事。

综上，阳明此次山东之行，到过并留下诗楹的地方，有济南的趵突泉、泺泉、文衡堂（晚堂）、平陵郡、灵岩寺，曲阜的孔子庙、周公庙，泰山的日观峰、御帐坪、十八盘等。其中最值得注意的是专程去曲阜拜谒孔子庙和周公庙，返回济南时才顺便游览了泰山。这一方面是因为弘治十七年（1504）重修孔子庙、周公庙的工程刚刚完工，另一方面又与阳明此时学术志向的转向有很大关系。而依笔者之见，后者恐怕才是阳明前往距离济南府三百余里的曲阜拜谒

---

① 故宫博物院、绍兴博物馆、王阳明研究院编：《王阳明书法作品全集》，故宫出版社2017年版，第212页。
② 收入王阳明：《王阳明全集（新编本）》卷四十三，吴光、钱明、董平等编校，第1768页。按：据梁章钜（1775—1849，字闳中，又字苣林，一作苣邻，号退庵，又号古瓦研斋）说："此公（阳明）三十三岁在历下所作，时为宏（弘）治十七年甲子，公主试山东乡试。平陵郡，历下旧名也。""历下"在济南府西（今济南历下区），也就说此楹帖是写在历下行馆中。此楹帖又说"甲子秋日"，所以此帖应作于弘治十七年九月（参见杨正显：《王阳明诗文辑佚与考释》，《中国文哲研究通讯》2010年第1期）。
③ 即《雪岩次苏颍滨韵》，收入王阳明：《王阳明全集（新编本）》卷二十九，吴光、钱明、董平等编校，第1122页。
④ 即《谒周公庙》，收入王阳明：《王阳明全集（新编本）》卷四十二，吴光、钱明、董平等编校，第1702—1703页。
⑤ 即《登泰山五首》，收入王阳明：《王阳明全集（新编本）》卷十九，吴光、钱明、董平等编校，第709页。
⑥ 即《御帐坪》，收入王阳明：《王阳明全集（新编本）》卷四十三，吴光、钱明、董平等编校，第1742页；《游泰山》，收入王阳明：《王阳明全集（新编本）》卷二十九，吴光、钱明、董平等编校，第1121页。
⑦ 即《泰山高次王内翰司献韵》，收入王阳明：《王阳明全集（新编本）》卷十九，吴光、钱明、董平等编校，第710页。

的根本原因，由此亦可看出他对自己以前所走学术道路的反省之深和"改邪归正"的决心之大。

四、从王阳明周边看鲁中王门之形成

就整个中国北方地区而言，王阳明之所以会与山东有如此密切的关系，总的来说源自四个方面的原因。一是地理因素：鲁西地区是阳明沿大运河北上的必经之地，沿途作短暂停留，收徒传道，游览名胜，乃顺理成章之事。二是政治因素：山东为孔孟阙里，道统发信地，阳明欲借传统儒学颠覆宋代朱子之学的思想霸权，自认选择山东，即是选择思想、道德的制高点。三是长辈因素：阳明父亲王华、岳父诸介庵在山东做过官，在山东有较为广泛的人脉资源，阳明易于在那里发掘人才，聚集人气，找到道友。四是思想因素：山东所具有的无可匹敌的传统思想文化优势，对于刚刚从二氏之溺中挣脱出来的阳明来说，其巨大吸引力自不待言。阳明主考山东乡试时已有了独创新说、自立门户之念头，并且有将己说传播于北方地区的某种期许。正因为有以上四个方面的原因，山东成为他最合适的地域之选，亦是情理之中的事。

但阳明学说能持续并广泛地传播于鲁中地区，除了阳明所奠定的基础，与其有一批曾经任职于山东的门人后学乃至意见相左者的努力也有一定关系。

首先是弟子因素。阳明门人中有不少人曾在山东为官或经商，比如"从父商于山东"的王艮（1483—1541，字汝止，号心斋，江苏泰州人），曾出使山东的薛侃（1486—1546，字尚谦，号中离，广东揭阳人，正德十二年进士）、曾任山东按察使的王应鹏（1475—1536，字天宇，号定斋，宁波鄞县人，正德三年进士）、曾任山东右布政使的顾应祥（1483—1565，字惟贤，号箬溪，浙江长兴人，弘治十八年进士），以及曾任山东巡按道监察御史的朱节和山东清平县令的郭庆等阳明亲传弟子。其中又以朱节、郭庆两人最具代表性。朱节（1475—1523），字守中，号白浦，山阴白洋（今属绍兴柯桥区安昌镇）人，正德九年（1514）进士。历官湖广黄州府推官、山东巡按道监察御史。当时有大盗兵起于山东青州颜神镇，侵扰十几个州县。朱节驱驰戎马，因过劳而死，赠光禄寺少卿。阳明与朱节有多封书信，但多数未被收入隆庆本《王文成公全书》。郭庆，"字善甫，中正德丁卯（1507）乡魁。仕为山东清平令，盖敦恂笃行人也。为举人时，从文成王先生游最久，文成念其笃实，常延为馆师，其所提训者甚悉，具录文成《集》中。比归，则以其闻诸文成者接引里中后生，因而兴起者甚多。"①《黄州府志》卷三《古迹》载："郭善甫故里，在庶安乡（今属武汉市新洲区汪集镇）。郭家新砦南，王阳明过访，留三日，题联于堂。"②《王文成公全书》中有阳明作于正德十年（1515）的《赠郭善甫归省序》："郭子自黄来学，逾年而告归，曰：庆闻夫子立志之说，亦既知所从事矣……阳明子曰……从吾游者众矣，虽开说之多，未有出于立志者。故吾于子之行，卒不能舍是而别有所说。子亦可以无疑于用力之方矣。"当时阳明在北京，郭庆可能趁赴京会试之际来向阳明问学。另据陈荣捷《〈传习录〉拾遗》："黄冈郭善甫挈其徒良吉，走越受学，途中相与辩论未合。既至，质之（阳明）先生。"③郭庆于嘉靖五年（1526）任山东清平知县，又有可能趁途经杭州时，特意过钱塘江至绍兴来问学于阳明。而郭庆在清平期间，更有可能在那一带努力传播阳明学说，遂使清平、聊城一带成为鲁中王门之重镇。总之，在阳明门下，既有在山东"立功"的朱节，又有在山东"立言"的郭庆，他们都为王门树立了很好的榜样。

而在阳明的二三传后学者中，则有曾任山东副使的徐用检（1528—1611，字克贤，号鲁源，浙江兰溪人，嘉靖四十一年进士）、曾任山东州守并讲学于志学书院的贡安国（字元略，号受轩，安徽宣州人，主水西、同善之会）、曾任山东佥事周怡（字顺之，号讷溪，宣州太平人，嘉靖二十七年进士），以及曾任山东茌平知县沈炼（1507—1557）、山东按察佥事沈谧（1501—1553）、山东乐安县令吴悌（1502—1568）、山东右布政使李遂（1504—1566）、山东泰安训导王栋（1509—1581）、山东右参政谈恺（1509—1568）、山东布政使朱衡（1512—1584）、山东参议南轩（1518—1602）、山东参议颜鲸、山东茌平教谕颜钥、山东左布政使王宗沐（1523—1592）、

---

① 耿定向：《郭善甫先生墓表》，王凤仪修，杜乘时撰：《黄冈县志》卷十六，清乾隆四十五年刻本。
② 英启修，邓琛纂：《贵州府志》卷三，清光绪十年刊本。
③ 王阳明：《王阳明全集（新编本）》卷三十九，吴光、钱明、董平等编校，第1548页。

山东参议沈启原（1526—1591）、山东巡抚钱士完、山东参政王士性（1547—1598）、副考山东张汝霖（约1561—1625）、山东司理吕维祺（1587—1641）、山东学政施闰章（1619—1683），以及山东按察司胡嘉栋、山东按察使汪玉等。

其次是门户因素。在阳明同时代或阳明以后，曾有一批王学反对者或异议者任职于山东，他们所起的作用，其实也在一定程度上推进了阳明心学的传播。比如曾任山东副使，再任山东左、右布政使的王廷相（1474—1544，字子衡，号浚川，河南仪封人，弘治十五年进士）、以右佥都御史巡抚山东的李中（1478—1542，字子庸，江西吉水人，正德九年进士）、山东参政吕坤（1536—1618，字叔简，号心吾，河南宁陵人，隆庆五年进士）等，乃至于曾任山东道御史的黄宗羲父亲黄尊素（字真长，号白安，浙江余姚人，万历四十四年进士），这些人的立场虽与阳明不同甚至是阳明心学的批判者，但通过他们的批评性或折中性"宣传"，反而使阳明心学为更多人所了解，乃至成为其中一部分人的信奉对象。

五、以聊城为中心的山东籍阳明学者

王阳明在山东主持科考，为山东培养了一批学术骨干。黄宗羲在《明儒学案·北方王门学案》中记录了穆孔晖、张后觉、孟秋三位山东籍弟子，又在《甘泉学案》中记录了山东最为重要的王门学者王道。① 除此之外，还有一些未被《明儒学案》记录的阳明学者，如聊城的赵维新、王汝训、逯中立等人。② 以上这些人大都出生于京杭运河沿岸的鲁西地区，因此可以说，鲁中王门是阳明学传入北方地区的第一站，亦是北方王门最主要的分支。其中位于山东省西

---

① 按：王道虽属鲁中王门，但最终却与阳明断交，参见束景南：《王阳明年谱长编》，第611、648页。又按：刘宗贤主编的《鲁文化研究》，所列明代阳明心学的山东传人仅限于穆孔晖、张后觉、孟秋、王道四人。
② 按：北京大学图书馆藏有两种《茌平三先生文集》的版本，为张后觉及其弟子孟秋、赵维新的著作合集。一是《茌平三先生合刻》，明毕佐周辑，清康熙五年王日高刻本；二是《茌邑三先生合刻》（4种），清毕忠吉辑，清康熙三年茌邑邑署刻本（补刻）。今人邹建锋、李旭编校的《北方王门集》仅收录了穆孔晖、张后觉、赵维新的著作，而缺了孟秋、王道、王汝训、逯中立的著作，实在令人遗憾。

部的聊城地区，古代属东昌府，辖聊城、临清（曾为临清州，治临清）、冠县、莘县、茌平、高唐（曾为高唐州，治高唐）等15县，是鲁中王门的极盛之地，又尤以茌平为重镇。故有学者认为，北方王门中，茌平王门与洛阳王门"尤为重镇"。"此二学派不仅有清晰的师承关系，亦有各自的学术特色。如茌平王门不仅在源头上受到了泰州学派的重要影响，更将泰州学派强调顿悟、'在本体上做工夫'的思想推致到了一个新的高度"①。

今建于聊城市水上古城的七贤祠，供奉着明代东昌府的七位大儒，即穆孔晖、王道、张后觉、孟秋、赵维新、王汝训、逯中立。其中穆孔晖、王道都曾亲聆阳明讲学；张后觉曾师从于王艮弟子徐樾、颜钥②，山东提学副使邹善、东昌知府罗汝芳建愿学书院、见泰书院供其讲学；孟秋、赵维新都是张后觉的门生；王汝训是阳明弟子穆孔晖的再传弟子；逯中立曾与顾宪成、高攀龙、邹元标、冯从吾等讲学东林书院。这七位被世人誉为"聊城七贤"的大儒，可谓阳明学在山东的重要传人，也是鲁中王门的主要代表，故而七贤祠中还供奉着他们的宗师王阳明（今"七贤祠"之东厢房即为"阳明祠"）。

但若从学术思想的角度审视，则可以说穆孔晖、王道再加路迎三人在鲁中王门中所起的作用最大，也最具代表性。其中穆孔晖是阳明最早的鲁中弟子（穆孔晖于正德七年在京师与徐爱等一起朝夕受业于阳明③），王道是批评阳明最多的鲁中弟子④，路迎则是阳明最得意的鲁中弟子，也是鲁中王门中仅有的几位非聊城籍的阳明弟子和后学。下面就对这几人以及其他几位鲁中王门的代表作一简要介绍。

1.穆孔晖（1479—1539），字伯潜，号玄庵，堂邑（今聊城东昌府区）人。弘治十八年（1505）进士，历任翰林院检讨、南京礼部主事、翰林院侍讲学士、南京太常寺卿等。居官三十年，茅茨仅蔽风雨，卒赠礼部侍郎，谥文简。阳明任山东乡试主考官时，对穆

---

① 穆孔辉、尤时熙等：《编校说明》，《北方王门集》，邹建锋、李旭等编校，上海古籍出版社2017年版，第6页。
② 颜钥，颜钧仲兄，字子启，号钟溪，江西永新人。嘉靖十三年（1534）举人，历任山东茌平教谕、新城知县，后改湖北枝江知县。他在山东茌平时，当地人鲜问学，他以阳明心学教之，远近翕从。县人张后觉师事之，卒为名儒。后乡归，与弟颜钧日以讲学善俗相励。从一定意义上说，他是开启鲁中王门后学的宗师。
③ 参见束景南：《王阳明年谱长编》，第650页。
④ 参见束景南：《王阳明年谱长编》，第806、809页。

的才学很欣赏，录取为举人。后穆在南京为官，恰逢阳明也在南京任兵部尚书，穆又亲聆其讲学，成为阳明学的信奉者和在山东的第一传人。①穆在学术上把心学与佛学中的"顿悟说"相结合，故被认为是"学阳明而流于禅"者。他认为，心学的精华应是"空"和"寂"，尝论心学之要曰："鉴照妍媸而妍媸不著于鉴，心应事物而事物不染于心，自去自来，随应随寂，如鸟过空，空体弗碍。"②他一生著述颇丰，主要是研究考据学的著作，如《读易录》《尚书困学》《大学千虑》《玄庵晚稿》等，另外还有研究史学的著作，如《前汉通纪》《读史通编》等。穆孔晖墓位于聊城市东昌府区堂邑镇北张庄南，始建于嘉靖十八年（1539），二十世纪六十年代被毁，现仅存石门及墓志铭等石刻，为聊城市重点文物保护单位。

2.路迎（1483—1562），字宾阳，号北村，山东汶上人。正德三年（1508）进士，初任南京兵部主事，旋迁入郎中，后转任襄阳、松江、淮安知府等。擢升副都御史、山西巡抚。回朝后，任兵部左、右侍郎。嘉靖二十四年（1545）升兵部尚书。因上疏告老乞休，违背皇帝意旨，被免职。路迎一生虽多武职，却善诗文，所咏佳作，后被镌刻于汶上城内"独乐园"壁间。卒后皇帝颁谕以祭，葬于城南路家林。正德七年（1512）拜阳明为师。阳明于正德十一年（1516）九月巡抚南赣前尝与路迎三封书信，后路将其辑为《阳明公文卷》，《王文成公全书》未收，颇为珍贵。阳明在信中所提出的"有民人焉，有社稷焉，何必读书，然后为学，子路之言，未尝不是"的力行思想，在其嘉靖二年（1523）《答路宾阳》书中又作了进一步强调。③故顾璘在嘉靖十七年（1538）所作的《阳明公文卷题后》中说："阳明尝与予论学，力主行即是知之说，其语载在其《传习录》。余以为偶出奇论耳。今观与北村书，取子路'何必读书，然后为学'之言，乃知其学亦不必专言孔氏也。此其独往之勇，何必弛险寇虏降王类耶？"④

---

① 按：也有学者从理气关系、心性论等方面，及其"晚年主张会通儒释，三教兼资，在人生信仰和终极托付上更重视吸收佛、道两家的思想精华"，"在基本立场和具体主张上更接近宋儒之说，并最终流于释氏"，而反对将穆孔晖"归于王门后学之列"（参见钟治国：《穆孔晖的理学思想与其学派归属考论》，《中州学刊》2020年第11期）。
② 黄宗羲：《北方王门学案》，《明儒学案》卷二十九，沈芝盈点校，第636页。
③ 王守仁：《王阳明全集》卷五，吴光等编校，第192页。
④ 转引自李平、路则社：《有关王守仁的文献资料》，《文献》1994年第2期。

3. 王道（1487—1547），字纯甫，号顺渠，东昌府临清州（今德州市）武城县南关村人。少颖悟好学，十五岁入县学成秀才，二十一岁中正德三年（1508）山东解元，二十四岁中正德六年（1511）进士，选翰林院庶吉士，后任国子监祭酒、吏部右侍郎。王道性恬淡夷旷、自奉寒素，精览强记、妙契疾书，学行纯正、识度宏远，为官清正耿介、雅操端洁。其所论著，义理深到，剖决明当，自阴阳、律历、医卜、农桑、刑名、地志之类，靡不通贯晓悉。卒后嘉靖帝御封"文圣人"，赠礼部尚书，谥"文定"，故被列为聊城七贤之首。

据万历《东昌府志》记载，王道在正德六年（1511）参加会试时，阳明为考官之一，因此《明儒学案》称其"受业阳明之门"。在南京任职期间，他尝聆听过阳明讲学。在被批准离京前，阳明曾为他写过一篇《别王纯甫序》，提出了"因人而施之。教也，各成其材矣，而同归于善"的著名论断。他与阳明之间多有书信往来，从信中内容看，两人曾就一些敏感问题进行了深入探讨。阳明在正德八年（1513）的信中明确提到了"心外无物，心外无义，心外无善"的思想，这是阳明对"心即理"思想再诠释。黄宗羲称赞王道："所论理气心性无不谛当，又论人物之别，皆不锢于先儒之成说，其识见之高明可知。"万历《东昌府志》称其"自表自著久之，神解怡然，自信尽破世俗拘挛，持论多前儒所未及"。但阳明曾批评他"自以为是，无求益之心"[①]。而王道亦认为阳明之学"局于方寸"，于是改受教于湛甘泉。

王道著述颇丰，有《大学亿》《老子亿》《易书诗春秋等亿》《诸史论断》《大学衍义论断》《批点六子书》《顺渠先生文录》等，其中《大学亿》《老子亿》《顺渠先生文录》现分别藏于温州、大连等图书馆。王道没后，原籍官府、民间及其门生，曾在不同地点修建了四座牌坊作为纪念，分别为"南宫论秀坊""东省宾贤坊""天官少宰坊"和"宗伯司成坊"，可惜这些牌坊俱毁于战乱。他的墓建在今河北龙湾口，墓地临运河，墓前有碑楼、赑屃（石龟驮石碑）、石人、石马、石羊、石狮、石猴等一应俱全。后石雕被盗，墓碑

---

① 黄宗羲：《北方王门学案》，《明儒学案》卷二十九，沈芝盈点校，第636页。

被毁。

4.张后觉（1503—1578），字志仁，号弘山，聊城茌平县人。被誉为"聊城王门"的开山宗师，与"洛阳王门"宗师尤西川齐名。早年闻良知学于县教谕颜钥，遂精思力践，偕同志讲习。后贵溪徐樾以阳明再传弟子来为参政，又率同志往师之，学益有闻。尝会讲于长清（今属济南市）之王遇岭。时东昌知府罗汝芳、提学副使邹善皆宗阳明之学，与后觉为同志。邹善为建愿学书院，后觉率六郡士师事之。汝芳建见泰书院，后觉与罗最契，晤语别载。又以取友未广，北走京师，与聚所楚侗诸公论学；南游宣城水西，尽友诸名公，至姑苏，则与丁懋儒论学。务以亲贤讲学为事，门弟子日益进。凡吏于其土及道经茌平者，莫不造庐问业。四方之士云集，不下数百人之众，亲传弟子最著者当属孟秋、赵维新二名儒。平生不作诗，不谈禅，不事著述，行乎远近。

5.孟秋（1525—1589），字子成，号我疆，聊城茌平县人。张后觉门人。隆庆五年（1571）进士，历任昌黎县令、大理评事、职方员外郎、刑部主事、尚宝寺少卿等职，均有善政美誉。孟秋为官清廉，敢于直言，因此得罪权贵。万历九年（1581），京察中遭人诬陷，罢官回乡。归途中与妻子共驾一辆破牛车，没有一件值钱财产，沿途百姓皆为之叹息。巡抚都御史许孚远平日与孟秋交好，孟回乡后许孚远曾去孟家拜访，所见孟家仅是几根原木支撑之茅屋，破陋不堪，唯有大批书籍堆置房中。许孚远见状，感慨万分，称"孟我疆风味，大江以南未有也"。[①]孟秋与河南阳明学者孟化鲤过往甚密，经常在一起切磋学问，影响较大。黄宗羲称赞二孟（孟秋、孟化鲤）如"冰壶秋水，两相辉映，以扶家传于不坠，可称北地联璧"。[②]孟秋在学术上主张阳明的"致良知"说，反对程朱的"存天理，灭人欲"说，认为："人欲无穷，去一日，生一日；去一年，生一年；终生去欲，终生多欲，劳苦烦难，何日是清净宁一时耶！"[③]著有《道脉说》《大道吟》《气志吟》等，有《孟我疆先生集》八卷传于世。

6.赵维新（1525—1616），字文野，号素衷，聊城茌平县人。张

[①] 尤时熙：《拟学小记续录》，《北方王门集》，邹建锋、李旭等编校，第239页。
[②] 黄宗羲：《师说》，《明儒学案》，沈芝盈点校，第11页。
[③] 黄宗羲：《北方王门学案》，《明儒学案》卷二十九，沈芝盈点校，第638页。

后觉门人。尝以岁贡生为长山训导。年二十，闻张后觉传阳明学说，遂师事之，得闻良知学。奉敬师说，尝据自己多年的学习笔记，仿《传习录》体例，辑为《弘山教言》传世。家贫，或并日而食，超然自得，里中服其贤。东昌太守李瀛阳率同志聘其讲学，信从者日众，士子从其教，循礼法，邑人亦皆薰然而化。遂请建四贤祠，祀奉东昌四位理学名儒。著有《感述录》《感述续录》《慎独说》《尽心解》等。

7.王汝训（1551—1610），字古师，号泓阳，谥恭介，沙镇（今属聊城东昌府区）人。自幼笃学，师从穆孔晖门人，得理学之微旨。隆庆五年（1571）进士，授元城（今大名县）令。万历五年（1577）升刑部主事，后改任兵部主事、给事中。万历二十一年（1593）改任左佥都御史，进右副都御史，巡抚浙江。浙江乌程县，有退休归家的尚书董份、祭酒范应期，两人横行不法，民怨极大。王汝训令乌程知县拿范应期按问，应期不堪其辱，羞愧自缢，其妻赴京师鸣冤屈，万历帝不问原委，将王汝训革职。家居十五年后，出任南京刑部右侍郎，后改工部侍郎。在家期间，除以文会友，讲习学说外，纂有《东昌府志》二十卷，疏草二卷。

8.逯中立，字与权，号确斋，万历十七年（1589）进士。官至兵科给事中。因得罪皇帝，被革职为民。"家居二十余年，安贫乐道，于易学尤邃"。期间，还与顾宪成、高攀龙、邹元标、冯从吾等讲学于东林书院，"远近负笈从者甚众"。其门生任化民、梁廷楫、耿如杞、白楒等皆得其宗旨。卒后，高攀龙、冯从吾等洒泪"为文以祭"，众门人身着重孝治丧。知府岳和声刻其所著《读书札记》，又设"三生祠"祀之。明光宗时，追赠为光禄寺少卿。

9.梁榖（1483—1533），字仲用，号默庵（斋），泰安东平县人。正德二年（1507）举乡试第七。正德六年（1511）登进士。时阳明、甘泉与黄绾讲学于京师，遂拜阳明门下，笃志向学，执弟子礼，与顾应祥、王道等晨夕讲究，变化气质。阳明曾与其同寝，语至夜分。阳明于正德六年（1511）撰《梁仲用默斋说》，赞其善变化，有智慧，备"经济时艰、戡定祸乱之才"。著有语录二卷、文集十卷，注《阴符经》等。

10.陈鼎（？—1527），字大器，或字文相，登州府蓬莱县人。弘治十七年（1504）领乡荐。弘治十八年（1505）进士。为官"廉介正直，不通私谒"。约在嘉靖六年，"召为应天府尹，未任卒"①。阳明撰《祭文相文》曰："文相迈往直前之气，足以振颓靡而起退懦；通敏果决之才，足以应烦剧而解纷拿；激昂奋迅之谈，足以破支辞而折多口。……与文别数年矣，去岁始复一会于江浒。握手半日之谈，豁然遂破百年之惑，一何快也！吾方日望文相反其迈往直前之气，以内充其宽裕温厚之仁；敛其通敏果决之才，以自昭其文理密察之智；收其奋迅激昂之辩，以自全其发强刚毅之德；固将日趋于和平而大会于中正。斯乃圣贤之德之归矣，岂徒文章气节之士而已乎？"②祀乡贤祠、忠孝祠。

11.扈永通（1499—1576），字一贯，号会溪，菏泽曹县人。嘉靖十一年（1532）进士，授中书舍人。累官至应天府尹、光禄寺少卿。在南京，与钱德洪、何吉阳游，得闻阳明良知学，遂私淑之。

12.薛凤祚（1599—1680），字仪甫，号寄斋，临淄人。天启年间，远游保定府定兴县，从鹿继善和孙夏峰学陆王之学。后随魏文魁、罗雅各、汤若望学，尽得西方历学之精要，以历算、天文驰名海内。著有《圣学心传》，阐发阳明心学。另著有西学著作多种，多究致用之学。

13.王翼，字翀翱，茌平县人。与张后觉曾孙张心宏友善，相与表章绪论。邑人韩一龙邃于经学，翼延之别墅，朝夕论不辍。著有《良知节格物致知》诸说，与饶双峰、真西山相表里，为学者传诵。

14.法坤宏（1699—1786），字直方、镜野，号迂斋，胶州人。法光祖之子。清代著名朱子学者刘直斋亲传弟子。然其学以阳明学为宗，以"不自欺"为本。读《传习录》，以为如己意所出。

15.陈辰，莱州蓬莱人。受父陈宣时（时任广德州同知）命，拜学邹守益门下，为邹氏在广德州任职时所收弟子。在广德州，编辑整理有《东廓初稿》。

六、结束语

一般来说，王阳明讲学教化及其门人后学传播王学的重点地

---

① 张廷玉等：《陈鼎传》，《明史》卷一百八十八，第4995页。
② 王阳明：《王阳明全集（新编本）》卷二十五，吴光、钱明、董平等编校，第1003—1004页。

区，大都集中在几个水系的沿岸及附近流域，并且又因这些水系所形成的"网络"具有地域、跨地域的特性，从而使得这些水系的流域文化表现出具有"共同体"特征的开放性、包容性和沟通性。这一"网络"不仅跨越了江南、江北的自然区域，而且覆盖了燕赵、齐鲁、中原、江南、华南、西南等不同文化圈。山东是京杭大运河流经距离较长的省份，在某种程度上也具备这样的"学术共同体"特征。

京杭运河山东段（又称鲁运河）始于隋炀帝大业四年（608）开通的永济渠，使涿郡（今北京）可通过水路至山东西北的德州、武城、临清等地。元朝至元二十年到二十六年（1283—1289），先后开通了济州渠和会通河（即京杭运河聊城段），与过去经过山东境内的永济渠相连接，形成了南起微山湖、北到德州的横贯整个山东境内的水路交通线。明永乐年间，运河山东段又进行了全面疏浚，兴建了一系列保持水势的设施，使运河全线畅通。其中聊城段全长97.5公里，因其濒临于会通河西岸，地处南北交通要冲，是鲁西北的著名商埠。济宁段全长230公里，元明清三代，朝廷负责治理运河的河道总督署均设在济宁，所以济宁又被称为"中国运河之都"。因此，沿运河沿线的聊城（清平、武城、茌平、堂邑）和济宁（汶上）成为阳明学传播于鲁中的主要区域，就地理交通状况而言，实属必然。

据《明清进士题名碑录索引》统计，山东录取进士的人数在全国名列前茅，仅次于浙江、江西、南直隶（江苏、安徽等）、福建，在长江以北诸省中排名第一。而就山东省内来说，进士较多的州县又主要集中在鲁西大运河沿岸地区，而聊城又名列山东之前茅。有明一代，东昌籍进士共录取二百九十名，占山东全省的7.1%，其中状元三名，占全省的27.3%。再以书院为例，明代山东全省有书院七十七所，鲁西运河地区有十九所，因此可以说，大运河犹如明清时期的"一带一路"，对于经济发展、文化传播具有举足轻重的作用。而鲁西尤其是聊城儒学在山东乃至整个北方地区举足轻重的地位，盖源自此。

王阳明在弘治年间主考山东乡试时，地点就在济南府贡院，而聊城、济宁距离济南都只有一百多公里，无论前往省城应试还是拜见阳明，都比较方便。而阳明南来北往于浙江、北京等地，都得利用大运河的交通网络。从杭州出发到济宁、聊城，若走运河水路，当时一般要一个来月。因此,阳明利用闲暇时间及运河的便利条件,在沿线开展讲学活动,并非不可能。尽管史料中并无阳明在山东讲学的直接记录,其山东籍弟子一般都是在京师或江南(如南中、浙中等地)接受其思想学说的,而这可能也是为什么鲁中王门在地域特色上并不鲜明的重要原因之一。但是,从以上所述中我们可以看到,鲁中王门不仅存在,而且活跃过,并对北方地区有辐射作用,而这与阳明不仅到过山东,可能还在山东讲过学,是有一定关系的。因此可以说,京杭运河是鲁中王门形成与发展的重要地理条件,孔孟故里是鲁中王门形成与发展的重要人文条件,阳明赴京上任或公差的必经之路乃鲁中王门形成与发展的必要条件。如果要为鲁中王门定位,那么在孔孟正统的基础上,融入宋明以来北方地区的文化,进而融合各地域王学的思想要素,便可谓鲁中王门的基本特色。

(钱明撰稿)

阳明学与河南

弘治十二年（1499）农历八、九、十三个月，在工部观政的新科进士王阳明到北直隶省大名府浚县（今河南浚县）督造王越（1426—1498）陵墓，从此与河南这方水土、人文结下不解之缘。嘉靖年间（1522—1566），阳明亲传弟子陈鼎、路迎、何鳌、萧鸣凤、应良、王应鹏、郭持平、南逢吉、刘魁等人，以及再传弟子徐用检、黄元恭、徐霈、吕一麒等来到河南，分别出任省、府、州、县各级官员及府学教授、县学教谕、训导，在中州大地播撒阳明学种子，传播良知光明。河南洛阳人尤时熙（1503—1580）辞官后在家乡收徒讲学三十余年，其弟子河南新安人孟化鲤（1545—1597）接引后学，兴办讲会，在豫西地区带出了大批阳明学者。河南虞城人杨东明（1548—1624）辞官居家26年，兴办书院，德化乡村。五传弟子孙奇逢（1584—1675）本是北直隶省保定府容城人，顺治七年（1650）移居河南省卫辉府辉县，办书院、立社学，行教化二十五年。阳明的亲传弟子、再传弟子，通过言传身教，不仅在河南传播和践行阳明心学，而且在一定程度上淳化了河南的政风、士风和民风，起到了移风易俗的作用。

一、督造陵墓，仕途起航

束景南在《王阳明佚文辑考编年》中经过考证说，王阳明弘治十二年（1499）八月到河南浚县督造王越陵墓，十月返京。阳明在《登大伾山诗》后落款"大明弘治己未仲秋朔，余姚王守仁"，这证明八月初一日他已到达浚县。

（一）好梦成真，获赠佩剑

《阳明年谱》（以下简称《年谱》）记载，阳明中进士前梦到王越赠予他一副弓和一把宝剑。《明史》记载，弘治十年（1497）农历五月，敌寇先后入侵潮河川（今北京密云境内）和大同。《年谱》说，北部边境警报频传，京城内外人心惶惶。阳明怀着为国分忧的心情，开始到处收集兵法著作，深入研究军事，经常用瓜子、果核排兵布阵，演练古代战阵。古话说，国有难，思良将。此时的阳明自然会想到明代中期经略西北的著名军事统帅王越。

弘治十年（1497），谪居安陆十五年的王越被任命为三边总制，率兵深入贺兰山敌后，一举捣毁敌巢，阶段性地解除了边患。弘治十一年（1498）十二月初一日，王越病逝于西北边境任所。为了表彰王越在几十年的边疆保卫战中立下的卓越功勋，朝廷要派遣官员到浚县进行隆重的祭奠。王越的陵墓建设和殡葬活动属于一次高规格的官方行为，工期紧，任务重。为了赶工期和保质量，王阳明把工匠分成五人一伍、十人一什，把责任落实到伍和什，同伍和同什是一个责任连带的协作整体。工匠们轮班休息、食宿。工余闲暇，他组织工匠们操演八卦阵。

从弘治十年到弘治十二年（1497—1499），王阳明一门心思扑在研究军事上，来浚县前曾上奏著名的《陈言边务疏》。束景南在《王阳明佚文辑考编年》中把阳明的《武经七书评》标注为弘治十二年，由此推测，王阳明可能是随身携带《武经七书》来浚县的，以便随时研读。再大胆推测的话，他既然在中进士前就梦到过王越赠送宝剑，既然在弘治十年就广泛收集兵书阅读，便很有可能阅读过王越的《屯御疏》《处置边务疏》《御寇方略疏》《威宁海子捣巢捷音疏》等奏疏。对比《陈言边务疏》与王越这些奏疏，可以发现他们有英雄所见略同的地方。王越从三十八岁到七十三岁，除了被贬官的十五年外，有二十多年驻守边疆。王越大儿子王春、二儿子王时常年跟随父亲驻守西北边境，因军功分别被封为锦衣卫指挥同知、锦衣卫指挥佥事。醉心于军事学的王阳明，在浚县的三个月里，一定会多方了解和学习王越父子在西北战场的实战经验。

陵墓按期完工，王阳明谢绝了王越家人馈赠的金帛，而只接受了王越家人赠送的王越生前佩剑。

（二）写诗作赋，吐露情怀

王越陵墓建在城外大伾山西麓。[①]大伾山是平原地带凸起的一座

[①] 按：据浚县城关镇南街村王越后人介绍，王越墓的具体位置在现浚县交警大队南侧。上世纪五十年代之前，墓地神道上尚有石坊、石人、石兽等遗物。墓碑为青石所制，后被村民运回家中，垫在牲口食槽下。

石山，山很小，东西宽0.95千米，南北长1.75千米，海拔135米，地面高度70米。《尚书·禹贡》介绍大禹治理黄河的路线图时写道："东过洛汭，至于大伾。"东汉末年袁绍和曹操双方军队曾在此激战。宋代，黄河从山脚下流过，这里曾是南北要冲，官方渡口，十分热闹，更为都城开封之门户。唐宋以来，许多名人登临过这里。金代以后，黄河改道南移，昔日的黄河河床变成一片沃野。

大伾山中既有佛寺兴国寺、天宁寺和千佛洞等，有道观吕祖祠（吕洞宾）、张仙洞（张三丰）等，又有儒家圣人禹王庙等，故而是一处儒、释、道文化荟萃之地。依山开凿的一尊石佛高22.7米。

王越陵墓工地与大伾山近在咫尺，王阳明随时可以游览大伾山。有天早上，在薄雾的秋凉中，伴着寺院钟声，阳明游览大伾山，观赏流水潺潺的龙洞，仰望像佛光一样显现在石佛顶上的旭日，有感而发，即兴咏出了《登大伾山诗》。他在诗中感叹，"千古河流成沃野"。

王阳明对这种沧海桑田之变化的感慨，还反映在其所作的《大伾山赋》中。李东阳在《王越墓志》中说，王越下葬于九月初四日。葬事结束，重阳节这天，阳明在三两个学生陪伴下，在大伾山中的一处石台上摆上酒食，且饮且歌。学生们看到因秋叶落尽而显得空旷的山林，看到曾经波涛汹涌而今一马平川的黄河故道，感受到山河变幻和人生无常，感受到光阴如梭和时不我待。浚县在春秋时代属于卫国，东邻鲁国。公元前497年，孔子辞鲁赴卫，在卫国前后住了十年。学生们伤感地说，孔圣人来过这里，他虽然不在了，大伾山却依然固若金汤，孔圣人的名声和大伾山一样千古不朽，而我们的人生如朝露一样短暂，将会因碌碌无为而成为不知春秋的夏蝉。王阳明安慰道：一年有四季，人生有少壮，盛衰兴替是必然的；这座山早晚也会碎为尘沙并最终消失得无影无踪；流经这里的黄河曾经吞山吐壑、奔腾万里，它曾经雄壮过，现在黄河故道变成了田野村市，也很美丽。阳明说，我们不妨达观一些，山川河流对于天地来说，好比是我们人身上的毛发；一千年对于十二万九千多年，好比是一天中一呼一吸的工夫；我们要把心放大，把一千年看作一呼一吸，把山川河流看作一粒芥子，我们哪里还会在意什么人生短暂呢！学生释然了，继续举杯畅饮。几个人酒助雅兴，一直喝到太阳落山。

在《大伾山赋》的结尾，王阳明还表达了建功立业的紧迫感。全赋主要表达初入官场、意气风发的王阳明一念千载、山河如芥的宇宙胸怀和豪迈气概。赋后落款："大明弘治己未重阳，余姚王守仁伯安赋并书。"①

（三）开启讲学，思想萌芽

浚县东邻开州（今河南濮阳）的吴冠做过山东乐陵县学训导，弘治十二年（1499）八月二十三日去世，女婿王绖是个举人，王绖和另一位举人任书一起来浚县，请王阳明写篇墓表。阳明在《乐陵司训吴先生墓碑》中评价道："昔黔娄有言：'不戚戚于贫贱，不汲汲于富贵，惟安贫守道以自适。'而君子趎之，人皆惜先生有抱负而未之用；用之又投闲置散，未尽其长也。守仁独不然。"②强调君子不看重穷达，而是随顺自然，不受富贵诱惑，所以能养浩然之气。这篇墓表是对吴冠家族的讲学，《大伾山赋》是对几个学生的讲学。二十八岁的王阳明在浚县讲学少，游学多。《史记》有"卫多君子"一说。据嘉靖八年（1529）修订的《浚县志》记载，浚县有孔子讲学遗址、子贡墓、曹操城、李密墓等古迹。正德六年（1511），王阳明在《送宗伯乔白岩序》中赞扬过卫武公；正德十三年（1518），在《寄诸弟》信中赞扬过卫国大贤蘧伯玉。

赵长海校注的《王越集》中收录的多篇《王越传》一致认为，王越是军事奇才，文武双全。王越精通兵法、射艺、象纬、堪舆等，识人善用，精于政务，热衷释老。正德十四年（1519），王阳明在平叛战争中初战就直捣叛军老巢南昌，与王越屡屡偷袭敌后老巢战法类似。王越因为先后援交宦官汪直、李广而被世人诟病，所以阳明即便学习王越的军事智慧，也不便与人说道。王阳明和王越一样，两人都是文进士出身，都曾战无不胜，都曾因军功获封伯爵，都曾被人谗害，前者不准世袭，后者被剥夺伯爵。

二、王门弟子，薪火相传

正德元年（1506）刻印成书的《大名府志》收录有《大伾山诗》

---

① 按：《大伾山诗》和《大伾山赋》皆未见于通行的《王阳明全集》本，2010年收入《王阳明全集（新编本）》。
② 束景南：《王阳明佚文辑考编年》，第74—75页。

《大伾山赋》，嘉靖八年（1529）成书的《浚县志》收录了《大伾山诗》。《开州志》收录了《乐陵司训吴先生墓碑》。大伾山中大石佛北崖下各有一处《大伾山诗》《大伾山赋》石刻，诗碑宽1.66米，高0.93米，为大行书；赋碑高2米，宽0.88米，为中楷行书。嘉靖三十九年（1560）浚县大伾山中的东山书院被改建为阳明书院。①书院曾建有"阳明亭"，明清时期有一些官员曾撰刻《游大伾山用王文成韵》《登大伾山用王文成韵》《游张仙洞和王阳明韵》等摩崖及作和阳明诗韵，后大多被复制刻石立于阳明书院中。

王阳明对河南的影响主要在他身后。现在的河南省域比明代略小，现在的浚县、南乐、内黄、清丰、滑县、长垣、濮阳等县市在明代归属北直隶省的大名府，现在的范县和台前县在明代分属山东省的东昌府濮州和兖州府东平州，明代河南省彰德府的临漳、磁州、武安、涉县现在属于河北省。本节介绍阳明弟子对河南的影响是指现在意义上的河南。

（一）王门弟子德泽河南

明代官员做官有本省回避制度，所以在河南做官的阳明弟子和再传弟子皆为外省人。其亲传和再传弟子在河南做官以及与河南有关的情况，如下表所示。

在河南做官的王阳明亲传弟子与再传弟子一览表②

姓名、字、号	籍贯	功名	辈分	职衔	依据	备注
陈鼎，字大器	山东蓬莱	弘治十八年进士	亲传弟子	河南布政司参议	《明史》《河南通志》	
路迎1483—1562），字宾阳，号北村	山东汶上	正德三年进士	亲传弟子	河南布政司参政	《河南通志》	

---

① 按：一说阳明书院是由浚县知县葛慈在嘉靖三十九年（1560）建于大伾山顶（今禹王庙处），后人称其为"东山书院"（因大伾山在浚县城东，当地人俗称"东山"）。书院曾建有"阳明亭"，明清时期一些官员曾撰有《游大伾山用王文成韵》《登大伾山用王文成韵》《游张仙洞和王阳明韵》等诗，后被复制刻石立于阳明书院中。今尚存清代所建的石门框、基石等遗迹（刘喜会：《东山书院改名阳明书院？》，新浪博客，2019年2月25日）。
② 表中黄骥、朱得之、周怡虽未在河南做过官，但因指点过尤时熙，可谓间接地促进了阳明学在河南的传播与发展。

（接上表）

应良（1480—1549），字原忠，号南洲	浙江仙居	正德六年进士	亲传弟子	河南布政司参政	《河南通志》	
张思聪	浙江山阴（今绍兴）	正德九年进士	亲传弟子	河南布政司参政	《河南通志》	嘉靖二十七年起任
魏良贵，字师孟	江西新建（今南昌）	嘉靖十四年进士	亲传弟子	河南布政司参政	《河南通志》	
何鳌（1497—1559），字巨卿，号沉溪	浙江山阴（今绍兴）	正德十二年进士	亲传弟子	河南布政司布政使，右副都御史总理河道	《河南通志》	总理河道，相当于黄河河长
郭持平，字守衡，号浅斋	江西万安	正德十二年进士	亲传弟子	河南布政司布政使，右副都御史总理河道	《河南通志》	
孙应奎，字文卿，号蒙泉	浙江余姚	嘉靖八年进士	亲传弟子	都察院副都御史总理河道	《河南通志》《明史》	
萧鸣凤（1480—1534），字子雍，号静庵	浙江山阴（今绍兴）	正德九年进士	亲传弟子	河南按察司副使（督理学政）	《河南通志》《明史》	嘉靖四年在任
刘秉监，字遵教，号印山	江西安福	正德三年进士	亲传弟子	河南按察司佥事	《河南通志》	捣毁河南境内淫祠以千数
王应鹏，字天宇，号定斋	浙江鄞县（今宁波）	正德三年进士	亲传弟子	河南按察司副使	《河南通志》	
徐用检（1528—1611），字克贤，号鲁源	浙江兰溪	嘉靖四十一年进士	再传弟子（师钱德洪）	河南布政司布政使	《河南通志》	
黄元恭，字资理，号省庵	浙江鄞县（今宁波）	嘉靖二十六年进士	再传弟子（黄宗明侄儿）	河南按察司兵备	《河南通志》	
徐霈，字孔霖，号东溪	浙江江山	嘉靖二十年进士	再传弟子（师周积）	河南按察司督学	《河南通志》	
周汝员，号冷塘	江西吉水	嘉靖八年进士	亲传弟子	都察院河南道御史	《阳明夫子亲传弟子考》《年谱》	京官
朱廷立（1492—1566），字子礼，号两崖	湖广通山（今湖北通山）	嘉靖二年进士	亲传弟子	都察院河南道御史	《阳明夫子亲传弟子考》《王阳明全集》	京官
南逢吉（1494—1574），字元贞，号姜泉	陕西渭南	嘉靖十七年进士	亲传弟子	归德府知府	《归德府志》	嘉靖二十九年起任，入《名宦》
刘魁，字焕吾，号晴川	江西泰和	正德二年举人	亲传弟子	开封府钧州知州	《钧州志》《明史》	嘉靖七年至嘉靖十四年在任。入《名宦》
张䋲（1487—1543），字世文，号南湖	南直隶高邮（今江苏高邮）	正德八年举人	亲传弟子	汝宁府光州知州	《光州志》	嘉靖十九年起任；光州下辖光山、息县、商城、固始四县，治所在今潢川。入《名宦》
张寰（1486—1561），字允清	南直隶昆山（今江苏昆山）	正德十六年进士	亲传弟子	先后任濮州知州、开州知州	《濮州志校注》《开州志》	嘉靖二年起任；濮州明代属山东东昌府；开州明代属北直隶大名府，治所在今濮阳
谢魁，字文杓	江西兴国	南京国子监生	亲传弟子	归德府虞城县知县	《归德府志》《虞城县志》	入《名宦》

（接上表）

姓名	籍贯	功名	师承	任职	出处	备注
张岊，字仲瞻	江西上虞	贡生	亲传弟子	周王府府学教授	《阳明夫子亲传弟子考》	周王府在开封，朱元璋第五子封藩
黄文焕，字元素，号吴南	浙江余姚	贡生	亲传弟子	开州州学学正	《开州志》	曾任王阳明儿子正宪的塾师
田鳌，号蒙泉	南直隶滁州（今安徽滁州）	举人	亲传弟子	汝宁府府学教授	《滁州府志》	贡生，在河南中举
吕一麒	南直隶贵池（今安徽贵池）	贡生	再传弟子（师李呈祥）	鄢陵县学训导	《鄢陵县志》	
尹一仁，字任之	江西安福	嘉靖七年举人	亲传弟子	归德府知府	《明世宗实录》	嘉靖三十二年七月，农民暴动攻陷归德府城，尹一仁逃遁，被问罪罢官。河南通志、归德府志不载其名
黄骥，字德良，号屏山	浙江余姚	嘉靖十七年被表为"孝子"	亲传弟子		《明儒学案》	尤时熙曾从学
朱得之，字本思，号近斋	南直隶靖江（今江苏靖江）	贡生	亲传弟子		《明儒学案》	尤时熙曾从学
周怡，字顺之，号讷谿	南直隶太平（今安徽黄山）	嘉靖十七年进士	再传弟子（师王畿、邹守益）		《明儒学案》	尤时熙曾从学

王阳明在嘉靖四年（1525）写给绍兴知府南大吉的《亲民堂记》中，强调做官的秘籍在"亲民"。亲民之本在明德，明德之用在亲民。他的上述弟子在河南为官，是在德泽中州大地。

（二）刘魁一心扶植风教

刘魁在河南做官时间长，政绩较为突出。他以气节著称。《明史》记载，嘉靖二十一年（1542），迷信道术的嘉靖皇帝听信道士陶仲文的话，要建一座祐国康民雷殿。此前三年，先后建成了慈庆宫、显陵、大高玄殿等大型建筑，如果工部继续大兴土木，必将加重百姓负担，身为工部员外郎的刘魁知道谏阻皇帝的严重后果，他吩咐家人买好一口棺材，然后上奏劝谏。劝谏换来的是七年监狱生活。

刘魁从嘉靖二年（1523）始，先后做过湖广宝庆（今湖南邵阳）府通判、河南开封府钧州知州、广东潮州府同知和工部员外郎。《明史》评价他"所至洁己爱人，扶植风教"，洁己，手段是为善去恶，目的是明明德；爱人，即亲民，亲民的最高境界是万物一体。洁己爱人，即是致良知功夫，也是致良知功用。扶植风教，目的是为善去恶致良知。刘魁在钧州扶植风教，移风易俗，措施包括创办社学书院，开启民智良俗；建设先贤祠堂，表彰道德标兵；重新丈量土地，实行均粮均税；开办社仓义仓，防备百姓饥荒等。

刘魁在任时的钧州上属河南开封府，下辖密县（今新密市）和新郑县（今新郑市），州域含现在禹州市、新密市和新郑市。隆庆五年（1571）新郑县转隶开封府。万历三年（1575），为避万历皇帝朱翊钧的名讳，钧州被改称禹州。

刘魁在赣州见证过王阳明兴办社学和书院，他在钧州如法炮制，从嘉靖七年（1528）到十一年（1532），五年间创办了儒林、颍滨、白沙、东峰和仙棠五所书院。嘉靖九年（1530），朝廷下诏，要求各府县劝导僧徒还俗回归社会生产和家庭生活，刘魁奉诏在境内取缔了三百余处佛教场所，利用这些场所兴办书院、社学和圣贤祠堂。嘉靖十年（1531），刘魁在州城内重建了禹王庙和汤王庙。几年时间，在境内城乡各地建设了九十五所社学。

白沙书院地处乡村（明钧阳里，今花石镇），唐代时就有，宋代程颢、程颐曾在此讲学。白沙书院重建后，刘魁在《白沙书院二程告文》中写道："惟二夫子家世伊洛，受学濂溪，日惟先觉。""正唐虞心印之传，溯洙泗渊源之活，非二夫子而谁与作。"刘魁在文中提到的"唐虞心印之传"，即王阳明在《答顾东桥书》中提到的尧、舜、禹相授受的"人心惟危，道心惟微，惟精惟一，允执厥中"。

汤王庙建成后，乡绅高尚贤在《新建汤王庙记》中称赞刘魁："乃踪寻古圣贤之在境内者，墓则表之，神则祠之。"①刘魁借古圣贤为社会做榜样，又树立当代贤人为读书人做标兵。乡宦刘坚弘治十四年（1501）举人，做过浙江山阴和山东单县知县，攒下的俸禄仅够买一匹返乡的瘦马。做官前，耕读持家；辞官后，耕读传家。刘魁敬重刘坚，为刘坚作《墓志铭》，表扬贤德。刘魁每年春秋二季在各乡举办乡饮酒礼，提倡礼乐，塑造民风。

刘魁在钧州推行的文化建设卓有成效。高尚贤在《新建汤王庙记》中赞扬道："郡侯刘公守是邦三载，政以德厚，民以化渐。"②嘉靖十三年（1534）的乡试中，钧州一次考中四个举人。刘魁在任

---

① 禹州市地方史志办公室编注：《明嘉靖〈钧州志〉点注》，中共党史出版社2008年版，第243页。
② 禹州市地方史志办公室编注：《明嘉靖〈钧州志〉点注》，第243页。

的两届会试和离任后的一届会试，三届会试一共向朝廷贡献八位进士，这在钧州明代历史上空前绝后，衙门专门在州学西侧修建"八士坊"进行庆祝和表彰。

为了抑制势家豪强的欺蒙贪占，维护小户农家不被无故摊派，他组织重新丈量土地，推行均粮均税的公平政策。为了防备饥荒，他组织建设义仓、社仓，丰年家家户户储存余粮，灾荒年景赈济灾民。钧州钧瓷久负盛名，皇宫需索摊派日益繁重，刘魁力争减免贡额，减轻百姓负担。

刘魁修养有素，和蔼可亲，衙门同僚相处一年，竟然没见他发过脾气。乡饮酒礼上，有人建议他吟诗助兴，他立即起身，随口吟唱。在任时，百姓爱戴他，真诚地把他看作父母官；离任后，百姓怀念他，把他供奉进了钧州遗爱祠。

（三）各有遗爱长留河南

阳明学弟子用良知做官、做人，收获的不仅仅是荣誉，也有磨难。

镇守河南太监廖堂是福建人，他利用权势让侄子廖铠冒籍占用河南中举名额。全省舆论哗然，因畏惧淫威，没人敢检举揭发。六科给事中陈鼎上奏揭发这一丑恶行径，维护了河南考生的权益，但是陈鼎被打击报复，坐监丢官。

张缢，嘉靖十九年（1540）在汝宁府光州做知州，《光州志》表扬他："守纪律，重廉节，爱民省费。""令行禁止，桀黠吏胥，无敢挠法。""解绶东归，士民遮道挽之。"张缢喜欢写诗，权贵弹劾他"怠事游咏"，罢了他的官。他去世后，当地乡绅把他供奉进了光州名宦祠。

萧鸣凤，嘉靖四年（1525）任河南按察司副使，督理学政期间主持在睢县骆驼岗建设锦襄书院。他在河南时间不长，就被弹劾离职。黄元恭在河南兵备任上被罢官。

谢魁在归德府虞城县做知县时，遇上黄河决口，洪水几乎冲垮县城，他组织县民，百般维护，保全城池，活命无数。《虞城县志》评价他在知县任上"兴学造士，一时翕然向风"。

这些王门弟子做官有一个突出特点，他们传承了王阳明为政即为学的优良传统，为学即是修身和讲学。他们做官，办教育是为了讲学，做行政是在讲学；他们做人，通过一言一行，通过待人接物，都在进行着无声的言传身教，都是在讲学，讲的行的，是为善去恶、致良知。

三、河洛王门，兴学豫西

北宋以降，河南一直是理学重镇，程朱理学居于绝对主导地位。嘉靖初，阳明学在南方传播，在北方遭到嘲讽和抵制。嘉靖八年（1529），朝廷把阳明学定为伪学。阳明学在河南的传播和兴盛要等待一个人和一个时机。刘景向在民国十八年（1929）修订的《河南新志》卷十五中说："河南为姚江之学者，自尤时熙始。"嘉靖二十六年（1547），尤时熙辞官回乡，一心讲学，开始时少人听讲。嘉靖三十二、三十三年间，礼部尚书欧阳德、内阁大学士徐阶、兵部尚书聂豹、詹事府詹事程文德主盟，在京师灵济宫举办阳明学讲会，《明儒学案》说"学徒云集至千人"[①]，《明史》说"赴者五千人"。内阁和礼部主导科举出题的方向，因此灵济宫讲会极大地推动了阳明学在各地的传播。尤时熙在家乡讲学三十余年，听众数百人，培养出了孟化鲤等杰出弟子。孟化鲤接过衣钵，和张信民（1562—1633）、王以悟（1557—1638）、吕维祺（1587—1641）等弟子带动了豫西地区乃至整个河南阳明学的兴盛与传播，形成了颇具地域特色的"河洛王学"流派。河洛王学是自明嘉靖而始延宕至明末的、在洛阳及其周边地区形成的一个阳明学流派，以尤时熙及其弟子孟化鲤、再传弟子王以悟和张信民等人为主要代表。黄宗羲在《明儒学案》中，批评尤时熙只在发动处用功，因而是本体不明而徒事细枝末节者；关于孟化鲤之学，黄宗羲语焉不详，只说："凡所言'发动处用功'，及'集义即乎心之所安'，皆师说也。"[②]说孟化鲤谨守师说，这是符合实情的，但黄宗羲此语显然认为孟化鲤同样陷入了不求本体的弊病；关于王以悟、张信民二人之学，黄宗羲则全未提及。总的来说，河洛王门特重王阳明的"万物一体之仁"说，以求得此一体之仁为根本学的，以见之于日用伦常的知分、安分、尽分

[①] 黄宗羲：《江右王门学案二》，《明儒学案》卷十七，沈芝盈点校，第360页。
[②] 黄宗羲：《北方王门学案》，《明儒学案》卷二十九，沈芝盈点校，第647页。

为核心工夫。天人一理,万物一体,良知、仁德万物皆备,皆统摄于原本的一体流行之中。缘是,致良知就是求此"万物一体之仁",在工夫上便是任人人本具的良知、仁德的自然呈露,安于见在之分,随所遇而尽其分,是为"第一义"的顺适工夫理路。同时,用工夫以复本体的工夫理路也未被忽视,他们多从常人如何用功的层面上主张无我以复真我、去嗜欲之遮蔽以复本体之精明的工夫,表现出了丰富、整全、切实的工夫面相。①

(一)西川先生倡学洛阳

尤时熙(1503—1580),字季美,号西川,河南府洛阳县人。嘉靖元年(1522)中举。十一年任北直隶元氏县教谕,十三年丁父忧,除服后补山东章丘县(今山东章丘市)教谕。十九年升国子监学正,二十一年拜师刘魁,二十三年升户部主事,主政京杭大运河上位于苏州附近的浒墅关,负责过往商船的税收。

尤时熙中举后按例应参加嘉靖二年(1523)会试。当年会试中有道关于阳明心学的策问,出题人的目的是讽刺阳明心学,诋毁王阳明,阳明弟子徐珊怒而弃考,钱德洪愤愤不平。王阳明却高兴地说:"圣学从兹大明矣。"②尤时熙可能由此接触到阳明学。年轻举子会试失利后进国子监学习。尤时熙在国子监见到《传习录》,手不释卷,日夜读之。据《明史》记载,尤时熙见到《传习录》后感叹说:"道不在是乎!"

尤时熙在元氏和章丘两县县学,"一以致良知为教,两邑士亦知新建学"③。任国子监学正时,祭酒徐阶是王阳明再传弟子,他号召全监监生向尤时熙学习。嘉靖二十一年(1542),四十岁的尤时熙"居常以不获师事守仁为恨"④。他说:"学无师不能有成。"⑤这年秋刘魁备棺冒死谏君,受廷杖坐诏狱,名满京师。刘魁坐监无事一身闲,尤时熙决定到监狱拜师求学。刘魁同监有杨爵和周怡两位狱

---

① 参见钟治国:《河洛王学的"万物一体之仁"说通论》,《西南民族大学学报(人文社会科学版)》2021年第4期。
② 王阳明:《王阳明全集(新编本)》卷三十四,吴光、钱明、董平等编校,第1296页。
③ 尤时熙:《拟学小记》,《北方王门集》,邹建锋、李旭等编校,第93页。
④ 尤时熙:《拟学小记》,《北方王门集》,邹建锋、李旭等编校,第93页。
⑤ 尤时熙:《拟学小记续录》,《北方王门集》,邹建锋、李旭等编校,第334页。

友，周怡是再传弟子，师从王畿和邹守益。尤时熙对阳明说过的话，经历过的事都很上心，有闻必录。从刘魁和周怡的讲述中，尤时熙记录了《传习录》遗漏的阳明语录。

嘉靖二十三年（1544），尤时熙上任浒墅关路过南直隶靖江，拜访朱得之，采访阳明语录与逸闻。大运河交通便利，人来人往，他得以拜访到浙江余姚的黄骥，从黄骥这里采访王阳明语录与逸闻。尤时熙请教如何做学问，刘魁告诫他"立诚"；周怡告诉他"信心"；朱得之说："子夏笃信圣人，曾子反求诸己，途径堂堂，万世昭然。"黄骥说："阳明学问，初亦未成片段，因从游者众，夹持起来，歇不得，所以成就如此。"①

尤时熙回乡后，在斋中供奉阳明牌位，每晨焚香礼拜。三十余年，不入公门，修身育人，兴办讲会，聚众讲学，接引后进。著有《拟学小记》《拟学小记续录》等。他学问有以下四个特点：一是敢于怀疑，贵在自得。《拟学小记》第一卷名为《经疑》，质疑《大学》《中庸》《论语》《孟子》《春秋》《周易》等经典及传注疏。他说："虽师友之言，亦只是培植灌溉我，我亦不以此为家当。"②"阳明虽夙成其言，以江西以后为定。"③二是敢于创新，丰富师门。他用自己的语言解释"格物致知""知行合一"等，释"格"为通，说"知"即"行"，说"忠，心也……忠无可指"④，说"独字即道字，慎字即常闻常睹"等。三是敢言经济，注重实务。他说："《大学》一篇，终于理财，治天下只此一事。""能理天下财，斯能干天下事。"⑤"农圃医卜非小道，凡不由尽分而曲艺自多者，皆小道也。"⑥四是不事空玄，道在日常。他说："洒扫应对，便是明德亲民事。"⑦"孔门论学，职分之外无说。"⑧"九天之上天也，眼前亦天也；九地之下地也，脚下亦地也。如今只管眼前脚下，实实行去，不论九天

---

① 尤时熙：《拟学小记》，《北方王门集》，邹建锋、李旭等编校，第154—155页。
② 尤时熙：《拟学小记》，《北方王门集》，邹建锋、李旭等编校，第153页。
③ 尤时熙：《拟学小记》，《北方王门集》，邹建锋、李旭等编校，第200页。
④ 尤时熙：《拟学小记》，《北方王门集》，邹建锋、李旭等编校，第101页。
⑤ 尤时熙：《拟学小记》，《北方王门集》，邹建锋、李旭等编校，第98页。
⑥ 尤时熙：《拟学小记》，《北方王门集》，邹建锋、李旭等编校，第119页。
⑦ 尤时熙：《拟学小记》，《北方王门集》，邹建锋、李旭等编校，第95页。
⑧ 尤时熙：《拟学小记》，《北方王门集》，邹建锋、李旭等编校，第170页。

之上，九地之下，然眼前之天、脚下之地，即九天之天、九地之地也。"① "圣人言功夫，不言道体，功夫即道体也。"②五是融通释老，归入儒家。他不拒绝以朱得之为师，朱得之号参元子，著有《老子通义》《庄子通义》《列子通义》。他自号西川居士。著名理学家孙奇逢在《理学宗传》中评价说："西川字字句句不失王阳明。"③

尤时熙最大的贡献在于把阳明学引入河南府，通过亲传和讲会培养了大批阳明学人才。河南府地域相当于今天洛阳市、三门峡市、登封市和巩义市。张元忭在《河南西川尤先生志铭》中说："陕洛间士闻其风，担簦笈而至者百数十人，士大夫道洛者咸以一觌颜色为快。"④

（二）云浦先生光大心学

孟化鲤（1545—1597），名公礼，字叔龙，又字子腾，号云浦，化鲤为榜名，洛阳府新安县人，二十一岁拜尤时熙为师。比照儒家前贤的师生关系，从学问上说，他是尤时熙门下的颜渊和徐爱；从光大师门贡献上说，他是尤时熙门下的曾子和钱德洪。

孟化鲤聪颖过人，十七岁增补为县学生员，二十五岁被选贡入国子监。隆庆四年（1570），在国子监生参加当年顺天府乡试资格选拔中，成绩第一，声名鹊起，结交日广，他开始倡导在细瓦厂举办讲会。第二年离京回乡，在家乡新安办讲会，主持建设川上书院。新安讲学之风兴起，像正德十三年（1518）的赣州一样，街头巷尾处处是歌吟声。二十八岁主导洛阳城南讲会，刻印尤时熙《拟学编》。万历元年（1573）中河南乡试第九名。万历六年（1578）三十四岁开始收徒。万历八年（1580）中进士，授南京户部主事，旋即回乡丁忧。期间为洛阳城南讲会订立会约。十一年，补户部主事，先管太仓银库，后主政大运河上的河西务税关。官闲时节，在河西务讲学。十三年，奉命赈济济南、淮扬、凤阳等地灾民，活民数万，沿途拜访饱学之士。十四年，从吏部主事任上丁内艰。十六

---

① 尤时熙：《拟学小记续录》，《北方王门集》，邹建锋、李旭等编校，第323页。
② 尤时熙：《拟学小记》，《北方王门集》，邹建锋、李旭等编校，第135页。
③ 张显清主编：《孙奇逢集》（上册），中州古籍出版社2003年版，第1122页。
④ 张元忭：《张元忭集》卷十一，钱明编校，第296页。

年，在家乡讲学，学者云集，城内馆舍、寺庙住宿不下，郊外道观住满学生。服阕，先后升吏部稽勋员外郎、考功郎中。上疏言事获罪罢官，六科给事中、十三道御史联署合奏营救。二十二年，居家不事世俗应酬，在新安川上书院讲学，从学日众，每逢讲会，河南府各县，甚至汝州、汝宁府的学生，数百人云集新安。孟化鲤晚年专心讲学、著述，万历二十五年（1597）去世。

孟化鲤"以无欲为宗，其教人专以孝弟、忠信、慎独为要，不为高深玄冥之论，至平至实，至易至简，至纯至粹。"[①]他讲学传道，提携后进，有功于阳明学在河南府甚至河南省的传播和光大。弟子张信民辞官后在家乡渑池（今义马市，创办正学书院，从学者达数千人。弟子王以悟在陕州（今陕州区）讲学于甘棠书院。天启元年（1621），弟子王以悟、张信民、孟一诚、吕维祺等人在洛阳城南建"洛社"，办云浦讲会，会众万人以上。弟子们继承和光大了孟化鲤的事业，这首先得益于他的学问、德行精粹。

弟子王以悟二十岁拜师入门，随侍从学二十年，"食则同席，寝则同榻，游则同伴"[②]，深得儒学要义。万历四十二年（1614），王以悟编辑完成《云浦孟先生年谱》[③]，详细记录了孟化鲤为官为学的一生。孟化鲤的学问反映在他的修养上。王以悟记述道，孟化鲤三十四岁时"气宇清澈，涵养圆明"，三十五岁时被同年举人称赞"神凝气定"。三天会试每天下场后，孟化鲤坚持完成每天写七幅楷书的日课，而且精神如常，"略无倦态，其精神凝定如此"。会试后到山海关做客期间得知中进士，他"神气自如""无疾言遽色。"被罢官的当晚"秉烛收置簿籍，一一缄印，责付典守，以便代者"。他"神闲气定，笑谓"王以悟说："掌选奉公，实怨薮也，乃今始息肩矣。"临终前，"盥栉整衣，端坐小斋，犹手书四绝，皆闻道未足之意"。"子诚跪请后事，但云讲学做人，不及其他。瞑目而逝。"王以悟记述道，孟化鲤三十四岁时"有检点摄持，至晚年渐渐浑融，若出性成矣。"孟化鲤的学问反映在他的德行上。二十八岁时家乡遭

---

① 吕维祺：《理学云浦孟先生传》，《北方王门集》，邹建锋、李旭等编校，第548页。
② 王以悟：《祭云浦先师》，孟昭德主编：《孟云浦集》，扈耕田、曹先武点校，中国文联出版社2007年版，第225页。
③ 收入《孟云浦集》。以下有关孟化鲤的叙述，引文皆出自王以悟：《云浦孟先生年谱》，孟昭德主编：《孟云浦集》，扈耕田、曹先武点校，第7—21页。

灾,乡人向他家借贷百余石粮食还不上,他劝父亲烧掉借贷凭证;主政河西务税关时,廉洁奉公,不贪一文,收足常数后,"免征千余金",被当地父老称赞为:"二百年来,未有廉明如先生者也"。做吏部文选郎中时,"守正布公,凡权贵请托,俱不行"。"罢官归,引一僮跨驴出长安门,行李椓举,闻者莫不嗟叹。"孟化鲤的学问反映在他的持家齐家上。"平日居家,整齐严肃","每晚无事,大门扃锁,家众不得夜出。每五鼓,先生早起,家众豫候庭前,随击柝出热水置阶除,各取盥栉。随所执事,或洒扫,或拂拭几座器皿,或搬运薪米,此皆黎明时也"。王以悟总结道:"先生之出,即政,即学;先生之处,即家,即政。""长者服其德,少者若其训,虽市井庸贩之徒,儿童妇女之辈,无不闻而爱慕,见而敬畏也。"

孟化鲤有德有行,立言可信。他居家,每晨起祭拜过祖宗,必是祭拜王阳明、尤时熙二先生。王以悟说:"先生平日讲学,一遵阳明、西川两先生,而出于自得者为多,大要以致良知为宗。"孟化鲤著有《遵闻录》《读易呓言》《名臣言行录》《明贤卓行录》《增减性理纂辑诸儒要录》。孟化鲤说:"不肯做俗人,必求为圣贤,此志一立,即是大头脑。既有此志,则念念处处必非世俗之见。""无私故静,一言该学问之道。"

万历二十六年(1598),河南省奉旨为孟化鲤建设祠堂,在祭文中称扬他:"学宗孔孟,派衍伊洛。""一代真儒,万古先觉。"[1]

(三)晋庵先生恻怛回天

杨东明(1548—1624),字启昧,号晋庵,别号惜阴居士,归德府虞城县马楼村(今商丘市虞城县利民乡)人。万历八年(1580)进士及第,授中书舍人,历礼科给事中、掌吏垣、降陕西照磨,起太常少卿,光禄寺卿,通政使,刑部侍郎。万历二十一年(1593)黄河水患,波及河南、安徽、山东、江苏各省,饥民流离失所,甚至发生人相食的惨剧,二十二年(1594)时任刑科给事中的杨东明上著名的《饥民图说疏》,一度打动昏庸的万历皇帝,激发其救灾的决心,缓解了黄河下游一带的民生危机。后因朝政糜烂,东明频

---

[1] 孟昭德主编:《孟云浦集》,扈耕田、曹先武点校,第208页。

频上疏言事而建言不能得到很好采纳，再加上朝廷政治纷争，东明遂辞官居家。期间，他秉承儒家士大夫立朝美政、居乡美俗之精神，体察民间利病，建社仓、筑堤防、设粥厂、助婚、敬老、兴学，凡利民化俗之事无不躬任。泰昌元年（1620），东明以七十多岁高龄重新得到朝廷起任，历官至刑部侍郎，天启三年（1623）致仕归里，次年卒。崇祯元年（1628）追赠刑部尚书。据清光绪二十一年（1682）《虞城县志》记载，杨东明生而颖秀，沉毅敦固，待人真诚。其一生大部分时间为朝廷谏官，常出于公心犯颜直谏。任礼科、刑科给事中时，忠于职守，不畏权势，曾向万历皇帝上书数十次。从其所著的《青琐荩言》中可以看出，东明所上疏奏，建言包括皇帝和太子之教养、用人、吏治、科举、治民、边疆、军事等各个方面，有本有末，巨细无遗，且大都切中时弊，为大政所急，故而受到举朝仰望，称其"凛凛丰骨如日月行天，有折槛碎阶之风"。崇尚实学的吕坤亦在《杨晋庵文集序》中称颂道："京营措置，振刷优恤，纤悉洪钜，罔不宜时，官军鼓舞感激，数月改观，出国门日，三大营送者如堵，都人士谓从来所无。其小试施为，俄顷建树，便足风当世，宪后来人。"①

而在杨东明的数十篇奏疏中，对朝野影响最大、对豫东人民生死攸关的便是他的《饥民图说疏》。万历三十一年（1603）夏，黄河突发大水，于虞城张堤口处决口，齐、梁、淮、徐广大地区数十县遭大灾，出现"人相食，骨相枕，民死十之七八"的悲惨景象。面对万历皇帝贪图享乐、不理朝政，朝中众臣争权夺利、党争不已，地方官员隐瞒灾情、推卸责任之局面，正好回虞城探亲的杨东明，目睹灾区惨状，遂挺身而出，冒死上疏，反映灾区实情，并随疏绘制了饥民图十四幅，有《水淹禾稼》《河冲房屋》《饥民逃荒》《夫奔妻追》《卖儿活命》《弃子逃生》《人食草木》《全家缢死》《刮食人肉》《饿殍满路》《杀二岁女》《盗贼夜火》《子丐母溺》等，每幅图都主题鲜明，内容具体形象，且附有简洁的文字说明，这就是著名的《饥民图说疏》。这种图文兼备的疏文内容，在中国历史上应该是杨东明的独创。此疏上奏后，一时震惊朝野，万历皇帝看

---

① 吕坤：《吕坤全集》卷三，王国轩、王秀梅整理，中华书局2008年版，第91页。

后,也恻然泪下,遂命户部、工部拨发白银三十万两,粮食十万石,命直臣光禄寺丞亲临灾区赈灾,使灾情得以缓解。故吕坤称赞他:"恻怛回天,三宫出金钱数十万,全活沟壑人不可胜纪。"①

杨东明曾问辩于邹元标、冯从吾、吕坤、孟秋、耿定向、张元忭、杨起元等阳明后学者,《明儒学案》称其"能得阳明之肯綮",又谓"其学之要领,在论气质之外无性","可谓一洗理气为二之谬矣"②。故他辞官在家闲居时,除了建社仓、修河堤等民生实务之事,还念念不忘讲学兴教。而且其讲学既有普及教育层面的办义塾,也有讲求切磋性命之理层面的召集兴学会举行定期会讲。在相当于小学的义塾层面,他关注的是孝悌躬行和歌诗习礼,注重基本的伦理教育和文化礼仪教育。在相当于大学的兴学会层面,他关注的则是性命精微之学。他为兴学会立了八条要义:择术、立志、知性、虚心、真修、取友、脱俗、有恒。可以说,阳明学的讲学讲会精神在杨东明的身上也得到了充分体现。而从王阳明、杨东明这样学问、事功皆有建树的心学家身上我们可以看到,阳明学并非只是长于内圣而短于外王事功,更非时人所批评的假道学,而是活泼泼的生命之学。孙奇逢在《理学宗传》中记载了杨东明的座右铭:"植万古纲常,要立定自家地步;做两间事业,须推开物我藩篱。"③杨东明的一生就是这一座右铭的生动写照。

(四)河南王门枝繁叶茂

孟化鲤学有所成后,兴办讲会,从学日众,因新安在洛阳西邻,尤时熙说:"吾道大明于西方。"④孟化鲤门下弟子更多,著名弟子也多。万历十七年(1589),弟子张信民在家乡渑池大开讲席,德望日隆,因渑池在新安西邻,尤时熙每对人曰:"吾道西矣。"⑤他们师徒一代一代有序地传承着学脉道统。孟化鲤、王以悟还一脉相承了尤时熙的一个学习方法,他们对自己老师的一言一行有闻必录。孟化鲤弟子张信民、崔儒秀、王以悟、吕维祺等人各有功名,有的人无意仕

---

① 吕坤:《吕坤全集》卷三,王国轩、王秀梅整理,第91页。
② 黄宗羲:《北方王门学案》,《明儒学案》卷二十九,沈芝盈点校,第649—650页。
③ 张显清主编:《孙奇逢集》(上册),第1167页。
④ 吕维祺:《理学云浦孟先生传》,《北方王门集》,邹建锋、李旭编校,第548页。
⑤ 吕维祺:《理学云浦孟先生传》,《北方王门集》,邹建锋、李旭编校,第548页。

途，一心著述讲学，有的辞官后醉心于著述讲学，他们各自创办书院，或者自办讲会，或者联盟会讲，进一步发扬光大阳明学。孟化鲤与豫东归德府虞城县同年进士杨东明、宁陵县同僚吕坤经常或者书信沟通，或者面晤切磋，东西呼应，共同带动家乡的阳明学传播。

张信民做过知县，崔儒秀做过按察司佥事，王以悟做过布政司参政，吕维祺做过兵部尚书，杨东明做过刑部侍郎，吕坤做过山西巡抚，这些人有学识有影响，带动了各自家乡甚至河南省的风俗向美向善的演化。

被誉为明末清初"三大儒"的孙奇逢（1584—1675），字启泰，号钟元，晚年讲学于河南省卫辉府辉县苏门山夏峰村，世称夏峰先生。明朝灭亡后，清廷屡次征召他出来做官，孙奇逢坚守不出，人称孙征君。他是王阳明五传弟子，师承脉络是：孙奇逢师承叔父孙丕基，孙丕基受教于父亲孙臣，孙臣受教于邹美，邹美师承父亲邹守益，邹守益是阳明先生亲传高弟，是明代中期江右阳明学领袖之一。

孙奇逢是一位教育家、思想家，他在顺治七年（1650）移居夏峰村，耕读持家，办书院，立社学，继承明代书院讲学传统，讲学二十五年，弟子众多，著述浩繁。光绪年间大梁书院刊刻的《孙夏峰先生全集》有九十六册。孙奇逢二十六卷《理学宗传》比黄宗羲《明儒学案》成书早了十年。他在《夏峰先生集》"王阳明先生"条目中评价道："阳明乃孔子所称君子儒也。破拘挛之见，化迂腐之习，知行并进，心事合一，理学、经济、文章，非一非三，同条共贯。紫阳而后，集诸儒之大成者，又在先生。……其说透胸达背，聊无窒碍。"① 顺治七年农历四月二十二日，六十七岁的孙奇逢登临大伾山，瞻读王阳明《大伾山诗》《大伾山赋》石刻，并赋诗《登大伾山》："才信此山即大伾，河流淹没迷元基。高卑一任沧桑变，细读阳明王子碑。"② 张显清在《孙奇逢评传》中说，孙奇逢"前半生亦以王守仁为宗。明、清之际，在他五六十岁的时候，受社会思潮的影响，又逐渐转向调和朱王"③。他以"慎独"为要，提倡实学、实行、实用，并身体力行，以自己的学说和行动批驳明末盛行的清谈学风，在明清

---

① 张显清主编：《孙奇逢集》（中册），第1091页。
② 张显清主编：《孙奇逢集》（下册），第50页。
③ 张显清主编：《孙奇逢集》（中册），第1205页。

之际的河南大地乃至整个北方,唤起了一股实学思潮。

四、阳明心学,影响深远

嘉靖后期,阳明学风行天下。从王阳明开始,经过刘魁等弟子在河南大地践行和传播阳明学,经过尤时熙的辛勤播种,到孟化鲤时期,阳明学成了河南的显学。孟化鲤和广大弟子、杨东明等阳明学践行者以自身道德感召乡里,以讲会和会约表率群伦,以传播良知移风易俗。孟化鲤主要弟子张信民、王以悟和吕维祺,都在明朝覆灭前夕去世。清康熙年间,政府主持重修了孟化鲤祠堂。

阳明学在河南的传播既有对源于伊洛的程朱理学的继承,比如尤时熙、孟化鲤、张信民等人一直崇仰和尊奉明初学者渑池人曹端(1376—1434),更主要的是给已经变得僵化的程朱理学注入鲜活的内容,为河南文化繁荣、人才辈出做出了应有的贡献。在阳明学传播浓郁的氛围下,河洛地区出现了一批文化世家,如新安孟化鲤家、吕维祺家,孟津王铎家,他们家族中连续几代,代代培育有文化人才,而且一直延续到改朝换代后。

阳明学在河南的传播,与全国息息相通。尤时熙学承江西刘魁,南直隶朱得之、周怡,浙江黄骥;孟化鲤与天下阳明学者的交游更加广泛,他曾请江西学者邹元标常驻新安讲学,一讲数载;他江西籍弟子李日宣崇祯年间做到吏部尚书。洛阳、新安、渑池是两京通往关中的要道,过往官员、学者或登门论学,或升坛讲学,丰富和活跃着河南的学术和文化生活。

阳明学在其他不少地方流于清谈,不务实事,从尤时熙开始,一直到孟化鲤,河南阳明学者始终遵奉王阳明知行合一为做人、做事和讲学的圭臬。他们有学有识,有德有行,有真有诚,因此能感人化人,能移风易俗。孟化鲤去世时,门人相视失声,市民为之罢市,远在渑池的一位老婆婆悲伤地说:"天下无福矣!""海内君子过其墓,多泫然泪下。"[①]

阳明学在河南开启了明末清初孙奇逢等人理学经世致用的复兴,

[①] 吕维祺:《理学云浦孟先生传》,《北方王门集》,邹建锋、李旭编校,第548页。

为河南的学术传承做出了不可或缺的贡献。

（王程强、周阳敏撰稿）

阳明学与陕西①

一、关学与心学

讲到近世陕西，首先想到的是"关学"。然而关学与心学有着千丝万缕的联系，与明中晚期的阳明学亦具有割舍不断的承继关系。关学自张载于北宋初始创，后因朱子学兴起，迄南宋及金元日趋消沉，然至明代，因有吕柟诸君重振之功，关学遂有勃兴，至晚明由冯从吾而总其成，从吾遂为泾野之后关中之第一人。李颙尝谓："关学一脉，张子开先，泾野接武，至先生（少墟）而集其成，宗风赖以大振。"②然"以礼教为本"和崇尚气学的张载关学，其学脉在张载卒后则几经变化，先有诸吕卒业于二程门下，后"关中人士"亦"多及程子之门"；继有朱子学之北传，北方有许鲁斋衍朱子之绪，关中学人如高陵诸儒"与相唱和，皆朱子学也"；至明代正德年间，阳明学崛起东南，王承裕门人李伸巡按江西，尝与王阳明为讲友，"自谓深得其学"；嘉靖年间，渭南南大吉传阳明之说，遂开启关中王学之序幕。后经数十年之传播，"王学特盛"，如吕泾野从学于湛甘泉，切琢于王门弟子邹守益，足见关中士人多向心学。从吾受学于许孚远，受其影响既主"格物"，又信"良知"，遂能"统程、朱、陆、王而一之"③，从而走出了自己的学术之路。④

一般来说，王阳明对于张载之学的融摄，主要体现在他的"推其天地万物一体之仁"⑤的万物一体的阐释上。良知是"古今人人真面目"，而对其良知人人具备的客观基础的表达，阳明晚年是以气来融摄的，如曰：

---

① 按：本章内容经刘学智教授审查后，提出了不少修改建议。经刘教授同意，本章在修订时补入了不少刘教授的研究成果，同时还引用了陕西学者的一些最新研究成果。在此一并致谢。
② 李颙：《二曲集》卷十七，陈俊民点校，中华书局1996年版，第181页。
③ 以上引文见冯从吾：《柏景伟小识》，《关学编》附录一，陈俊民、徐兴海点校，中华书局2012年版，第68—70页。
④ 参见刘学智：《冯从吾与关学学风》，《中国哲学史》2002年第3期。
⑤ 王阳明：《王阳明全集》（第1册），线装书局2014年版，第78页。

  盖其心学纯明，而有以全其万物一体之仁，故其精神流贯，志气通达，而无有乎人己之分，物我之间；譬之一人之身，目视、耳听、手持、足行，以济一身之用。目不耻其无聪，而耳之所涉，目必营焉，足不耻其无执；而手之所探，足必前焉。盖其元气充周，血脉条畅，是以痒疴呼吸，感触神应，有不言而喻之妙。此圣人之学所以至易至简，易知易从，学易能而才易成者，正以大端惟在复心体之同然，而知识技能非所与论也。①

  这里的"无有乎人己之分"的万物一体之内涵，与一人之身的"元气充周"一致，所以良知的客观基础，正是张载所表达的气。然张载的气是宇宙论的气化聚散，而阳明却是将气赋予意义价值，形成了其万物一体的道德本体论，所以他说："良知之虚，便是天之太虚……圣人只是顺其良知之发用……何尝又有一物超于良知之外。"② 可见，王阳明对张载之学既有融摄又有继承，他是以道德主体为其始源根基而形成其本体论与修养论，并将气作为良知的客观基础，与以客观天道为本的张载之学形成了差别。

  那么，在关中地区传播并形成的"阳明学"，究竟应属关学还是王学呢？以往的学术界尤其是陕西学者基本上持关学的立场。如陈俊民说："实际上他们从来不反王学，而是尊崇王学，顺应着新的王学思潮，把如何'识心''正心''持心'作为自己研究的主要课题。其总的倾向是：以'致良知'为中心，以'格物致知''戒惧慎独'为工夫，以关学'躬行礼教为本'的思想为归宿。"③ 但笔者以为，若就其如何"识心""正心""持心"，如何"致良知"的理论旨趣而言，"关中王学"理应属于"王学"的范畴；而若以关中王学乃"关中地区的学术思想"为据，把"关中王学"纳入"关学"的总框架内，虽亦未尝不可，但不利于学术分疏和地域比较，一如阳明学被纳入"浙学"之范畴。

  陕西阳明学或者"关中王门"的形成，主要是明清两代的南大吉、南逢吉、冯从吾、王之士、温纯、张舜典、张国祥、李颙、王

---

① 王阳明：《王阳明全集》（第1册），第79页。
② 王阳明：《王阳明全集》（第1册），第125页。
③ 陈俊民：《张载哲学思想及关学学派》，人民出版社1986年版，第21页。

心敬、贺瑞麟、刘光蕡等人努力的结果,同时也离不开在陕西为官的阳明后学的积极努力,像曾任陕西督学的徐用检、陕西副使聂豹、陕西按察司副使薛应旂、陕西提学副使许孚远、陕西参政王时槐等,在陕西为官期间,皆通过与关中学者的密切交流,不同程度地为阳明学在陕西的传播和展开作出过贡献。可以说,陕西尤其是关中地区接受并发展阳明心学,形成"关中王门",乃是陕省内外合力的结果。没有关中士子对阳明学说的自觉习得和证悟,并与其他地区的阳明学者进行交流互动,就不可能有"关中王学"的成立,这可谓"关中王学"形成、发展的内在条件;但若没有外省尤其是浙省阳明学者到关中为官并开展讲学活动,阳明学也很难在关中地区落地生根,这可谓是"关中王学"形成、发展的外在条件。

本章的阐述主旨并不在于探索浙中王学与关中关学的学术关系和义理纠葛,而在于叙述阳明心学在以关中为核心的陕西的传承与发展,以及陕西籍人士与王阳明及阳明后学的交往与互动。

二、渭上南氏对阳明学的发扬

渭南、渭北之南家,世为书香望族,名闻遐迩,其家弛声誉者,自南大吉始。渭上南氏以文学起家,一门十进士,成为"关中巨族""关中铨曹词林世家"(两人吏部任职、三位翰林)。数百年来族中涌现出南大吉、南逢吉、南轩、南宪仲、南师仲、南企仲、南居仁、南居业、南居益等九位名士。渭南人专门为他们立了一座大牌坊,名曰"七朝甲第坊"。清道光九年《重辑渭南县志》何耿绳序云:"渭邑自两汉以来,名贤接武,香山(白居易)、莱公(寇准)其尤著者。前明科第益盛,而南氏为最,儒林忠孝萃于一门,不独轩冕为邑中冠也。"然真正使心学与关学结合起来的开创者,则是王阳明的弟子南大吉。

关于南大吉的生平事迹,《明史》未见记载。冯从吾《关学编》卷四《瑞泉南先生》、黄宗羲《明儒学案》卷二十九《北方王门学案》载有其简略的传记。此外张骥《关学宗传》卷二十一《南瑞泉先生》、焦竑《国朝献征录》卷八十五《绍兴府知府南大吉传》、清乾隆《渭南县志》卷七等也有较简之传略,然许多内容多抄自《关学编》。据以上文献大体可知,南大吉生于明成化二十三年(1487),

渭南县秦村人（今渭南市临渭区官道乡南家村）。明武宗正德五年（1510）举人，正德六年（1511）进士及第。授户部主事，历员外郎、郎中、浙江绍兴府知府，不久致仕。大吉卒于明嘉靖二十年（1541），年五十有五。他幼年颖敏，稍长后，乃读书为文。尝赋诗言怀，有"谁谓予婴小？忽焉十五龄。独念前贤训，尧舜皆可并"之诗句，可见其在幼年就已树立了宏大的志向。弱冠，即以古文辞章鸣于世。入仕后，尚友讲学，并"渐弃辞章之习，而有志于圣道"，孜孜以求于圣贤之学。① 著有《瑞泉集》，及《绍兴志》《渭南志》《少陵纯音》等。墓在西南祖茔（今渭南市临渭区南家村东北）。

南大吉担任绍兴知府的具体时间，史载不详。《关学编》记"嘉靖癸未知绍兴时"，"癸未"为明世宗嘉靖二年（1523），知此时他已在任。王阳明所写《送南元善入觐序》是在"乙酉"年，即嘉靖四年（1525），是年大吉"入觐"后不久即离任，故知其在绍兴府知事至少有三年。② 但南大吉成为阳明弟子却要早很多年。正德六年（1511）会试时，王阳明即为大吉的"辛未座主"③。曾经以程朱为宗的南大吉，在接受阳明心学后，"慨然悼（朱子）末学之支离，将进之以圣贤之道"④。到了嘉靖二年（1523）任绍兴知府时，其与王阳明及其门人的交往更加密切，论学日益深入。据《阳明年谱》记载：

> 郡守南大吉以座主称门生，然性豪旷，不拘小节，先生与论学有悟，乃告先生曰："大吉临政多过，先生何无一言？"先生曰："何过？"大吉历数其事。先生曰："吾言之矣。"大吉曰："何？"曰："吾不言，何以知之？"曰："良知。"先生曰："良知非我常言而何？"大吉笑谢而去。居数日，复自数过加密，且曰："与其过后悔改，曷若预言不犯为佳也。"先生曰："人言不如自悔之真。"大吉笑谢而去。居数日，复自数过益密，且曰："身过可勉，心过奈何？"先生曰："昔镜未开，可得藏垢；今

---

① 参见刘学智：《南大吉与王阳明——兼谈阳明心学对关学的影响》，《中国哲学史》2010年第3期。
② 参见刘学智：《南大吉与王阳明——兼谈阳明心学对关学的影响》，《中国哲学史》2010年第3期。
③ 冯从吾：《瑞泉南先生》，《关学编》卷四，陈俊民、徐兴海点校，第51页。
④ 王阳明：《稽山书院尊经阁记》，《王阳明全集（新编本）》卷七，吴光、钱明、董平等编校，第272页。

镜明矣，一尘之落，自难住脚。此正入圣之机也，勉之！"于是辟稽山书院，聚八邑彦士，身率讲习以督之。于是萧璆、杨汝荣、杨绍芳等来自湖广，杨仕鸣、薛宗铠、黄梦星等来自广东，王艮、孟源、周冲等来自直隶，何秦、黄弘纲等来自南赣，刘邦采、刘文敏等来自安福，魏良政、魏良器等来自新建，曾忭来自泰和。宫刹卑隘，至不能容。盖环坐而听者三百余人。先生临之，只发《大学》万物同体之旨，使人各求本性，致极良知以至于至善，功夫有得，则因方设教。故人人悦其易从。①

为了进一步扩大阳明心学在绍兴及其周边地区的影响力，南大吉不仅为阳明学派在绍兴的讲学活动大开绿灯，出钱出力，甚至成为他们在政治上的"保护伞"。为增加讲学场所，南大吉还在府衙旁边重修稽山书院，并请来阳明先生，致使四方学人，往来听讲，络绎不绝，王门队伍由此大扩张，声势由此急剧上升。据冯从吾《关学编》记载：

嘉靖癸未（1523）知绍兴。时王文成公倡道东南，讲致良知之学，王公乃先生辛未座主也。先生既从王公学，得实践致力肯綮处，乃大悟曰："人心果自有圣贤也，奚必他求？"于是时时就王公请益焉。……于是辟稽山书院，聚八邑彦士，身率讲习以督之，而王公之门人日益进。②

李维桢的《南郡守家传》亦载曰：

绍兴守南公，名大吉，字符善，陕西渭南田市里人也……擢知绍兴……当是时，王新建方倡良知之学，公故出其门，间以政请益。新建曰："人言不如自知之明，自悔之笃。君乃问我，中得无有不足乎？此即良知，顾力行何如耳。"公大悟，于是霁威严，务以和得民。乃葺稽山书院，创尊经阁，简八邑才俊

---

① 钱德洪：《年谱三》，王阳明：《王阳明全集（新编本）》卷三十四，吴光、钱明、董平等编校，第1299页。
② 冯从吾：《瑞泉南先生》，《关学编》卷四，陈俊民、徐兴海点校，第51—52页。

弟子肄业其中。①

嘉靖二年（1523）十二月，南大吉之弟南逢吉、长子南轩也来到绍兴，问学于王阳明。南逢吉（1494—1574），子元贞，号姜泉。嘉靖十七年（1538）进士，授翰林院庶吉士，任吏部考功员外郎、礼部仪制司郎中，后任雁门兵备道、山西按察司副使等。曾在渭南创办姜泉书院（在今渭南城东毕家村），弘扬阳明心学。南轩（1518—1602），南逢吉长子，字叔后。嘉靖年间进士，历任吏部文选司郎中、翰林院庶吉士等，人称"渭上先生"。著有《资治通鉴纲目前编》《续渭南县志》《关中文献志》等。

南大吉罢官回乡后，携其弟逢吉，为把阳明心学传播于关中地区乃至整个陕西而竭尽全力，"成为将王学传入关中之第一人，关学的学术走向亦在此后逐渐发生了变化"②。王阳明曾对大吉兄弟回乡讲学寄予厚望："关中自古多豪杰，其忠信沉毅之质，明达英伟之器，四方之士，吾见亦多矣，未有如关中之盛者也。然自横渠之后，此学不讲，或亦与四方无异矣。自此关中之士有所振发兴起，进其文艺于道德之归，变其气节为圣贤之学，将必自吾元善昆季始也。今日之归，谓天为无意乎？谓天为无意乎？"③从后来的效果来看，大吉兄弟也的确没有让老师失望。他们回到渭南后，先是在所居之地秦村、启善寺宣讲良知学，后又"构湭西书院以教四方来学之士，……而尤惓惓于慎独改过之训，故出其门者多所成就"④。所谓"惓惓于慎独改过之训"，乃是大吉对王阳明致良知说所作的独到解释，强调的是"以致良知为宗旨，以慎独改过为致知工夫"⑤。他曾说：

故夫慎独格物致吾之良知，以求至乎圣人之道者，则非一时之荣辱进退、聚散远迩所能加损者也。若苟放其心而支于物，则亦引之而已。⑥

---

① 李维桢：《南郡守家传》，《大泌山房集》卷六十五，明万历年间刻本。
② 刘学智：《南大吉与王阳明——兼谈阳明心学对关学的影响》，《中国哲学史》2010年第3期。
③ 王阳明：《王阳明全集（新编本）》卷六，吴光、钱明、董平等编校，第225页。
④ 冯从吾：《瑞泉南先生》，《关学编》卷四，陈俊民、徐兴海点校，第52页。
⑤ 冯从吾：《瑞泉南先生》，《关学编》卷四，陈俊民、徐兴海点校，第52页。
⑥ 南大吉：《寄骆秀才行简 王秀才懋明书》，《南大吉集》，李似珍点校整理，西北大学出版社2015年版，第82页。

而这种自得之解，又是建立在对阳明学说的坚守笃信之上的，大吉说："夫王先生之学，天下方疑而非议之，而某辄敢笃信而诚服之者，非所以附势而取悦也，非谓其所惑也，非喜其异而然也，反而求之，窃有以见夫吾心本如是，道本如是，学本如是，而不可以他求也。"[1] 这点在大吉所作的诗中亦能看出端倪："昔我在英龄，驾车词赋场。朝夕工步骤，追从班与扬。中岁遇达人，授我大道方。归来三秦地，堕绪何茫茫？前访周公迹，后窃横渠芳。顾言偕数子，教学此相将。"[2] 可见，大吉不仅对中年教给自己"大道方"的阳明先生感怀备至，而且对王学与关学的互动交融及其未来走向充满自信。总的来说，在习得阳明学的过程中，南大吉比较注重具体的道德实践工夫，强调由工夫而至本体，下学而上达。这既突出了阳明学所具有的强烈的实践性格，又避免了当时阳明后学流于玄虚、荡越情识的弊病。

至于南氏兄弟所建湭西书院的具体位置，在其子南轩于明天启年间增刻的《渭南县志》中有如下记载："在湭河西岸西关街南，瑞泉南公敷教旧址。公自绍兴归，偕弟姜泉公倡明正学，远迩闻二南风者依归益众，即渭上人才科目之盛实始于此。今考公诗，其秋晓发秦村复诸生讲曰云……"[3] 可以这么说，自南氏兄弟在渭上宣讲阳明心学后，一方面使南氏家族一度成为关中巨族，另一方面又拉开了陕西阳明学的序幕。诚如冯从吾所言："文成公门人虽盛，而世传其学者，东南则称安成邹氏，西北则称渭上南氏。"[4] 将南大吉与邹守益并列为阳明心学在西北、东南的重要传人，此言当非虚说。

三、政学合一的实践样板

南大吉执政绍兴期间，修禹庙，立大禹陵碑，他题写的"大禹陵"三字，留存至今。他政绩卓著，有功于百姓，当地人尊称他为"严父""慈母""真吾师也"。王阳明在正德末年嘉靖初年回绍兴

---

[1] 南大吉：《寄马西玄仲房书》，《南大吉集》，李似珍点校整理，第78页。
[2] 南大吉：《南大吉集》，李似珍点校整理，第11页。
[3] 《渭南县志》卷二，明天启增刻本。
[4] 冯从吾：《冯从吾集》，刘学智、孙学功点校整理，西北大学出版社2014年版，第252页。

讲学,一直到嘉靖六年(1527)离越赴两广,其中有三年时间南大吉正好在绍兴做知府。在此期间,大吉事事向阳明请教,两人建立起非常密切的合作关系。他们亦师亦友,政治上相互支持,学问上默契配合,以心学治政,落实政学合一之理念,可谓"官学一体"的杰出搭档。具体地说,体现在以下几个方面。

(一)明德亲民之《亲民堂记》

南大吉在绍兴为官时,常向王阳明求学问政,阳明用"亲民"说为其点拨迷津,强调"亲民"乃为官为政之根本,而"亲民"又是建立在"明明德"的基础之上的,明德与亲民是一对不可分割的体用关系:"明明德必在于亲民,而亲民乃所以明其明德也,故曰一也。"① "至善也者,明德亲民之极则。"② 为此,阳明特地为南大吉写了《亲民堂记》一文,大吉则将府署莅政之堂命名为"亲民堂",指出"吾以亲民为职者也。吾务亲吾之民,以求明吾之明德也夫!"③

(二)讲学传道之《尊经阁记》

南大吉在绍兴时,看到全国各地来向阳明问学者日渐增多,讲学之所有所不容,特意整修稽山书院,作为阳明及其门人讲学之用,以"聚八邑彦士,身率讲习以督之"④。稽山书院是当时绍兴的最高学府,原系北宋范仲淹知越州时所创立,后来南宋朱熹曾到这里讲学,故闻名遐迩。然而,此时书院因年久失修,已破败不堪。南大吉执政绍兴的第一件大事,就是重修稽山书院,从而为阳明讲学传道提供了最好的场所。书院后面设有尊经阁,收藏了儒、道、佛的经典著作,成为天下学人向往的圣地。应南大吉之邀,王阳明特地为此写了著名的《稽山书院尊经阁》:"六经之学,其不明于世,非一朝一夕之故矣。尚功利,崇邪说,是谓乱经;习训诂,传记诵,没溺于浅闻小见,以涂天下之耳目,是谓侮经;侈淫辞,竞诡辩,

---

① 王阳明:《王阳明全集(新编本)》卷七,吴光、钱明、董平等编校,第267页。
② 王阳明:《王阳明全集(新编本)》卷七,吴光、钱明、董平等编校,第268页。
③ 王阳明:《王阳明全集(新编本)》卷七,吴光、钱明、董平等编校,第268页。
④ 王阳明:《王阳明全集(新编本)》卷三十四,吴光、钱明、董平等编校,第1299页。

饰奸心盗行,逐世垄断,而自以为通经,是谓贼经。若是者,是并其所谓记籍者,而割裂弃毁之矣,宁复知所以为尊经也乎?"①在南大吉"政学合一"方针的落实过程中,这篇《稽山书院尊经阁记》被列为当时绍兴府各书院、学校的必读教材,并且成了书肆上的畅销书,不仅读书人爱不释手,就连普通人也十分爱读。清人还将它收录进《古文观止》,成为传世的名文佳篇。

(三)治水安民之《浚河记》

渭南南姓是夏禹的后裔。明洪武年间,绍兴大禹陵即被钦定为全国应该祭祀的三十六座王陵之一。南大吉在绍兴时,又特地考定墓址,由绍兴知府花费巨资,重修禹庙,兴建碑亭,开辟大禹陵园,并亲自题写了雄浑有力的"大禹陵"三字。"大禹陵"刻碑高4.05米,宽1.9米,至今仍竖立在大禹陵中央。这是南大吉奉献给绍兴人民的一份珍贵遗产。当时,南大吉还以绍兴知府的名义,主持了隆重的祭禹典礼。据说王阳明也参加了祭禹典礼,还将大禹与秦始皇进行比较,对越中的大禹精神做了积极评价。而南大吉则继承先祖的治水精神,始终将治水安民列为头等大事。他遵循历代先贤的遗志,前仆后继,不忘治水,"尝浚郡河,开上灶溪"②。因当时绍兴城的府河跨山阴、会稽两县界,纵横贯穿于城中,成为绍兴府至关重要的交通命脉。然而那些临河而居的人家却自谋私利,不断侵占河道,搭建庐舍,致使府河渐趋壅窄,来往船舶经常堵塞,同时还导致了水灾频发,百姓苦不堪言,民生难以为继。南大吉了解到实情后,遂下令疏浚河道。刚开始曾遭到一些富家豪门的百般阻挠,甚至煽风点火,对南大吉进行恶毒诽谤,还向朝廷告黑状。王阳明为揭示真相,主持公道,剖析人心,表达民情,慨然写了《浚河记》一文。他用简洁的笔调,客观记述了南大吉浚河治越之功绩,为大吉洗清了不白之冤。当地人后将此记文刻成碑,竖立在府河边。可惜的是,原碑今已不存。后来,南大吉因触动豪强利益,遭到报复,流言遍及京师,终致获罪罢官。同时,朝中权贵视阳明心学为异端邪说,惧其泛滥,又黜责绍兴府鼓励讲学,遂使绍兴讲学之风跌到

---

① 王阳明:《王阳明全集(新编本)》卷七,吴光、钱明、董平等编校,第272页。
② 南大吉:《南大吉集》,李似珍点校整理,第165页。

低谷。绍兴人闻知大吉被罢官，设法挽留不成，皆来为他送行，阳明特地写了《送南元善序》，对南氏在绍兴的功绩大加赞赏。大吉则回信说："惟以不得闻道为恨。"[①] 未及一句荣辱得失。阳明阅之，叹曰："此非真有朝闻夕死之志者不能也。"[②]

（四）王学垂世之《传习录》

南大吉在思想上曾宗程朱之学，在接受阳明心学之后，即对程朱格物穷理的支离之学作了深刻反省，而对阳明心学愈加推崇。他尤其看重阳明的《传习录》，尝"朝观而夕玩，口诵而心求，盖亦自信之笃而窃见夫所谓道者，置之而塞乎天地，溥之而横乎四海，施诸后世，无朝夕人心之所同然者也"[③]。于是命其弟南逢吉"校续而重刻之，以传诸天下"[④]。嘉靖三年（1524）十月，逢吉刻《传习录》于绍兴。全书分上下二册，上册即徐爱等录的《传习录》，由薛侃首刻于虔州（今江西赣州），凡三卷，亦即今本《传习录》之上卷；下册为王阳明论学书八篇，并附《示弟立志说》和《训蒙大意》，即今本《传习录》之中卷。南大吉兄弟的这一续刻工作，是在极为困难的情况下进行的。因为当时朝廷贬抑王学，他们顶着极大压力，坚持校订并续刻《传习录》，对阳明学的传播和发展所做的贡献不可估量。诚如钱德洪所言："元善当时汹汹，乃能以身明斯道。卒至遭奸被斥，油油然惟以此生得闻斯学为庆。……斯录之刻，人见其有助于同志甚大，而不知其处时之甚艰也。"[⑤]

四、明代陕西阳明学的展开

阳明学在陕西的传播，与关学的发展密切相关。有明一代，关学大体经历了三个发展阶段。自明朝初期以来，程朱理学即已在全国占据独尊的地位。而这一时期的关学，虽不绝如缕，但无有力学者。直到明成化之后，以王恕、王承裕、马理、韩邦奇等人为

[①] 黄宗羲：《北方王门学案》，《明儒学案》卷二十九，沈芝盈点校，第653页。
[②] 黄宗羲：《北方王门学案》，《明儒学案》卷二十九，沈芝盈点校，第653页。
[③] 王阳明：《王阳明全集（新编本）》卷五十二，吴光、钱明、董平等编校，第2096页。
[④] 王阳明：《王阳明全集（新编本）》卷五十二，吴光、钱明、董平等编校，第2096页。
[⑤] 王阳明：《王阳明全集（新编本）》卷二，吴光、钱明、董平等编校，第44—45页。

代表的"三原学派",以既宗程朱之学、又反思程朱之弊为主要特征,故黄宗羲将"三原学派"视为关学之"别派"。① 此为明代关学的第一个发展阶段。此后,以薛瑄为代表的河东之学在关中得以传播,经薛敬之、吕柟等人的倡扬,关学始有所振兴。薛敬之、吕柟之学以程朱之学为主,又兼通朱陆二家学说,此可视为明代关学的第二个阶段。薛敬之、吕柟等为代表的学派,一般称为"关陇之学"。河东薛瑄是学宗程朱的,关学学者薛敬之受此影响,其学上接孔、曾、思、孟,尤对周、张、程、朱之学用力甚勤,特别是广泛析论理、气、心、性等理学范畴,思想上有"岐理气而二之"②的倾向。吕柟师事于薛敬之,故"接河东薛瑄之传,学以穷理实践为主"③。但是他因曾多年在南方为官,又"与湛若水、邹守益共主讲席"④,在思想上则表现出对张载之学、程朱理学与甘泉心学兼容并蓄、融会贯通的倾向。黄宗羲曾引"师说"评价"关学世有渊源,皆以躬行礼教为本,而泾野先生实集其大成";"时先生讲席,几与阳明氏中分其盛,一时笃行自好之士,多出先生之门"⑤。《明史》卷二百八十二《吕柟传》亦谓:"时天下言学者,不归王守仁,则归湛若水,独守程、朱不变者,惟柟与罗钦顺云。"南大吉之学正好处于明代关学发展的第二个时期。他在关中宣讲阳明"致良知"说时,尝与关中学者相互交流,其中与马理的交往最为密切。其父去世的墓志铭是吕柟所作,关中学者康海也为其父撰写墓碑。正因为此,南氏讲学"致良知"并没有遭到关中学者的排挤和对抗:"泾野为薛文清门人,学朱子之学;渭南二南则阳明受业弟子,各不相是,而未始不交重也。"⑥万历以后,以关中大儒冯从吾及明末清初学者李二曲为代表,关学由反思程朱逐渐转向阳明心学,同时也开始了以实学的方式反思陆王心学的空疏,以向张载思想回归的进程。这可视为明代关学发展的第三个阶段。⑦

---

① 参见黄宗羲:《三原学案》,《明儒学案》卷九,沈芝盈点校,第158页。
② 黄宗羲:《河东学案上》,《明儒学案》卷七,沈芝盈点校,第133页。
③ 张廷玉等:《吕柟传》,《明史》卷二百八十二,第7244页。
④ 张廷玉等:《吕柟传》,《明史》卷二百八十二,第7244页。
⑤ 黄宗羲:《师说》,《明儒学案》,沈芝盈点校,第11页。
⑥ 李元春:《李元春集》,王海成点校整理,西北大学出版社2015年版,第358页。
⑦ 参见刘学智:《南大吉与王阳明——兼谈阳明心学对关学的影响》,《中国哲学史》2010年第3期。

与明代关学发展的第二、三个阶段相适应，明代中后期阳明学在陕西的发展亦大致表现为三个面向，即尊朱抑王、纠王融朱和朱王合流。而以渭南南氏为代表的关中王学思潮，则不过是明代关学发展过程的组成部分，故而从南氏兄弟开始直到清代关中学人，皆在吸收和继承阳明学说的同时，对阳明学进行了纠偏和反思。下面就以吕柟、冯从吾、李颙这三位关中大儒为例，来分析一下阳明心学在陕西的发展形态。

（一）尊朱抑王

吕柟（1479—1542），字仲木，号泾野，陕西高陵人。吕柟的学术脉络，源自于薛敬之、薛瑄。二十岁的吕柟在长安开元寺见到薛敬之，从敬之那里承继了薛瑄的河东之学。在理学传承系谱中，吕柟属于程朱学脉，但从吕柟个人角度看，其与阳明本人与阳明弟子有着深刻的交往关系。至于吕柟的学术倾向，则大有回归孔孟之学、超越理学门户之势。吕柟的学术根本在于仁学，而仁学的根据却来自超越的天。他说：

> 问"致良知"。先生曰："阳明本孟子'良知'之说，提掇教人非不警切，但孟子便兼'良能'言之。且人之知行自有先后，必先知而后行，不可一偏。傅说曰：'非知之艰，行之惟艰。'圣贤亦未尝即以知为行也。纵是周子教人曰静曰诚，程子教人曰敬，张子以礼教人，诸贤之言非不善也，但亦各执其一端。且如言静，则人性偏于静者，须别求一个道理。曰诚曰敬，固学之要，但未至于诚、敬，尤当有入手处。如夫子《鲁论》之首，便只曰'学而时习'，言学则皆在其中矣。"诏曰："此可见圣人之言约以弘，辟之于天；诸子则或言日月，或言星辰，或言风云、霜露，各指其一者言之。若圣人则言天，而凡丽于天者，举在其中矣。然言天之道'於穆不已'，君子之学当'自强不息'，此希天之道也。若是，则前所谓静，所谓诚，所谓敬与礼者一以贯之矣。诏鄙见如斯，未知可否？"曰："然。"①

---

① 吕柟：《吕柟集·泾野子内篇》，赵瑞民点校整理，西北大学出版社2015年版，第75页。

由此可见，吕柟的学术重心在因人设教，而非固守一门，这足见其心胸的博大。王阳明所讲的知行合一，是从知行本体上立教，而吕柟深受关学笃实力行的影响，站在躬行的角度，批评知行合一之教，进而坚守知先行后之说。至于周敦颐的静与诚，是价值形上学的贞定，与宇宙论的太极同功，而程颐、张载的敬与礼，则只是为学的功夫路径。吕柟认为他们都只是"各指其一"，不如孔子之"言天"。从天至仁的超越及内在的一贯之道，才是吕柟所要坚守的学术路径。然而，这并不代表吕柟对王阳明也存有偏见，他不仅对嘉靖二年（1523）会试策问中焚书遏王的做法持反对立场，而且表现出极力维护王阳明的思想倾向。以吕柟为代表的关中学人，只是从为学立场出发，而对阳明的知行合一之教有所批评，尽管他对阳明知行本体的认知是不够准确的。究其原因，一是为学立场的差异；二是他与阳明本人的接触较少，而与阳明后学的接触则较多。

在后阳明时期，以王畿、钱德洪的浙中学派，王艮的泰州学派，邹守益、欧阳德的江右学派为主要三系。他们对阳明心学的阐发原本就存在差异。黄宗羲认为江右学人最得阳明真精神。吕柟与邹守益论学的次数较多，而相互争论的核心仍然以知行合一为主轴，例如：

> 先生曰："……君尝谓知便是行，向日登楼，云不至楼上，则不见楼上之物。"东郭子曰："非谓知便是行，但知便要行耳。如知戒慎就要戒慎，如知恐惧就要恐惧，知行不相离之谓也。"先生曰："若如此说，则格致固在戒慎之先矣，故必先知而后行也。"东郭子曰："圣人原未曾说知，只是说行，行得方算得知。譬如做台，须是做了台，才晓得台；譬如做衣服，须是做了，才晓得衣服。若不曾做，如何晓得？此所以必行得，方算作知。"先生曰："谓行了然后算作知亦是。但做衣服，若不先问衿多少尺寸，领多少尺寸，衿是如何缝，领是如何缝，却不错做了也？必先逐一问知过，然后方能晓得缝做，此却是要知先也。"东郭子犹未然。①

---

① 吕柟：《吕柟集·泾野子内篇》，赵瑞民点校整理，第104页。

邹守益此处所讲的"知"是良知，须从"行"中实现良知之发用。而吕柟则恪守其一贯的实行立场，主张先穷理而后尽性，知先行后，以为唯如此才是做台、做衣服的实际次第。两人的学术立场和对知行的把握不同，以及所导致的思想差异，由此可见一斑。因此可以说，关中学人对心学的发展，是站在关学笃实力行的立场，从尊朱抑王的角度，来审视和把握心学的。

（二）纠王融朱

冯从吾（1557—1627），字仲好，号少墟，西安府长安县（今西安市）人。万历十七年（1589）进士，改庶吉士，后改御史。又起工部尚书，不久以疾辞。阉党败后，诏复官，易名恭定。一生多事讲学，曾在京城创办首善书院，返归长安后，又创办关中书院，"一意探讨学术源流异同"①。其学尝"与邹元标、高攀龙鼎足相映"，世推"南邹北冯"②，又被誉为"与张横渠、吕泾野鼎足关西"③之大儒，甚至推崇冯氏之学为"海内外诵法孔氏者之指南"，可与阳明"先后相望，而并为明儒宗"④。这些说法或有过誉之嫌，但仍可窥见冯从吾在当时的影响力和学术地位。

冯从吾的学风，既承继张载躬行礼教、崇尚气节的关学宗风，又顺应明末学术向实学转向的大趋势。"敦本尚实""崇正辟邪"，勇于"造道"、学贵"自得"，是其学风的集中体现；将学风的转变与乡风、士风的改变相结合，"崇真尚简"、力变风气，是其学风的重要特征。而从吾的学术倾向，则可概括为敦本尚实、崇真尚简；反对追末务虚、饰伪空谈，主张崇正辟邪，力斥异端邪说；强调学术有"主"，贵为"自得"，绝斥支离，力戒空泛；尚不苟之节操，重躬行之实践。⑤从从吾身上，我们不仅可以窥见明末关学的实学特征以及中国学术向实学转化的动向，而且还可以从其师承关系以及与阳明后学的频繁交往中揭示出他的心学诉求和为学宗旨。但在黄宗羲的《明儒学案》中，陕西关中地区仅提及南大吉一人，而冯从

---

① 王心敬：《少墟冯先生传》，冯从吾：《冯从吾集》，刘学智、孙学功点校整理，第677页。
② 冯从吾：《冯从吾集》，刘学智、孙学功编校，第563页。
③ 陈继儒：《冯少墟先生集叙》，冯从吾：《冯从吾集》，刘学智、孙学功点校整理，第24页。
④ 韩梅：《池阳语录序》，冯从吾：《冯从吾集》，刘学智、孙学功点校整理，第205页。
⑤ 参见刘学智：《冯从吾与关学学风》，《中国哲学史》2002年第3期。

吾则被列入"甘泉学案",这虽然是基于冯氏的师承关系,同时也考虑到他融摄心学的关学特质,以及在晚明王学空疏学风日渐泛滥之际,能以救时弊为己任,形成独特的思想个性,开出明末关中学术避虚就实的风气和思潮,但在学派分类上所具有的局限性,尤其对关学与心学互动交涉的复杂情况未能予以具体揭示的较大缺憾,也是不言而喻的。

冯从吾对阳明心学的融摄,来自其父冯友的教导。从吾九岁时,冯友尝手书王阳明"个个人心有仲尼"之诗句,来开启他的心扉,以对其进行心学启蒙教育。从吾在太学时,恰遇湛若水的再传弟子许孚远,遂归其门下。因此可以说,冯从吾接受阳明心学,家父的教诲和许师的引导起了关键性作用。但从吾对阳明学说的把握,仅聚焦于"致良知"一说,而将其他学说皆归于其中。他在《越中述传序》中尝曰:

> 昔王文成公讲学东南,从游者几半天下,而吾关中则有南元善、元贞二先生云,故文成公之言曰:"关中自横渠后,振发兴起将必自元善昆季始。"二先生录公语几数万言,藏之家塾,元贞先生孙子兴太史仿苏季明校《正蒙》例,离为四篇,曰《立志》《格物》《从政》《教人》,总题曰《越中述传》,而属余为序。余惟文成公之学,一"致良知"尽之矣,今离而为四,何也?曰:"此正所以致良知也。"①

当时正值阳明后学盛行天下的明代末年,一部分人以王阳明四句教中的"无善无恶心之体"为宗旨,空谈玄妙,目空一切。所导致的弊端,一方面是无视礼义的"空",另一方面是乡愿表现的"混"。对此,冯从吾做出了"论本体而不用工夫,则悬空谈体,必失之捷径猖狂"②的有力回应。所以他一方面援引和强化主敬工夫,另一方面批判和绝斥无善无恶,继而以心学为主导,整合程、朱、陆、王,以矫正王学之弊端。比如针对"无善无恶心之体",他强

---

① 冯从吾:《冯从吾集》,刘学智、孙学功点校整理,第251页。
② 冯从吾:《冯从吾集》,刘学智、孙学功点校整理,第288页。

调"有善无恶为心之体",指出:"其灵明处就是善,其所以能知善知恶处就是善,则心体之有善无恶可知也"①。既然心体是有善无恶的,那么对于心体与工夫的贞定,便在于"识得本体,自然好做工夫"②。而心体之善的最终落实,又在于"必当一念方动之时而慎之,而后能中节尽道"③的慎独工夫。换言之,慎独工夫的实现,乃是达成心体之善的先决条件。但在纠偏过程中,冯从吾的心学立场仍十分坚定,其宗旨或根本诉求,依然是"自古圣贤学问,总只在心上用功"④。他对王学的批评,主要是针对阳明后学的,而对王学的融摄,也是建立在纠偏阳明后学、融通程朱的基础之上的。这种纠王融朱的学术风格,不仅体现了关中王学的思想特质,而且也反映了冯从吾的学术个性。

(三)朱王合流

关中历来就有关学的学脉传承系统,明代后期随着朱王之争越演越烈,关中学人对王学的发展,主要是站在朱王会通的立场上,通过批评,以矫正阳明后学的狂禅倾向。而最终融通诸家之长,形成体用之全学的,当属明末清初的关中大儒李颙。

李颙(1627—1705),字中孚,陕西周至人,世称二曲先生。关于李颙之学,《清儒学案》有如下概述:"论学以悔过自新为宗旨,以静坐观心为入手。谓学者当先观象山、慈湖、阳明、白沙之书,阐明心性,直指本初,然后取二程、朱子及康斋、敬轩、泾野、整庵之书玩索,以尽践履之功,下学上达,一以贯之。至诸儒之说,醇驳相间,当善读之。不然,醇厚者乏通慧,颖悟者杂竺乾,不问是朱是陆,皆未能于道有得也。"⑤这实际上是把融通百家、不执门户作为李颙的为学宗旨。不过,关于李颙的为学方法,除了"以悔过自新为宗旨,以静坐观心为入手",还应加上"以躬行践履为先务"。此外,李颙之学虽于程、朱、陆、王取其相资而成,但仍以阳

---

① 冯从吾:《冯从吾集》,刘学智、孙学功点校整理,第302页。
② 冯从吾:《冯从吾集》,刘学智、孙学功点校整理,第145页。
③ 冯从吾:《冯从吾集》,刘学智、孙学功点校整理,第272页。
④ 冯从吾:《冯从吾集》,刘学智、孙学功点校整理,第32页。
⑤ 徐世昌等编纂:《二曲学案》,《清儒学案》卷二十九,沈芝盈、梁运华点校,中华书局2006年版,第1095页。

明学为主体。他尝曰：

> 周、程、张、朱、薛、胡、罗、吕、顾、高、冯、辛乃孔门曾、卜流派，其为学也，则古称先，笃信圣人；陆、吴、陈、王、心斋、龙溪、近溪、海门乃邹、孟学派，其为学也，反己自认，不靠见闻亦不离见闻。吾儒学术有此两派，犹异端禅家之有南能北秀，各有所见，各有所得，合并归一，学斯无偏。①

这里所谓的"合并归一"，实乃归一于阳明学，在李颙看来，唯如此，才能做到"学斯无偏"。而李颙对阳明心学的参悟与推崇，又源自于其本人与王阳明近乎相同的悟道经历。据《二曲先生年谱》"顺治十四年丁酉"条记载：

> 夏秋之交，患病静摄，深有感于"默坐澄心"之说，于是一味切己自反，以心观心。久之，觉灵机天趣，流盎满前，彻首彻尾，本自光明。太息曰："学所以明性而已，性明则见道，道见则心化，心化则物理俱融。跃鱼飞鸢，莫非天机；易简广大，本无欠缺；守约施博，无俟外索。若专靠闻见为活计，凭耳目作把柄，犹种树而不培根，枝枝叶叶外头寻，惑也久矣。"②

由于悟道经历相似，所以李颙在为学指向上也从外在功夫转向了内在功夫，强调"以心观心""默坐澄心"。而他所谓的"悔过自新说"和"明体适用"之学，亦最终体现在了矫正人心上，尝叹曰："治乱生于人心，人心不正则致治无由，学术不明则人心不正。故今日急务，莫先于明学术，以提醒天下之人心。"③正因为此，他对王阳明的致良知说赞赏备至，尝曰：

> 先生始拈"致良知"三字，以泄千载不传之秘，一言之下，

---

① 李颙：《二曲集》卷十五，陈俊民点校，第136页。
② 李颙：《二曲集》附录三，陈俊民点校，第634页。
③ 李颙：《二曲集》附录三，陈俊民点校，第651页。

令人洞彻本面，愚夫愚妇咸可循之以入道，此万世功也。①

不仅如此，李颙还把对致良知的推崇，贯彻落实到"明体适用"上。所谓"明体"，即倡明良知之体；所谓"适用"，即以学术矫正世道人心。而体用兼全的极致，则在修、齐、治、平的落实。总之，李颙是立足于关中学人的立场，把当时对王学的批评和融摄，统统聚焦于对"明体适用"的阐释和转化。

五、清代陕西阳明学的转型

清代阳明学在陕西的发展及其特质，不同于明代阳明学，也有别于其他地域阳明学。由于受到西学影响，加之明亡之教训，清代阳明学已从性理之学的讨论，复归到传统的孔孟理路上，并以此开创出有清一代的实学思潮。

在清朝初期，以李颙、王心敬为代表的关中学人，以陆王心学为主导，汇通其他理学大家的思想，别具一格，开出新路。就以王心敬为例。王心敬（1656—1738），字尔缉，学者称丰川先生，陕西鄠县（今户县）人。李颙的嫡传弟子。对于王心敬的学术思想，可以一方面以《大学》"明新止善"②为其学术宗旨，另一方面以"愿学孟子"③为其学问指向来加以定位。其次子王功尝以此为疑，王心敬却说："盖我愿学孟子者，心心相印。而论学宗《大学》者，则溯源穷本，抑又斟酌方药之时宜耳！"④王心敬学孟子，是一种以孟子为榜样的推许；宗《大学》，是为了回归儒学本身，而并非讨论朱王是非。然而，由于其师承来源于李颙，因而其学术也多有从心学的角度予以发扬，进而强调"立大本为吾道首重之条理，而致良知亦吾道应有之脉络"⑤。具体来说，王心敬的学术根柢在于其对天道观的思考。他认为，从人之所以为人来看，天道之气的清纯全在人身上，人禀赋此气而生；从人的所当然的道德法则来看，天理也在

---

① 李颙：《二曲集》卷七，陈俊民点校，第49页。
② 王心敬：《王心敬集》，刘宗镐、苏鹏点校整理，西北大学出版社2015年版，第898页。
③ 王心敬：《王心敬集》，刘宗镐、苏鹏点校整理，第897页。
④ 王心敬：《王心敬集》，刘宗镐、苏鹏点校整理，第899页。
⑤ 王心敬：《王心敬集》，刘宗镐、苏鹏点校整理，第897页。

心中;任何所当然的道德伦理都在心中,除此之外,任何所应然的自然物理也在心中。

王心敬还说过:"就体统论道、论学,则性为道体,敬为学功。"① 所谓道体、学功,是王心敬为纠偏阳明后学流入虚寂之弊端而提出的兼本体、兼功夫的提法。他认为,就道体而言,德性必须在体究践履中落实,如此方能"体本同归,用亦兼到"②。不难看出,王心敬对于心性之学的思考,是站在阳明学的立场上的。但是由于阳明后学弊端丛生,王心敬不得不从孔孟源头和朱子那里,将"持敬"功夫回归于本体。而他所说的"体",即是德性之"性",至善无恶;所说的"用",则是指心;其中的功夫是"持敬",以"持敬"功夫变化气质,从而使性复归德性。所以"体本同归,用亦兼到"的学术取向,用他的话说即为:

> 大抵老朽平日言人,必以孔孟为宗,而如濂、洛、关、闽、河、会、姚、泾皆身所未能,皆意所钦仰,而学则不愿。言道以大学为宗,而主敬、存诚、主静、穷理、立大本、致良知,皆意中所取资、修中所体备,而要非精神意向所专注。盖谓舍孔孟而他宗,纵非支庶,要非大宗也。③

此处,乃以孔孟为宗,其余学术、功夫、指向皆为"取资"。这便是王心敬原儒纠王或纠偏理学颓势的学术取向。然而,针对王阳明的"知行合一"说,他却说:

> 知是知此行,行是行此知,所谓体本同归也。能时时真知,即是力行,能往往力行,即是真知,所谓工夫亦兼到也。④

此处,王心敬将"知"视为体认自己心中的天理,将"行"视为对此天理的落实。认为当自我体认非常笃实时,就已经在行,落实自心天理到达精一明白时,就是自我体认自心天理已经熟练了;

---

① 王心敬:《王心敬集》,刘宗镐、苏鹏点校整理,第689页。
② 王心敬:《王心敬集》,刘宗镐、苏鹏点校整理,第708页。
③ 王心敬:《王心敬集》,刘宗镐、苏鹏点校整理,第699页。
④ 王心敬:《王心敬集》,刘宗镐、苏鹏点校整理,第708页。

而以此"全体大用，真知实践"①，将天理、我心、践行打成一片，这便是王心敬对知行合一论的精准升华。

总而言之，作为关中学人，王心敬乃是回归孔孟本源处来审视学术之发展。他虽然承继了李颙的心学脉络，但在面对阳明后学之流弊时，又不得不援引孔孟和朱子的功夫论，用兼本体、兼功夫，"体本同归，用亦兼到"的"原儒纠王"的发展逻辑来矫正思想界的弊端。到了清朝中期的时候，随着康熙皇帝大力提倡程朱理学，刊刻《朱子大全》，在关中大地上，朱子学逐渐恢复了其一家独尊的地位，不少关中学人，例如张秉直（1695—1761）、孙景烈（1706—1782）、李元春（1769—1854）、贺瑞麟（1824—1893）等学人，大抵都是在严格恪守程朱理学的基础上进行思想阐发，且大都对陆王心学颇有微词。

清代晚期，鸦片战争打开了清朝闭关锁国的大门，西学东渐，半封建半殖民地的社会背景造成了很多社会矛盾、阶级矛盾与民族矛盾。此时，以刘光蕡为代表的关中学人，逐渐离开了朱子学或传统理学的框架，一步步地朝着心学与实学相结合的方向，来推进关中学术的发展。

刘光蕡（1843—1903），字焕唐，号古愚，陕西咸阳天阁村人。刘古愚所生存的年代，正是国家极度混乱衰败与倍受欺凌的清代晚期。他在陕西积极推进教育体制改革，并加入维新阵营，晚年隐居讲学。他不仅是关学的忠实坚守者，也是以阳明学为根基的践行人，更是陕西学人在清末最后一名以良知之学去躬行实践的教育家。康有为在《烟霞草堂文集序》中曾评价刘古愚说："以良知不昧为基，以利用前民为施，笃行而广知，学古审时，至诚而集虚，劬躬而焦思，忧中国之危，惧大教之凌夷而思救之，以是教其徒，号于世，五升之饭不饱，不敢忘忧天下，昧昧吾思之，则咸阳之刘古愚先生有之。"②陈三立在《刘古愚先生传》中亦尝谓："当是时，中国久积弱，屡被外侮，先生愤慨务通经致用，灌输新学、新法、新器以救之。以此为学，亦以此为教。历主泾阳泾干、味经、崇实诸书院。

---

① 王心敬：《王心敬集》，刘宗镐、苏鹏点校整理，第725页。
② 刘光蕡：《刘光蕡集》，武占江点校整理，西北大学出版社2015年版，第7页。

其法分课编日程,躬与切摩,强聒不舍。"① 由此可以看出,刘古愚在面对列强侵华的巨大压力下,始终践行着一名儒者的担当。面对西学,他并不一味排斥,而是以一种学习和包容的态度接纳新的思想文化,并立志讲学教化,以唤醒民众。对于基督教、佛教的态度,刘古愚一反前人的拒斥心理,认为这些可以与儒学并存。

具体而言,从刘古愚的为学方向看,有别于清朝中期的关学风向,一改重朱子学轻阳明学的倾向,甚至可谓导源于姚江,"以良知不昧为基"。其学术著作亦带有一定的陆王心学的精神,例如:

> "以我观书",即"六经皆我注脚"之谓,此"我"字即"万物皆备于我"之"我"。六经所言,不过万物之理,而理皆备于吾心,所谓"圣人先得我心之同然"也。以书印证我,以我印证书,此是穷理修身要法。训诂、词章、考据之习,孟子若预防其弊也。②

此段议论,是刘古愚《孟子性善备万物图说》中所提及的为学方向,大有陆九渊"学苟知本,六经皆我注脚"③之精神,亦有阳明良知心学的狂者胸次。

在这种导源姚江,凸显道德主体,与西方文化相接轨的学术取向中,刘古愚还深刻认识到对于当时的政治社会必须进行大胆革新。晚年,他因支持戊戌维新变法而遭到朝廷打压,以致双眼失明。神奇的是,在他双眼失明的这段时期,因发明了拼音注音的便捷的识字方法,双眼居然复明。

在遭到朝廷的严厉打压之后,刘古愚并没有灰心丧气,而是在陕西礼泉县九峻山烟霞洞开办私塾。在传统的经世致用之学的导向下,他一方面回归到陆王心学的真精神中,另一方面又全身心地投入社会实践中,在技术领域也取得了不小的成绩。比如改造了当时的纺织机器,研发出新的纺织机,其功能运转,是老的纺织机器的24倍。

---

① 刘光蕡:《刘光蕡集》,武占江点校整理,第3页。
② 刘光蕡:《刘光蕡集》,武占江点校整理,第479—480页。
③ 陆九渊:《语录》,《陆九渊集》卷三十四,钟哲点校,中华书局1980年版,第395页。

而这与刘古愚在教授门徒的过程中十分注重西方自然科学的研究有很大关系。他在味经书院讲学时，培养了一群非常优秀的门人，比如国民党元老于右任，大公报主笔、近代报业巨子张季鸾、水利专家李仪祉等。为了更加有利于实学与心学的落地，刘古愚还与康有为、梁启超等人南北呼应，创立了"味经讲会""女学会""不缠足会"等维新机构，并且创办了《时务斋随录》的维新杂志，从而有力推动了变法思想的宣传和维新精神的贯彻。因此，当时刘古愚与康有为有"南康北刘"之称。

　　在此基础上，刘古愚还将阳明心学落实在实学实行之中，诚如其阐释格物论时所言：

> 中国格物何尝遗及一草一木？然千古人患之兴，岂一草一木之故乎？抑以伦理之不存也。故谓中国之衰，由于空谈性命，而不实征诸事物，则是谓中国孔子所传格物之说，仅重伦理而遗万物，则非也……吾尝谓西人谈理不如中国之精，而精于治事，西人大不以为然，贻书辨论，则西人格物必先尽性，明矣！尽性不为善去恶，其道何由？阳明以"格物"为"诚意"之功夫者，此也。艳西人而弃身心性命之修，此近人所谓西学不患不兴，而患中学之先亡也。[①]

　　此一番慷慨陈词，令人动容。刘古愚之导源姚江，转型于实学实行之中，敞开心胸，以求革新图强，至今亦有其学习价值。在刘古愚的晚年，又以讲学传道的儒者使命感，应陕甘总督崧蕃的邀请，赴兰州创办兰州大学堂，并亲自讲学一月有余。1903年，正当刘古愚踌躇满志地担任兰州大学堂总教习，一心想要恢复左宗棠的纺织设备，重新开办工厂之际，不幸染上瘴气，急促之间，悄然离世。

六、结束语

　　自张载以后，关学兴起，王阳明在时，关中学人继承了张载的

[①] 刘光蕡：《刘光蕡集》，武占江点校整理，第20—21页。

天道客观性。渭南南大吉将心学带回关中以后，关学出现了心性化的转变趋势。"但关中阳明学绝非是对阳明学说的生搬硬套，它有着自己独特的发展模式，其发展过程中学术性认同与地域性认同之间的激荡互动，最终成就了关中地域化的阳明学。它首先表现为南大吉家学源流对阳明学的传承以及与张载学术思想的相互融合。此后则在冯从吾的《关学编》及其续补编中勾勒出阳明学在关中的发展脉络，即从传播阳明学到'关中始有王学'，这为思想史发展的历史性作了一个间接的陈述与记载，同时也是从学派意识层面对哲学史进行的阐释与建构。最终在李二曲思想中走到了对阳明心学和朱子理学两种思潮的系统性整合的新关学架构之中。可见，阳明学的关中地域化，即是明清关学发展的一个重要面相，亦是阳明学转化与关中学术转型之间双向互动的结果。"①

通过本章之叙述，可以认为，无论是地域性差异，还是纵向的继承或横向的拓展，都会在历史演进的脉络和格局下，进行"一物两体"②式的融合发展。而其最终指向，仍是和谐的共生与融合；其最终落实点，仍在"明学术、醒人心"上。③

（王童、钱明撰稿）

---

① 秦秦：《从"北方王门"到"关学"：阳明学的地域化研究——以关中南大吉为中心》，《福建论坛（人文社会科学版）》2020年第4期。
② 张载：《正蒙》，《张载集》，章锡琛点校，中华书局1978年版，第10页。
③ 李颙：《二曲集·前言》，陈俊民点校，第2页。

附录：最早来浙考察王阳明遗迹之日本人日记两种

一、高濑武次郎[①]《参拜王阳明先生祠堂》[②]

日本大正二年（1913）四月二十五日下午四点半，（我）[③]在上海十六铺码头乘坐"宁绍号"蒸汽船前往南方的宁波。夜间航海，四周景色一点都看不清，且风力较强，船体摇晃得厉害，但船只却在我熟睡中安全地向前航行着。四月二十六早上六点，船抵达宁波港的江北岸，当地一家日本旅社——"中村旅馆"的负责人到码头来接了我。他把我直接带上岸，在该旅馆吃过早餐，稍作休息后，便冒着毛毛细雨，离开旅馆，乘坐上午九点的小轮船，前往余姚。

浙江省宁波府的宁波城，当时只有二十五六名日本人，几乎没有任何势力可言。据说这些日本人都属于设在上海的日本总领事馆的管辖，而宁波只设有英国总领事馆。在此之前，听说宁波居住着百余名日本人，后渐渐减少，今后或许会再次增多。宁波海关的首席，是位英国人，次席是日本人大洮某，其他的基本上是商人。城外的共同租借地，占地虽然不大，但要比地处宁波城内的上海城之中国街大多了，商业也非常繁华，出入宁波港的各类船舶都停泊在江岸，上下船等都比较方便。从宁波到余姚县的定期轮船，每日一至二班，行驶船的河道比较狭窄，不像运河那样有阵阵波浪。船室里的安静程度，犹如躺在榻榻米上。

从宁波城出发后，轮船朝西北而行。行走的河道，差不多只有一条街或一条半街那么宽。随着轮船的前行，宁波城附近的山陵渐渐变得模糊，但两岸的大小山脉却逐渐清晰起来。我买的船票是一等座，只需四十钱，设施尽管简略，但船员至为亲切。河岸两边，

[①] 高濑武次郎（1869—1950），东京大学博士、教授，日本近代著名阳明学专家。主要著作有《中国哲学史》《日本之阳明学》《阳明主义的修养》《王阳明详传》等。
[②] 译自高濑武次郎《参拜日记》，第271—300页。文末有（东）正堂附注："大正四年（1915）五月二十八日惺轩（高濑武次郎号惺轩）书。"该件是2008年4月25日由日本福冈县小郡市"王阳明研究所"所长池末美光赠与笔者。东正堂是东泽泻之子，日本阳明学会主干事，在明治年间刊行了《王学杂志》《阳明学》。
[③] 括弧里的字句，除注明作者"附注"外，均系译注者根据上下文之意补入，以便于读者理解。

村落连着村落，偶尔也能看见像是企业公司的大型建筑。远近各处，树木茂密，房屋式样酷似日本内地，近旁寺庙的墙壁大都被涂成红色。田地肥沃，皆能耕作，农产物一定非常丰富，想必此地的中国米或许比日本米还要好吃。在日本内地，说起中国米，都以为是不好的米，其实并不一定。我在上海吃的中国米就要比日本的上等米还要好吃。

轮船前行至正午时分，船客们观赏起两岸诸山的风景。两岸诸山，松树及其他杂木，繁盛茂密，绿色悠悠。该船几乎坐满了船客。在尽情畅谈的人群中，有中国南北两地不同的口音，仅会一点点北京官话的我不太听得懂他们的谈话。于是，我便试着与船客中一位想必是余姚城里读过一些书的人进行笔谈。我问起余姚城里王阳明先生、朱舜水先生等的遗迹，这位船客回答说，王阳明的祠堂在龙泉山上，其子孙中有位叫"王绍周"的人，是前清时的"庠序"①。除此之外，他还谈到当地读书人很少、朱舜水祠已经没有了等事情。这位船客的十二岁的儿子，在一旁用铅笔在我的笔记本上写道："阳明十四月生，五岁不能言。"我又问阳明洞在哪里？其父回答说不知道，此时这个小孩又用铅笔写道："王阳明读书在阳明洞。"一个年仅十二岁的小孩，都如此熟悉阳明先生的事，真不愧是余姚城的人啊！该孩童还知道阳明洞的所在地（附注：据《阳明先生年谱》记载，阳明先生生于余姚，但从龙山公开始已移居绍兴府的越城，而阳明先生所谓的阳明洞就在越城东南二十里的地方②）。另外，我还问他有没有（知不知道）王阳明自笔的遗碑，他回答说："龙泉山麓关帝庙前的'第一山'三个大字的巨碑就是阳明先生的自笔。"除此之外，就很难了解到其他东西了。

就这样，船在下午四点抵达余姚城外的小港。但令人担心的是，我没看到心中期待的、拿着牌子前来接客的旅馆掌柜或者旅馆的其他人。不得已，我只好自己拿着行李上了岸，找了个当地的苦力，让他带我去"客舍"。可是两人的语言交流更加困难，弄得我一筹莫展，只好用带着的洋伞的顶部，在地上写了"客舍"二字，并发

---

① "庠序"是指古代的地方学校，《孟子·滕文公上》："夏曰校，殷曰序，周曰庠。"后也泛称从事学校或教育事业的人。
② 括号中的"附注"，皆为作者之原注，下同。

音说"カーサン"。那个苦力看上去渐渐明白了我的意思，于是便提着我的行李，带我去了家旅馆。这家旅馆叫"望江栈"（又叫楼），盖因临姚江而建之故。这家客栈是个极为粗陋的"木赁宿"①，仅可以住宿，为了我，还不得不准备饮食。在旅馆里我吃了一个从小商贩那里买来的像是扁平馒头一样的油炸食品和四个生鸡蛋，吃完后就去附近雇了个识字的向导，出发去阳明先生祠庙所在地龙泉山。

余姚城里的街道全部是用扁石铺垫而成，雨中行走也不会泥泞，但脚下容易打滑，步行颇为困难。我冒着细雨，登到龙泉山麓。据说把此山命名为龙泉山，是因为山上有两处小小的清泉。这两处清泉虽然水比较浅，但却是自古有名的清井。从龙泉山麓踏着石阶而上，约数十米的地方见到了龙山书院，再往上登，就是王龙山公的祠堂了。堂内有龙山公的塑像及其神位大牌。龙山公的像，身穿吏部尚书的官服，手握玉笏，端庄而坐，姿势极其温雅。塑像前放着"明敕新建伯前翰林院修撰南京吏部尚书讳华龙山王公神位"。堂前题云"王龙山公祠"。塑像上方是同治五年（1866）六月下旬邵百濂②所书的"垂裕后昆"的匾额，匾额左端立有里人重建碑记。塑像前的大石案上列置着香炉、华立、蜡烛台等。

王阳明先生祠就在王龙山公祠的左方，祠内有阳明先生的塑像和神位巨牌，神位云"明赠新建侯原任新建伯南京兵部尚书兼都察院左都御史王讳守仁谥文成阳明先生位"。阳明先生神位的右方有云"明进士祈③州知州升南京兵部员外郎转工部郎中爱字曰仁横山徐公位"；左方有云"明国子监丞升刑部主事迁员外郎署陕西司讳德洪字洪甫绪山钱公位"。阳明先生的神位大，而横山、绪山两位的神位略小，盖因徐、钱二公皆生于余姚县，并皆为阳明先生高弟之故，所以皆被附祀于此。阳明先生的像也是坐像，蓄着很细的黑色胡须，

---

① "木赁宿"是江户时期各街道最便宜的旅馆。旅馆不提供食物，旅行者必须自炊甚至要自带被褥，也被称为"木钱宿"。"木赁"的"木"是柴火的意思，也就是只收柴火费的旅馆的意思。住宿的时候还必须支付炉灶和水井的费用。
② "百"字为"日"字之误。邵曰濂（？—1901），原名维城，字子长，号莲伯，余姚北城人。清同治进士，外交名臣。善书法，所书"文献名邦"匾额墨迹现存故里。后人评其书云：纵横跌宕，驰骋自喜，英俊之气，跃然纸上。
③ "祈"字为"祁"字之误。

身穿兵部尚书的官服，手握玉笏①，端庄而坐。龙山公有白色长长的胡须，面色微带淡红，脸庞肥满，而阳明先生则看上去是脸庞瘦长，面色浅黑，炯炯有神，极为严峻的容貌。

阳明先生祠前题写着"王文成公祠"，其像的上方有一匾额，是乾隆帝御笔的"名世真才"四个字。像前石案上放着与龙山公祠一样的香炉、华立、蜡烛台等。乾隆帝御笔的匾额旁还有一块匾额，写着"古三不朽"四字，由同治丙寅年（1866）暮春谷旦同里后学叶墀、洪宗敏、诸福膺、邵庆莹、诸观重建。

阳明先生祠堂内有许多对联，现揭示其中的二三幅内容如下：

公真旷世奇才，卅载谟猷，砥赣江流，平闽海波，扫粤峤蛮烟，明代功勋昭史册②；——光绪三十年甲辰孟冬谷旦（右方③）

我向贵山私淑，三年讲习，登寅宾堂④，游（乎）君子亭，访玩易居室，故乡文化有师承。——权知余姚县事紫泉后学胡为和谨撰（左方）

又有对联，曰：

精旨并鹅湖鹿洞，长⑤悬尊德性道问学，原无两歧事；——白山定育撰（右方）

湛心自虎穴龙场，不动寄岩疆临大节，斯诚君子人。——

---

① 据民国年间余重耀著《阳明先生传纂》载："王文成遗像碑，在余姚龙山万筠轩。冠带袍笏立像。万历乙亥（1575）仲冬。"（上海中华书局1923年版，第44页）此记载源自光绪《余姚县志·金石志》卷十六。县志中完整的记录是："王文成遗像碑（万历三年）。冠带袍笏立像，万历乙亥仲冬吉旦侄子王□□□龙山之万筠轩。"而高瀬武次郎看见的是冠带袍笏坐像，且供奉在阳明祠内。这说明，余重耀著《传纂》，所涉阳明遗迹等资料，大都根据《余姚县志》，而并非出自实地考察。余重耀（1876—1954），别号遁庐，浙江诸暨高沿湖村人。光绪二十九年（1903）举人，辛亥革命后任建德知县，1919年任江苏督军署秘书长兼淮盐总栈栈长，1924年任浙江省长公署、督军署机要秘书、主任秘书，后聘为之江大学文学系教授。作为浙江人又在浙江为官从教多年的文化人，余重耀著《传纂》时不去进行实地考察，与差不多同时不远千里来浙江考察阳明遗迹的高瀬武次郎、诸桥辙次等人形成了鲜明对比，其中之原委，值得深思。

② "册"字，童集寅《参谒阳明祠及龙山书院后记》作"策"；下句"游君子亭"之"游"字作"过"，见《余姚三哲纪念集》，余姚县立民众教育馆1935年版，第188页。

③ "右方""左方"皆为原作者所注，下同。

④ 又称"宾阳堂"。

⑤ "长"字，童集寅《参谒阳明祠及龙山书院后记》作"去"，见《余姚三哲纪念集》第188页。

同治丙寅同里后学诸福膺、华埠、都（邵字之笔误）庆莹、诸观重立（左方）

其旁也有对联，曰：

节略震前朝，幸今日庙貌崇新，坐镇十万户蔀屋茅檐，顿洗干戈①腥秽；——知县余姚事，津门陶云升（左方）

良知开后学，想当时居心忧患，历冒四三年山岚川瘴，遂深孔孟渊源。——同治四年仲冬谷旦（右方）

此外，阳明先生祠内还有顺治五年（1648）建的一块大石碑，但中间有处大的破损，文字也不能完整读出。又有块助祭田碑，是乾隆十五年（1750）十月建的。②

这一天，重云把白日遮蔽，天上飘着毛毛细雨，我静静地站在两先生的祠堂前，睁大双眼，极目远眺：流淌着的姚江水，绿野茫茫，一望无际，山脚下的余姚城一览无余，远近诸山在缥缈的烟雾中时隐时现。龙泉山高约一百多米，周围二里许，树木虽不那么多，但大小岩石随处屹立。呜呼！这就是姚江之伟人们思索吟哦、逍遥游乐的仙

---

① "干戈"，童集寅《参谒阳明祠及龙山书院后记》作"自我"，下句"历冒"之"冒"字作"昌"。
② 据诸焕灿《二王祠追踪》（《余姚日报》2017年1月13日）一文介绍，"二王祠"规模不大，最初由明代大学士徐阶于嘉靖十四年（1535）动议兴建，曰"新建伯祠"，后由巡按浙江监察御史傅凤翔完成于此，三间，设立"阳明牌位"祭祀之。东侧建"海日祠"，以祭祀王阳明之父、南京吏部尚书王华，三间；二祠合称"二王祠"。明万历年间，建神龛二座，冠带袍笏塑像。据史载：王阳明谪贵州龙场驿丞时，受山岚瘴气熏染，故此塑像脸带青色；以学生徐爱、钱德洪配享，春秋祭祀。明末清初，"中天阁""二王祠"被毁。清顺治八年（1651），由知县胥庭清重修。至乾隆时，县知事刘长城在中天阁创办"龙山书院"，聘请著名儒学大师宗涤楼、杨泰亨等来书院讲学。咸丰末年，太平军东进入浙，占据余姚城，驻兵龙泉山，由于非佛非儒，山上儒学祠宇和佛道寺庙建筑多遭毁损，所有树木被砍伐，"二王祠"亦遭到重大摧残。同治初年，被没收的"十八局"局头黄春生百亩田产充作"龙山书院"学费，即由"龙山书院"拨款重修"中天阁"和"二王祠"。至1927年，"二王祠"已是楹栋霉蚀，神龛裸室，浸凌于风雨之中。时由蔡元培推荐堵福诜再任余姚县县长，堵县长莅任余姚，见"二王祠"破败不堪，即于1931年冬倡议重修"二王祠"，写有《倡议修建余姚二王祠缘启》一文。既有县长之倡议于前，又有乡邦士大夫解囊于后，遂指派邵之传董其事，于原有六间的基础上再加建一间，合成七间。祠四周筑围墙，南向门额悬挂由马一浮题写的"二王祠"匾额，书家于右任及省长张难先等题楹联，祠貌焕然一新。1941年，日军战火烧到浙东，余姚沦陷，龙泉山由日军警备队驻扎，禁民上山，山上建筑均遭破坏，"二王祠"内王华、王阳明衣冠亦被日军窃到日本。1949年5月，余姚在新中国成立后，山上文物建筑得以择要修葺，处于山间最上方的"二王祠"，因破败严重故难以修复。后来破旧祠宇逐渐倒塌，祠材等先后被挪用、搬空，直至今天，已被岁月的风雨吹打得只剩下一片荒凉的空地。

境啊！英灵永驻于姚江龙山之间，予今从远方而来，凭吊两先生遗迹，俯仰追思，恍惚就像与英灵在交接，感兴极其深。

阳明先生祠边上居住着守祠人，从祠前往下走六七阶台阶，有一处写着"阳明先生讲学处"之匾额的学堂，它的外侧有写着"龙山书院"四个大字的匾额。此山作为龙山、阳明两先生讲学育英之地，此学堂就是它的真正遗物。堂宇几经改筑，堂的内外都还清新，至今仍作为附近学子们的学舍。其对联曰："中外光日月（右方），历代感景云（左方）。"① 在讲学处的前庭的古墙上，刻写着"重建书院碑""助田碑记"以及记有乾隆二十五年（1760）夏四月的"新建龙山书院碑记"。它的旁边是祀奉刘长城（按：乾隆二十四年县知事刘长城在中天阁创办"龙山书院"，聘请著名儒学大师宗涤楼、杨泰亨等来书院讲学。后人特建祠纪念之）的古祠。

考察了"讲学处"后，我便下山绕着龙泉山麓往右走，那里有龙泉寺、绪山庙等。绪山庙是个佛寺，称"绪山"，是因其附近的山而得名。② 钱绪山的号也就是因此山而得名的。绪山庙有对联曰："庙貌巍峨临舜江（右方），威灵显赫镇龙山（左方）。"盖赞美佛德矣！

再往右边一拐，就到了关帝庙。庙门内有一块大石碑，写着"第一山"三个大字，此即阳明先生之真迹。该碑的里面有"重建武安王庙碑"之记文。我是特地为看这块"第一山"的巨石碑才来到这里的，所以字碑看好后便直接返回了旅馆望江楼。此时已是黄昏，绵绵细雨仍未停息。旅馆尽管简陋，但待我很是热情。因为是"木赁宿"，旅馆不提供晚餐，所以只吃了三个鸡蛋和鸡蛋糕。我来的这两天，天气已不太热，夜晚南京虫③ 已不来袭人，所以还能安睡。我去年暮春以来虽然在中国各地旅行，但并未领教到南京虫的厉害。

二十七日上午八点，我从望江楼旅馆出发，又一次登上龙泉山。与前一天稍有不同，这次上山走的是另一条路。在山腰处有谢公祠，即大学士谢迁卿的祠堂。祠内有建于嘉靖十年（1531）九月的高大敕碑（附注：谢迁作为孝宗顾命大臣，武宗即位之初，见其行迹日非，要求诛狎臣刘瑾等八人，以绝祸源，故忽遭刘瑾陷害，几近至

---

① 今中天阁中堂门联为："中天光日月，历代感风云。"系黄宗羲七世孙黄炳垕所题。
② 附近的山即龙泉山，龙泉山古称"灵绪山"。
③ 专指臭虫。

死。此后，刘瑾越来越专横，以致发生阳明先生上书遭处罚，被贬谪龙场之厄难。）祠前的牌楼上题写"完名全节"。其旁有严先生祠，安置着汉高士严先生（讳光，字子陵）的神位。严子陵也是余姚县人，故被祭祀于此山。房屋上的汉瓦上镶嵌着"顽廉懦立"四字。其祠有联句，曰：

开千秋名节之宗，自昔风徽高汉室；（右方）
绵百世馨香之祀，从今俎豆重姚江。（左方）

光绪二十三年（1897）在丁酉孟秋谷旦，知余姚县事南海周炳麟敬撰并书。

严子陵祠旁，有一座供奉着"朋① 少傅兼太子太傅户部尚书谨身殿大学士左柱国赠太傅谥文正木斋谢公"之神位的古祠，匾额云"寿俊元良"，又有对联，曰：

古所称名世臣如公者，足以当之矣；（右方）
乡之有先生社可祭者，其在斯人与。（左方）

又有"明褒忠赠承直郎太仆寺寺丞道渊谢公"之神位，匾额上揭示着"世笃忠贞"四个大字，并有对联，其文曰：

刘李同朝尤侃侃；（右方）
海山终古郁苍苍。（左方）
同治六年，后学许正绶谨题。

还有祭祀孙氏四人的祠堂，其一为孙陞文恪公，号季泉；其次为孙燧忠烈公；其三为孙堪，号伯泉；其四为孙墀，号仲泉（附注：孙忠烈与阳明先生为同年进士。宁王宸濠谋反时，曾先让诸官员集中表忠心，然后才起兵。然史称："宸濠出立露台，大言曰：'太后有密旨，令我起兵，汝等知之乎？'都御史孙燧毅然曰：'密旨安

---

① "朋"字疑为"明"字之误。

在？'宸濠曰：'不必多言，我往南京，汝保驾否？'燧张目直视宸濠，厉声曰：'天无二日，臣安有二君！太祖法制在，谁则敢违！'濠大怒，命缚燧，喝校尉拽出惠民门外杀之。"其死最烈矣。结果，宸濠举兵后即被阳明先生破之。）其对联之句曰：

抗论不违旨天经地纪；（右方）
遗忠难泯同日照月临。（左方）
皆明代之名臣也。

龙泉山上，有以上所列记的诸先贤之祠堂，而面临姚江的山麓，则有数个寺院和少许人家。龙泉山还与余姚城西北隅的城壁隔得很近。

若沿着龙泉山麓的姚江之河流向西边行进，即可到达绍兴，而朝东南方向行进则可抵达宁波。此日，闲雨渐渐放晴，远近诸山可尽收眼帘，新绿风光尤显出妖娆。我再一次登上龙泉山，参拜了王龙山公、阳明先生祠堂，并献上了带来的贡物和蜡烛佛香，行三拜礼，以表达我的敬仰追慕之诚意。礼毕后，我又下山来到山脚下的一家照相馆，让照相师把阳明先生亲笔写的"第一山"的字牌拍下来。但当时照相师正好不在，于是便与其家人约定午后再来。因为还有些时间，所以便走到城外，逍遥于姚江畔，参拜了曹孝女殿，又参观了旌表着出生于余姚的古代四先哲的碑亭。所谓"四先哲"，即严子陵、王阳明、黄黎①洲和朱舜水（附注：黎洲、舜水作为明末的阳明学者，都能坚守气节而不屈服于清朝。黎洲为图恢复，曾乞兵日本，直抵长崎。舜水为恢复明朝而来到日本，最后客死于日本，并作为水户义公之师，而使自己的高名广为人知）。在严子陵碑的中央写着"汉高士严子陵故里"，碑亭两柱上写的联句是：

渺矣编②竿神汉远；（右方）
依然城郭客星高。（左方）

---

① 高濑武次郎日记将黄梨洲的"梨"字皆误作"黎"，后诸桥辙次日记亦同。译文未改，皆照原样。
② "编"字为"纶"字之误。

匾额上题写着"山高流水",是乾隆十九年(1754)写的。

严子的左方是"明先贤王阳明故里"(碑亭),两柱的联句是:

曾将《大学》垂名教;(右方)
尚有高楼揭"瑞云"。(左方)

匾额上题写着"真三不朽"四个字,是道光十二年(1832)刻的。

王子的左方是"明遗民黄黎洲故里"碑亭,匾额上题写着"名邦文献",其对联有所谓:

孝子忠臣,祀典千秋列东庑;(右方)
儒林道学,史家特笔传①南雷。(左方)

黄子的左方是"明征君朱舜水故里"碑亭,匾额上题写着"胜国宾师",对联句如下:

东海踏②曾甘,家耄逊荒,千载斯文归后死;(右方)
南天擎独苦,臣心如水,一江终古属先生。(左方)

以上四先哲都是余姚人所仰慕的模范人物,其中黄、朱二子的碑亭上,虽未记年号,但从其碑石的颜色看,大概是去年前后才建立的。盖严、王二子被旌表于此时间较早,而黄、朱二子则应该是前年(1911)革命以后,灭满兴汉的热情达到高潮时才建立的。这是为了追尊因满族的缘故而完节于明朝的伟人,才将他们表彰于故里的。一方面得以感谢他们的遗恩,另一方面欲以奖励其后进,此真可谓美举也。由今之无端之余,方有如此凄然之回想。我上月下旬巡游湖南省长沙市时,曾国藩、左宗棠、罗泽南等因讨灭长发贼③而建立功勋,对清朝忠心耿耿的名臣之祠堂,被悉数变更,而处处建立起前年

---

① "传"字为"著"字之误。
② "踏"字为"蹈"字之误。
③ 指太平天国。

（1911）革命时殉难诸烈士的祠堂。曾、罗诸豪杰的神位，在祠堂一隅被尘埃所覆盖，甚至把清朝名臣之祠堂作为举办活动、照相的娱乐场所。呜呼！桑田沧海之变不测矣！然而，在余姚被祭祀的诸先哲，皆为明代及其以前出生者，与清朝没有任何关系，所以不仅不会被人们废祀，而且还日益表现出对他们的尊敬之意。即使以前未建立巨碑者，亦予以新立，以致旌表。呜呼！此亦时势所致矣！嗟呼！人死后亦有此幸与不幸焉！皆为忠臣高士，只因时势变化而待遇全然相异。真是不幸啊！生于革命之国的人，与生于万世一系之皇国的忠臣高士，竟遭遇到如此之不幸！此时，我伫立在四先哲碑前，独自沉思，感慨不已。

接着，我又从四先哲碑的边上绕过去，回到下榻的旅馆，稍作休息后，于午后两点，又来到照相馆鸿雪轩①找照相师，向其求购有关余姚的五六种照片，而且还让照相师随我到龙泉山麓关羽庙的门内，拍摄王阳明先生亲笔写的"第一山"三个大字的巨碑。当时，我坐在此石碑旁，按比例测算着此碑的高度，并与此碑照了张合影，将其作为余姚巡游之纪念。此碑高八尺许，宽五尺许，字体为行书，笔势遒劲高雅，应该是王阳明相当珍重的遗物。据说，现如今在余姚城内可以让公众参观的阳明先生真迹，唯此字碑，别无他求。

顺便说一下，当时我在关羽庙门的两侧，还看见放在那里的二三十口记有"何某寿室"的卧棺。从外国人的角度看，这是一种相当奇异的风习，但中国人自古以来就是活着的时候造好棺桶，以供自己死后之用，并成为习惯。据说前些年李鸿章赴西洋时，其行李中就携带了一个棺桶。此等颇为奇妙之事曾遭人讥笑，而今天看到此处所准备的数十口棺材，并当为"寿室"，可见此非一般之风习

---

① 坐落于余姚北城逊埭桥畔的鸿雪轩是余姚照相业的鼻祖，店名得名于苏轼"人生到处何相似，应似飞鸿踏雪泥"之诗句，民国四年（1915）开设。时有余姚县周巷驿亭路人叶震（号杏林），在上海学得照相技术，回姚后夫妇俩撑船往返于村镇为乡民拍照。几年后，用积攒下的钱在龙泉山南麓买了一块荒山坡地，雇用石匠花资一万吊凿石梯，从逊埭路进门到最高处"龙山一角"，即为鸿雪轩照相馆。该馆东首后门的背景就是整个龙泉山。叶震还在此建造了一些楼台亭阁作为照相之用，并觅得山上水源，接出水穴，在进门处开掘一小泉，也称"龙泉"。池水终年不断，受益一方百姓，龙泉水乃冲片印照之必须。该馆当年在余姚、慈溪一带颇有名气，许多殷实人家往往请他们上门拍照。叶震过世后，其子叶梦天继承父业。后为方便拍照者和游客，叶梦天在新建路上另辟一家"山真照相"，原先的"鸿雪轩"也就逐渐消失了，现尚存有少量遗迹。

也。由此亦可看出，这种仅限于中国的异习，乃是一种到死后都相当珍视自己的身体发肤的习俗。所以中国人绝不火葬，而必须土葬，而且还一般都将去世的人埋葬在其出生的故乡。

我拍摄完阳明先生的字碑，走出庙门，就看见了泉眼。到了龙泉山下，它就像人的眼镜一样，两泉相并，人们将之称为"龙泉"。盖龙泉山之山名亦从此出矣！

阳明先生的《忆龙泉山》诗曰：

> 我爱龙泉寺，寺僧颇疏野。尽日坐井栏，有时卧松下。一夕别山云，三年走车马。愧杀岩下泉，朝夕自清泻。

阳明先生又有《忆诸弟》诗曰：

> 久别龙山云，时梦龙山雨。觉来枕簟凉，诸弟在何许？终年走风尘，何似山中住。百岁如转蓬，拂衣从此去。

与照相师分别后，我又探访了余姚城内的二三处名胜。只见街道上处处有石造的牌楼，犹如华表，都是为了表彰出生于余姚的自古以来的名士。旌表阳明先生的牌楼上写着"会魁"两个大字，其下写着"己未科第二名王守仁"[①]。在龙山公的牌楼上写着"状元"两个大字，其下写着"辛丑科第一名王华"。其他数十座牌楼中，有闻人诠、赵锦、王正思、管见、孙燧等的，都用同一式样加以旌表。另外，还有一座写着"功德坊"牌楼，其下列记着侍读学士吏部尚书王华、柱国尚书封新建伯王守仁、诰封郎中诏赐进士王守和、刑部郎中领建吏部王正思之旌表。又有一座题名"学士里"的牌楼，列记着自古以来二十余名余姚先哲的旌表。由此可以看出，余姚人对王阳明先生一族之名士所表现出的充分尊敬。

接下去，我又访问了阳明先生的出生处瑞云楼的遗迹。在龙

---

① 弘治十二年会试第一名，即会元，为伦文叙，当年殿试还中了状元。王阳明"在弘治十二年的会试中，是以第二名《礼记》经魁及第的"（鹤成久章：《明代余姚的〈礼记〉学与王守仁——关于阳明学成立的一个背景》，《东方学》日本东方学会2006年刊第一百十一辑，即"五经魁"。按明清科举制度，考生于五经试题中各认考一经，录取时取各经之第一名合为前五名，称"五经魁"，亦称"会魁"。

泉山的东南麓①，有一小家，匾额上题写着"瑞云楼"②。这户人家近来刚刚改建过，虽然只能看出一点点古色，但土地却是古瑞云楼之迹，除此之外就看不见任何遗物了，所以我很快就离开了瑞云楼。听说有个叫王绍周的阳明先生的子孙现今仍居住在余姚，但我问了二三个人，都说不知道，结果访问未果。瑞云楼又叫寿山堂。③

当时，我还想再去探寻别的阳明先生遗迹，但向导说他也不知道还有别的可以考察的遗迹了。我又问王先生的坟墓在哪里？他也回答说不知道。王子《年谱》里对阳明先生的埋葬墓地虽有明确记载，但我却记不太清楚了，所以只好放弃了这一勉强之举（后日补记：据《阳明先生年谱》记载，先生葬在洪溪，溪在距离越城三十里、兰亭过去五里的地方）。

此外，据说余姚某氏秘藏着阳明先生亲笔写的《千字文》及数种遗卷，但结果也没有见到，颇感遗憾。

余姚土地稍显僻陬，没什么特产，虽有不少水路交通，但往来客人不多，城内商业也不太繁荣，若外面客人来得多的话，旅馆等就会捉襟见肘了。仅有的带有古色古香风格的中国旅馆，也使外国人住起来感到不便。没听说余姚城内有任何日本人居住，所以当地人见了日本人好像很稀奇，只听他们聚在一起，一边喊着："东洋人！东洋人！"一边直盯盯地瞅着你。当然，余姚城里人都很质朴亲切，物价也很便宜。城内的凤凰山上还有玉皇殿及多处佛寺。看得出来，无论佛教还是道教，在当地都有相当多的信奉者。

余姚是把姚江夹在中央，两边住着人家。如果把城内外合在一起，区域虽广，但人口恐怕不超出十四五万。在中国，如果户籍不清楚的话，要想知道具体的人口数是比较困难的。

从余姚到绍兴城虽有水路，但途中有七八处堤坝，船只通过，都不得不翻越堤坝，所以需要二十三四个小时。所谓"坝"，就是水闸之类，即从高水面到低水面、又从低水面到高水面转换行进时使

---

① 瑞云楼应该在龙泉山的北麓。
② 匾额上题写的应该是"古瑞云楼"。
③ "寿山堂"是清中期余姚桥梁专家叶樊所建。故此处只能说"瑞云楼"遗址上现建有"寿山堂"。

用的水门，日本京都疏水道的水门亦与此相似。

　　大多数余姚人不说北京话，我试着用北京话与他们会话时，几乎都听不懂。他们说的话对于我来说也是一窍不通，听起来全然像外国话。于是，我雇佣向导时，便特地附加了一个要求识字的条件，以便于笔谈，不然的话，碰到急事时是很不方便的。嘴上操着北京口音，再通过笔谈和（汉语）会话书，把（值得）记忆的地方都记下来，（这样）才能直接了解（想要了解的东西）。如果还不明白，则向路边走过的、看上去多少有点学问并样子较好的行人请教：（一般先）是叫住（该行人），（说要）向先生请教，然后拿出笔记本和铅笔，进行笔谈。一路上几乎都是这样进行交流的。但麻烦的是，与不识字、发音又听不懂的人进行对话时，比如要买食物，要洗脸等，（我只好）通过做手势的办法来使对方明白。而（当我）要想表达其他稍微复杂的事情时，对方就全然不能明白了。在不少情况下，都是因为相互沟通不了，而只好微笑告别了之。

　　旅馆望江楼的主人，说话时就像两只鼻子塞住一样，发音特别难懂，所以我们之间几乎不对话交流。（该店的）女主人则心直口快，又说一口纯粹的土话，（这就）更使我难以听懂了。幸好近旁常有个识字的人进进出出，于是我便通过此人来表达自己的事情。该旅馆还有个叫包秀凤的十二岁少女，颇为伶俐，因见到东洋人非常稀奇，所以极为客气，又是沏茶又是上点心，以示慰问。我计划住两天，问要多少钱，说只要八十钱，这显然是相当便宜的价格。

　　二十八日早上七点，我告别望江楼，冒着风雨，到永益利港①乘坐轮船，返回宁波。上午八点开的船，下午十二点半即已抵达宁波。来的时候，因为是逆流，所以用了大约七个小时，而返程时因为是顺流，船速较快，所以只用了四个多小时就到了。如果从上海到余姚旅行，则（可以选择）下午四点左右从上海出发，第二天上午七点左右抵达宁波，再转乘上午九点去余姚的轮船，然后下午四

---

① "永益利"港，疑为"永益"港，余姚古有"永益"之地名。高濑武次郎抵达时是在"余姚城外的小港"上的岸，此小港即为"永益港"。在高濑武次郎的《参拜日记》中，有不少笔误，如把"了庵桂悟"写成"了悟桂庵"，把"黄梨洲"写成"黄黎洲"，把"祁州知州"写成"祈州知府"等。而把"永益"写成"永益利"，亦明显属于笔误。

点抵达余姚,这是一条较为便利的通道。今后去上海旅行的诸君,也应该一并去探访一下余姚伟人的遗迹。

宁波在唐宋时期是南中国最重要的港口,从日本来的遣唐使或留学生等,有许多都是从宁波上的岸。宁波市在鄞县,所以宁波城又称"鄞(城)"。今天的宁波府,包含鄞、慈溪、奉化等数县。像当年弘法传教的两位大师[①],也是从宁波港上的岸。阿倍仲麿(即阿倍仲麻吕)吟唱的"天の原ふりさけ見れば春日なる三笠の山にいでし月かも"[②],据说也是在明州之滨(写的),说明他也肯定是从宁波进出港的。

明代从日本作为正使被派往中国的了悟桂庵(应为了庵桂悟)禅师,滞留鄞城时,阳明先生曾到旅馆访问过他,并进行了各种对话。桂悟禅师回国之际,阳明先生为之送行,并写了篇序文(给他)。序文之真迹,以前是伊势国某氏的秘藏品,现在归松方侯爵所有,前几年拍了照相版,其中有几份被颁送给同志之士[③],我也获得了其中一张。阳明先生会晤桂庵禅师时,正好是其比较清闲而归乡余姚之时,而且从地理上看,余姚距离宁波西北约一天路程,阳明应该会经常往来于当时的主要港口繁华的宁波之间。阳明先生是听说了日本正使的高名而特地前来会面的呢?还是当时来宁波游玩时有幸获得了与桂庵禅师见面的机会呢?当时阳明先生应该是四十一二岁,还没有取得雷震天下的名声,而昔日的鄞城,犹如今日的上海,船舶往来非常频繁,虽然位于上海的稍微南边,但从地势上观察,则足以看出是个历史悠久的良港。上海港的开放只不过五六十年,就获得了实实在在的长足进步。但上海的繁荣主要依靠的是英、法、美等西方人的力量,尤其以英国的势力最为强大。世人称上海为东洋的伦敦,亦绝非偶然。

---

① 疑指阿倍仲麻吕和了庵桂悟。
② 中文诗名为《望乡诗》,中译文是:"仰首望长天,神驰奈良边;三笠山顶上,想又皎月圆。"
③ 可能指的是1906年由东敬治(1860—1935)在东京创立的日本阳明学会的会员。

二、诸桥辙次[①]《探访王阳明先生墓所》[②]

7月1日。至慈溪,访知事衙门,请求向导。至慈湖,有宋代杨简的慈湖书院,今充当小学。此处景色绝佳。至清道观,据说是道教庙宇,其整洁秀丽之程度,是我未尝见过的。里面有竹子,更增添了一份幽静。有楼数层,登顶后瞭望,是流石南国之佳景,可为旅途增添很多情趣。

至余姚。王阳明及朱舜水的出生地。途中墓地甚多,也有在水田中筑茔安葬的。墓茔周围,松柏矗立,别添一份景色。余姚在中国乃少见的山紫水明之灵地。有称作"四灵山"的四座山,耸立在余姚四周,此即龙泉山、凤凰山、竹山、白山是也。龙泉山之麓有河,不知当地人怎么称呼它,我想应该就是姚江。河上有座桥,叫"镇[③]东第一桥"。王阳明祠堂就在龙泉山的中腹。山北有瑞云楼,乃阳明诞生处,今已荒芜。据说藏有大禹灵秘图的秘图山就在衙门内,但我只看到一个小山丘。通过知事的介绍,我见到了黄宗羲的八世孙黄汪卿氏,还看到了黄黎洲抄本真迹,内容都是记载鲁王监国事宜的。同样还有其亲笔写的《行朝余[④]》,收入了隆武纪年、赣[⑤])州失事、绍武之立、鲁纪年、舟山兴废、日本乞师、四明山塞(寨)、永历纪年、沙定洲之乱、赐姓始末,并附有陆世仪的《江

[①] 诸桥辙次(1883—1982),千叶县神田人,日本近代汉学界颇具代表性的学者,以编纂《大汉和辞典》而闻名。1919年8月至1921年8月,曾受三菱集团第四任总裁岩崎小弥太(1879—1945)的资助赴北京留学。回国后即加入了东京阳明学会。晚年曾出任由三菱财团以湖州陆心源的"皕宋楼"藏书为基础而建立的静嘉堂文库馆长。
[②] 原名《王阳明之墓》。译自大正十年(1921)诸桥辙次《游支杂笔》之六《江浙学者遗迹探访记》,收入《大正中国见闻录集成》第九卷,东京目黑书店昭和十三年(1938)十月十五日刊行,第239—242页。由著作权继承者诸桥达人提供。据《凡例》:"复刻时,以无修正、保持原貌为原则。"此篇内容又以《探访王阳明先生墓所》为题,收入于木村秀吉编的《阳明学研究》,东亚学艺协会,昭和十三年七月刊行,第385—389页。但文字上稍有不同,后者为前者之略文。又,此日记仅为《江浙学者遗迹探访记》中的一篇,另外诸桥辙次还记有《东林书院》《诂经精舍》《曝书亭》《皕宋楼》《崑山顾亭林》《汲古阁·铁琴铜剑楼》《在上海的学者》《天一阁》,并附有28张珍贵的照片,其中包括其考察余姚、绍兴王阳明遗迹时拍摄的7张照片。
[③] "镇"字为"浙"字之误。
[④] "余"字为"录"字之误。载于木村秀吉《阳明学研究》之《探访王阳明先生墓所》,即作"录"字。
[⑤] "赣"字为译者根据上下文径改。下"寨"字亦同。

右纪变》。黄黎洲的楼① 离余姚城二十里，在通德乡化安山，这是听黄汪卿氏亲口说的。夜里，与两名巡警一起到三观楼就餐。面朝姚江，仰望龙泉山，一杯啤酒下肚，陶然而忘我矣。投宿沂园旅馆，但楼上被用作茶馆，喧闹不已。

7月2日。从余姚乘汽车到百官，又从这里渡过了据说是孝女曹娥投江救父的曹娥江。从江边再往前走三十分钟的路程，就到了曹娥村。从此处望去，泽国风光愈加（靓丽）。去绍兴的快船虽可容纳三十人，但整个船已被塞得满满的。有四个人在船头把着舵，另四个人牵引着钢缆。船行走得飞快，多数中国人聚集在船里安静地休息，而我则独自一人走到船头，眺望远方。两岸的堤防高出水面不过一二尺。感觉远方的山没有动，而近处的树却走得飞快。可以看出这艘扬州船今天稍稍作了些装饰，像是穿了件大袈裟，靓丽无比。四点抵达绍兴城外，船行走了四个小时，船票才二十钱。从城外又换乘别的小船，方才抵达旅社绍兴馆。住的地方虽然较脏，但气氛不错。（然后）直接去了衙门，打听明天打算去的王阳明墓在哪里，结果谁也不知道。于是就向一家叫作"墨润堂"② 的书店打听，（回答）说是王文成公墓在城南二十里的花街洪溪。据说出（绍兴城）南门往坡塘去，直抵紫洪山，在那里问一下花街，应该有人知道。晚上，（我）又翻阅了《王府志》二十二卷③，其中也有相同之记载。（整个夜里我）心里一直盼着早点天亮，（好快点去参拜王阳明墓）。晚上，（第二天准备陪同我去参拜的）巡警也来了。遵照当地的风俗习惯，（我们）一起饮了绍兴酒。

---

① "楼"字为"墓"字之误。载于木村秀吉《阳明学研究》之《探访王阳明先生墓所》，即作"墓"字。
② 墨润堂是清末绍兴一家较有名气的书苑，集刻书、售书于一体，蔡元培、鲁迅等经常到此购书。1874年由徐友兰创立，原在城区西营，后搬至水澄桥南侧，今店址在河街63号。
③ 据笔者所知，绍兴各类地方史志及相关著述中从未记载过《王府志》一书，估计诸桥辙次所说的《王府志》就是绍兴王府所藏的《王阳明家谱》或越城伯府第《王氏族谱》。笔者曾采访过绍兴王府第十六世孙王诗棠先生，据他说，家中曾藏有《王阳明家谱》一部十八册，卷数不详。又说："《家谱》我小时还读过，记得我'德逸堂'一房自'忠'字辈起至'远'字辈止的五世直系是由我二伯父补入的，我只在父亲'远铭'下面补记了我和弟弟'诗华'二人的名字。家谱原有十八本，侍奉生借去看后，不知何故，还回来时只剩十七本了。后来我出去读书，家谱的去向就不得而知了。"（钱明：《王阳明及其学派论考》，第538—539页）若诸桥辙次翻阅的果真是《王阳明家谱》或越城伯府第《王氏族谱》，则可作为王诗棠先生所言之佐证。

7月3日。与昨夜来的两位巡警一起乘上船，先抵达距离东门外里许的大禹陵。据说古代的会稽山就在这里，但看上去比庭月村的前山还要低①。（我们来到）被称作"岣嵝碑"的庙前，据传此碑是秦代的东西，高度差不多有二丈。恢宏的禹庙，作为保存于田舍中的建筑，显得特别珍贵。庙的右边，有被称为"窆石亭"的建筑，其中间放着圆锥状的窆石，石头的左右两边镌刻着什么都看不明白的文字。还有一块天顺六年知县的碑文②，记述窆石之由来，曰：

禹祀，《皇览》云：禹冢在会稽山，即志译山，本苗山。因禹之会计于此，而易名焉。古帝王葬所，曰冢曰墓，陵之名，则自汉始。夫窆石者，窆下棺也。或谓：下棺之后，以此石镇之也。……石上遗字……王顺伯金石录云，是汉刻。……

从绍兴走水路前行十五里许，即抵达坡塘。坡塘虽说是小市街，但几乎找不到能吃饭的地方。我们只买了些糕点来填肚子。从坡塘往前走，是越来越崎岖的山道。我们租了辆极其简易的轿子，向花街洪溪进发。途中十五里地方圆，仅有一处五六家人家的小村子。夹道两侧的山上，松竹茂密，遮天蔽地，是个独自旅行会感到胆怯的地方。尽管有轿夫的帮助，依然感到难以前行。到了坡塘边，（问起当地人）有称王文成公的，有称王守仁的，有称王阳明的，虽有各种各样的称呼，但谁都知道其墓地之所在。接近花街洪溪时，碰见一位僧侣从前面走过来，一打听，说是墓在鲜虾山，只要顺着流石径直走即可。山就在眼前，虽不太高，但风景极好。捉摸着像是墓地周边（的样子），因为有（十）数棵松树矗立着。于是急忙前行，但在前方的二三町③内，长满着茂密的身丈以上的荆棘。（我们只好）披荆斩棘，艰难地往前走。就在这时，骤雨狂泻而下，衣服全被淋湿。（但我们）仍奋力向前，终

---

① 庭月村、前山，皆非绍兴之地名，此处恐有误。亦可能用的是宋顾逢的"庭月一方雪，炉香数朵云"；唐王维的"悠悠西林下，自识门前山"之名句，意指自己只识村前山，不识会稽山。
② 明天顺六年（1462）九月，绍兴府经历谢思聪、山阴县知县吴琏、会稽县知县陈鉴等立，山阴韩阳撰文，曹甫山书，楷书，镌记着明绍兴知府彭谊重修窆石亭事，并考证窆石之来历。
③ "町"，日本的一种长度单位。1町等于119码，约100米。

于抵达被认为是墓域的地方。(乍一看),与当地大面积墓地的风俗习惯相似。墓朝南,有五层坛,大小可以说与西湖旁的岳飞墓略同。走下墓地三四町,接近水田的地方,有一块刚好二丈的丰碑,是乾隆十六年(1751)建立的。碑的表面有"名世真才"四个大字,里面大半被淹没,虽然很难读,但"丹青之勋业,文成之嘉谥"十个字还是看得清楚的。毫无疑问,这就是王阳明的墓了。多年来的凤愿,至此有了回报。返回途中,又紧接着听了刚才问过路的僧侣所说的各种各样的事,比如一年一次来拔除王阳明墓地上的杂草,已成为当地人的习惯。归途中,一路再无趣事,除了去看了看据说是何碶山的墓地外[①]。抵达坡塘时已是五点了。直到晚上八点天完全黑了后,才回到绍兴的住宿地。[②]

　　7月4日。兰亭,从绍兴去虽有十五里水路和八里旱路,但今天我头很痛,像是感冒了,于是决定直接去杭州。这几天给我做向导的巡警又来了,这是个热心肠,给他钱,却分文不收。这份真情值得珍惜。九点半乘上轮船,四点半抵达西兴。从此处坐轿子渡过钱塘江,七点半终于住进了杭州城站旅馆。

(钱明译注[③])

[①] 木村秀吉《阳明学研究》所收的诸桥辙次《探访王阳明先生墓所》之记载与此段稍异:"途中,有大中丞(丞)何公墓道的大牌楼,说是何碶山之墓。"何碶山,不详。
[②] 据贵州修文县杨德俊先生介绍:"1986年7月12日至8月7日,修文县文化局准备编排黔剧《王阳明》,派办公室主任雷华熙及工作人员刁福林,文化馆杨绍林三人到余姚、绍兴等地搜集相关资料。24日上午,三人到禹陵附近寻找阳明洞,据当地老人陶水介绍,该洞位于望仙桥一带,寻获未果,因时间和交通原因,未继续寻找。在当地午餐后,到兰亭洪溪花街王阳明墓地考察,因当时墓地为一小土堆,又无碑碣,故不敢断定为王阳明墓,后到兰亭景区内一荒草丛中,发现王阳明墓碑,已断为上下两截,但较为完整。当即找到兰亭文保所所长胡雄,请求帮助捶拓片,胡所长安排两名员工及拓片工作员斯敏君(女)帮助将断碑拼接,先捶拓正面,再翻转捶拓背面,由刁福林、杨绍林拍摄照片,雷华熙记录碑刻尺寸及内容,捶拓完后由胡雄所长郑重交由雷等一行带回。王阳明墓碑尺寸、内容如下:碑高1.4米,宽1米,正面为隶书'王阳明之墓'五字,字径16×20厘米,背面为楷书,字径4×3厘米,有的字剥落,经辨识墓碑内容为:'丁丑(1937)冬,倭寇已陷杭州,余率部防堵钱塘江。沟垒既成,乘间访越中诸胜,至于洪溪,谒王文成公之墓,蔓草荒烟,碑碣斑剥,为之抚然。先生有言曰:破山中贼易,破心中贼难。尝服膺斯语,立以己治军之圭臬。今寇氛日亟,追忆昔贤,籍志景行,亦以厉来者之观感云耳。民国二十六年,湖南醴陵陶广。'记录、捶拓、摄照完后,三人返绍兴住宿,并电话告知绍兴、余姚相关人士,已找到王阳明墓碑。"(杨德俊主编:《王学之源》,贵州大学出版社2016年版,第159页)
[③] 文中个别古地名、人名之注释,得到过余姚华建新、计文渊先生的帮助。译文完稿后,华建新先生又对全文作了仔细校对,指出了多处错误,提出了很好的修改意见。在此一并致谢!

后记

在全国二十几位同道的协力合作下,经过三年多努力,一部三卷本百万言的"大书"终于可以比较满意地收官交账了。这中间,除了2020年初突然爆发的新冠肺炎疫情给全书修改定稿造成了一些干扰,再就是此项被列入贵州省社科规划及国学单列重大课题的"阳明学与中国地域文化研究"与本人主持的国家重大招标课题"阳明后学文献整理与研究"之间的"冲突",因为这两个由本人主持的大项目都要在2020年底结题!说老实话,当来势汹汹的大流疫刚刚降临时,我正好与家人在海南度假,起初有点措手不及,并因此而工作节奏大乱,后来才逐渐平静下来,在暂时回不了杭州,书籍等科研设备皆准备不足的情况下,还是定下心来在海南陵水的一家宾馆内对全书的一些章节做了增补和修改,最终定稿。这也是我在这场突如其来的全民阻击战中所取得的"战果"之一。

作为"显学"的王阳明及阳明后学研究,在二十一世纪二十年代所取得的最大进展,我以为当主要表现在学术视野和研究方法上。质言之,就是把以往观念的、义理的、解释的、考证的多层面研究,延伸到经学、宗教、民俗、民族、社会心理、历史文化、士人心态等诸多领域的探索,尤其表现在区域性、地方性、民间性的全方位扫描上,并将局部场面、个案研究扩展到整个阳明学的传播、展开、转化和演变系统中,使之成为王阳明及阳明后学研究中的新范式,从而为世人勾勒出一幅立体感极强的、作为地域和私学存在的王阳明及阳明后学在明代中后期乃至近现代社会的多维空间中迅速扩展的历史画卷。

与此相对应的,王阳明及阳明后学的研究亦可区分为两种叙述方式:一种是把"阳明学"按横向分解为区域、省、州、县等,以展开区域与地方历史文化的阳明学研究;一种是把"阳明学"按纵向分解为若干阶段,以展开各个历史时期或代际的阳明学研究。本书就是试图把国家、地方、民众的互动与思想变迁、学脉传承、学派转化结合起来考察而进行的一种尝试。所以严格来说,本书是一部学案史、学脉史、地域史、社会史、文化史和思想史的复合性著述。

作为全书主要编著者,本人从1986年开始受恩师冈田武彦先生

"王阳明遗迹考察"及"体认之学"的影响,几乎每年都要去各地考察王阳明及阳明后学遗迹,差不多跑遍了与王阳明有关的所有遗迹点,以及与阳明后学有关的重要遗迹点。这种"遗迹考察",用已故的江西师大郑晓江教授的话说就是"思想考古",用美国学者包弼德(Peter K.Bol)的话说即为"从思想、社会、经济的变迁,以及地域、人文地理、民族等维度"对思想观念进行解读。而"体认之学"则是可以运用并易于见效的主要手段和途径之一。何谓"体认"?朱熹的解释是"体"就是"置心在物中……与'体、用'之'体'不同";"是将自家这身入那事物里面去体认",即把"身心"放在对象里面或融入对象之中,在本己的心灵体验中去再次经历、重新理解。宋明理学家几乎都重视"体认"。程颢说:"吾学虽有所受,天理二字乃是自家体贴出来。""体贴"即"体认",说的就是从自家生命中体验出来或从修身工夫中磨炼出来的"自得之道",唯有"自得",才能内外合一、体用不二。冈田武彦先生指出:对于与人生息息相关的东方哲学来说,如果研究者只是空谈理论而不去实践,不去感受思想家体验过的生活,那么最终是体会不到思想家之思想精髓的。

受此影响,此后本人的学术兴趣越来越转向对地域阳明学的关注和研究,并且逐步延伸到对东北亚区域阳明学的考量与研究。而在多年的"田野调查"当中,通过以游会友,以友辅仁,又使我结交了国内各地乃至海外不少热心于阳明学遗迹调查或"体认之学"的志同道合者。多年前之所以有底气来承接和坚持完成手头这项棘手的课题,即与此朋友圈有密切关系。可以说,是他们所取得的大量前期成果,包括所开展的广泛的"田野调查"、所挖掘的丰富的地域阳明学资料、所描绘的完整的王阳明及阳明后学在各地域的活动图谱,以及所提供的一些具有浓郁地方文化色彩的"内部出版物",才使以往的分散点状式梳理转变为集中片状式乃至面状式梳理成为可能,也才为本课题的最终结项创造了条件。

对于多数同道者来说,如何才能最大程度地真切感受思想家曾经体验过的生活,呈现其活动画卷,也许是件最让人困惑的事情。

要想完全"重复",显然不可能,除非真有什么"时光隧道"。或许下沉到乡村社会、踏入进"思想田野"的地域思想文化的考察与研究,才不啻一条走出空洞、疏阔而接近地气、还原生活的重要路径。所谓"乡村社会",虽今非昔比,但地理地貌、自然条件、语言文化乃至民俗习惯的变化并不大。而所谓"思想田野",除了实地性和现场感,还应包括地方史志、宗族谱牒、出土碑刻、手札回忆、诗歌日记乃至民间故事等载体以及口述的文献和数据。"乡村社会"与"思想田野",并不只是资料范围的扩大和采集方法的改变,它还会使研究者对历史、思想的解读方式也发生改变。思想史研究所要利用的文献材料和数据分析,既有官方的、精英的,又有民间的、庶民的。以往的阳明学研究,往往对前者用力较多而疏略后者。提出下沉到乡村社会、踏入"思想田野",就是为了补充后者。不在"田野"里,对文献素材的解读往往会陷于单纯的形而上的思考中;走在"乡土"上,才会发现书斋中百思不得其解的问题不过是一个"常识"。这也是本书在方法论上比较偏重于实地考察,将思想史、观念史与地域史、社会史结合在一起,将地方文献、民间素材与田野感悟、现场感受结合在一起的重要原因。

正是基于此,在本书的编著过程中,我们主要遵循了以下几条原则和宗旨:

其一,在重视地域空间的划分和地域文化的界定的前提下,努力遵循只要是王阳明或阳明后学留下足迹的地方,都尽量做到应收尽收的原则。而此处的所谓"地域空间",可大可小,且随着时间的流逝,空间概念也会发生变化,并未被严格限定在某一固定的地理空间内。

其二,将认识我们脚下的人和社会即"人文生态"建立在认识我们脚下的土地即"自然生态"的基础之上,以发掘每一个相关地域的阳明文化资源,并且尽量做到从文化生态的角度、社会细胞的角度和世俗生活的角度,来观照自己所生活的这块土地,实现从"地域阳明文化"到"阳明文化地域"的一种方法论和学术意识的自觉转化。

其三，在全书的撰写过程中，将尽量做到资料选择上的有"正"有"野"、有政有学、有兵有文、有雅有俗、有讲有会、有古有今；叙述方式上的有详有略、有增有减、有合有分、有述有作、有人有物；遗存现场上的有遗迹有遗址、有原物有重修、有整体有局部、有硬件有软件，可谓各显神通。

至于全书的修改和统稿，则有以下几个问题要向读者作进一步交代：

第一，本书由二十几位作者撰稿，最后由本人增补、删改、修订和规范，尽管作了极大努力，但最后还是难以避免体例不统一、不规范之通病。比如本书以写人、事、物为主，但也涉及道、法、术。因阳明学在各地传播、发展的情形、情势皆有不同，加之出于不同作者之手，故不免各有偏重。有的因擅长义理分析而把重心放在理论阐释上，有的因熟悉地方史迹而把重心放在具体事件的梳理上；有的对地方遗迹、遗址及其演变过程有详细介绍，有的则略疏于此；有的偏重于通俗性、普及性甚至故事性，有的则偏重于思想性、论理性甚至考证性。最后为顾及诸位撰稿人，并考虑到结题时间问题，在经过多次修改后，才勉强达到了原先设定的体例统一、叙述规范之要求。

第二，尽管如此，本书依然存在许多就连编著者本人也深感遗憾甚至无奈的地方。譬如：有个别地方因一时找不到合适作者或资料准备不充分而不得已选择放弃，如云南省、山西省和安徽桐城地区等；有的原本应该单独设章的市县却被其各自省份所覆盖，如广东潮州、湖南常德、河北保定、陕西渭南、浙江嵊州、河南洛阳、山东聊城等；有些章节的分量与该地域在阳明学中的地位不相匹配，如皖、浙、赣的新安地区或安徽徽州地区等；有的对重点人物、重要传人的学术思想论述较详，有的则未作或仅作少量论述，似显标准不一，抉择随意；有的利用了大量地方史志及宗族谱牒乃至契约文书、勒石碑刻等资料，有的即使亦因种种原因而做了选择性"遗忘"；有的对现代传承和转化有详细记录，有的则未作任何介绍；

有些人物小传的篇幅所占比重太大，有事迹不够人物来凑之嫌疑；有些因忽视本书所坚持的实地调研之初衷而导致"现场性"明显缺失或不足；如此等等，不一而足。尤其是引文出处，有的比较规范，有的则很不规范甚至不作记录，后尽管补上，但也略显粗糙。

第三，为尊重原作者，本人在统稿过程中，对某些有明显错误的观点和史料误读，采取径改的办法，而对某些可以商榷的观点，则采取作注或附上否证意见的方式处理。对于同属某一地方的阳明学，因其省、府、县出于不同作者之手，难免有个别重复处，为使各章节尽量保持完整性，在统稿时并未作删除或仅有少量删除；有的甚至采取移花接木的办法，把不同人撰写的东西拼凑在一起，尽管经过原作者的同意，但依然略有不够尊重"知识产权"之嫌疑。对于各个章节在内容字数上的不均衡和材料取舍的不统一，为保持原作者的写作风格，亦并未做大幅增减。质言之，本书各章的篇幅长短、字数多少，并不全是因阳明学在各地发展不平衡所致，其中有个别章节是因经过多人之手，仍难以达到满意程度，只好由本人删改增减，甚至"立起炉灶"等诸多因素所导致。

最后需要说明的是，作为全书的主要编著者，本人除了课题设计、挑选作者、组织协调、撰写报告等，还撰写或增补了全书近三分之一的内容，并对全书进行了最后的统一体例、规范格式、内容修改、文字修饰及部分引文出处的核对等琐碎工作。如此这般，反反复复，三易其稿，尽管劳心劳力，费神费事，但对于完成这么一部"大书"及本人的学术水平来说，顾此失彼，挂一漏万，出现失误和缺憾，乃在所难免。作为主要编著者，除了必须为此担总责，并冀求广大读者批评指正外，就是要对为本书付出辛勤汗水的全体合作者以及贵州孔学堂书局的领导和编辑表示衷心的感谢。是为后记。

2021 年 7 月钱明识于心闲斋

全书撰稿分工

钱　明：凡例；序章；王阳明与赣县；王阳明与杭州；阳明学在温州；王阳明与福建；王阳明与湖南；王阳明与山东；阳明学在嘉兴、湖州（合撰）；阳明学在金华、衢州（附丽水）（合撰）；阳明学与陕西（合撰）；附录：最早来浙考察王阳明遗迹之日本人日记两种；后记

陈寒鸣：阳明学在泰州；阳明学在湖北；阳明学在北京、河北

毛　静：阳明学与南昌；王阳明与丰城

李伏明：阳明学在吉安；阳明学与泰和

华建新：王阳明与余姚；王阳明与宁波

孙钦香：阳明学与南京；阳明学与苏州·无锡·常州（附镇江、扬州、徐州）

邹建锋：阳明学在嘉兴、湖州（合撰）；阳明学在金华、衢州（附丽水）（合撰）

罗伽禄：阳明学在抚州；王阳明与上饶、九江

陈光红：王阳明与雩都

徐　影：王阳明与崇义

罗伟谟：王阳明与上犹

张贤忠：王阳明与龙南

刘冬春、宋瑞森、曾敏：王阳明与会昌

邓思喜：王阳明与大庾

吴荣康：王阳明与南康

彭树欣：阳明学在安福

张炎兴：阳明学与绍兴

张宏敏：阳明学在台州

尹文汉：王阳明与池州

刘　聪：阳明学在宣城

张祥林：阳明学与滁州

解光宇、刘艳：阳明学在徽州

杨德俊：王阳明与修文（龙场）

张　明：王阳明与贵阳

陆永胜：阳明学在贵州

张山梁：阳明学与漳州

王茂芳：王阳明与上杭

陈　椰：王阳明与广东

杨廷强、陈子昂：王阳明与和平

黄　懿：王阳明与广西

吴龙灿：阳明学与四川

王程强、周阳敏：阳明学与河南

王　童：阳明学与陕西（合撰）

撰稿人简介

钱　明：1956年生，浙江杭州人。现为浙江省稽山王阳明研究院副院长，浙江工商大学东亚阳明研究院院长，浙江省社科院研究员，孔学堂学术委员会委员，中华孔子学会常务理事暨阳明学研究会副会长，中国明史学会阳明学分会常务理事，国际儒学联合会、中国哲学史学会、中华日本哲学会理事。主要学术成果有：著作《阳明学的形成与发展》《儒学正脉——王守仁传》《胜国宾师——朱舜水传》《王阳明及其学派论考》《浙中王学研究》《近世东亚思想钩沉》《浙江儒学通史·明代卷》；整理编校《王阳明全集》《徐爱　钱德洪　董沄集》《张元忭集》《王时槐集》《友庆堂合稿》《万斯同史学文献汇编》；译著《三宅尚斋》《东亚阳明学的展开》《日本阳明学的实践精神》《王阳明大传》《王阳明与明末儒学》《简素：日本文化的根本》《〈孙子兵法〉新解：王阳明兵学思想的源头》《日本人与阳明学》《比较阳明学：以中韩日三国为视域》等。

陈寒鸣：1960年生，江苏镇江人。天津市工会管理干部学院副教授、中国哲学史学会理事。主要从事中国儒学史、中国哲学史、中国思想史和中国文化史的研究。出版专著《中国文化史纲》《中国理想社会探求史略》等；主编《中国儒学发展史》；参著《中国政治思想史》《中国政治思想通史》。在国内外报刊发表论文二百余篇。

毛　静：1974年生，江西丰城人。北京大学中文系古文献专业访问学者，原南昌大学博物馆业务部部长。现为江西高校出版社重点办主任，江西省书院研究会副会长，王阳明研究会常务理事。主要从事书院史、藏书史、地方史和古建筑研究。著有《邓子龙传》《近代江西藏书三十家》《藻丽鄡缳——金溪浒湾版刻图录》《寻找王阳明》等。

李伏明：1967年生，江西永新人。井冈山大学历史系教授，庐陵文化研究中心研究员。前期主要从事明清社会经济史研究，近二十年主要致力于阳明学和江右王门学派研究。著有《论阳明心学的内在矛盾与江右王门心学的发展》《制度、伦理与经济发展》《心灵圣域》《江右王门学派研究：以吉安地区为中心》等，主持"阳明学与地方社会：以吉安地区为中心"等国家社科基金课题。

华建新：1952年生，浙江余姚人。现任余姚市东海城市文化研究院院长、宁波市王阳明文化研究促进会副会长。主要从事阳明学与阳明文化、黄宗羲学术思想等研究。著有《王阳明诗歌研究》《王阳明散文研究》《姚江秘图山王氏家族研究》《余姚竹桥黄氏家族研究》《王阳明诗文选》等。

孙钦香：1980年生，山东莒南人。现任江苏省社会科学院院哲学与文化研究所副研究员，国际易学联合会学术委员会委员，江苏省儒学学会常务理事，"江苏文脉·研究工程"秘书长。主要从事宋明理学、君子文化等研究，在《江海学刊》《厦门大学学报》《学海》《孔子研究》等期刊发表论文十余篇。

邹建锋：1978年生，江西崇仁人。现为宁波大学国学研究中心副主任、马克思主义学院副教授，绍兴文理学院越文化研究院兼职研究员，主要从事阳明学文献整理与研究工作。已出版《北方王门集》《阳明夫子亲传弟子考》等书。

罗伽禄：1965年生，江西南城人。研究员。现为江西抚州市社科联副主席。著有《汤显祖与罗汝芳》等，合著《明代南城益藩王》等，主编（或副主编）《临川文化大观》等，参与编校《罗汝芳集》。在《南昌大学学报》等刊物发表学术论文二十余篇，主持或参与完成"罗汝芳研究"等省级课题七项。

陈光红：1969年生，江西于都人。现为于都县理学文化研究会会员。主要从事地方理学文化的挖掘与整理。参与《嵩岩》《客家于都》等书的编辑，执行主编了《印象·于都》丛书之《理学圣地》。

徐　影：1970年生，江西崇义人。毕业于江西大学历史系，现任职于崇义县政协教科卫体委和文史文化学习委，长期从事党史革命史和政协文史工作。合著有《王阳明与崇义》等。

罗伟谟：1983年生，江西上犹人。现任职于国家统计局赣州调查队综合执法科。参与编辑《江西地方珍稀文献丛刊·上犹卷》《黄永玉与上犹》。

张贤忠：1972年生，江西龙南人。历任关西镇文化站长、关西镇副镇长、龙角县旅游局副局长、县文广新旅局副局长、县文物局长等职。现为龙南市文联主席、市作家协会会员，中国明史学会王阳明分会会员。编著《关西围》《围屋人家》等，发表论文、文章五十余篇。

刘冬春：1966年生，江西会昌人。曾任会昌县委办副主任、会昌实验学校党支部书记、会昌教师进修学校校长，曾发表各类作品十余篇，著有《王阳明与会昌》等。

邓思喜：1963年生，江西大余人。大余县地方志办公室原主任，现任职于大余县医疗保障局，系中国明史学会王阳明研究分会会员，江西省地域文化研究会会员，大余县阳明文化研究会理事。参与《大余县志》《大余年鉴》编辑，参著《赣州文化大观·大余卷》《印象南安》《王阳明与大余》等。

吴荣康：1971年生，江西南康人。现为赣州市南康区政协秘书长，中国明史学会王阳明研究分会理事。参与撰写《良知行南埜 光明照章水——王阳明与南康》等，有《王阳明与南康》《忠孝谭邦城》《舒富筑城》《浅析赣南王阳明文化旅游路线的构筑》等文章。

彭树欣：1968年生，江西莲花人。江西财经大学人文学院教授、硕士生导师，主要从事阳明后学文献与思想研究。发表学术论文四十多篇，出版学术专著三部、古籍整理四部，主持、参与国家和省部级课题十余项。

张炎兴：1963年生，浙江绍兴人。绍兴文理学院教授，浙江省中青年学科带头人，绍兴市王阳明研究会副会长。主要从事越文化和王阳明研究，主撰出版《绍兴王阳明》，完成国家社科基金后期资助项目"大禹传说与会稽山文化演变研究"，发表学术论文三十余篇。

张宏敏：1982年生，河北邢台人。现为浙江省社科院哲学所副所长，浙江国际阳明学研究中心秘书长，中华孔子学会阳明学研究会会理事，中国明史学会王阳明研究分会理事，中国朱子学会阳明学专业委员会副主任。主要从事浙江学术思想史研究，著有《刘基思想研究》《黄绾生平学术编年》《黄绾道学思想研究》《阳明学研究综合报告》等，编校《黄绾集》《叶良佩集》《〈明儒学案〉〈宋元学案〉之黄宗羲案语汇辑》等，发表学术论文数十篇。

尹文汉：1975年生，湖南长沙人。现为池州学院马克思主义学院教授，九华山佛文化研究中心主任，江西师范大学宗教研究所研究员，台湾宜兰大学政通学者。著有《儒家伦理的创造性转化：韦政通伦理思想研究》《只此平常心：南泉普愿禅学研究》《地藏菩萨图像学研究》等，编校《斐然集·崇正辩》《九华山志》等，发表论文六十余篇。

刘　聪： 1973年生，安徽宿州人。现为安徽工程大学马克思主义学院教授，研究方向为儒释道三教关系、宋明理学。主持完成国家社会科学基金项目、教育部人文社科项目等十余项。著有《阳明学与佛道关系研究》《聂豹》《黄绾》《三教归一：佛教与儒教、道教》等，发表学术论文四十余篇。

张祥林： 1954年生，安徽滁州人。曾任滁州市政府地方志办公室主任、滁州市政协文史委主任。现任滁州市地情人文研究会副会长。主要从事区域历史文化研究，主编《滁州市志》《皖东人物》《皖东文史》《人文滁州》等。

解光宇： 1958年生，安徽肥西人。现为安徽大学中国哲学与安徽思想家研究中心教授，博士生导师，孔子研究院特聘专家，济宁市尼山学者。主要从事儒学与中国传统文化研究，主持国家级项目四项，出版学术著作七部，在中外学术刊物发表论文百余篇。

刘　艳： 1986年生，陕西咸阳人。安徽医科大学马克思主义学院副教授。主要从事中国哲学与徽学研究。

杨德俊： 1954年生，贵州修文人。曾在修文县文化广播电视局、县志编委会办公室任职。现已退休，为贵州省儒学研究会副会长，修文阳明文献研究中心理事长，贵州大学中国文化书院研究员，《龙场阳明文库》总主编，撰著《王学之源》《王阳明遗像图册》《王阳明龙场遗墨》《千古龙岗漫有名》等书。

张　明： 1970年生，贵州印江人。现为贵州大学历史与民族文化学院副教授，硕士生导师，贵州大学阳明学研究中心主任，贵州省文史研究馆特约研究员，朱子学会阳明学专业委员会副主任，贵州省阳明学学会副秘书长，兼任《贵州文史丛刊》《阳明学刊》《人文世界》编委。主要从事中国思想史、阳明学、区域史研究，发表学术论文七十余篇。

陆永胜： 1978年生，河南南阳人。现为东南大学马克思主义学院教授、博士生导师，东南大学中华文化与21世纪马克思主义发展研究中心研究员，东南大学中国特色社会主义研究院研究员。主持国家社科基金重点项目、教育部人文社科项目等二十余项，著有《心·学·政——明代黔中王学思想研究》《王阳明美学思想研究》

《心学集大成者王阳明》等,主编《王阳明珍本文献丛刊》《王学研究》等,发表学术论文七十余篇。

张山梁:1967年生,福建平和人。现任平和县委宣传部副部长,朱子学会阳明学专业委员会副主任兼秘书长,中国明史学会王阳明研究分会理事,福建江夏学院特约研究员。著有《心灯点亮平和》《王阳明读本——"三字经"解读本》《一路心灯》等,主编《平和年鉴》《阳明平和》等,发表论文、文章数十篇。

王茂芳:1968年生,福建上杭人。现为上杭县博物馆馆长,文博副研究馆员,中国明史学会王阳明研究分会理事。主编《琴岗风雅集》《王师若时雨——上杭县王阳明学术研讨论文集》《儒风化杭川——上杭儒学研究论文集》等,发表学术论文十余篇。

陈　椰:1984年生,广东澄海人。现任华南师范大学马克思主义学院讲师。主要从事宋明儒学、岭南历史文化等研究,编校《薛侃集》等,著有《岭南学术思想》《王阳明家训译注》等。

杨廷强:1951年生,广东和平人。曾任和平县委宣传部副部长。现为《河源市文化遗产普查汇编》执行副主编,和平县王阳明研究会会长。合著长篇历史小说《王阳明全传》,主编(或副主编)《和平县文物志》《和平县志·文化文物篇》《王阳明与和平》等。

陈子昂:1952年生,广东和平人。曾任和平县博物馆馆长。主编(或副主编)《和平县文物志》《河源市文化遗产普查汇编·和平篇》等。

黄　懿:1984年生,浙江余姚人。现任余姚市文物保护管理所副所长,王阳明故居管理部主任,中国明史学会王阳明研究分会理事。编著有《阳明先生行迹》等,并参与完成《萧萧总是故园声——王阳明与余姚》《王阳明的心路历程》等,发表学术论文近二十篇。

吴龙灿:1969年生,浙江永嘉人。现为温州大学人文学院历史系教授。主要从事中国哲学、历史文献学、伦理学、政治哲学、蜀学、浙学、永嘉学派等研究。出版论著多部,学术论文数十篇。

王程强:1967年生,河南人。现为河南王阳明书院院长,河南省儒学文化促进会王阳明研究会执行会长。著有长篇历史小说《王阳明》《厉害了!王阳明》,释读点评《王阳明家书》,主编《知行合一·王阳明咏良知手迹》《王阳明咏良知墨迹》。

周阳敏：1971年生，重庆人。现为郑州大学商学院教授，博士生导师，EMBA导师，MBA导师，郑州大学中国中部发展研究院研究员，中国经济管理网主编，河南省儒学文化促进会王阳明研究会副会长。

王　童：1985年生，北京人。天津市武清区王童文化传播中心发起人，民间学者，主要研究张载、朱熹、王阳明、王船山等。有《中晚明变局与经世致用导向》《儒学的道德底线捍卫——主体性抉择与公共性抉择的统一》等文章。